아프리카의
바람 소리

# 아프리카의 바람 소리

| | | | | |
|---|---|---|---|---|
| 발행일 | 2020년 3월 25일 | | | |
| 지은이 | 김종현 | | | |
| 펴낸이 | 손형국 | | | |
| 펴낸곳 | (주)북랩 | | | |
| 편집인 | 선일영 | 편집 | 강대건, 최예은, 최승헌, 김경무, 이예지 | |
| 디자인 | 이현수, 한수희, 김민하, 김윤주, 허지혜 | 제작 | 박기성, 황동현, 구성우, 장홍석 | |
| 마케팅 | 김회란, 박진관, 조하라, 장은별 | | | |
| 출판등록 | 2004. 12. 1(제2012-000051호) | | | |
| 주소 | 서울특별시 금천구 가산디지털 1로 168, 우림라이온스밸리 B동 B113~114호, C동 B101호 | | | |
| 홈페이지 | www.book.co.kr | | | |
| 전화번호 | (02)2026-5777 | 팩스 | (02)2026-5747 | |
| ISBN | 979-11-6539-117-1 03930 (종이책) | 979-11-6539-118-8 05930 (전자책) | | |

이 도서의 국립중앙도서관 출판예정도서목록(CIP)은 서지정보유통지원시스템 홈페이지(http://seoji.nl.go.kr)와
국가자료공동목록시스템(http://www.nl.go.kr/kolisnet)에서 이용하실 수 있습니다.
(CIP제어번호: 2020012351)

배낭 메고 캠핑하며
이집트 알렉산드리아에서
남아공 희망봉까지

아프리카의
바람
소리

김종현 지음

100개국 땅을 밟은 세계 여행 전문가가
아프리카 자연 속에서 찾은 삶의 의미

오직 대중교통으로만 아프리카 국경을 넘나든
200일 동안의 17개국 대륙 종단 여행기

book Lab

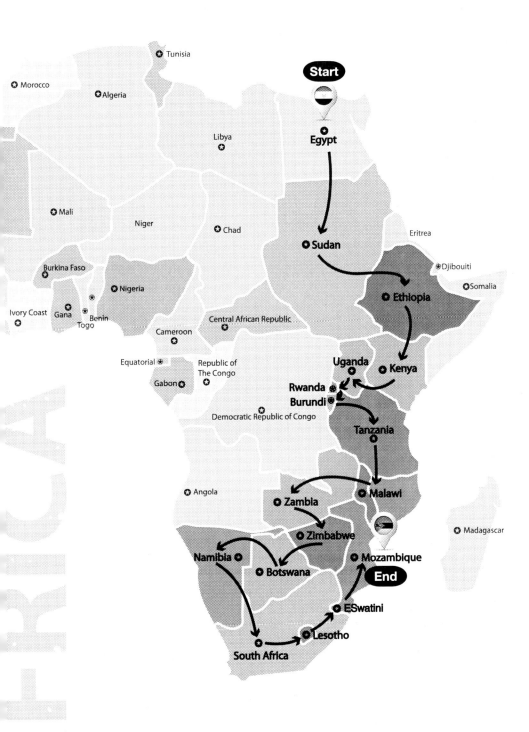

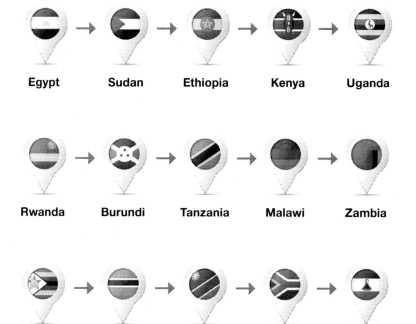

Egypt → Sudan → Ethiopia → Kenya → Uganda

Rwanda → Burundi → Tanzania → Malawi → Zambia

Zimbabwe → Botswana → Namibia → South Africa → Lesotho

Eswati → Mozambique

# 프롤로그

아프리카 여행을 한 것은 지금으로부터 6년 반이 지난 2013년 3월 초였다. 아내와 함께 인천공항을 출발하여 11월 초에 서울로 돌아왔다. 지금 여행을 회상하니 힘들고 위험한 일도 많았지만 잊지 못할 여행이었다.

처음 아프리카를 찾았던 것은 22년 전인 1998년이었다. 당시 케냐와 탄자니아 야생 동물과 이집트 문명을 보기 위해 세 나라를 여행했다. 그 후 줄곧 아프리카 대륙 종단 여행을 마음에 간직하고 있었다. 아내와 같이 퇴직하고 아프리카 종단 여행을 떠났다. 아프리카 최북단 지중해 연안의 도시 이집트 알렉산드리아에서 출발하여 남아프리카 공화국 최남단 도시인 케이프타운 희망봉까지 가는 여행이었다.

나의 여행 모토는 최소의 경비로 최대의 경험을 하는 것이었다. 여행하는 나라마다 현지 대중교통 수단을 이용했다. 잠자리는 텐트를 이용하기도 하고 저렴한 숙박소를 이용했다. 단 한 번도 비행기를 타고 국경을 넘은 적은 없었다. 오르지 배낭을 메고 힘들게 걸어서 국경을 넘었다. 엄청난 열기 속에서 현지인들과 피부를 맞대고 작은 미니버스에 몸을 싣고 땀을 흘렸다. 그들의 체취가 코를 마비시킬 때마다 편안한 교통수단을 그리워하기도 했다. 하지만 아프리카 여행의 묘미는 그들과 함께한 길 위에 있었고 미니버스 속에 있었다.

국경을 넘을 때, 국경 이민국 직원들이 뇌물을 요구할 경우 그들을 설득하는 일이 힘들었다. 치안 부재 지역인 케냐 북부와 소말리아 인근, 남아공 요하네스버그를 여행할 때는 생명의 위험을 느껴야 했다. 에티오피아 남부 정글 지역 원시 부족을 찾았을 때는 인류의 조상이 아프리카에서 왔음을 확신할 수 있었다. 아직도 옷을 입지 않고 살아가는 모습에서 지구상에 엄청난 문명의 시차가 있음을 느꼈다.

유럽의 열강으로부터 독립은 이루었지만, 여전히 그들의 삶과 경제 구조는 유럽의 힘이 작용하고 있다는 느낌을 떨칠 수 없었다. 사회 기반 시설이 턱없이 부족한 것을 보았다. 도로, 항만, 공항, 물류 체계 등 현대 산업에 필요한 시설을 중국인들이 장악하여 건설하는 모습에서 또 다른 경제적 지배가 시작되고 있다는 강한 느낌을 받았다.

빈약한 치안과 열악한 교통수단에도 불구하고 남쪽을 향해 국경을 넘어갔다. 때로는 우기를 만난 지역의 강물이 불어나서 차량이 고립되는 경우도 있었고, 현지인들이 우리를 감금하는 경우도 있었다. 황열, 말라리아, 콜레라, 에이즈와 같은 전염병의 공포에 시달리며 여행했다. 빅토리아호수 주변 국가를 지날 때는 특히 에이즈의 공포에 시달렸다. 국민의 70퍼센트 이상이 에이즈 보균자라는 이야기를 현지인에게 들었을 때는 악수하는 일이 두렵기도 했다.

남아프리카의 첫 국가인 잠비아부터는 행복한 여행이었다. 도시마다 대형 슈퍼마켓이 있었고 유럽의 관광객들이 들썩였다. 별이 빛나는 밤, 히치하이킹한 트럭에 누워 끝없이 펼쳐진 초원길을 달렸던 기억은 지금도 눈앞에 선하다. 여행을 시작한 지 7개월이 지나고 남아공 케이프타운에 들어섰을 때는 개선장군이 된 느낌이었다.

여행의 최종 종착점인 희망봉 제2등대에 서서 대서양과 인도양을 바라보았을 때는 대단한 희열과 감회를 느꼈다. 나를 향해 불어왔던 다양한 바람 소리가 그곳을 잊지 못하게 했다.

5년 전 미국 로스앤젤레스로 이주했다. 이곳에서 평생 하고 싶었던 인류학 공부를 하며 살고 있다. 지금 아프리카 여행을 생각하면 참으로 힘들고 험난한 여행이었다. 피부 색깔이 다를 뿐만 아니라 자연 환경, 문화와 전통이 무척이나 이질적인 대륙이었다. 그러나 사람들은 언제나 친절했고 언론이나 매스컴에서 잘 볼 수 없었던 또 다른 아프리카는 무궁무진한 가능성을 가진 신생국이 모여 있는 거대한 대륙이었다. 약탈과 강탈을 자행했던 유럽 열강에게는 그들의 가난과 질병, 고통의 치유를 위한 적극적 원조와 협력의 의무가 있어 보였다.
끝으로, 이 책이 아프리카를 힘들게 여행하는 사람들에게 조금이라도 도움이 되었으면 좋겠다.

# CONTENTS

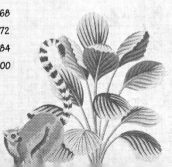

# AFRICA

## 01

# 이집트

## 카이로

　3월 초 카이로(Cairo)의 날씨는 꽤 쌀쌀했다. 점심을 먹기 위해 구시가지 골목으로 들어섰다. 골목마다 노천 카페에 많은 사람이 모여 앉아 물담배를 피며 나른한 오후를 보내고 있었다.

　주변 사람들에게 물어 잘 알려진 케밥 집을 찾아갔다. 나와 아내인 혜경은 촛불이 켜진 아늑한 자리로 안내받았다. 식당 안은 자주색 대리석으로 장식되어 있었다. 아프리카에서 첫 식사였다. 양고기 케밥에 맥주를 주문했다. 시원한 맥주와 숯불에 잘 구워진 양고기가 샤프란 향을 풍기는 양파와 당근 같은 채소 위에 잘 차려져 나왔다. 나무 광주리에 하얀 면포를 깔고 담은 세 가지 종류의 빵도 함께 나왔다. 특히 이집트 전통 빵 아이쉬가 노릇노릇하게 구워져 먹음직스러웠다. 혜경과 나는 아프리카 여행의 성공을 빌며 촛불 켜진 테이블에서 건배를 했다.

　식당 밖은 많은 행상인이 손목시계, 향료, 유리병 같은 조잡한 물건들을 판매했다. 한 녀석은 가까이 다가오더니 성욕을 돕는 최음제를 사라고 은근히 부추기며 작은 유리병을 보여주었다. 거리의 건물은 우중충하게 퇴색되었고 비닐봉지, 휴지, 가정 쓰레기가 나뒹굴고 있었다. 사방에서 '미스터, 프렌드, 굿 프라이스'라고 외치며 치근거렸다.

　구시가지를 빠져나와 타히르(Tahrir) 광장에 도착했다. 수많은 행상인, 마차, 당나귀 수레, 자전거, 오토바이, 행인, 시위대가 광장을 가득 메웠다. 시위대를 구경하고 있노라니 멀쩡하게 생긴 중년 남자가 말을 걸어왔다.

"어디에서 왔느냐?"

"한국에서 왔다."

"나의 이름은 모하멧이고, 파피루스에 그림을 그리는 화가이다. 내일 딸이 결혼하는데 결혼식에 당신과 당신 아내를 초대하고 싶다."

"왜 우리를 초대하려고 하느냐?"

"외국인이 결혼식에 참가하면 결혼식이 더욱 빛날 것 같다. 결혼식은 나일강 변 선상 식당에서 12시에 실시한다. 참석해주겠느냐? 참석해주겠다면 지금 당신을 우리 집으로 초대하고 싶다."

"초대해주어 영광이다. 참석하겠다."

"그래, 집으로 가자."

골목길을 따라 한참 들어갔다. 그의 가게가 나타났다. 가게 안에는 차도르(Chador)를 입은 여자가 앉아 있었다. 우리를 반갑게 맞아주었다. 차를 대접하겠다고 했고 우리는 사양했지만, 차를 내왔다. 그는 내일 결혼할 딸이라고 여자를 소개했다. 내일 결혼할 딸이 이렇게 한가하게 가게에 앉아 있는 것이 이해되지 않았다. 차는 마시지 않았다. 파피루스에 그려진 이집트 신들의 그림을 끄집어냈다. 이런 그림을 집에 걸어두면 사후에 환생할 수 있고 악귀도 쫓을 수 있다고 했다. 오시리스(osiris), 이시스(isis), 호루스(horus) 등 사후 세계를 심판하는 갖가지 그림들을 펼쳐 놓고 가격을 불렀다. 알고 보니 딸의 결혼식에 초대하겠다는 말로 외국인을 자기 가게로 유인하는 신종 호객꾼이었다. 인형처럼 예쁘게 생긴 아랍 여자는 말없이 아버지의 모습을 물끄러미 바라보고 있었다.

해가 사하라 사막 저편으로 뉘엿뉘엿 넘어갔다. 나일강의 다리에 오르니 강바람이 얼굴을 스쳐 지나갔다. 작은 유람선들이 관광객을 태우고 강바닥을 미끄러져 오르내렸다. 강변을 따라 한참 동안 걸어 게지라(Gezira)섬에 우뚝 서 있는 카이로 탑으로 갔다. 마차를 타고 오는 관광객도 많았다. 12달러짜리 티켓을 구입했다. 타워 정면에는 호루스 머리 문양의 구리색 독수리가 조각되어 있었다. 멀리서 보면 거대한 죽부인을 탑 바깥에 씌워 놓은 듯했다. 현지인에 의하면 종려나무 껍질 모양을 본떠 건축했다고 한다.

탑에 올라 카이로 시내를 내려다보니 한 폭의 그림 같았다. 도심이 점점 어두워져 가로등이 강변을 따라 점등되기 시작했다. 신이 붓으로 사막 한가운데 나일강을 그려놓은 것 같았다. 밤의 나일강은 더욱 짙은 인디고 색이었다.

도로는 인체의 혈관처럼 얽히고설켜 밝은 빛을 발했다. 분주하게 움직이는 자동차들의 모습이 혈관의 적혈구, 백혈구의 흐름 같았다. 형형색색의 전등불로 장식한 돛단배들이 손님들을 태우고 나일강 바닥을 미끄러져 갔다.

저 멀리 사하라 사막 언저리에 스핑크스와 피라미드가 별에 닿을 듯 솟아 있었다. 돌아오는 골목길에 당나귀, 말의 배설물이 널려 있어 역한 냄새가 풍겨왔다. 주정뱅이들과 부랑아들이 소리를 지르며 구걸을 했다. 아랑곳하지 않고 앞만 보고 걸었다.


서울에서 수단과 에티오피아 비자를 발급받지 않고 여행을 떠났다. 카이로에 머무는 동안 다음 방문국인 수단과 에티오피아 두 나라의 비자를 발급받아야 했다. 에티오피아 대사관으로 가기 위해 타히르 광장 근처 지하철역으로 갔다.

지하철에 여성 전용 칸이 몇 칸 있었다. 대부분의 여성은 가벼운

차도르를 착용하고 있었지만 간혹 얼굴이 보이지 않는 검은 색 부르카(Burka)를 입은 여인들도 보였다.

남녀가 초만원 지하철에 뒤얽혀 콩나물시루처럼 되었다. 숨 쉬기조차 힘들 정도로 서로 밀착되었다. 땀이 줄줄 흘러내렸다. 그들이 뿜어내는 노린 냄새와 땀 냄새가 코를 마비시켰다. 단추가 떨어지는 곤혹을 치르고야 떠밀려 도키(Dokki)역에 내렸다. 역 바깥으로 나오니 딴 세상처럼 상쾌했다.

택시를 타고 에티오피아 대사관을 찾았다. 대사관은 영국 식민지 시절 영국인들이 지은 조용한 주택가에 자리하고 있었다. 하얀 벽돌로 담장을 한 아담한 가정집이었다. 대사관 앞 인도에 작은 박스형 경비 초소가 있었고 노란 바탕에 검은 글씨로, 아랍어와 영어로 에티오피아 대사관이라 쓴 명패가 걸려 있었다.

철제 대문을 통해 대사관 안이 훤히 들여다보였지만 대문은 굳게 잠겨 있고 아무런 인기척이 없었다. 대문을 두드렸더니 작은 키에 깡마른 모습의 젊은이가 나왔다. 그는 대사관으로 들어가는 것을 허락하지 않았다. 잠깐 기다리게 해 놓고 비자 신청서를 가지고 왔다. 바깥 초소 옆에 놓인 허름한 나무 의자가 비자 신청인을 위한 대기 장소면서 비자 신청 서류를 작성하는 곳이었다. 뙤약볕 아래에서 비자 신청서를 작성하고 사진을 붙여 건넸다. 비자 신청 비용이 1인당 30달러였다. 내일 오후에 비자를 찾으러 오라고 했다.

피라미드와 스핑크스를 보기 위해 미니버스를 타고 기자(Giza)를 향했다. 종점에 내려 스핑크스 입구까지는 택시를 탔다. 택시 운전사는 가죽점퍼를 입은 잘생긴 청년이다. 피라미드 입구에 도착하여 택시를 세우려고 했다. 갑자기 불량스러운 청년이 택시에 뛰어들어 다짜고짜 차바퀴를 발로 차며 주먹으로 창문을 쳤다. 곧 주변에 있던 불량 청년들이 몰려왔다. 험상궂은 얼굴에 가죽점퍼를 입은 모양이 불량스럽게 보였다.

택시 운전자도 물러서지 않고 아랍어로 뭔가 항변했다. 주변 청년들이 몽둥이로 차바퀴를 퉁퉁 치는 모습이 예사롭지 않아 빨리 차를 돌려 나가자고 했다. 차를 돌리려는 순간, 그들 중 하나가 열린 창문 안으로 손을 넣어 운전자의 멱살을 잡았다. 운전자는 날쌘 동작으로 차를 돌려 앞으로 달렸다. 몇 미터를 끌려오던 청년은 비틀거리며 손을 놓았다. 하마터면 다리가 바퀴에 감겨 들어갈 수 있는 아찔한 순간이었다.

그들은 이 지역에서 택시 영업을 독점하는 갱들이었다. 흥분하여 분을 삭이지 못하는 운전자를 다독이고 택시 요금을 지불하고 내렸다. 주변은 환경이 좋지 못했다. 들개들이 쓰레기 더미를 뒤지고 도둑고양이들이 웅크리고 앉아 있었다. 울타리를 따라 버려진 생활 쓰레기, 비닐봉지, 당나귀 배설물, 낙타 배설물, 사람의 배설물에서 풍기는 지린내가 구역질을 나게 했다. 조잡한 기념품 행상인, 가이드 호객꾼, 택시 운전자, 말 몰이꾼, 낙타 몰이꾼 모두가 찰거머리처럼 달라붙어 귀찮게 했다.

피라미드 입구 매표소로 갔다. 많은 사람이 표를 사기 위해 줄을 서 있었다. 티켓은 한 장에 60이집트 파운드를 지불했다. 안으로 들어서자마자 말 몰이꾼, 낙타 몰이꾼, 마차 몰이꾼, 안내 가이드, 행상인, 기념품 판매상 등 꾼이란 꾼은 모두 달라붙었다.

이집트 고왕국 제4왕조 쿠푸 왕이 건설했다는 제1피라미드 앞에

아프리카의 바람 소리

닿았다. 입구 돌계단에 올랐는데, 돌은 풍화 작용에 의해 엄청나게 침식되어 오랜 역사를 실감케 했다. 어떤 돌은 삭아서 구멍이 송송이 나 있었다.

피라미드 한 변을 따라 걸었다. 피라미드 한 변의 길이는 250미터이다. 피라미드 꼭대기까지 돌계단의 수는 203개, 총 높이는 158미터, 피라미드 기울기 각도는 52도다. 쌓아 올린 돌 하나의 무게는 6톤에서 15톤이며, 230만 개 이상의 돌이 사용되었고 전체 무게는 600만 톤에 이른다고 한다.

스핑크스로 가는 길은 낙타나 말이 떨어뜨린 배설물로 발 디딜 틈이 없이 지저분했다. 사하라 사막에서 불어오는 모래바람이 하늘을 순식간에 희뿌옇게 만들어 버렸다. 스핑크스는 흉측한 모습을 하고 있었다. 사람도 아니고 동물도 아닌 괴물 같은 모습으로 누워 있었다. 원래 스핑크스는 사람의 얼굴에 사자의 몸뚱이로 만들어진 거석 조각물이다. 높이 22미터, 길이 79미터에 달하는 거대한 단일 석조물로 인간의 지성, 사자의 강인함과 용맹함, 신의 지고한 영성을 절묘하게 표현하고 조화시킨 작품이다.

모래 방지 턱에 걸터앉았다. 얼굴의 형체를 알아볼 수 없었고 내가 앉은 자리에서 바라보는 스핑크스의 뒷모습은 거대한 버섯 같았다. 앞모습은 한센병을 심하게 앓은 사람 같았다. 어떤 이는 나폴레옹 군대가 포 사격 연습으로 스핑크스 코를 파괴했다고 주장하고, 또 어떤 이는 우상 숭배를 싫어하는 이집트 군대가 파괴했다고도 한다.

스핑크스의 몸은 만신창이가 되어 있었다. 사자 모습을 한 몸뚱이는 원래의 돌이 떨어져 나가고 벽돌로 채워졌다. 길게 뻗은 앞다리 발톱도 파괴되고 잘려 나갔다. 다리 부분도 벽돌로 땜질해 놓았다. 정동쪽을 바라보며 이집트 태양신 라(Ra)를 경배하며 피라미드와 지하무덤의 수호신으로 우뚝 서 있는 것 같았다. 코는 깨지고 눈은 파여나가고 입술은 찌그러져 하염없이 볼품없는 모습이었지만 아직도 강렬한 영성의 힘을 간직하고 있었다.

시끄러운 행상인들과 호객꾼들이 거의 물러갔다. 마지막 열정을 가진 관광객들만 피라미드에 걸터앉아 피라미드에 걸려 있는 저녁노을을 즐긴다. 저녁노을을 바라보노라니 1998년 처음 이곳을 방문했던 때가 떠올랐다.

어둠이 몰려오고 있을 때 베두인 낙타 몰이꾼이 나를 졸졸 따라다니며 말했다.

"오늘 한 사람도 낙타에 태우지 못했어요."

"낙타를 타고 저 언덕에 오르면 카이로 시내와 피라미드, 스핑크스, 사자의 도시를 한눈에 볼 수 있어요."

"그럼 해 질 무렵에 나를 저 언덕으로 데려다주겠소?"라고 물었다. "해가 지면 갈 수 없어요. 해가 지면 이 주변에는 엄청난 영혼의 악귀가 나타나요."라고 낙타 몰이꾼은 말했다.

이미 땅거미가 내리고 있었고 피라미드 꼭대기는 마지막 햇빛을 받아 황금색으로 변하고 있었다. 나는 스핑크스와 피라미드가 밤을 맞이하는 광경을 보고 싶었다. 나와 낙타 몰이꾼만 남았다. 나는 배낭속에서 쪼그라든 빵을 꺼냈다. 오렌지를 까서 빵 속을 채우고 낙타몰이꾼과 둘이서 씹기 시작했다. 차츰 어둠이 깔리기 시작하자 스핑크스는 괴물처럼 우리 앞에 우뚝 섰다. 낮의 모습과는 전혀 달랐다. 멀리서 개 짖는 소리가 들려왔다. 별이 나타나기 시작했고 하늘은 검푸른색으로 변하고 있었다.

　　　　　　　　　　　　아프리카의 바람 소리

낙타 몰이꾼은 말을 하지 않았다. 나는 "귀신이 보여요? 무서워요?"라고 물었다. 그는 "낙타랑 같이 있으면 무섭지 않아요. 우리는 유목민인 걸요."라고 말하며 "그럼 당신은 무서워요?"라고 물었다. 나는 대답했다. "무섭지 않아요. 나는 잉카 유적지 마추픽추에서도 하룻밤을 혼자 지내봤어요." 낙타 몰이꾼이 유목민이라 좋았다.

이제 우리를 방해하는 것은 아무도 없었다. 나와 낙타 몰이꾼만이 피라미드와 스핑크스를 지키고 있을 뿐이었다. 멀리서 이슬람 사원 무예진의 코란 독경 소리가 낭랑하게 들려왔다. 나는 낙타를 타고 몰이꾼은 걸어서 뒤편 언덕으로 오르기 시작했다. 언덕을 올라갈수록 카이로 시내가 희미하게 보였다. 스핑크스는 카이로 시내를 굽어보며 점점 어둠에 휩싸여 갔다. 낙타 냄새가 고약했다.

성큼성큼 모래 언덕을 올라갈 때 심하게 흔들려 중심을 잡기가 힘들었다. 낙타 등에 설치된 안장 손잡이를 꼭 잡고 버텼다. 어깨가 아프고 팔도 아팠다. 다리에 쥐가 나고 사타구니가 아팠다.

드디어 언덕 위에 올랐다. 야경은 한 폭의 그림이었다. 카이로 시내, 피라미드, 스핑크스, 끝없이 펼쳐진 사하라 사막, 쏟아질 듯 빛나는 별들. 잠시 환각에 빠졌다. 사람들이 분주히 피라미드를 쌓아 올리는 모습이 보였다. 죽은 사람들이 생전의 모습으로 돌아와 저잣거리에서, 강기슭에서 농사를 짓고 고기를 잡고 돌을 깨며 바쁘게 움직이는 모습이 보였다.

환시에서 깨어나 서쪽으로 낙타를 몰았다. 한참을 가다 모래 언덕에 누웠다. 별똥별이 긴 자국을 남기고 사라졌다. 모래가 사르륵사르륵 소리를 내며 날렸다. 낙타 몰이꾼도 말이 없었고 그저 하늘을 쳐다보며 누워 있었다. 그는 어딘가에 두고 온 자신의 고향을 생각하는 듯 했다.

옛날 생각에서 벗어날 때쯤 여행자들이 모두 떠나고 경찰 패트롤카
가 순찰을 돌며 곧 밖으로 나갈 시간이 되었음을 알려주었다.

다음날, 프랑스에서 온 세 여인이 호텔이 제공하는 아침 식사에 동
참했다. 그들은 휴가차 이집트에 왔다고 했다. 저들을 보니 먼 옛날
이집트 청년과 나눈 대화가 생각났다.

처음 이집트에 왔을 때 나는 구시가지를 기웃거리고 있었다. 골동
품과 장신구가 잔뜩 진열된 거리였다. 키가 훤칠하고 콧날이 오뚝한
청년이 나를 단숨에 낚아채어 자기 가게로 데리고 들어갔다. 향수와
최음제를 진열해둔 가게였다. 나를 잡아두고 아름다운 병에 들어 있
는 액체에 관하여 열을 올리며 선전하기 시작했다. 그는 유창한 영어
를 구사하면서 나를 사로잡았다. 당시 이집트는 정세가 안정되고 경
기가 좋아 프랑스인을 비롯한 많은 유럽인이 지중해를 건너 이집트
로 휴가를 왔었다. 내가 걷고 있었던 구시가지 골동품 거리도 유럽인
으로 가득했다.

청년은 진지한 표정으로 내게 물었다.

"유럽 여인들을 좋아합니까?"

"왜 묻느냐?"

"좋아하는지 대답해보세요."

"그래, 유럽 여인들을 좋아하지."

"그럼 됐어요. 이 약을 한번 먹어보세요. 엄청난 정력제예요. 아마
저 밖에 걸어 다니는 유럽여자들이 줄줄 따라올걸요. 저 프랑스 여
자들은 대부분 섹스 파트너를 찾아온 사람들이에요. 이 향수를 한번

발라 보시겠어요. 아마 프랑스에서 온 여인들은 이 냄새 때문에 물어 보지도 않고 따라올 거예요. 난 여러 번 사용해봤거든요. 한 번도 틀린 적 없어요."

"진짜 사용해 보았어?"

"진짜요. 아저씨, 오늘 저녁 저랑 같이 한번 사용해보실래요? 이걸 바르고 프랑스 여인들을 한번 꼬드겨볼까요?"

"정말 꼬드겨질까?"

"그럼요. 틀림없어요. 저는 이 최음제를 먹고 이 향수를 바르고 프랑스 여인들과 몇 번이나 뜨거운 밤을 보냈어요."

"결혼했어?"

"아직 하지 않았어요. 결혼할 필요 없어요. 이 약들만 있으면 프랑스 여인들과 언제나 잘 수 있으니 결혼 걱정 안 해도 돼요."

청년은 자랑 겸 장삿속을 장황하게 늘어놓았다. 당시 프랑스 여인들은 섹스 파트너를 구하기 위해 지중해를 건너와 이집트에서 여름 한철을 보냈다고 했다.

오후에는 어제 신청한 에티오피아 비자를 찾기 위해 지하철을 타고 도키역에 내렸다. 오늘은 두 번째 가는 길이라 택시를 타지 않고 걸어갔다. 대사관으로 가는 한적한 길목에 사납게 생긴 유기견들이 돌아다니고 있었다. 이빨을 드러내며 따라올 때는 머리끝이 쭈뼛쭈뼛하다. 하늘을 쳐다보며 날카로운 이빨을 드러내고 짖어댔다. 오가는 사람도, 차도 없이 개들만 들끓고 있었다. 빠른 걸음으로 길을 재촉하니 이놈들도 빠른 속도로 따라왔다. 뒷골이 뻣뻣해지고 걸음이 비틀거렸다. 상체를 꼿꼿이 세우고 노래를 부르며 당당히 걸었다.

그러자 녀석들도 공격하지는 않았다. 정원에서 나의 모습을 바라보며 미소 짓는 사람이 있었다. 그 사람을 보는 순간, 불안감이 사라졌고 당당하게 개들을 향해 소리치며 개들을 쫓았다. 그러자 슬슬 뒤로 물러서서 뿔뿔이 흩어졌다. 참 희한한 일이었다. 이 마을에 사는 사람이라면 조그만 꼬마들도 개들을 두려워하지 않았다.

대사관에 도착했다. 어제 만났던 경비병이 인사를 했다. 경비병이 대문 안쪽으로 연락을 취하자 대사관 직원은 우리를 알아보고 여권을 가지고 나왔다. 3개월 체류 비자 도장을 확인했다.

남아공 케이프타운까지 육로를 가기 위해 꼭 들러야 하는 두 번째 국가는 수단이다. 우리나라와는 비자 면제 협정이 없는 나라이기 때문에 카이로에 머무는 동안 꼭 비자를 발급받아야 한다.

멀지 않은 곳에 수단 대사관이 있었다. 찾아갔더니 길가에 수단 국기가 게양되어있고 입구에 경비원이 있었다. 경비원은 우리를 데리고 비자 발급창구로 안내해주었다. 에티오피아 대사관과는 많은 차이가 있었다. 안내실, 경비실, 대기실, 서류를 작성하는 책걸상이 있었고 대사관 직원들도 정장 차림으로 업무를 보고 있었다. 비자 발급 신청서를 작성하고 제출했다. 한 사람당 비자 발급 수수료는 100달러씩 받았다.

4일 후 일요일 오전에 비자를 찾으러 오라고만 말하고 비자 접수증이나 비자 인수증 같은 증서를 주지 않았다. 대사관 접수 직원에게 찾는 날짜와 시간을 기재하고 서명한 비자 접수 확인서를 요구했다. 자신을 믿으라는 말만 하고 접수 확인증을 발급해주기를 꺼렸다. 그렇지만 여권을 맡겼는데 확인서를 주지 않는 것을 이해할 수 없었다. 오히려 서류를 되돌려 주겠다고 으름장을 놓으며 까다롭게 군다고 짜증을 냈다.

아프리카의 바람 소리

여행자에게는 여권이 가장 중요하다. 당신을 못 믿어서가 아니라 이것은 당연히 신청자와 대사관 사이에 지켜야 할 행정 업무가 아닌가? 티격태격하는 소리를 듣고 그의 상관이 나와서 확인서를 해주라고 말했다. 그제야 접수 직원은 확인서를 해주었다. 나는 웃으며 그의 어깨를 두드리며 고맙다는 인사를 하고 물러섰다. 직원은 현관 입구까지 따라 나왔다.

비자 신청을 하고 나오는 길에 3명의 키 큰 흑인들을 만났다. 흰색의 무슬림 옷을 입고 있었다. 어디서 왔는지 물었더니 수단에서 왔으며 대사관에서 일을 보고 돌아간다고 했다. 나는 수단은 무엇이 유명한지 물었다. 자기 나라에도 피라미드가 많이 있다고 했다. 규모는 작지만 이집트보다 더 오래되고 숫자가 많단다. 자기들 조상이 제일 먼저 피라미드를 건축했고 그들은 누비안족이며 아스완(Aswan) 댐 근처에 살았다고 했다. 수단에 가면 누비안 귀족 마을과 피라미드를 방문할 것을 추천했다. 뜻밖의 정보라 누비안 족에 대해 메모했다.

알 아즈하르(Al azhar) 사원을 찾았다. 예배를 막 끝내고 많은 이슬람 청년이 쏟아져 나왔다. 정문에서 한 무리의 청년들이 아랍어로 뭔가를 잔뜩 쓴 플래카드를 들고 길거리로 나가려고 했지만, 경찰이 저지하고 있었다.

이 모스크는 970년에 세워진 대학으로 1,000년이 넘는 역사를 갖고 있는 아랍에서도 가장 오래된 대학이다. 아랍의 여러 나라에서 이슬람 학생들이 유학을 하고 있다.

시위 군중을 피해 알 아즈하르 모스크 안으로 들어갔다. 사원 안은 평온했다. 사람들이 조용히 사원 마루에 앉아 기도를 하거나 책을 보고 있었다. 신발을 신발장에 벗어 놓고 카펫에 앉아 편안한 자세로 기도하는 모습을 지켜보았다. 1,000년이 넘는 대학의 사원 분위기는 고풍스럽고 엄숙했다. 바닥은 자주색 카펫이 깔려 있었고 벽을 따라 움푹 들어간 곳에 종교 지도자 이맘이 설교하는 연단이 만들어져 있었다. 건물 기둥은 무늬가 있는 대리석으로 장식되었고 벽면의 박공은 유럽 중세 성당에서 볼 수 있는 스테인드글라스로 장식되어 있었다.

사원 안은 시원하고 조용해서 바깥과는 전혀 달랐다. 1,000년이 넘는 이슬람사원에서 눈을 감고 잠시 명상에 잠겨 보았다. 중년 남자가 나를 흔들어 눈을 뜨게 했다. 나는 남자니까 여기 있어도 되지만 혜경은 여자이기 때문에 나가야 한다고 했다. 조금만 더 있겠다고 양해를 구했지만, 안 된다고 했다. 주변 사람들 시선이 우리에게로 모아졌고, 그들의 율법을 존중하지 않을 수 없었다. 미안하다는 말을 남기고 나왔다. 바깥은 소란하고 시끄러웠다. 시위대와 경찰은 아직도 대치 상태였고 젊은 청년들의 목소리가 거칠었다.

어둠이 깔리기 시작하자 사원 주변의 시장 바닥은 발 디딜 틈 없이 붐비기 시작했고 하루의 일을 마친 사람들이 간이음식점으로 몰려들었다.


아침 일찍 알렉산드리아(Alexandria)로 가기 위해 람세스(Ramses) 기차역으로 갔다. 역전까지 걸었다. 담벼락마다 말, 당나귀, 개의 오물과 인간 배설물이 인도를 따라가며 뒤범벅이었다. 메케한 냄새가 코를 찔렀다. 웅덩이마다 인간들의 오줌이 흥건하게 고여 있었다. 모래 바람이 도시 전체를 노란색으로 물들였다.

　　　　　　　　　　　　　　　아프리카의 바람 소리

역전 광장은 아예 상인들의 장터로 변해버렸다. 사람들은 사납고 공격적이었다. 신발 장수, 가방 장수, 장신구, 싸구려 옷 장수, 밀가루 장수, 빵 장수가 모두 뒤얽혀 어디가 경계인지 구별할 수도 없었다. 통행인들은 노점상들이 펼쳐 놓은 물건들 사이로 겨우 비켜 지나갔다.

새로 건축한 역사 안으로 들어섰다. 커다란 피라미드가 조각되어 있고 그 위로 파피루스로 만든 비행선이 떠 있었다. 10시에 출발해서 저녁 7시에 돌아오는 완행열차표를 구입했다. 역 대합실에서 한참 기다려야만 했다. 의자에 기대어 느리게 움직이는 완행열차의 모습들을 지켜보았다. 많은 사람들이 고향을 등지고 카이로로 모여드는 행색이었다.

기차역은 언제나 마음이 설레는 곳이다. 두 줄기의 흐름이 만난다. 가는 사람과 오는 사람, 떠나는 사람과 남는 사람. 그리고 그리움과 이별을 남긴다.

기차 안으로 들어갔다. 기차는 천천히 플랫폼을 빠져나와 나일강 삼각주 농경 지대에 들어섰다. 세계 최대의 삼각주이자 이집트 곡창 지대로, 기름진 농경지가 잘 발달된 수로를 끼고 끝없이 펼쳐졌다. 농촌 가옥은 붉은 벽돌로 만든 2층이나 3층의 박스형 집이었다. 많은 농가가 수로를 따라 목초지, 밀밭, 보리밭, 채소밭에 농사를 짓고 있었다. 철로 연변의 집들은 대부분 미장을 하지 않았고 폐허가 되어 흉가로 변해가는 집도 많았다. 나일강은 농민들에게 풍성한 농경지를 가져다주고 있었다.

알렉산드리아에 닿았다. 기원전 331년 알렉산더 대왕이 알렉산드리아를 세웠다. 로마 제국 시대에는 이곳이 줄곧 이집트 수도였다. 목걸이처럼 생긴 둥근 항구는 지중해의 중심 무역항이자 학문의 중심지로 오랫동안 그 이름을 세계에 알려왔다. 1799년 프랑스 나폴레옹 병사에 의해서 인근 로제타(Rosetta)에서 로제타석이 발견되자 더욱 많은 사람들이 알렉산드리아에 관심을 갖게 되었다.

로마 시대 원형 경기장이 있던 곳을 찾았다. 아직도 발굴이 계속되고 있었다. 당시 로마인들의 화려하고 여유 있는 생활 흔적을 볼 수 있었다. 로마 시대 때 사용하던 대리석 목욕탕 욕조가 발굴되어 전시되어 있었다. 이곳 원형 경기장 주변에서 12개의 대리석 욕조가 발굴되었다고 했다. 욕조는 지금 당장이라도 사용할 수 있을 정도로 잘 보존되어 있었다.

지중해가 펼쳐진 항구를 향해 걸어갔다. 고풍스러운 카페가 줄지어 있고 카페마다 향긋한 커피 향을 쏟아냈다. 알렉산드리아 항구 해변 도로를 따라 걷기 시작했다. 항구의 모습이 목걸이 모양으로 둥글었고 양 끝은 긴 방파제를 건설하여 파도를 막고 있었다.

항구 해변에 자리 잡은 압둘 아바스 사원 앞 해안 둑에 걸터앉았다. 야자수로 둘러싸인 아름다운 사원이었다. 마차들이 손님을 태우고 달가닥달가닥 말발굽 소리를 내며 해안 도로를 달렸다. 크고 작은 배들은 항구에 정박되어 있었다.

이번 여행의 시발점이 되는 곳이었다. 혜경과 나는 그곳에서 아프리카 남아공 희망봉까지 갈 것이었다. 지중해의 파도가 출렁이는 해변으로 내려가 해변을 걷고 바닷물에 손을 담갔다. 손가락으로 지중해의 짠맛을 보았다. 이제 인도양과 대서양이 만나는 희망봉의 짠맛을 봐야 이 여행이 끝날 것이었다. 멀다. 아주 멀다. 살아남을 수 있을까? 지중해의 수면 위로 희망봉의 등대가 환시로 나타났다.

해안 끝에 자리 잡은 카이트베이(Qaitbay) 요새까지 왔다. 성문이 닫혀 들어갈 수 없었다. 해안 방파제를 따라 많은 노점 상인들이 조개껍데기로 만든 여러 가지 기념품을 팔고 있었다. 커피 행상인도 있고 솜사탕 장수도 있었다. 솜사탕에서 날려오는 고소한 냄새가 미각을 한껏 돋우었다.

수단 비자를 찾는 날이었다. 가는 길에 미국인 존을 만났다. 텍사스에서 왔다고 했다. 수단 대사관에 비자 신청을 하러 가는 참이라고 했다. 수단 대사관이 미국인들에게는 비자 발급을 잘 하지 않는다고 했다. 클린턴 대통령이 수단의 수도 하르툼(Khartoum) 근교의 제약공장에 폭격을 감행한 이래 미국인들에게 비자 발급을 극도로 제한한다고 했다.

존은 수단으로 입국할 때 어떻게 들어가느냐고 물었다. 아스완 댐에서 배를 타고 와디할파(Wadi Halfa)를 거쳐서 들어가겠다고 말했다. 그는 배로 가는 것은 위험하고 잘못하면 강도를 당할지도 모르니 비행기로 가는 것이 좋다고 조언했다. 하르툼 시내를 벗어나 지방을 여행하는 것은 위험하다고 했다.

수단 대사관에 도착하여 1개월 체류 비자를 발급받았다. 비자를 건네준 누비안 청년은 웃으며 즐거운 수단 여행이 되길 바란다고 말했다. 그리고 메로에(Meroe) 피라미드 지역을 추천해주었다.

일주일 만에 에티오피아와 수단 비자 발급 업무를 끝냈다. 어디로든 빨리 떠나고 싶었다. 룩소르(Luxor)로 가는 표를 사기 위해 람세스역으로 갔다. 아침에 떠나는 열차를 타고 차창으로 지나가는 풍경을 즐기고 싶었다. 그러나 주간에 운행하는 열차는 없다고 했다. 밤 10시에 출발하는 룩소르행 퍼스트 클래스 표를 한 장에 170이집트 파운드에 샀다.

표를 구입하고 택시를 타고 호텔로 가는 중에 교통 체증이 일어나 차들이 꼼짝하지 않고 서 있었다. 혜경이 창문을 열고 바깥을 구경하고 있었다. 갑자기 청년이 열린 창문으로 손을 넣고 가방을 낚아채려고 했다. 순식간에 일어난 일이라 어떻게 쫓아갈 수도 없다. 다행히 가방이 커서 창문으로 빠져나가지 않았다. 택시 기사도 웃고만 있었다. 도둑은 30미터 정도 도망가다 뛰지도 않고 유유히 반대편 길로 사라져 버렸다.

저녁 8시, 호텔 주인이 일주일간 체류한 것에 대한 보답이라며 택시를 내어주었다.

"미스터 킴, 다음 목적지는 어디예요?"

"룩소르, 아스완에서 배를 타고 수단 와디할파로 갈 겁니다."

"수단은 위험한 나라예요. 조심하세요."

"룩소르는 안전한가요?"

"경찰이 에스코트를 해줄 것입니다."

"오래전 1997년 룩소르 사원에서 독일 관광객 57명이 죽지 않았나요? 이슬람 광신도가 버스를 향해 무차별 난사를 했었죠? 왕들의 계곡에서도 많은 관광객이 죽었다고 들었는데 요즘은 괜찮을까요?"

"괜찮아요. 걱정하지 마세요. 카이로에 들리면 또 오세요."

"그럴게요. 정말 고마웠어요."

아프리카의 바람 소리

# 룩소르

룩소르(Luxor)행 열차를 타기 위해 역으로 향했다. 룩소르로 가는 8번 홈에 배낭을 내려놓고 기다렸다. 일본 여성 두 사람이 왔다. 같은 동양인을 만나 반가웠다. 그들도 일등칸 차표를 가지고 있었다. 그들은 아스완까지 갔다가 아부심벨(Abu Simbel) 사원을 구경을 하고 나일 크루즈를 타고 다시 룩소르로 올라갈 계획이라고 했다.

열차에 올랐다. 비행기 퍼스트 클래스처럼 좌석이 넓고 좋았다. 일본 여성들은 우리 뒤편 좌석에 앉았다. 네 사람을 제외하고는 동양인은 없었다. 대부분 여행객들은 서양인들과 현지인들이었다.

10시가 조금 넘어 역무원의 휘슬 소리가 요란히 들려왔다. 열차가 역을 천천히 미끄러져 나갔다. 희뿌연 모래바람이 계속 불어 도시가 희미한 모습으로 지나갔다. 30분 정도 달렸다. 소음도 불빛도 사라지고 조용한 시골이 나타난다. 강을 따라 펼쳐진 들판 사이로 마을들이 옹기종기 모여 있었다. 대부분 집들은 흙벽돌로 만들어진 작은 박스형이었다. 모스크가 있는 마을을 지나갔다. 흰색의 베레모를 쓴 남자들이 예배를 끝내고 귀가하는 모습이 보였다. 불이 켜진 사원의 첨탑과 모스크가 요술궁전처럼 신비로운 모습으로 지나갔다.

혜경은 깊은 잠에 빠졌다. 문을 열고 객실 밖으로 나갔다. 달리는 열차 오른편으로 나일강의 수면이 보였다. 희미한 달빛과 수많은 별들이 강물에 비쳤다. 대추야자나무들이 강을 따라 펼쳐져 있었다. 창문을 열자 사막에서 불어오는 밤의 찬 공기가 얼굴을 마구 때리며 스쳐갔다.

자정이 훨씬 넘은 시간이었다. 철로변 홍등가 여인들이 문설주에 기대고 서서 지나가는 사람들을 호객하고 있었다.

덜컹이는 열차 소음에 잠을 설쳤지만 아침은 밝아왔다. 나일강의 모래 둔덕에 아침햇살이 발갛게 달아올랐다. 황량한 모래사막이 장벽처럼 남북으로 길게 뻗어있었다. 강을 따라 사탕수수 농장이 펼쳐졌다. 수확이 끝난 사탕수수밭 그루터기를 불에 태우느라 이곳저곳에서 연기가 피어올랐다. 그림 같은 시골의 모습이 끝날 무렵 열차는 룩소르 역에 도착했다.

해피 랜드(Happy Land) 호텔에 도착해 체크인했다. 15,000원에 두 사람의 아침 식사가 포함되는 저렴한 호텔이었다. 또한, 재래시장이 가까이에 있어 편리했다.

룩소르 사원 앞으로 갔다. 사원 맞은편에 맥도날드가 눈에 들어왔다. 사막에서 오아시스를 만난 듯 반가웠다. 빅맥을 주문하고 감자도 콜라도 주문했다. 햄버거를 들고 2층으로 올라갔다. 넓은 공간은 에어컨이 잘 나와 시원했다. 많은 유럽인들이 맥도날드 안으로 들어와 더위를 식히며 앉아 있었다. 유럽인들을 보니 사고를 당한 독일인들 생각이 났다. 극렬 이슬람주의자들이 무고한 57명의 생명을 앗아갔던 끔찍한 일이 이곳 룩소르에서 일어났었다.

사원 너머로 나일강이 흘렀고, 강 건너 서안에 있는 왕들의 계곡과 멤논(Memnon) 거상을 한눈에 바라볼 수 있었다. 원래는 사원 앞에 오벨리스크가 두 개 있었지만 이제는 하나만 남아있어 사원이 불균형하게 보였다. 없어진 오벨리스크는 이집트 무함마드 왕조가 프랑스에 선물했다고 했다. 현재는 프랑스 파리 콩코드 광장 한가운데 금박을 입혀 세워 놓았다. 우리는 맥도날드에서 나와 사원으로 향했다.

　　　　　　　　　　　　　아프리카의 바람 소리

사원에 땅거미가 내리고 룩소르 사원에도 하나둘 조명이 들어오기 시작했다. 밤의 사원은 더 아름다웠다.

입장권을 구입하여 사원 안으로 들어갔다. 조명을 받은 거대한 신전 주랑들이 황금색으로 변하고 하늘에는 별들이 나타났다. 관광객을 태운 마차가 달가닥달가닥 말발굽 소리를 내며 어디론가 사라졌다. 3,500년 세월을 간직한 육중하고 고색창연한 오벨리스크에 조명이 들어왔다. 새겨진 상형 문자들이 윤곽을 뚜렷이 드러내고 있었다. 람세스 2세 좌상이 얼굴은 망가지고 손이 잘려 나간 채 신전 입구 양쪽에 앉아 있었고, 부인과 자식들도 함께 조각되어 있었다.

사원 안으로 들어갔다. 많은 관광객이 가이드를 앞세우고 요리조리 바쁘게 몰려다녔다. 파피루스를 본떠서 만든 육중한 주량 수십 개가 조명을 받고 서 있었다. 어찌나 기둥 둘레가 크게 보이는지 혜경과 함께 몇 아름이나 되는지 팔을 대어 보았다. 기둥 둘레가 5미터는 될 것 같았다. 각 기둥은 돌로 된 도리와 들보로 연결되어 있었다.

안뜰을 지나자 지성소가 나왔다. 성소 입구는 파피루스를 본떠 만든 작은 기둥 2개가 서 있었고 성소 벽면에 로마인들이 칠한 회반죽 흔적이 남아 있었다. 로마인들은 전실을 예배당으로 사용했다. 그래서 벽면에는 아직도 예수의 12제자들 그림이 남아 있고 성소 안쪽은 알렉산더 대왕의 방이 있었다.

관광객들이 깔깔 웃으며 떠들썩했다. 그 곁으로 가보았다. 덴마크에서 온 중년 부부들이었다. 여성들이 벽면에 새겨진 남자 성기를 한 번씩 만져보며 깔깔거렸다.

방금 성기를 만지며 웃고 있는 여인에게 물었다.

"Do you like it?"

"Yes, l like it."

"Especially big one."

그녀의 남편이 나에게 엄지손가락을 치켜세우고는 어깨를 으쓱해보였다.

남자들은 우두커니 서서 자기 아내들을 지켜보고만 있었다. 너무 많이 만져 성기 끝부분에 손때가 묻어 반질반질했다. 다산과 풍요를 나타내는 이집트의 신이었다. 까무잡잡한 이집트 가이드는 즐거워하는 여인들 앞에서 열을 올려 설명했다.

호텔로 돌아오는 길은 마차를 탔다. 마차가 나일강 가로 나왔고 강바람은 시원했다. 아스완까지 오가는 크루즈 선박들이 이중 삼중으로 부두에 정박해 불빛을 밝혔다. 갑판 위의 서양인들이 수영복 차림으로 어슬렁어슬렁 걸으며 마차에 손을 흔들었다. 야자수 가로수가 바람에 휘날리고 부겐빌레아꽃이 활짝 피어 아름다웠다. 소년들이 마차와 함께 달렸다. 진흙으로 만든 피라미드와 투탕카멘 두상을 들고 외쳤다. 원 달라! 원 달라!

갈매기들이 나일강을 따라 날아갔다. 룩소르 신전은 황금 조명을 받아 더욱 아름다웠다. 갈매기 날개를 본떠 만든 작은 돛단배인 펠루카(Felucca)들이 관광객을 태우고 나일강 바닥을 미끄러져 갔다. 여행객들의 웃음소리가 강독까지 들려왔다.

아침 식사를 위해서 호텔 옥상 식당으로 올라갔다. 벽면에 여러 가지 고대 이집트 생활상이 그림으로 그려져 있었다. 사후 세계에서 아누비스(Anubis)가 심판하는 그림이 흥미로웠다.

고대 이집트인들의 생활은 신과 사후 세계를 떠나서는 생각할 수

　　　　　　　　　　　　　아프리카의 바람 소리

없다. 사후 세계를 현생의 연속으로 보았기 때문에 죽은 자를 묻을 때 여러 가지 생필품을 함께 매장했다. 힘 있는 자는 노예도 함께 매장했다. 그리고 내세의 영원불멸할 삶을 위해 유용한 몸을 만들기 위해 미라로 만들었다. 최후 심판을 받으러 가는 곳은 힘들고 험한 강을 건너야 된다고 믿는다.

마지막 심판은 미라의 신 아누비스가 내린다. 그는 저울을 이용해 심장의 무게와 진실의 깃털 무게를 비교한다. 심장이 진실의 깃털보다 가벼우면 그에게 영생을 준다. 그러나 심장이 진실의 깃털보다 무거우면 영생을 얻지 못한다. 죄 많은 사람은 심장이 무겁다고 생각하기 때문이다. 하마, 사자, 악어의 혼합신인 아미타가 벌을 내려 이들을 영원히 사라지게 만든다.

강낭콩으로 만든 경단 모양의 만두가 맛이 좋았다. 독일의 젊은 친구들이 셋이서 식사하며 인사를 했다. 여자 둘에 남자 한 사람이 한 방에서 생활하며 돈을 절약하는 젊은이들이었다. 새까맣게 탄 얼굴에 근육질이었다. 자전거로 이집트 여행을 한다고 했다.

나일강에서 서안으로 가는 작은 배를 대절했다. 아침인데도 벌써 태양은 열기를 내뿜었다. 서안에 도착하자 많은 아이들이 당나귀랑 같이 강에서 목욕을 하고 있었다. 배에서 내리자 열 명 정도의 남자들이 우르르 몰려왔다. 당나귀를 타라, 낙타를 타라, 택시를 타라, 가이드를 고용해라. 호객꾼들에게 둘러싸이고 말았다. 우리는 부겐빌레아 꽃들이 아름답게 피어있는 꽃길을 따라 걷고 싶었다. 길을 따라 보리밭, 밀밭이 부드러운 이삭을 '쏘옥' 내밀고 바람에 흔들리고 있었다. 바람이 불어올 때마다 부겐빌레아 꽃잎이 나비처럼 날아갔다.

택시 운전사가 우리를 놓치지 않으려고 졸졸 따라왔다. 멤논 거상으로 가는 작은 버스가 우리 앞에 섰다. 얼른 버스에 올랐다. 검은 차도르 입은 여인들이 많이 타고 있었다. 차 안이 비좁았지만, 여인들이 조금씩 자리를 넓혀주었다.

우리는 멤논 거상 앞에서 내렸다. 우리를 졸졸 따라왔던 운전자가 미리 와서 기다리고 있었다. 멤논 거상은 흉물스럽게 생겨 들판 한가운데 우뚝 서 있었다. 람세스 3세 자신을 묘사한 높이 17미터에 달하는 거상으로, 거기에는 그의 어머니와 아내가 조각되어 있었다.

마디네트 하부(Madînet Habu) 신전을 향해 아스팔트 길을 걸었다. 날씨가 무척 더워 숨이 턱턱 막혔다. 물병을 들고 가며 연신 물을 마셨다. 흙길을 따라 마을로 들어가는 길을 걸었다. 주변 길은 황량했다. 어디를 봐도 모래 언덕과 굴러다니는 자갈뿐이었다. 마을에 들어서자 대추야자나무와 보리밭이 시원스럽게 펼쳐졌다. 농가의 앞마당에 오리, 송아지, 염소, 당나귀가 함께 어울려 다녔다. 주인이 가축 배설물을 치우며 안으로 들어오라는 손짓을 했다. 흙벽돌로 담을 두껍고 높게 쌓아 집을 지었다. 집 안은 무척 시원했다. 동물 우리를 들여다보니 파리와 각다귀들이 윙윙거리며 몸에 달라붙었다. 한 건물 안에 동물과 사람이 어울려 살고 있었다.

하부 신전에 들어갔다. 관광객들이 버스에 내려 신전 안으로 들어가고 있었다. 유럽에서 온 노부부들이 많았고 휠체어를 타고 온 사람도 있었다. 신전 앞 제일 탑문이 성벽처럼 우뚝 서 있었다. 벽면에는 람세스 3세가 태양신 라 앞에서 전쟁 승리를 축하하는 모습과 적을 죽이는 모습의 부조가 새겨져 있었다. 벽면의 부조가 유난히 깊었는데, 이는 훼손을 방지하기 위해서 깊게 부조를 새긴 것이라고 했다.

기둥에 새겨진 이야기는 전쟁 이야기가 대부분이었고 포로들의 손과 성기를 잘라서 쌓아 둔 모습도 보였다. 더 안으로 들어갔다. 기둥의 들보 천정에 수호신 독수리 채색화가 선명했다. 지성소였던 곳의 기둥은 전부 잘려 나가고 밑부분만 남아 있었다.

혜경과 나는 대추나무 그늘에 앉아 준비한 감자와 토마토를 점심으로 먹었다. 한낮의 열기는 대단했다. 관광객을 제외하고는 움직이는 것이 없었다. 하늘을 나는 새도, 돌아다니는 들개도 없었다. 파리나 곤충도 시원한 곳을 찾아 자취를 감추었다. 음식을 먹을 때 언제나 찾아오는 파리마저도 보이지 않았다. 신전의 문을 빠져나왔다. 이제 더 이상 걸어갈 수 없을 정도로 뜨거웠다.

택시를 잡아타고 핫셉수트(Hatshepsut) 신전을 향했다. 택시 안도 너무 뜨거웠다. 오른쪽으로 오아시스 들판이 넓게 펼쳐졌다. 농경지 경계마다 대추야자나무가 싱싱하게 하늘을 향해 뻗어 있었다. 황량한 사암 계곡을 따라 들어갔다. 핫셉수트 신전이 테베(Thebes) 산 아래 병풍 같은 암벽으로 둘러싸여 있었다. 이 신전은 핫셉수트 여왕이 사후 자신의 안식을 위해서 세운 신전이라고 했다. 신전 앞 매표소에서 코끼리 열차가 사람들을 신전까지 데리고 갔다.

신전에 도착했다. 건축 양식이 다른 신전과는 달랐다. 지형의 모양을 따라 3층으로 건축되었다. 부채꼴의 거대한 사암 병풍이 신전을 에워싸고 있어 신전은 작게 보였다. 화강암 신전과는 다르게 사암으로 건축되었다. 중앙에 신전 전체를 연결하는 경사로가 있고 각 층은 작은 사각기둥을 전면에 나열했다. 3층 신전 기둥에 세워진 여왕의 조각상은 남자 파라오처럼 수염이 있었다. 3층 신전 난간에 앉으니 나일강과 오아시스 농지가 멀리 펼쳐져 보였다.

택시를 타고 왕의 계곡으로 갔다. 재위 기간에 따라 무덤의 깊이와 모양이 다른데, 재위 기간이 길수록 무덤은 깊고 화려하게 만들어졌다. 무덤 벽면에 태양을 숭배하는 파라오의 모습이 나열되어 있었다. 이집트인들은 자신들을 태양신 라의 자손이라 여기며 태양을 경배했다.

풍뎅이, 코브라, 황새 같은 곤충이나 동물도 보였다. 코브라는 파라오의 수호신으로, 황새는 영혼불멸의 상징으로, 특히 풍뎅이는 사후 환생의 상징으로 숭배했다. 벽면에 낙서와 파괴 행위, 끌로 이름을 새긴 흔적들이 흉물스럽게 보였다.

람세스 3세 무덤은 명성만큼이나 깊은 곳까지 내려갔다. 사진 촬영이 금지인 줄 알면서도 사진을 찍었다. 무덤 안내원이 기둥 뒤에서 나타났다. 사진 촬영은 안 된다는 말을 하면서도 나를 기둥 뒤로 유인했다. 사진을 더 찍고 싶은지 물었다. 시야에서 관광객들이 사라지고 나와 혜경, 그리고 안내원만 남았다. 안내원은 우리를 일반 관광객들에게 공개하지 않은 곳으로 데리고 갔다.

일반 통로 옆으로 다른 통로가 있었고 두 개의 공개하지 않은 방이 따로 있었다. 벽화를 유리로 막아두었다. 안내원은 유리 속을 찍을 수 있게 했다. 다른 관광객이 오는지 망을 봐주기도 했다. 일반인에게 공개하면 안 된다는 이야기를 여러 번 했다. 그리고는 돈을 요구했다.

14호 무덤으로 갔다. 람세스 무덤에 비하여 그렇게 깊게 내려가지는 않았다. 안내원에게 사진 촬영을 흥정했다. 이번 안내원은 부패하지 않았다. 그러나 아내가 4명이고 자식들이 20명이라 생활하기가 힘들다며 돈을 요구했다.

8호 무덤을 둘러 나왔다. 험악한 바위 사이로 갱도를 뚫고 무덤을 만들기 위해서 얼마나 많은 사람들이 희생되었을지 생각해보았다. 역사에서 중요한 사람은 왕이지 민초는 아니었다. 그들이 태양신을 얼마나 숭배했으며 환생의 믿음이 얼마나 강했는지 알 수 있었다.

그들은 도굴 방지를 위해 입구를 위장하거나 보안 장치를 만들어가며 깊은 곳에 무덤을 만들었다. 그러나 알렉산더 대왕이 이집트를 정복한 이래 그리스인, 로마인, 비잔틴, 아랍인, 급기야 유럽의 고고학자, 여행자들까지 합세해 왕들의 계곡을 도굴하기 시작했다. 무덤을 도굴한 사람이 이유도 모르게 갑자기 죽는 경우도 있었다. 그럴 때마다 왕들의 저주라는 말도 있었지만, 그런 소문도 도굴에 대한 집념을 막지는 못했다. 사자(死者)를 매장할 때 생활용품과 귀중품을 함께 매장하는 관습 때문에 도굴을 더욱 피할 수 없었다.

내부의 뜨거운 열기로 인해 현기증이 일어났고 코안에 통증이 생겼다. 호텔로 돌아가기 위해 나일강 나룻배에 올랐다. 저녁노을이 길게 드리운 강물에 많은 각다귀 무리들이 윙윙거렸다. 이슬람 사원 미나레트(minaret)에 오른 무예진의 독경 소리가 낭랑하게 들려왔다.

책방에 들러 남아프리카 가이드북을 샀다. 말라위, 잠비아, 보츠와나, 나미비아, 남아공, 레소토, 에스와티니(스와질란드), 모잠비크를 훑어 봤다. 갈 길이 까마득한데 아직 문턱에 서 있는 것 같았다.


아스완행 열차표를 사기 위해 역에 들렀다. 1등석 표를 샀다. 룩소르를 떠나기 전 카르나크(Karnak) 신전을 둘러보기 위해 마차를 흥정했다. 마부에게 직접 마차를 몰겠다고 제안했다. 마부는 흔쾌히 허락했다. 사람들이 적게 다니는 이면 도로를 택하여 마차를 몰았다. 마부는 나의 오른쪽에 앉고 직접 채찍을 휘둘러보았다. 달가닥거리는 말발굽 소리가 서부 영화의 한 장면 같이 여겨졌다.

카르나크 신전에 도착했다. 아침인데 햇볕은 뜨거웠고 사람들은 많았다. 신전 입구에 스핑크스상들이 도열해 있었다. 정문을 지나 안뜰로 들어갔다. 붉은색 람세스 2세 석상 앞에서 사진을 찍으려고 하는 사람들로 붐볐다. 수염과 코, 이마가 심하게 훼손되었고 손도 잘려나갔다.

제2문을 지나 안으로 들어갔다. 람세스 2세 때 완성된 거대한 열주전이 나타났다. 파피루스 꽃을 표현한 134개의 거대한 기둥으로 이루어져 있었다. 거대한 돌을 원형으로 잘라서 하나씩 포개 만들었다. 기둥마다 초석을 놓았고 상형 문자가 부조되어 있었다. 천정에는 햇살을 받아들인 창문이 있었고 채색한 흔적도 있었다.

제4문에는 핫셉수트 여왕의 오벨리스크가 있고, 제5, 6문에는 태양신 아몬(Amon)의 성소가 있었다. 성소는 일몰과 일출 시 햇빛이 들어오도록 동서를 개방해두었다.

열심히 선생님의 설명을 듣고 있던 현장학습 온 학생들이 몰려왔다.

"Where are you from?"

"From Korea."

하얀 이빨을 드러내고 오뚝한 콧날을 만지면서 수줍은 듯이 얼굴을 숨기기도 했다. 남자아이들은 청바지에 티셔츠 차림이 대부분이었지만 여학생들은 흰색, 검은색, 분홍색, 하늘색 등 다채로운 차도르를 입었다. 여선생님 반 여학생 모두와 사진을 찍었다. 뚱뚱한 여선생님은 외국인에 대해 관심이 많았고 영어 실력을 아이들 앞에서 과시하고 싶은 듯하였다. 선생님과 이야기를 나눌 때 아이들은 자기 선생님 주변에서 선생님께 엄지손가락을 높이 세워주었다. 아이들은 파라오 이름, 탑, 오벨리스크 등 역사적인 이름을 외우는 것이 힘들다고 말했다.

네 분의 선생님들과도 사진 촬영을 했다. 두 유럽 여인들이 탱크톱을 입고 가슴이 거의 노출된 차림으로 지나갔다. 아이들이 우우하며 야유를 했다. 선생님들은 눈동자만 보일 뿐 차도르에 가려져 있었다.

연못가 붉은색 화강암 위에 연못을 바라보는 딱정벌레 조각상이 있었다. 딱정벌레는 환생과 행운을 가져다준다고 믿어 이집트인들이 숭상했던 곤충이다. 핫셉수트 여왕의 오벨리스크가 쓰러져 흉물스럽게 누워있었다. 아래쪽 부분은 사라지고 윗부분만 덩그렇게 두 개의 돌멩이 위에 얹혀 있었다. 여왕을 칭송하는 많은 상형 문자가 부조되어 있었다.

내부를 한 바퀴 둘러보았다. 엄청나게 규모가 컸다. 용도를 알 수 없는 많은 석조물들이 널브러져 누워 있었다. 다리와 팔이 떨어져 나간 조각상들이 길가에 뒹굴며 들개의 안식처가 되고 있었다. 3,000년이 지난 상형 문자가 새겨진 기둥들이 관리되지 못하고 널브러져 있었고 동쪽 한편은 아직도 발굴 작업과 보수 작업을 하고 있었다.


아스완으로 가기 위해 호텔 앞을 지나던 미니버스를 대절하여 역으로 갔다. 버스 운전자는 친절하게 6개의 배낭을 역 안까지 운반해 주었다. 아스완으로 가는 플랫폼으로 갔다. 햇빛을 가릴 지붕도 없이 몇 개의 의자만 덩그러니 자리하고 있었다. 아침이지만 벌써 햇볕이 따가웠다.

플랫폼에 청량음료를 파는 청년에게 콜라 한 병을 사서 단숨에 마셨다. 그래도 갈증이 가시지 않았다. 뜨거운 햇볕이 피부의 수분을 송두리째 말리는 것 같았다.

청년이 말을 걸었다. 열차는 언제나 연착된다고 했다. 카이로에서 오기 때문에 단 한 번도 예정된 시간에 도착하는 경우가 없다고 했다. 음료를 파는 이 청년은 이름이 모하멧이라고 했다.

민중 혁명이 일어나기 전에는 관광객도 많았고 열차를 타는 손님도 많았다고 했다. 그때는 장사가 잘되었는데 무바라크 대통령 축출 이후 정세가 불안정하고, 고용률이 떨어지고, 경제가 침체되었다고 불평을 늘어놓았다. 곡물 가격이 불안정하여 빵값이 폭등하고 민심은 불안하고 사람들은 걸핏하면 싸운다고 했다.

모하멧이 받는 일당은 25이집트 파운드로, 우리 돈으로는 4,000원 정도였다. 그래도 살아가는 데 지장이 없다고 했다. 서민들을 위한 빵 공장이 있고 이곳에 국가가 일정 부분 원조를 해주기 때문에 1달러에 호밀 빵 20개 정도를 살 수 있다고 했다.

그는 7형제 중 장남이라고 했다. 아버지는 3명의 여자와 결혼했는데, 이미 돌아가셨고 아버지 밑에서 태어난 형제들이 24명이라고 했다. 배다른 형제들은 모두 흩어져 살고 같은 어머니 밑에서 태어난 형제 7명만 같이 산다고 했다. 자기가 벌어서 가족들을 부양해야 한다고 했다. 하루 4,000원을 벌어서 어떻게 많은 가족이 잘살 수 있는지 의문스러웠다.

갑자기 플랫폼에서 몽둥이를 들고 서로 싸움질하는 난장판이 벌어진다. 모하멧도 자기의 음료 냉장고에 열쇠를 채우고 싸움 현장으로 달려갔다. 어떤 젊은이가 칼을 빼 들고 달려왔다. 몽둥이를 든 녀석을 칼로 응징하면서 달려갔다. 사람들이 플랫폼 아래 철로로 뛰어내려 몽둥이로 등을 내리치고 빵 상자가 날아가는 험상궂은 싸움판이 계속된다. 옆에 있던 여인들의 비명 소리가 날카롭게 들려왔다. 순식

아프리카의 바람 소리

간에 플랫폼은 아수라장으로 변했다.

출동한 경찰은 보고만 있었다. 군인들이 나타나 싸움꾼들 속으로 들어가서 싸움을 말렸지만, 격해진 싸움꾼들은 몽둥이를 계속 휘둘렀다. 젊은 일본인 남녀가 내 등 뒤에 와서 꼼짝하지 않고 있었다. 서양인들도 함께 모였다. 외국인들이 자연스럽게 한곳으로 모였다. 경찰의 호루라기 소리가 계속 들려왔고 군인들이 싸움을 진압했다. 2, 30명의 조폭 같은 패거리가 서로 삿대질을 하며 분을 삭이지 못하고 있었다.

모하멧이 돌아왔다. 이권 다툼이라고 말했다. 이미 빵을 팔고 있는 판매대 옆에 다른 조직원이 빵 판매대를 설치한 것이 화근이었다. 기존 조직원과 신 조직원의 세력 확장 싸움이었다. 생존을 위한 치열한 전쟁 같았다.

지금 모하멧이 팔고 있는 음료 냉장고 하나의 월세가 10만 원 정도라고 했다. 설치한 조직은 따로 있고 모하멧은 단지 판매책이었다. 한 조직원이 찌그러진 빵 상자를 펴고 철로에 떨어진 빵을 주워 판매대에 진열했다. 빵값이 전부 얼마쯤 되는지 물어봤다. 만 원도 채 되지 않았다.

10시에 떠나야 할 열차가 11시가 지났는데도 오지 않았다. 모하멧에게 아내를 몇 명 둘 것인지 물었다. 4명을 원한다고 했다. 나는 그에게 "one wife, one child"라고 말했다. 그래야 잘 살 수 있다고 말했지만 그는 고개를 갸우뚱했다. 햇볕은 따갑고 차는 오지 않았다. 2시간이 넘었다. 기차가 언제 도착하는지 역무원에게 물었다. 그는 곧 온다고만 했다.

10시에 출발해야 할 기차가 3시간을 기다려 오후 1시에 들어오기 시작했다. 지나간 것은 잊어버렸고 지금이라도 와주어서 너무 고마웠다. 휘청거리는 몸을 일으켜 세우고 여섯 개의 배낭과 함께 차에 올랐다. 몸이 녹초가 되어 차에 앉자마자 졸음이 쏟아졌다. 일본의 젊은이들이 앞자리에 앉았다. 그들은 30분이 지나지 않아서 잠에 녹아 떨어졌다.

아스완역에 도착했다. 택시를 타고 나일강 가에 있는 값싼 멤논 호텔을 향했다. 호텔 정문이 한길 뒤편 골목에 있어 택시 기사가 어렵게 호텔을 찾았다. 4층 나일강 변 쪽 방으로 배정을 받았다.

호텔 관리인이 내일 새벽 3시에 아부심벨 사원 패키지 관광 계획이 있다며 참여할 것인지 물었다. 대중교통이 없으니 차를 렌트하지 않고서는 갈 방법이 없다고 했다. 패키지에 참여하기로 하고 계약서에 서명했다. 호텔에 같이 투숙하는 일본인, 영국인, 독일인 모두 6명이 내일 아침 3시에 함께 떠나기로 했다.

## ✵
## 아스완

새벽 2시 반에 일어나서 간단히 세면하고 작은 배낭을 챙겨 호텔 로비로 내려갔다. 호텔 직원이 점심 도시락을 챙겨주었다. 정신이 몽롱한 채 호텔 앞 도로변으로 나갔다. 소형 버스가 우리를 기다리고 있었다. 이미 몇몇 패키지여행 참가자들이 타고 있었다. 스페인 사람 2명, 멕시코인 2명, 일본인 1명이었다. 우리가 타자마자 다른 호텔로 갔다. 젊은 한국인 남자 1명과 여자 2명이 탔다. 마지막 호텔에 들렀다. 이집트인 1명, 일본인 남녀가 탔다.

어느 커다란 광장에 도착했다. 이미 많은 버스들이 차례대로 줄을 지어 있었고 관광객들이 추위에 떨며 웅크리고 앉아 있었다. 경찰과 군인들이 차량을 보안 검색하고 있었다. 금속 탐지기를 이용해서 차 밑바닥과 트렁크, 차 안 구석구석을 점검했다. 모든 차량들의 보안 검색을 실시한 후 무장 경찰의 호위하에 관광버스들이 아부심벨사원을 향해 출발했다.

새벽 4시였다. 어두워서 바깥이 보이지 않았다. 간혹 지나가는 차량의 불빛이 보일뿐이었다. 차창 밖으로 하늘을 올려다보았다. 별이 쏟아질 듯 총총히 빛나고 있었다. 다섯 시가 되어 동이 트기 시작하고 사하라 사막의 동쪽 하늘이 붉게 변했다. 사막의 아침은 조용한 호수 같았다.

잠에서 깨어난 한국 청년이 인사를 했다. 아프가니스탄 미군 병영에서 근무한다고 했다. 두 처녀는 미군 병영에서 간호사로 근무 중 휴가를 얻어 세 사람이 이집트 여행길에 올랐다고 했다. 청년과 한 간호사는 연인 관계고 한 사람은 동반해서 같이 왔다고 했다.

신전 입구에 도착했다. 입장권을 사서 정해진 도로를 따라 들어갔다. 아부심벨의 대신전과 소신전이 오른쪽, 왼쪽으로 나누어 산처럼 서 있었다. 대신전은 앞쪽 통로를 중심으로 좌우에 람세스 좌상이 한 쌍씩 조각되어있고 상부에는 개코원숭이 무리가 조각되어 있었다. 신전 안쪽에는 람세스 2세의 입상이 좌우 4개씩 서 있었고 벽과 기둥에 람세스 2세의 생애와 업적을 새긴 부조가 채색되어 있었다. 제일 안쪽에는 지성소가 있고 태양신 아문과 람세스 2세가 나란히 자리하고 있었다. 춘분, 추분이 되면 지성소 안쪽까지 햇빛이 들어오도록 건축되었다고 했다.

대신전 안에서 사진을 찍다가 관리인에 발각되어 찍은 사진을 지워버리기도 했다. 나와 같이 사진을 찍다 발각된 헝가리에서 온 부부는 사진을 찍게 해달라고 부탁하다 저지당하고 나에게 와서 불평을 늘어놓았다. 헝가리 부부는 자존심이 많이 상한 듯하였다. 부부는 의사라고 소개하면서 헝가리의 추운 겨울을 피해 따뜻한 이집트로 여행을 왔다고 했다. 촬영한 사진을 빼앗겨 몹시 기분이 나쁘다고 했다.

소신전으로 갔다. 람세스 2세의 왕비와 미의 여신 하토르(Hathor)를 위하여 만든 신전이었다. 신전 전면에 왕과 왕비의 조각상이 입구를 중심으로 좌우 한 쌍씩 세워져 있었다. 벽면에 왕과 왕비의 치적을 부조한 상형 문자들이 새겨져 있었다.

이 두 신전이 아스완댐 공사로 인하여 수몰 위기에 처했을 때, 유네스코는 1960년에 범세계적인 이전 계획을 세웠다. 50여 개 국가에서 협조를 했고 3,000여 명의 과학자, 기술자, 학자들이 참여했다. 2,000여 개의 조각을 내서 수몰 현장으로부터 이곳에 원형대로 복구를 마쳤다. 많은 사람들의 노력과 돈으로 거의 완벽에 가까울 정도로 복구가 이루어진 것을 보고 놀랐다.

아스완댐이 푸른 색깔을 띠고 바다처럼 눈앞에 나타났다. 댐 안에 크고 작은 섬들이 점점이 박혀 있고 고기잡이하는 어선들이 보였다. 저 댐을 건너서 수단으로 들어가야 한다는 생각에 약간의 두려움이 몰려왔다. 다시 일행은 차를 몰아 사막으로 나갔다. 차에 냉방 시설이 없어 무척 더웠다. 달리는 차 앞으로 바다가 나타났다. 신기루였다.

열기 속을 달려 아스완하이댐(Assuan High Dam)에 도착했다. 길이

아프리카의 바람 소리

500킬로미터가 넘는 거대한 댐이었다. 나세르(Nasser)댐이라고도 했다. 영국 사람들이 만든 하류 댐과 더불어 나일강에 있는 두 개의 댐 중 하나였다.

매표소에 도착하자 군인들이 안내를 해주었다. 댐의 둑에 올랐다. 댐은 안쪽으로 활시위처럼 휘어져 돌과 점토를 쌓아 만들어졌다. 여기에 들어간 돌이 기제의 피라미드에 사용된 돌의 17배라고 설명해주었다. 영국 기술자가 설계하고 소련 기술자들이 댐을 완공했으며, 총 10억 불의 공사비가 소요되었다고 했다. 전기 발전량은 이집트 소모량의 절반을 생산한다고 했다.

아침 일찍 수단행 배표를 사기 위해 아스완역 근처 나일 내비게이션(Navigation) 선박 회사 사무실을 찾았다. 문이 굳게 닫혀 있었다. 한참 후 직원들이 나타났다. 매니저가 우리를 맞아주었다. 지배인은 화요일부터 목요일까지만 표를 파는데, 내일 떠날 선박의 표는 매진되었다며 다음 주 화요일에 오라고 했다. 오가는 사람이 많아 목요일 오전이면 매진된다고 했다. 예약은 카이로 자사 사무실에서만 가능하고 이곳에서는 정해진 시간에 현장 사무실에서만 표를 판다고 했다.

일본인 청년들이 사무실을 찾아왔다. 이들은 카이로에서 며칠 전 여행사를 통해 예약을 했다고 했다. 4명 중 3명은 수단 비자를 가졌기 때문에 표를 사는데 아무런 문제가 없었다. 그런데 한 청년이 수단 비자를 발급받지 않은 상태에서 표를 사려고 해 문제가 발생했다. 일본 청년은 수단행 선상에서 입국 비자를 발급한다는 것을 인터넷에서 보았다는 것이다. 근거 없이 떠도는 미확인 정보를 가지고 지배인과 옥신각신 다투고 있었다. 이런 도중 일본 청년이 돈을 내놓으면서 표를 달라고 흥정하려 했다. 지배인이 화를 벌컥 내며 "그래 일본 사람들 돈 많은 줄 알아, 우리는 이런 돈 받고 표 안 팔아. 표 사고 싶 거든 비자를 받아와, 노비자, 노 티켓"하고 책상을 쳤다.

그런데 일본 청년은 빨리 말하는 지배인의 영어를 알아듣지 못했 다. 더 많은 돈을 지갑에서 꺼냈다. 돈을 더 내놓으며 표를 달라고 애 원하다시피 했다. 일본 청년의 행동이 지배인의 자존심을 엄청 상하 게 했다. 청년은 상황을 정확히 파악하지 못하고 억지 미소를 지으며 지배인을 쳐다보았다.

그러자 이번에는 화가 난 지배인은 자리에서 벌떡 일어나 문을 열 고 나가버렸다. 문을 쾅 닫으면서 "No visa, no ticket."이라고 말했다. 옆에 있던 아가씨가 내일 오후 2시까지 비자를 발급받아오면 표를 팔 겠다고 했다. 청년은 야릇한 표정을 지으며 돈을 지갑에 챙겨 넣었다.


갑자기 계획하지 않았던 일주일을 아스완에서 더 머물러야 했다. 수단 비자가 1개월짜리이기에 여기서 일주일을 더 머물면 수단에는 13일밖에 체류할 수 없어 난처했지만, 어쩔 수 없었다. 대신 홍해 근 처 바닷가로 가서 며칠간 휴식을 해야겠다고 생각했다. 역 앞에 있는 관광 안내소를 찾았다.

검은 차도르를 입은 처녀가 반갑게 맞아주었다. 홍해 바닷가에 조 용하고 자그마한 도시를 소개해달라고 했다. 그녀는 이것저것 따지지 도 않고 마르사 알람(Marsa Alam)이라는 도시를 소개해주었다. 자기 도 그 도시가 좋아서 휴가철이면 꼭 간다고 했다. 아무런 정보가 없 었던 터라 그녀의 말을 믿어보기로 했다. 내일 떠나서 2, 3일 머물다 돌아오면 시간이 훌쩍 흘러갈 것 같았다.


아프리카의 바람 소리

관광 안내소를 나와 강 건너 독일인이 운영하는 관광호텔로 가는 배를 이용하여 엘레판티네(Elephantine)섬으로 갔다. 누비안 카페 뱃사공과 2시간 동안 귀족의 무덤과 섬을 둘러보기로 했다. 먼저 누비안 귀족 무덤으로 가기 위해 보트를 타고 강의 서안을 향해 갔다. 4,000년 전 시신을 운구했던 가파른 계단이 많이 부식되어 있었다. 부드러운 모래 언덕이 강한 열기를 반사했다. 강의 서안에 배를 정박시켜 놓고 누비안 마을로 갔다.

마을 입구에 모래사막이 펼쳐 있고 마을 가운데로 수로가 흐르고 있었다. 수로를 따라 대추야자나무들이 줄지어 아름답게 서 있었다. 그때, 낙타 몰이꾼이 나타났다. 귀족 무덤까지 낙타를 타고 갈 것을 졸랐지만, 경사가 급하여 낙타를 타고 올라가는 것이 훨씬 힘들 것 같아 보였다.

마을 어귀 공터에서 낙타 몰이꾼들이 숯불 화덕에 양고기를 굽고 있었다. 나무 꼬치에 양고기와 양파, 고추를 차례로 꽂고 양념을 발라 이글거리는 숯불 위에 얹어 놓았다. 기름이 자르르 흐르며 노릇노릇 익어 가는 모습에 침이 절로 넘어갔다. 몇몇 몰이꾼들은 대추나무 둥치에 해먹을 묶어 놓고 흔들흔들 여유롭게 누워 있었다.

잘 익은 꼬치를 하나 건네주었다. 그 구수한 냄새에 사양하지 않고 첫말에 덥석 받았다. 구수한 냄새만큼이나 맛이 좋았다. 졸깃졸깃한 육질에 매콤한 양념과 향료, 양파와 고추가 입안에 녹아들었다. 오랜만에 사람 사는 세상에서 진짜 음식을 먹는 기분이 들었다. 한 잔의 맥주가 생각났지만 술을 먹지 않는 이슬람 나라에서 술을 말할 수는 없었다.

귀족 무덤의 입장권을 샀다. 낙타 몰이꾼들의 권유를 거절하고 모래 언덕을 걸었다. 한 걸음 전진하면 두 걸음 뒤로 미끄러져 내려갔다. 독수리들이 머리 위에서 맴돌았다. 한발씩 올라갈 때마다 아스완 시내와 나일강 물이 발아래로 보였다. 강이 세 갈래로 나누어져 흘렀다. 강 가운데 두 개의 섬이 나란히 떠 있고 섬과 섬 사이의 강물에 작은 배들이 하얀 삼각돛을 나부끼며 오가고 있었다.

나는 부드러운 모래사막에 주저앉았다. 흐르는 땀방울을 손으로 훔쳐내고 큰 호흡을 하며 시원한 강바람을 맞았다. 사막 한가운데 아스완 시내가 남북으로 강을 따라 길게 뻗어 있었다. 모래 언덕을 따라 쭉 늘어선 흙벽돌 집들이 마치 벌집같이 파묻혀 있었다.

귀족의 무덤 입구에 숨을 헐떡이며 도착했다. 상주하는 안내원이 두 사람 있었다. 우리를 안내하는 안내원은 자신들을 누비안족이라고 소개하며 안내원 일을 20년 이상 해왔다고 했다. 그들은 하얀 옷과 흰색의 터번을 쓰고 있었다.

그는 열쇠를 한 꾸러미 들고 우리를 인도했다. 무덤이 40여 개 이상 된다고 했다. 대부분의 무덤이 방치되어 있고 몇 개만 관리하는 듯했다. 그가 문을 열어준 곳은 고 왕국 6왕조 왕자의 무덤이라고 했다. 노예와 아내를 대동하고 신에게 공물을 제공하는 벽화가 선명하게 채색되어 있었다.

무덤을 만든 양식이 달랐다. 거대한 바위를 망치와 정으로 신전 예배당처럼 파고들어 갔다. 기둥을 만들어 세운 것이 아니고 바위를 쪼아 기둥 모양으로 조각했다. 기둥이 18개가 있고 오른쪽 보조 문에는 일상생활 모습과 신을 경배하는 벽화가 채색되어 있었다. 아누비스 신과 오시리스 신에게 기도하는 모습이며 농사짓는 벽화도 채색되어 있었다.

　　　　　　　　　　　　　아프리카의 바람 소리

4,000년 전 벽화가 뚜렷하게 남을 수 있었던 것은 습기가 없는 사막의 건조 기후 탓으로 여겨졌다. 안내원은 우리를 앉혀 놓고 코란을 낭독해주었고 누비안족의 노래를 불러주기도 했다. 어두침침한 무덤 속에서 코란을 낭독하는 그의 목소리는 관광객들의 호주머니를 털어낼 만큼 애절하게 들려왔다.

벽면에 농사짓는 모습, 나일강 변에서 사냥하는 모습, 고기 잡는 모습의 벽화가 채색화로 남아 있었다. 특이한 것은 모든 사람들의 얼굴이 새까맣게 채색되었다는 점이었다. 그곳이 누비안 흑인들의 무덤이라는 확신을 더해주었다. 약간의 팁을 안내원에게 건네고 돌아 나왔다.

화요일이 되어 수단행 배표를 사기 위해 아침 일찍 서둘러 호텔을 나섰다. 강가를 걸어서 아스완역 앞 나일 내비게이션 트랜스포트 회사로 갔다. 벌써 많은 사람들이 도착하여 예비 명부 작성을 하고 있었다. 수단 사람들이 대부분이고 수단 사람 중에서도 키가 헌칠한 누비안족들이 많았다.

우리의 예비 번호는 77, 78번이었다. 외국 여행객들이 몇몇 보였다. 독일, 프랑스에서 온 청년과 네덜란드 출신 커플, 벨로루시에서 온 아가씨였다. 악수를 하고 서로 여행 계획을 이야기하기 시작했다. 세 팀 모두 최종 목적지는 남아공 케이프타운이고 벨로루시 아가씨는 케냐까지 간다고 했다. 벨로루시 아가씨와 우리는 육로로 대중교통을 이용해서 가는 반면, 다른 이들은 자전거를 이용해서 간다고 했다. 그리고 자전거를 보여주었다. 이미 카이로에서 여기까지 온 것만도 대단한데, 케이프타운까지 간다고 하니 참으로 놀라웠다. 네덜란드 커플은 3년 동안 자전거 세계 여행을 할 계획이라고 말했다. 아프리카 여행이 끝나면 아시아 대륙을 여행해서 일본까지 갈 것이라고 했다.

10시가 되자 매표 직원이 나와 한 사람씩 수기로 표를 작성하고 여권에 기재된 수단 비자를 확인했다. 수단과 이집트 사람들은 줄을 설 줄 몰랐다. 밀고 당기고 매표창구에 먼저 손을 집어넣으면 표가 나왔다. 100여 명의 사람이 서로 표를 먼저 사려고 아우성이었다. 여인들이 눈동자만 보이는 차도르를 입고 그 억센 남성들과 입씨름을 하며 다투고 아우성을 쳤다. 옷에 가려 입은 보이지 않았지만, 목소리가 옷 속에서 흘러나오는 것이 신기했다.

"로마에 가면 로마법을 따르라." 여기서는 밀고 당기는 것이 법이었다. 수단 사람, 이집트 사람, 에티오피아 사람, 케냐 사람, 아프리카 전역에서 몰려온 사람들이 각각 다른 복식을 하고 다른 모습으로 뒤얽혀 소리를 질렀다. 유럽에서 온 자전거 여행자와 나는 밀고 당기고 대열에 낄 엄두를 낼 수 없어 가만히 지켜보고만 있었다. 그야말로 작은 전쟁이었다.

나무 그늘에 앉아 있으니 키가 아주 큰 처녀가 다가와서 혜경에게 말을 걸었다. 수단 어디까지 갈 것인지 물었다. 자기는 원래 아스완에 살았는데, 지금은 수단으로 옮긴 배구 국가 대표 선수라로 소개했다. 어머니 표를 사기 위해서 왔다고 했다. 키가 엄청 컸다. 누비안족이라고 말했다. 그녀는 수단의 수도 하르툼에 살고 있어서 와디할파에 도착하면 곧장 하르툼으로 갈 것이라고 했다.

그녀는 혜경이 신고 있는 트레킹화에 관심이 많았다. 저런 신발은 어디서 살 수 있는지 가격은 얼마나 하는지 물었다. 200달러 정도 한다고 말하자 입을 벌리며 일 년을 먹지 않고 쓰지 않고 벌어야 신발

하나를 사겠다고 푸념을 늘어놓았다. 국가 대표 선수인데 신발을 사주지 않느냐고 물었다. 그녀는 배로 만든 하얀 실내화처럼 생긴 운동화를 신고 있었다.

2시간 정도 기다려 유럽 청년들이 창구에 몰려 표를 사고 있다. 그런데 갑자기 프랑스 청년과 지배인 간에 고성이 오가며 삿대질이 시작되었다. 사람들이 몰려와서 주변이 어수선해지기 시작했다. 지배인은 지난번 일본 청년과 고성이 오갔던 사람이었다.

곁으로 가서 어떻게 된 일인지 알아보았다. 가이드북에는 요금이 285이집트 파운드로 되어 있는데, 여기서는 307이집트 파운드에 표를 팔고 있어 프랑스 청년과 뱃삯을 가지고 다투고 있는 것이었다. 왜 뱃삯이 307파운드인지 설명을 요구하는 청년의 말에 지배인이 그가 차액을 자기가 착복한다고 생각하는 것으로 오해하면서 문제가 발생한 것이었다. 두 사람 모두 혈기를 참지 못하고 고성이 오가더니 결국에는 지배인이 여권을 프랑스 청년에게 되돌려주며 표를 팔지 않겠다고 했다. 다른 유럽 청년 두 사람과 처녀는 표를 사서 뒤로 나왔다.

여기서는 승차 거부, 매표 거부가 법률 위반이라는 사실을 알고 있는 사람은 없었다. "여기는 아프리카다."라는 말로 모든 것이 끝났다. 내가 청년에게 지금은 화를 가라앉히고 나중에 지배인도 잠잠해지면 사람들이 보지 않은 곳에서 오해를 설명하고 표를 사는 것이 좋겠다고 말했더니 그도 수긍했다.

드디어 우리 차례가 왔다. 여권의 수단 비자를 확인했다. 스탬프를 찍고 저녁 한 끼 식권이 포함된 배표를 주었다. 표를 사고 맥도날드로 갔다. 대학생들이 앉아서 점심 식사를 하고 있었다. 학생들에게 마르사 알람으로 가는 버스 정류장 이름을 아랍어로 적어 받았다. 버스 정류장에서 예매를 하려고 했지만 내일 아침 6시까지 와서 직접 버스에서 표를 사라고 했다.

돌아오는 길에 자가용을 가진 사람이 우리를 태워주었다. 아들이 한글이 적힌 태권도 도복을 입고 있다. 한국 사람인지 물었다. 한국 사람이 태권도 사범으로 있는 태권도 도장에 자기 아들이 다닌다며 자랑스럽게 여겼다. 아들에게 태권도 품세를 연습할 때 부르는 구령을 불러보라고 했다. 정말 우리말로 구령과 기합을 넣는 시범을 보여주었다. 하나, 둘 구령을 붙이는 모습이 한국의 여느 아이와 다름 없었다.


사우디아라비아를 마주한 홍해 연안의 이집트 휴양 도시인 마르사 알람으로 가기 위해 새벽 다섯 시에 일어났다. 감자, 토마토, 오이, 계란을 삶아 점심으로 준비했다.

마차를 타고 마르사 알람으로 가는 버스 정류장으로 갔다. 버스는 주차되어 있는데 손님은 한 사람도 없었다. 어제 문의했던 사무실로 찾아가서 사무실 안을 살펴봤다. 아직 사람들이 출근하지 않았다. 한참을 기다리자 어제 만났던 직원이 나타났다. 표를 사겠다고 하자, 사정이 변경되어 버스가 출발하지 않는다고 했다. 오늘 아침 7시에 버스가 출발한다고 말하지 않았느냐고 항의하자 어제는 어제고, 오늘은 오늘이란다.

에드푸(Edfu)에 가면 마르사 알람으로 가는 미니버스들이 있다고 알려주었다. 미니버스를 타고 에드푸 시내에 들어섰다. 많은 사람들이 당나귀 수레에 농산물을 싣고 길거리에서 팔고 있었다. 당나귀, 말, 염소 등의 배설물과 팔다 남은 농산물 찌꺼기들이 길거리에 어지럽게 널려 있었다.

마르사 알람으로 가는 버스 정류장에 도착했다. 버스 정류장에서 일하는 청년은 우리가 어디로 갈 것인지 물어보지도 않고 미니버스 지붕 위에 짐을 올려버렸다. 차 안에 탄 사람들은 마르사 알람으로 가는 사람이 아니면 사막으로 가는 유목민들이었다. 제일 뒷좌석이 남아 있었다. 다리도 뻗지 못한 채 300킬로 이상 가야 했다.

미니버스가 출발하여 10분 정도 지나자 도시는 끝이 나고 오아시스 농경지가 펼쳐졌다. 아낙네들이 목초를 베어 낙타 수레에 싣거나 보리밭에서 잡초를 뜯고 있었다. 흙벽돌로 만든 토담집들이 비둘기 집처럼 옹기종기 모여 마을을 형성하고 있었다. 대추야자나무들이 마을과 농경지를 에워싼 한적한 오아시스였다. 남자들이 물담배를 피우며 그늘 밑에 앉아 쉬거나 해먹에 누워 한가롭게 시간을 보내고 있었다. 수로를 따라 물이 콸콸 흘러 농토로 들어갔다. 당나귀들이 한가로이 풀을 뜯는 모습이 전원전적인 풍경이었다.

다리에 쥐가 나고 어깨가 아픈데도 몸은 움직일 수가 없었다. 엉덩이가 저려와 감각이 사라졌다. 커튼 없는 창가에서 쏟아져 들어오는 햇살을 막을 수 없어 땀은 비 오듯 흘러내리고 사람들 몸에서 나는 노린 냄새가 머리를 아프게 했다. 이제 겨우 100킬로미터 정도 왔다. 앞으로 이런 상태에서 200킬로미터를 더 가야 했다. 시원한 해변의 바닷바람을 상상하고 에어컨이 가동되는 패스트푸드점에서 달콤한 아이스크림을 먹는 상상을 했다.

강한 햇볕에 바위가 까맣게 타버린 사막이 나타났다. 살아 있는 생명체라고는 하나도 보이지 않았다. 사하라 사막의 최동단이었다. 작열하는 태양이 살아 있는 생명체는 모조리 말려버렸다. 작은 돌멩이도 균열이 가고 모래가 되어버렸다. 창살을 뚫고 들어오는 햇볕을 가리기 위해 옷으로 머리와 얼굴을 둘둘 감았다.

새까맣게 타버린 검은 모래사막에 차를 멈추었다. 도로변에 커다란 타이어가 이정표처럼 세워져 있었다. 그 타이어 속에 길 가던 유목민 세 사람이 몸을 웅크리고 뜨거운 햇볕을 피해 앉아 있었다.

차가 없던 시절 낙타 대상(隊商)들이 묵어갔던 숙소가 도로변에 있었다. 낙타들에게 물을 먹였던 흔적이 남아 있었다. 독수리 몇 마리가 옛 대상 숙소 주변을 맴돌며 쉬고 있는 차량들을 주시하고 있다. 예전에는 대상 숙소가 있던 주변은 낙타 시체가 즐비하게 늘어져 있었다고 했다. 그 낙타 시체를 먹어 치우기 위해 독수리, 자칼, 사막 쥐들이 들끓었다고 했다. 잠시 동안 차창 밖의 경치에 심취해 뜨거운 열기조차도 잊어버렸다.

우리가 살고 있는 지구 모습이 아니고 다른 천체에 여행을 온 느낌이었다. 달 표면에 우주 탐사선이 지나간 듯 황량한 모래벌판에 차량들의 바퀴 흔적이 무질서하고 어지럽게 흩어져 있었다. 사막 한가운데 선인장 같은 식물들이 간혹 보였다. 일자로 곧게 뻗은 도로 위로 운전자는 속력을 한껏 높였다. 엔진이 금방이라도 터질 것 같은 소리를 냈다.

내 옆 좌석에 앉은 아랍 여인은 얼굴도 보이지 않는 검은 옷을 입고 나의 어깨에 기대어 한없이 자고 있다. 다리를 뻗을 수 없고 몸을 흔들어 움직일 수 없다. 차 안 온도가 섭씨 50도를 넘었다. 이글거리는 사하라 사막은 무엇이든 태워버릴 기세로 열을 내뱉었다.

아카시아나무가 군락을 이룬 마을에 도착했다. 몇 명의 베두인 (Bedouin) 유목민들이 염소 떼를 방목하고 있다. 두 여인이 짐 꾸러미를 들고 내리자 하얀 터번을 쓰고 갈색의 긴 옷을 입은 사나이가 지 팡이를 어깨에 걸쳐 메고 달려 왔다.

운전자는 주인 없는 몇 개의 짐 보따리를 도로변에 던져 놓고 어디 론가 연락을 취했다. 사막 한가운데서도 전화 통화를 하는 것이 신기 했다. 베두인 유목민 가족들이 버스가 사라질 때까지 손을 흔들어주 었다. 계속해서 가시덤불 숲이 나타났고 염소를 방목하고 있었다.

정오가 가까워지자 열기는 더해 갔다. 버스가 산을 넘어가기 시작 했다. 능선을 넘어서자마자 바다 냄새가 확 몰려왔다. 사람들과 가축 들이 보였다. 시내 입구 경찰 검문소에서 시내로 들어오는 사람들과 차량에 대해서 일일이 신분증을 확인하고 있었다.

우리는 버스 터미널에 내렸다. 카이저수염을 기른 사람들이 물담배 를 피우며 우두커니 앉아 있었다. 〈아라비안나이트〉에 나오는 상인 들과 닮은 사람들이었다. 가무잡잡한 피부에 대부분의 사람들이 지 팡이를 들고 있었다. 주차장 근처에 택시도 없고 말도, 당나귀도 탈것 이라고는 없었다. 할 수 없이 호텔이 있는 바닷가를 향하여 배낭을 짊어지고 해변을 향하여 내려갔다.

해변은 배낭을 짊어지고 가기에는 너무 멀었다. 길가에서 택시를 기다려보기로 했다. 오랫동안 기다려도 지나가는 택시는 없었다. 경 찰이 지나가기에 택시가 필요한데 어떻게 하면 되는지 물었다. 바로 옆에 파출소가 있었다. 경찰은 우리를 파출소 안으로 데리고 가서 쉬 게 하고 일반 승용차를 불렀다. 경찰 두 사람이 한국은 잘 사는 나라 라며 모바일 폰, 자동차, 타이어. 에어컨, 텔레비전, 냉장고 등 많은 한 국산 제품 이름을 대며 치켜세웠다.

젊은 청년이 한국산 차를 몰고 나타났다. 경찰은 돈을 받지 말고 좋은 호텔을 찾아주라고 청년에게 당부했다. 청년은 우리를 데리고 해변을 한 바퀴 돌면서 마음에 드는 호텔을 말하라고 했다.

먼저 독일인들이 운영하는 리조트로 우리를 데리고 갔다. 하루 3식을 제공하고 200달러였다. 너무 비싸다. 리조트 안은 거의 독일인들이 투숙하고 있었다. 바다 행글라이더 스키를 타고 파도를 따라 달리는 모습이 무척이나 시원스러워 보였다. 옥색 바다에 크고 작은 요트들이 떠 있었고 어디론가 낚시를 떠나는 사람들도 많았다.

다음에 들른 호텔들은 아예 빈방이 없었다. 예쁘게 지은 호텔마다 유럽 사람들이 거의 예약해두었고 예약하지 않은 손님들은 방을 구하기가 힘들었다. 호텔 여섯 곳을 돌아보고 나서 방을 구하는 것이 불가능하다고 생각했다. 더군다나 청년에게 미안했다. 다시 버스터미널로 돌아가자고 했다. 택시가 없는 작은 해안 도시에서 방을 구하느라 여러 곳을 돌아다니기가 쉽지 않았다. 그곳은 처음 마음속에서 생각했던 갈매기 날고 비린내가 풍기는 어촌이나 누항이 아니었다.

호화로운 리조트가 나의 마음을 더 불편하게 했다. 행글라이더를 빌려 파도를 탈 일도 없었고 요트를 빌려 낚시를 나갈 일도 없었다. 그렇지만, 홍해에 손을 담가보고 싶었다. 옥색의 맑은 바닷물에 손을 담갔다. 내 고향도 바다로 둘러싸여 있고 나는 바다를 곁에 두고 자랐다. 이 바다를 따라 한없이 동쪽으로 가면 고향에 닿으리라는 생각을 했다.

버스 터미널에 도착했고 청년에게 무척이나 미안했다. 요금을 주려고 해도 받으려 하지 않았다. 너무 미안해서 얼마 되지 않는 팁을 청년의 손에 쥐여주었다.

다시 미니버스에 올라앉으니 파김치가 된 기분이었다. 해가 기울어

아프리카의 바람 소리

져 열기는 줄었지만, 사하라의 모래바람 캄신(Khamsin)의 위력이 나타나기 시작했다. 캄신의 모래바람은 항상 서쪽에서 동쪽으로 불어온다. 우리는 서쪽으로 가야 하기에 강한 모래바람을 안고 가야 했다. 차창으로 모래가 날려와 입안으로 들어왔다. 이윽고 버스에 손님이 가득 찼고, 운전자는 시동을 걸었다. 지금 출발하면 곧 어두워질 텐데 혹 가다가 시동이라도 꺼지면 어떻게 할지 걱정하며 물과 비상식량을 점검해봤다.

모래바람 때문에 창문을 닫았다. 숨이 막힐 정도로 모래 먼지가 날렸다. 앞길이 누런 모래바람으로 뒤덮여 잘 보이지 않았다. 석양에 황사 바람으로 휩싸인 사하라 최동단은 붉은 사막으로 변하기 시작했다. 하늘도 산도 모두가 붉은색이 되어버렸다. 석양에 베두인 천막 지붕이 불그스레한 색을 띠고 바람에 나부끼며 펄럭였다. 터번을 쓴 베두인 사내가 염소 무리를 이끌고 누른 모래사막을 지나가고 있었다.

세상 모습이 서서히 어둠 속으로 사라졌다. 그 강렬하던 열기도 모래바람 앞에 맥을 못 추고 사라졌다. 바깥세상은 암흑으로 변하고 캄신의 모래바람은 별까지도 숨겨버렸다. 차 안은 숨 쉬는 소리만 들렸고 기운차게 돌아가는 것은 오르지 엔진 소리뿐이었다.

AFRICA

**02**

# 수단

## 와디할파

아침 식사 시간에 누비안 지배인이 충고했다. 수단 와디할파(Wadi halfa)로 가는 배를 타려면 빨리 가서 좋은 자리를 잡아야 편하게 갈 수 있다고 말했다. 와디할파까지 18시간 동안 배를 타야 하기 때문에 자리를 확보하지 못하면 잠을 잘 수 없기 때문에 먼저 자리를 충분히 확보하라고 귀띔했다. 많은 화물과 사람들로 발 디딜 틈이 없다고 말했다.

오랫동안 정들었던 누비안 지배인과 악수하고 포옹했다. 항상 우리를 편하게 해주었고 아침 식사를 챙겨주었던 모하멧과도 포옹했다.

모하멧이 길까지 배낭을 들어주었다. 호텔 건물 1층 은행 보안 경비원들도 면이 익어 우리가 떠나는 것을 보고 손을 흔들어주었다. 택시에 앉았다. 나일강을 마지막으로 바라보았다. 오늘도 많은 관광객들이 변함없이 펠루카를 타고 강을 오르락내리락하고 있었다.

조금은 긴장이 되었다. 검은 대륙의 관문을 통과하는 날이고, 검은 사람들을 만나게 될 미지의 세계에 대한 동경심과 경외감이 동시에 생겨났다.

수단 포트에 도착했다. 9시가 조금 넘었지만 포트로 들어가는 정문에는 화물을 실은 차량, 입국 수속을 밟기 위해 줄을 선 사람, 전송 나온 사람들로 발 디딜 틈이 없었다. 포트역 건물 벽을 따라 입국하는 사람들이 남녀 구별하여 긴 줄을 만들었다. 포트 사용료를 지불하고 여자 줄을 따라 들어갔다. 철문을 열고 한 번에 2명씩만 들여보냈다. 배낭을 메고 제일 뒤에서 기다려야 했지만, 배낭이 너무 무거위 모르는 척하며 제일 앞으로 다가가 문을 열어줄 것을 부탁했다. 출입문을 관리하는 보안 요원이 우리 배낭을 쳐다보더니 문을 활짝 열어주었다. 출국 카드를 작성하고 인지대를 내고 출국 스탬프를 받았다. 마지막 체크 포인트에서 배표를 검사하고 표에 붙어 있는 식권을 배에서 사용하는 교환권으로 바꾸고 부두 안으로 들어가면서 몇 번의 보안 검사를 더 받았다. 검사할 때마다 무거운 배낭을 내렸다 올렸다 하는 것이 여간 힘들지가 않았다.

11시 30분에 배에 올랐다. 배는 철선이었다. 30명 정원의 구명 보트 2개가 갑판 양쪽에 하나씩 달려 있었고 구명부이가 갑판의 난간에 20여 개 걸려 있었다. 배낭을 짊어지고 상갑판으로 올라갔다. 아직 오전이라 몇몇 이집트 사람들이 승선하고 있었다. 유럽 자전거 여행자들이 먼저 와서 구명부이 옆에 자전거로 울타리를 만들어 자리를 잡고 있었다. 그들은 담요로 지붕을 만들어 햇볕을 차단하였다. 나는 조타실과 구명부이가 걸려 있는 공간의 철판 위에 텐트 롤 매트를 깔았다. 그리고 텐트 플라이로 지붕을 만들어 햇볕을 가렸다.

배의 출항은 저녁 6시로 되어 있는데 이미 많은 짐이 선적되어 발 디딜 틈이 없었다. 내 옆으로 이집트인 무슬림 4명이 자리를 잡았다. 4명의 형제가 수단을 오가며 생필품을 팔고 수단에서 돌아올 때 다른 물건을 수입해서 이집트에서 판다고 했다. 콧수염을 멋지게 기르고 터번을 쓴 쾌활한 사람들이었다.

해가 서산으로 기울고 아스완댐은 붉은 노을이 깔리기 시작했다. 새털구름이 하늘에 붉은 비늘처럼 늘어서고 구름 사이로 새어 나오는 태양광선이 수면을 발갛게 물들이고 있었다. 옆에 정박해 있는 바지선 선원들이 윗옷을 벗어 던지고 저녁을 짓고 있었다. 바지선 굴뚝에서 고리 모양의 연기가 올라 하늘로 사라지는 모습은 아침을 준비하는 시골 농가의 모습이었다.

배의 조타실에서 출항이 임박했음을 알리는 뱃고동이 울렸다. 그 소리는 출정식을 알리는 운명적인 나팔 소리처럼 들렸다. 갑판 위에 파르께한 전깃불이 들어오기 시작하고 시원한 댐의 바람이 불기 시작했다.

수단의 청년 한 무리가 조타실 갑판 위로 올라갔다. 그들은 작은 전통 악기 북을 두드리며 몸을 가볍게 흔들며 노래를 부르기 시작했다. 청년들은 어둠과 함께 쓰러져가는 팽이처럼 몸을 돌리며 춤을 췄다. 북소리는 거칠어졌고 노래는 조용하면서도 아름다웠다. 나도 모르게 조타실 위 갑판으로 올라갔다. 젊은이들과 같이 몸을 흔들며 검은 대륙의 첫 밤을 맞이했다. 내가 합세하자 청년들은 더욱 신이 났고 몇몇의 수단 청년이 더 올라왔다. 갑판 아래 사람들이 박수를 치고 우리는 노래에 맞추어 몸을 흔들었다. 많은 사람들이 박수를 보내주었다.

저녁 8시 10분 수단행 페리는 긴 고동 소리와 함께 수단을 향해 출발했다. 배가 항구를 빠져나갈 때쯤 갑판 위는 나지막한 독경 소리를 내며 무슬림들이 담요를 철판에 깔고 메카를 향하여 기도를 올리기 시작했다. 비좁은 짐짝들 사이에서 대부분의 사람들은 누군가의 독경 소리에 맞춰 갑판에 이마를 맞추며 기도를 했다.

이슬람 코란을 낭독하는 소리에 휩싸여 한참 동안 배를 타고 간다는 생각을 잊어버렸다. 무슬림이 된 느낌으로 조용히 그들의 신에 대해 경배를 했다. 남자들이 기도하는 동안 여인들은 가만히 앉아서 기도하는 모습을 바라보았다. 승객의 대부분은 무슬림이었고 사람들은 정말 조용했다. 술을 먹고 떠드는 사람도, 큰 소리로 이야기하는 사람도 없다. 말없이 하늘의 별을 본다든지 글을 읽었다. 심지어 음식을 먹는 사람들도 보이지 않았다.

아래층 1등 선실 옆에 자리한 식당으로 갔다. 식권을 내고 식사 대신 컵케이크 4개와 물 1병을 받아왔다. 식당으로 가는 길목에 사람들이 누워 잠을 자고 있어 지나다니기가 여간 조심스럽지 않았다. 공간이 있는 곳은 사람과 짐이 놓여 있었다. 다시 갑판 위로 돌아오는 길이 짐과 사람들로 꽉 차서 남의 짐을 밟고 길목에 누워 있는 사람들을 뛰어넘어 가야 했다. 한마디로 전쟁 중에 피난가는 배의 갑판 모습 같았다.

밤은 깊어 12시가 넘었다. 형제 무역상들은 담요 한 장을 갑판 철판 위에 깔고 잔뜩 웅크리고 잠을 잤다. 코를 심하게 골며 자는 사람, 조용히 앉아서 코란을 읽는 사람, 묵묵히 수면을 바라보며 생각에 잠긴 사람들이 나름대로 밤의 시간을 보냈다.

나는 갑판에 기대어 별이 쏟아질 것 같은 아스완댐의 밤하늘을 올려다보고 있었다. 엔진 소리와 뒤로 사라지는 파도 소리만이 들려왔다. 가끔 배를 따라 여행하는 갈매기들이 획 지나갔다. 나는 다시 갑판에 누워 하늘의 별들을 올려다보았다. 북두칠성, 오리온, 삼태성, 샛별. 서울의 하늘에서 보았던 별들이 여기서도 그대로 보였다. 우주 공간의 방대함은 어디가 끝인지 헤아릴 수 없었다.

몇몇 젊은이들이 갑판의 난간 밖에 매달려 있는 구명보트 위에 올라가서 잠을 자고 있었다. 구명선 철사 줄이 끊어진다면 댐 아래로 추락할 것 같은데도 아랑곳하지 않고 잤다. 또 어떤 이는 연기가 심하게 나오는 굴뚝 밑까지 올라가서 굴뚝의 열기를 느끼며 잤다. 구름

한 점 없이 맑은 하늘에 쏟아질 듯 많은 별들이 빛났다.

선체에 부딪혀 철썩이는 파도 소리와 가끔 들려오는 갈매기 울음 소리를 들으며 잠을 청했다. 침낭 깊이 몸을 묻고 지퍼를 채웠다. 철판에서 올라오는 냉기가 롤 매트와 침낭을 뚫고 등골에 전달됐다.

이른 새벽 선상에서 읊조리는 독경 소리가 윙윙거리는 벌떼 소리처럼 들렸다. 어떤 곳에 있어도 하루 다섯 번씩 기도를 하는 사람들이었다. 물수건으로 발과 손, 얼굴을 깨끗이 하는 세정 의식을 하는 모습이 보였다. 모두가 기도를 하는데 가만히 침낭 속에 누워 있기가 미안해 일어났다. 댐의 동녘 하늘이 빨그스름해지기 시작하며 서쪽 하늘의 달빛이 힘을 잃어갔다.

배의 조타실 위의 돛대가 밝아지고 잠자리를 펼쳐 놓았던 갑판 바닥이 훤해지면서 태양은 먼 지평선 너머에서 나타났다. 나는 태양을 바라보며 앞으로 여행이 안전하게 끝나기를 한 번 더 라 신에게 경배했다.

우리 곁에서 밤을 보냈던 4명의 형제들도 웃는 얼굴로 아침을 맞으며 인사했다. 아내를 4명이나 데리고 다니는 남자도 있었다.

내가 물었다.

"부인이 네 명이신가요?"

"예, 네 명 맞아요."

"어떤 일을 하시는가요?"

"하르툼에서 장사를 해요. 그리고 시장에 건물을 가지고 있어요."

"자녀들은 몇 명인가요?"

"전부 13명이에요."

"나도 수단에 살면 아내를 네 명 둘 수 있나요?"

"돈이 있어야 해요. 아내를 먹여 살릴 수 있어야 해요."

"돈이 없으면 안 되나요?"

"안 돼요. 자식과 아내를 부양할 수 있어야 해요."

4명의 아내가 모두 검은 차도르를 입었지만, 머리 부분은 각각 다른 색깔이었다. 항상 첫째 부인이 남편 바로 옆에 앉아 있었다. 첫째 부인이 남편의 모든 것을 준비해주었고 다른 부인들은 마음대로 일을 처리하지 못하고 첫째 부인의 허락을 받아서 한다고 했다.

댐의 수면이 거울 같이 잔잔하고 맑았다. 댐의 오른쪽으로 아부심벨 사원이 나타났다. 사람들이 사원의 모습을 보기 위해 선수(船首)로 몰렸다. 람세스 2세 신전과 그의 부인의 신전이 나란히 황토색을 발하며 댐 저편에 서 있었다. 아부심벨 사원 모습을 카메라에 담기 위해 경쟁하듯 좋은 위치를 차지하느라 소란스러웠다.

오후 1시쯤 되어 이집트 국경을 넘어 수단 항구에 들어섰다. 사람들이 배에서 내리기 위해 아래쪽으로 몰렸다. 우리도 짐을 챙겨 입구쪽으로 내려갔다. 황량하기 짝이 없었다. 나무 한 그루, 풀 한 포기 없는 사막만이 보였다. 500킬로미터가 넘는 댐을 하룻밤하고도 반나절이 걸려 도착했다.

사람들이 먼저 내리기 위해서 입구에 몰려들어 아비규환이었다. 선박의 보안 요원들이 통제를 하는데도 전혀 먹혀들지 않았다. 배가 항구에 정박했다. 후끈후끈 찌는 배 안이었지만 아예 내리는 문을 바깥에서 잠겨버렸고 바람은 들어오지 않았다. 사람들은 등과 배를 붙이고 밀착되어 서 있었다. 그런데도 뒤에서는 계속 밀고 내려왔다.

바깥에서 입국 도장을 찍는 경찰관들이 문을 열고 들어왔고, 선박 관리 요원들이 문을 잠깐씩 열어 몇 명씩만 내보냈다. 외국인들은 입국 신고를 위해서 다시 2층 1등 선실로 올라오라고 했다. 사실 그 많은 사람들을 헤치고 다시 배 안으로 들어간다는 것은 불가능했다. 보안 요원들에게 배 밖으로 내보내달라고 부탁했지만, 사람들에 막혀서 뒤로도 앞으로도 움직일 수가 없었다. 배낭의 무게는 더해 오고 땀은 빗물 흐르듯이 흘러 눈앞을 가려버렸다. 혜경은 견디지 못해 숨을 헐떡였다. 내가 보안 요원을 향해 소리를 질렀다.

"지금 내 아내가 죽고 있어! 빨리 문 열어!"

아내가 죽는다는 소리에 사람들이 웃었다. 이구동성으로 문을 열어달라고 소리를 지르며 여기저기서 신음소리가 터져 나왔다.

드디어 문이 열리자 밀고 부딪히며 부두로 나왔다. 2층과 3층 갑판에 있는 사람들은 줄을 잡고 배의 난간을 타고 내려오기도 하고, 구명부이를 잡고 아슬아슬하게 곡예를 하며 부두로 내려왔다. 극도의 무질서와 선박 관리 요원들의 미숙으로 많은 사람들이 고통을 받았다. 셔츠의 단추가 두 개나 떨어져 도망가고, 옷은 흠뻑 땀에 젖었다.

다시 배 안으로 들어가 입국 도장을 받고 세관까지 가는 버스에 올랐다. 작은 버스가 승객들을 세관까지 태워갔다. 이 작은 버스에 타는 것도 전쟁이었다. 배낭 네 개를 싣기가 힘들었다.

건물도 있고 차량도 있는 그런 부두가 아니었다. 단지 배가 접안할 수 있는 시멘트로 만들어진 접안 시설이 있을 뿐이다. 주위는 황량한 돌산과 모래 들판과 아스완댐의 늪지대만 있었다. 간혹 댐에 날아다니는 갈매기들이 보였다. 부두에서 세관까지 가는 길은 댐의 늪지대를 메워서 만든 비포장도로인데 도로면이 고르지 못해 사람을 이쪽으로 저쪽으로 마구 흔들었다.

눈이 부실 정도로 태양빛이 강렬했다. 창문 사이로 찜통 같은 바람이 들어왔다. 갈매기 한 쌍이 내가 타고 가는 작은 버스를 따라 날아왔다. 보따리 장수들이 갖가지 물건들을 아스완 시장에서 구입하여 와디할파나 하르툼으로 가고 있었다.

세관에 도착하였다. 긴 판자 위에 배낭과 짐을 올려놓았다. 세관 직원들이 일일이 가방이나 보따리를 열어보고 검사를 했다. 검사가 끝나자 붉은 딱지를 붙여주었다. 붉은 딱지가 붙은 상태로 출구에 도착하였다. 붉은 딱지를 확인하고 최종적으로 수단 땅으로 입국을 허락해 주었다.

출국장을 나오자마자 시내로 향하는 미니버스들이 손님을 불렀다. 국경 도시에서 제일 먼저 맞이하는 사람이 부르는 버스를 탔다. 청년은 꾀죄죄한 옷차림에 타이어로 만든 신발에 소매가 너덜너덜하여 금방이라도 찢어질 것 같은 셔츠를 입고 있었다. 곱슬곱슬한 머리에 사막의 먼지를 잔뜩 둘러쓰고 있어 머리 색깔이 흰색인지 검은색인지 구분이 되지 않았다. 나와 배낭을 눈이 뚫어지도록 바라보았다. 신기한 동물처럼 쳐다보는 청년에게 짐을 지붕에 올려달라고 부탁했다. 지붕 위에 짐을 실을 수 있도록 철제 난간이 만들어져 있다. 청년은 창틀을 딛고 한 번에 버스 지붕 위로 올라갔다. 나의 배낭 네 개를 받아 올려 고무줄로 칭칭 묶었다.

시내버스 정류장 근처에서 짐을 내렸다. 몇 군데 호텔을 들여다보았다. 흙바닥에 나무 침대를 줄지어 놓고 한 곳에 20여 명이 동시에 잘 수 있도록 되어 있었고 지붕도 세면대도 없었다. 화장실은 모래밭에 웅덩이를 파고 울타리를 둘러 놓았다. 텐트를 쳐야겠다고 생각하고 있는데 택시 기사가 다가왔다. 새로 생긴 좋은 호텔이 있다고 했다. 샤워 시설도 있고 최신식 호텔이라고 하며 우리를 유인했다. 댐이 보이는 곳이라고 했다. 호텔 이름은 강안 호텔이며 주인도 친절하며 외국인은 대부분 그 집으로 간다고 말했다. 오늘도 두 번이나 독일 사람들을 데리고 갔다고 했다.

호텔로 가는 길이 모랫길이라 차바퀴가 빠져 달리기가 힘들었다. 피부병에 걸린 들개들이 떼를 지어 돌아다니며 차 앞으로 뛰어들기도 했다.

호텔에 도착하여 체크인을 했다. 2층에 방을 배정받았다. 침대가 스펀지로 만든 매트였고 쪼그리고 용변을 보는 재래식 화장실이 방 안에 있었다. 냄새가 고약하여 문을 열어 놓지 않으면 견딜 수가 없었다. 저녁이 되자 모기들이 벌떼처럼 날아들었고 벽에는 작은 도마뱀 몇 마리가 벽을 오르락내리락하며 돌아다녔다. 밤이 되자 열려 있는 방문을 통해 달빛이 환하게 비쳤다. 사막에서 쳐다보는 달빛이 곱고 선명하여 방 안 운치를 더해 주었다. 아침에 빵 두 조각을 먹고 하루종일 먹지 않아 허기가 찾아와 현기증이 일어났다.

방안에 텐트를 치고 텐트 안에서 감자와 계란을 삶아 저녁을 먹었다. 달밤에 바라보는 사막의 도시는 신비하기 짝이 없었다. 모래를 밟으며 마을 길을 걸었다. 골목길을 걸어가며 이집 저집 기웃거려보았지만, 불 꺼진 골목길과 마을은 사람 소리를 들을 수 없었고 가끔 발자국 소리를 들은 개들만 짖었다.

호텔로 돌아와 수단의 첫 밤을 호텔방 텐트 안에서 맞이했다. 모기들이 텐트 그물망에 새까맣게 달라붙었다. 도마뱀도 작은 눈알을 굴리면서 텐트의 그물에 꼬리를 까닥이며 기어올랐다. 텐트에 눕자마자 땀이 흘렀다. 끈적끈적한 땀 냄새를 맡은 모기들이 셀 수 없을 만큼 텐트 그물망에 혀를 꽂고 있었다.

12시에 미니버스를 타고 동골라(Dongola)를 향해 떠났다. 끝없이 펼쳐진 사하라 사막이 나타났다. 산봉우리 부분은 돌이 새까맣게 타서 숯처럼 변해버렸다. 한 시간쯤 남쪽으로 내려가자 나일강이 오른쪽으로 나타나고 오아시스 농경지에 대추야자 나무들이 무성하게 숲을 이루고 있었다.

가옥들은 대부분 황토색 흙집이었고 박스형의 낮은 지붕이었다. 흙으로 담을 높이 쌓아 밖에서 집 안이 보이지 않았다. 작은 마을마다 이슬람 사원의 하얀 탑들이 마을 한가운데 우뚝 서 있었다. 집집마다 2, 3마리의 당나귀들이 앞마당에 메여 있었다.

버스가 나일강 변을 따라서 달렸다. 손을 내밀면 나일강 물이 손에 닿을 것 같이 가까이 있었다. 창문을 열자 나일강 물 냄새가 풍겨왔다.

사막 한가운데 사금을 캐는 금광이 여러 군데 형성되어 있었고, 전국으로 가는 시외 버스 정류장이 생길 만큼 금광은 성시를 이루고 있었다. 우리가 탄 버스가 사금 광산이 있는 곳에서 멈췄다. 다른 버스가 우리를 기다리고 있었고 우리의 짐이 아무 설명 없이 내려졌다. 기다리던 버스를 갈아타고 동골라로 가라고 했다. 그리고 하르툼으로 가는 사람은 이곳 버스 정류장에서 다른 버스로 갈아타고 가라고 했다.

사람들이 불평하며 안 된다고 맞섰고 특히 하르툼으로 가는 사람들은 절대 안 된다고 맞섰다. 그런데도 운전사는 짐을 기다리던 차에 옮겨 실으면서 차를 바꾸어 탈 것을 강요했다. 사람들의 사정이 딱해 보였고 운전자의 행실이 고약했다.

50도를 넘는 뜨거운 햇볕 아래서 옥신각신 운전자와 승객들이 싸웠고 기다리던 버스 운전사는 우리를 자기 버스에 태우려 했다. 하르툼으로 가는 승객들이 차를 출발하지 못하게 막아섰고 나에게 다가와 같이 행동해줄 것을 부탁했다.

나는 우리 운전자에게 처음 약속대로 동골라를 거쳐서 하르툼까지 가야된다고 말했다. 그러나 그는 갈 수 없다고 말하며 기다리던 버스를 갈아타고 동골라까지 가라고 우겼다. 하르툼으로 가는 승객들은 버스표를 보여주며 운전자에게 계속 갈 것을 요구했지만, 막무가내였다.

나는 운전자를 버스 앞으로 불러 스마트 폰으로 버스와 함께 사진을 찍어 화면을 그에게 보여주었다. 그리고 운전면허증, 영업 허가증, 차량 등록증, 차량 보험증을 보여줄 것을 요구했다. 하르툼까지 가는 버스표를 촬영하고 앞서 요구한 여러 가지 서류에 결격 사유가 있으면 경찰에 고발하는 것은 물론이고 신문사나 방송국에 이 사진을 보내 다시는 영업하지 못하도록 조치하겠다고 으름장을 놓았다.

면허증, 차량 등록증, 영업 허가증, 차량 보험증 중 한 가지의 서류도 없이 자가용 영업을 하는 불법 차량이었다. 와디할파에서 하르툼까지 가는 정규 버스는 화요일과 수요일 아침 7시에 출발하는 버스가 일주일에 단 두 번 있고 그 외의 자가용들이 불법으로 손님을 태우고 다니는 아주 열악한 교통 환경이었다.

새파랗게 질린 운전사는 할 수 없이 다른 차에 실은 짐을 다시 자기 버스로 옮기고 출발하려고 했다. 입이 부루퉁해진 운전사는 버스 지붕의 짐들을 처음처럼 단단히 묶지 않았다. 버스가 출발한 지 얼마 되지 않아 달리는 도로 바닥으로 짐이 쏟아져 떨어졌다.

짐이 떨어져 박살이 났는데도 운전자는 난폭하게 달렸고 승객들은 짐이 떨어졌다고 차를 세우라고 고함을 질렀다. 1킬로미터 정도 달려와서 차를 세웠다. 차량을 돌려 짐이 떨어진 곳으로 다시 돌아갔다.

아프리카의 바람 소리

선풍기, 전구, 형광등, 그릇 등 여러 가지 물건들이 도로에 떨어져 깨져버렸다. 승객들과 운전자 간에 삿대질이 오가고 승객들은 깨진 조각들을 차에 실었지만 운전자는 배상을 하겠다고 말하지 않았다. 모든 것이 불법이고 제대로 된 것은 하나도 없었다. 깨지면 운이 없어 깨진 것이고, 그 이상 누가 누구에게 책임을 지는 일은 서로 요구하지 않는 것 같았다.

다시 나일강이 나타났고 오아시스 농토 지역이 넓게 자리를 잡고 있었다. 말, 낙타, 염소, 당나귀 등 갖가지 동물들이 한가로이 풀을 뜯는 전원적인 풍경이었다.

동골라에 도착하였다. 사람들이 붐비는 시장 골목에 터미널이 있었다. 시장 골목은 오토바이, 툭툭이, 당나귀, 채소상, 잡화상들로 뒤얽혀 소란했다. 하르툼까지 가는 사람들과 헤어지고 터미널에 내렸다. 짐을 차에서 내리고 오토바이를 개조해서 만든 툭툭이를 불렀다. 청년이 달려와서 친절하게 우리 짐을 실어주었다.

## ✿
# 동골라

툭툭이 운전자에게 누비안 게스트하우스로 가자고 했다. 모랫길을 한참 달려 게스트하우스에 도착했다. 벽을 하얀 페인트로 칠한 누비안 가옥이었다. 집 안에 대추야자나무 몇 그루가 심어져 있고 부겐빌레아 꽃이 예쁘게 피어있었다.

운전자를 보내고 대문을 두드렸다. 마중 나온 사람이 한국 사람이었다. 전혀 생각하지 못한 수단의 도시에서 한국 사람을 만났다. 너무나 뜻밖이라 반갑다기보다는 이상했다. 한국인이 운영하는 게스트하우스라는 것을 미리 알았다면 오지 않았을 것이다. 갑자기 한국말로 말했다. "아버지 한국분이 오셨어요. 나와 보셔요." 이영수 씨의 큰아들 이솔이 큰 소리로 외쳤다. 아이들도 우리만큼이나 놀라고 당황한 눈치였다.

"너 한국 사람이니? 언제부터 여기서 살았느냐?"

"오래 되었어요."

조금 기다리자 콧수염을 멋지게 기른 이영수 씨가 나왔다. 반갑게 서로 인사를 나누고 체크인 했다. 송풍 에어컨 시설이 갖추어져 있고 더운 물로 샤워를 할 수 있는 좋은 방을 배정받았다.

영수 씨는 동골라(Dongola) 최고의 게스트하우스를 지었고 그곳은 위치상 앞으로 아주 전망이 밝은 곳이었다. 대문 왼쪽은 체크인 사무실과 경비실을 겸용할 수 있는 사무실을 만들어두고 여행 정보지와 관련 책자들을 비치했다. 마당은 자갈과 모래를 반반씩 깔아 차량을 대거나 텐트를 칠 수 있도록 해두어 배낭 여행자들이나 자동차 여행자들에게 편리했다. 방마다 누비안 전통 공예품이나 미술품을 장식하고 특히 도미토리 룸은 배낭여행자들에게 불편함 없이 잘 배려되었다.

본채 2층은 몇 개의 안락 의자를 배치하여 손님들이 쉴 수 있는 휴게실이 있었다. 지붕은 갈대발로 햇빛을 가렸고 손님들이 아침 식사를 하거나 다과회 같은 모임을 할 수 있었다. 2층 옥상에서 동골라 시내 일부분과 나일강 변, 오아시스를 조망하기가 좋았다.

아프리카의 바람 소리

게스트하우스 담장을 따라 작은 채소밭을 만들어 토마토, 배추를 재배하고 있었다. 이영수 씨는 부인 박경신 씨와 큰아들 이솔, 둘째 이샘, 막내 귀염둥이 이누리 삼 형제와 더불어 먼 이국에서 하나님의 뜻을 전하면서 열심히 사는 행복한 가정의 가장이었다. 그리고 순하고 순하게 생긴 개 두 마리와 고양이도 이들의 가족이었다. 낮 동안 섭씨 55도를 넘었지만, 저녁이 되자 바람이 일었다.

아침 식사 시간에 2층으로 올라갔다. 삶은 계란, 토마토, 커피, 홍차, 빵으로 아침을 먹었다. 아이들이 자기 학교 이야기를 많이 해주었고 공부하는 공책을 가져와서 여러 가지 모습을 보여주었다. 수단 국기나 같은 반 학생들이 교실에 앉아서 수업하는 모습을 연필로 스케치한 것을 보여주었다. 솔, 샘, 누리 삼형제가 한 반에서 공부한다고 했다. 그림에 수단말로 모든 학생들의 이름을 적어 두었다. 수학 공책을 가지고 와서 기본적인 도형 넓이를 계산하는 것과 분수 계산법을 수단어로 필기한 것을 보여주었다. 수단말로 읽어주기도 했다. 삼형제가 한 반에서 공부하게 되어 외롭지는 않다고 말했으며 선생님께서 차별 없이 잘 대해준다고 했다.


수단에서 3일 이상을 체류하려면 경찰서에 들러 여행자 신고를 해야 한다. 게스트하우스 주인장 영수 씨가 경찰서 위치를 이야기해주었다.

택시를 타고 경찰서에 내렸다. 경찰서 입구에 들어서자 안내원이 안내를 해주었다. 신고서를 작성하고 사진을 붙여 여권과 함께 제출하였다. 다리가 불편한 경찰관이 일일이 서류를 점검하고 친절하게 대해주었다. 비용이 1인당 205수단 파운드였다. 이미 비자 발급 비용을 지불하고 1개월간의 체류 비자를 받았는데 또 비용을 지불하고 경찰에 체류 신고를 해야 했다.

접수 경찰관과 함께 서류 결재를 받는 과정에서 경찰서장에게 이야기했다. 이미 비자를 발급 받았는데 체류 신고와 함께 다시 비용을 부담하는 것은 관광객을 불편하게 하므로 수단 정부가 시정해주었으면 좋겠다는 의견을 말했다. 경찰서장은 서류를 심사하면서 한국 사람이 체류 신고를 하러 오는 것은 드문 일이라며 편안하게 머물다가라고 인사했다. 커피를 대접해주었고 한국은 잘사는 나라이며 한국산 중고 자동차가 수단 차량의 60퍼센트 이상을 차지한다고 말했다. 출입구까지 배웅해주었고 몇 번이고 즐거운 여행이 되기를 바란다고 했다. 체류 신고를 끝내고 허가 스탬프가 찍힌 여권을 받아서 나오니 반나절이 휙 지나갔다.

걸어서 시장으로 향했다. 시장에 모여든 대부분의 사람들은 인근 주변에 사는 누비안 주민들이었다. 대부분 사람들의 옷차림은 흰 터번에 흰색의 긴 옷이었다. 흰색의 긴 옷을 입고 다니기 때문에 키가 무척 커 보였다. 걸음걸이도 황새처럼 보폭을 크게 하여 성큼성큼 걸었다.

나는 자몽의 빛깔이 매우 고와서 팔고 있는 사람에게 물었다. 달고 향기가 좋으냐고 물었다. 주인은 커다란 자몽을 잘라 두꺼운 껍질을 벗겨 잘 익은 자주색 속살 한 쪽을 꺼내 먹어보라고 건넸다. 정말 달콤한 향기가 혀끝을 감치게 했다. 주인이 껍질을 벗긴 자몽까지 포함해서 10개를 샀다.

수단 피라미드를 둘러보기 위해 게스트하우스 주인장 차를 렌트했

아프리카의 바람 소리

다. 키를 받아 시동을 걸었다. 시동은 걸렸지만 창문도 제대로 작동은 하지 않고 문을 열 때마다 삐걱거리는 소리가 심하게 났다. 사막으로 가다가 서버리면 어쩌지 하면서도 모험을 해보기로 했다.

게스트하우스 앞 큰 도로변 주유소에 들려 기름을 가득 넣었다. 나일강을 가로지르는 다리를 지나 국도에 올랐다. 도로 좌우에 오아시스 농경지에 아침부터 동물들을 몰고 나와 풀을 뜯기는 사람들이 많았다. 넓은 오아시스 들판에 가축의 사료 작물 알팔파와 보리밭, 밀밭이 넓게 펼쳐져 있었다.

시내를 벗어나 30분을 달렸다. 끝없는 사하라 사막이 펼쳐졌다. 모래사막에 신기루가 나타났다. 차를 도로변에 세워 놓고 사막 안으로 걸어 들어가 모래 위에 누웠다. 하늘에는 뭉게구름이 떠가고 진공 속처럼 조용했다. 신발을 벗어버리고 발을 모래에 파묻었다. 한증막처럼 몸에서 땀이 흘렀다. 모래들이 부딪히는 소리만 싸르륵싸르륵 들려왔다.

다시 차를 몰았다. 가속 페달을 한껏 밟았다. 앞에도 뒤에도 차량은 없었다. 엔진에 불이 붙을 것처럼 헐떡였다. 질주 본능이 살아났지만 폐차 직전의 차로는 어림없는 일이었다. 브레이크를 밟아 속도를 줄였다. 사막의 지평선과 도로 위에 아물거리는 신기루만 보였다.

자전거 한 대가 신기루를 뚫고 달렸다. 속도를 늦췄다. 헬멧을 깊게 눌러쓰고 새까맣게 태운 몸으로 자전거를 타고 막막한 사막을 혼자 달렸다. 지나가면서 손을 흔들어 서로 인사를 했다. 한참 달리다 생각해보니 아스완에서 만났던 유럽 청년일지도 모른다는 생각이 들었다. 다시 차를 돌렸다.

마침 청년이 도로변에서 쉬고 있다. 헬멧을 벗고 앉아 있는 모습이 그때 그 독일 청년이었다. 차에서 내려 서로 포옹했다. 네덜란드 커플은 지름길을 따라 하르툼으로 떠나고 프랑스 청년은 다른 길을 따라 하르툼으로 갔다고 했다. 어제 이곳 사막에서 캠핑하고 아침에 출발했다고 했다.

하루에 120킬로미터 정도 달린다고 했다. 독일 청년의 다리 근육이 코끼리 다리처럼 크고 단단해보였고 팔뚝도 웬만한 사람 두 개를 합친 것만큼 컸다. 우리가 가지고 있던 물 한 병, 토마토 몇 개와 삶은 계란을 주었다.

독일 청년과 헤어져 계속 달렸다. 200여 킬로미터를 달려서 카리마(Karima) 검문소에 도착했다. 검문하는 경찰관들이 외국인이 운전하는 것을 보고 신기하게 생각했다. 이것저것 차에 관해서 물어보면서 어느 나라 사람인지 물었다. 한국에서 왔다고 말하자 핸드폰을 들어보이며 한국산이라고 자랑했다. 아주 오래된 스틱 모양의 폰이었다. "전화기가 잘 작동해요?"하고 물었다. "굿!"이라며 엄지손가락을 치켜세우고 나의 전화기를 보여달라고 했다. 보여주었더니 자기에게 팔면 안 되겠느냐고 물었다.

지도를 보고 제벨 바칼(Gebel Barkal) 성산과 피라미드를 찾아갔다. 왕들의 무덤인 작은 피라미드 6개가 한 곳에 모여 있었다. 피라미드가 모여 있는 곳으로 들어갔다. 입장료를 받거나 관리를 하는 사무실도 없었고 사막 한가운데 그저 방치되어 있었다. 작은 피라미드들은 거의 원형대로 복원되어 있고 사면이 급경사를 이루고 돌을 한 계단 한 계단 쌓아 올려 만들었다. 규모는 아주 작았지만, 이집트 기제에 있는 피라미드와 똑같은 방식으로 쌓아 올렸다.

피라미드 왼쪽으로 성산 제벨 바칼 성산이 있었다. 꼭대기가 화산 분화구처럼 생겼고 아침저녁으로 영기가 솟아오른다고 했다. 람세스 2세가 세력을 남쪽으로 확장한 문화적 중심지며 성지이다. 사원의 작은 방들의 터가 남아 있고 잘려나간 탑들이 여기저기 방치되어 있었다. 사원 입구 쪽에는 카르나크 신전이나 룩소르 신전과 마찬가지로 스핑크스 길이 있었다. 양의 형상을 한 조각상이 파손된 채 몇 개가 양쪽으로 웅크리고 있었다. 사원 앞쪽으로는 나일강이 흐르고 대추야자 농장이 정글을 이루고 있었다.

피라미드가 흩어진 언덕에 올라 점심을 먹었다. 섭씨 55도다. 가만히 앉아 있는데도 손가락에서 땀방울이 뚝뚝 떨어져 내렸다. 들개들이 갑자기 몰려들고 하르툼에서 출발한 서양 실버들을 태운 관광 버스 두 대가 피라미드 앞에 나타났다.

실버 관광객들도 너무 뜨거워 내리자마자 버스로 되돌아가버렸다.

카리마 시내에서 물을 사려고 시장으로 들어갔다. 시장 안 주차장에 픽업 트럭 8대가 줄을 지어 있고 텐트, 식품, 취사 도구 등 많은 캠핑 장비들이 실려 있었다.

가게 안에서 깔깔 웃는 소리가 흘러나왔고 앞마당에서 엉덩이를 흔들며 춤을 추는 사람들도 있었다. 가게 안으로 들어가려는데 어떤 사람이 나의 팔을 잡는다. 술 냄새를 풍기는 금발의 여인이었다.

"헤이 프렌드, 어디서 오셨어요? 나는 스페인 바르셀로나에서 왔는데, 선생은 중국에서 왔어요? 일본에서 왔어요?"

그녀는 술을 마셨지만 교양 있었고 영어를 유창하게 구사했다.

"나는 한국에서 왔어요."

"오늘 어디서 머물 겁니까? 카리마에서 머물 것 같으면 우리랑 같이 가겠어요? 우리는 텐트, 음식, 술 다 있는데 남자가 부족해요."

그러면서 그녀는 다른 스페인 남자랑 마당에서 탱고 춤을 추기 시작했다. 그녀는 적당한 취기와 함께 멋지게 몸을 흔들며 관능적인 멋을 한껏 풍겼다. 매력적인 사람이었다. 스페인 남자도 엉덩이를 흔들며 어릿광대춤을 추어 시장에 모인 많은 사람들을 흥분시켰고 박수를 받았다.

나도 순식간에 열기에 동화되었고 스페인 남자를 따라 어릿광대춤을 추었다. 스페인 가이드가 내 곁으로 다가왔다. 귓속말로 나지막한 소리로 말했다.

"끝내주는 여자입니다. 오늘 우리랑 같이 가시죠. 우리는 모든 준비가 다 되어 있어요. 선생께서는 실컷 놀아주시면 됩니다. 같이 가시겠어요?"

"참으로 멋진 기회군요. 그런데 어쩌죠. 나는 아내랑 같이 왔어요. 미안해서 어쩌죠."

"우리는 남자가 4명뿐이고 여자는 15명이에요. 여자들이 남자를 불러오라고 야단입니다. 가이드하기 힘들어요."라고 하며 푸념했다. 참으로 멋진 여행객들이었고 정열적인 스페인 사람들이었다.

금발의 스페인 여인에게 오늘 같이 가지 못해서 정말 미안하다고 말했다. 여인은 나의 손을 한동안 잡고 동양 사람들과 만나고 싶었다고 여러 번 말했다. 아쉬움을 남기고 가이드, 어릿광대, 금발의 여인, 나머지 관광객들과 인사를 했다. 못내 아쉬워하는 스페인 관광객 여인들은 합류를 세 번 네 번 권하기도 했다.

누비안 사람들이 살고 있는 마을로 가기 위해 게스트하우스를 나섰다. 시내를 빠져나와 차를 몰고 A1 도로 북쪽 방향으로 올라갔다.

아프리카의 바람 소리

200킬로미터 정도 달려오니 와와(Wawa) 마을이 나타났다. 나일강을 따라서 남북으로 만들어진 오아시스 마을이었다. 강을 따라 알파파, 보리, 밀, 대추야자 나무가 무성하게 자라고 있었다. 오고가는 사람들은 보이지 않았다.

준비한 점심 가방을 들고 차 안에서 내렸지만, 적당히 갈 곳이 없었다. 두리번거리고 있는데 어느 여인이 대추야자 나무 껍질을 나무 단으로 묶어 머리에 이고 우리에게 다가왔다. 점심을 먹어야 할 곳을 찾는다고 말했더니 따라오라는 손짓을 했다.

여인을 따라 집 안으로 들어갔더니 마당에 다른 여인이 놀라는 모습으로 우리를 쳐다보았다. 인사를 하고 두 여인에게 점심 가방을 보여주면서 점심 먹을 수 있는 공간을 좀 빌려달라고 했다. 혜경은 여인들에게 미소를 지으며 각다귀들이 너무 많아 나무 그늘 밑에서 점심을 먹을 수가 없다고 말했다. 여인들은 빙그레 웃으며 자기들을 따라오라고 손짓을 했다.

여인들이 안내한 곳은 가족들이 모여 쉬는 아주 넓은 응접실이었다. 간이 침대 3개가 놓여 있었고 여러 개의 안락 의자가 놓여 있었다. 여인은 돗자리를 깔아주었고 우리를 지켜보았다. 벽면에 주인장의 사진이 걸려 있고 바닥은 비닐 장판이 깔려 있었다. 나무를 이고 들어온 여인이 영어를 할 수 있어 대화가 이루어졌다. 자기는 작은 부인이고 옆에 있는 여인은 큰 부인이라고 했다. 주인장은 바깥에 일을 보러 나갔는데 곧 돌아올 것이라고 말했다. 우리는 한국 사람이고 아프리카 여행 중이라고 소개했다.

준비한 감자, 빵, 토마토, 분유를 꺼내고 뜨거운 물에 분유를 타서 한 잔씩 주었다. 여인들은 뜨거운 분유를 처음 먹어본다며 아주 맛

있게 잘 마셨다. 콜라 한 병을 여인들에게 주고 점심을 먹었다. 작은 부인이 집 안에 있는 물 항아리에서 물을 떠주었다.

점심을 먹고 응접실 소파에 앉아서 커피를 마시며 쉬는 동안 여인들이 사탕, 건과류와 대추야자 말린 것을 가지고 왔다. 여인들에게 우리가 가져온 커피를 타서 주었고 그들은 히비스커스 차를 타서 가지고 왔다. 여인들은 차도르를 입고 있어 몸은 가려졌지만 집 안에서는 얼굴을 볼 수 있었다.

나는 작은 부인에게 물었다.

"두 사람이 한 남자의 부인이 되어서 살면 싸우거나 서로 질투하지는 않습니까?"

"아니요, 우리는 하는 일이 달라요. 언니는 집안 살림살이와 경제적인 것을 담당해요. 나는 집 안 시설 관리, 보수, 당나귀 돌보기, 땔감 구하기를 해요. 그리고 언니가 할 일을 알려줘요. 우리는 아주 사이가 좋아요. 언니는 모든 것을 가르쳐주어요. 저기 저 마당은 내가 전부 손으로 만든 거예요. 저 벽에 칠도 전부 내가 했어요."

"저렇게 많은 페인트를 혼자서 칠했어요? 힘들지 않았어요?"

"저건 페인트가 아니에요. 사막의 흙을 파서 만든 천연 물감입니다. 그리고 천천히 혼자서 했어요."

참으로 이해하기 힘들었다. 남자는 도대체 왜 저런 일을 안 하는 것인지. 마당이 꽤 넓었다. 그런데 작은 부인 혼자서 마당을 평평하게 만들고 천연 흙으로 물감을 만들어서 물결 무늬가 나도록 칠했다고 했다.

이런저런 이야기를 나누고 있으니 주인장 모하멧 씨가 돌아왔다. 갑자기 외국인이 자기 부인들과 응접실에 앉아 있는 모습에 놀라는 표정이다. 작은 부인이 우리를 소개해주었다. 나와 혜경은 일어서서 웃는 얼굴로 인사를 했다.

주인장은 나의 어깨를 잡더니 자기 오른쪽 어깨를 가볍게 터치하고 "살람(Salaam)."하고 인사를 했다. 나도 다시 한 번 그의 오른쪽 어깨에 나의 오른쪽 어깨로 가볍게 터치하며 "살람."하고 인사했다. 풍채가 아주 좋았다. 건장한 몸매에 키가 6척은 되어 보이고 배가 앞으로 툭 튀어나온 사람이었다. 하얀 터번을 세 번씩이나 똬리를 틀어 머리에 얹었다. 터번과 꼭 같은 베로 발등이 보이지 않을 정도로 긴 옷을 입고 가죽 신발을 신고 있었다. 숯검정처럼 새까만 피부에 하얀 이빨과 솥뚜껑만큼 큰 손을 가지고 있었다. 웃는 모습과 얼굴 표정이 법 없이도 살 수 있는 호인형이었다.

주인장은 영어를 한 마디도 할 수 없어 작은 부인이 통역을 했다. 주인장과 이야기를 나누는 동안 큰 부인은 저만큼 떨어져서 다과를 준비하고 곁에 오지는 않았다. 작은 부인이 상냥한 말투로 우리와 남편을 연결시켜주었다.

주인장은 우리를 데리고 집 안을 구경시켜주었다. 방이 6개이고 남녀가 거주하는 공간이 분리되어 있어 방마다 6~7개의 침대가 놓여 있었다. 주인장의 방, 큰 부인의 방, 작은 부인의 방은 각각 분리되어 있었고 침대가 정갈하게 꾸며져 놓여 있었다. 집 안에 침대가 바깥채의 간이침대를 제외하고 25개 정도가 놓여 있었다. 본채의 바닥은 아라비아풍의 카펫이 깔려 있었고 주방에는 은제품의 식기류가 대부분이었다. 주인장은 화장실, 당나귀 마구간, 곡식 저장 창고, 뒤뜰 등 집 안 구석구석을 구경시켜주었다. 곡식 저장 창고에는 각종 대추야자, 밀, 콩, 보리, 차 등 이름 모를 곡식들이 자루에 담겨 정연하게 놓여 있었다.

곡간의 규모나 저장된 곡식의 양으로 봐서 모하멧 씨는 나일강 오아시스 부농임이 틀림없었다. 작은 부인에게 주인장이 부자라고 말하고 즉시 통역하니 주인장 너무 좋아하고 허허 웃으며 나의 어깨를 두드렸다.

작은 부인이 여인들만 거주하는 내실도 구경시켜주었다. 여인들이 머무는 공간은 하얀 세사로 만든 커튼이 정갈하게 창문과 벽면에 걸려 있었다. 카펫을 깔고 침대와 응접 세트가 안락하게 놓여 있었고 방 안에 들어서니 냉기가 찰 정도로 시원했다. 왜 이렇게 시원한지 물었다. 흙벽돌로 이중벽을 쌓고 지붕도 흙으로 아주 두껍게 만들었다고 말했다. 침실마다 침대에 모두 하얀 모기장이 깨끗하게 쳐져 있었다. 방안 벽면에 여러 가지 차도르가 걸려 있었고 화장대 앞에 여인들의 헤나 물감통과 견과류를 담은 예쁜 그릇들이 차곡차곡 쌓여 있었다.

집 안 구경을 끝내고 다시 응접실로 돌아왔다. 사탕과 견과류 히비스커스 차를 내왔다. 응접실은 건물 한쪽 면을 통째로 만들어져 이쪽 끝에서 저쪽 끝까지 20미터 정도 되는 넓은 공간이었다. 카펫 위에 여러 개의 소파가 놓여 있었고 가운데는 주인장의 소파가 놓여 있었다. 큰 부인, 작은 부인, 아이들, 손님용 소파가 모두 분류되어 놓여 있었다. 요리와 식사를 하는 부엌은 건너편 건물에 외부인 응접실과 남자들이 사용하는 응접실 옆에 있었다. 차를 마시고 주인장, 부인들과 함께 사진을 찍었다.

헤어질 때 악수를 하면서 모하멧 씨 손바닥에 20수단 파운드를 쥐여주었다. 역시 모하멧 씨는 크게 웃으며 "쇼크란, 쇼크란."이라고 하

아프리카의 바람 소리

며 나의 두 손을 꼭 잡아주었다. 작은 부인, 큰 부인이 모하멧 씨가 대문까지 따라 나와 환송해주었다.

나일강 변 오아시스 농경지가 있는 곳으로 차를 몰았다. 알파파, 대추야자 나무, 보리, 밀 곡식들이 재배되고 있었다. 농경지 두렁을 따라 당나귀, 낙타, 조랑말들이 풀을 뜯고 마을 길에는 방목 닭들이 앞발로 흙을 파헤치며 열심히 먹이를 찾고 있었다.

강가에 차를 세우고 나일강에 손을 담갔다. 아주 시원했다. 강물의 양이 엄청 많았고 흘러가는 속도도 빨랐다. 강 가운데 물이 회오리치는 곳이 여러 군데 있었고 그곳을 지나는 나뭇가지들이 물속으로 빨려 들어가버렸다. 고기들이 물 위로 솟구쳐 올랐다가 사라졌다. 강물이 맑지는 않았고 빠른 유속 때문인지 거품이 많았다.

게스트하우스로 돌아와 차를 주인장에게 반납했다. 게스트 호스트인 영수 씨의 수단 친구가 수단 음식을 만들어 게스트 손님들에게 대접한다며 초대해주었다. 샤워를 하고 게스트하우스 2층 식당으로 갔다. 사람들이 모여 있었다. 눈에 띄는 사람은 다 헤진 청바지에 카키색 군복 상의를 입은 영국인 클라인 예비역 육군 대령과 그의 아내 타냐 영국 육군 예비역 링크 헬기 조종사였다. 그리고 광저우에서 온 젊은 중국 친구도 함께했다.

영수 씨가 수단 친구를 소개하고 요리도 곁들여 소개하였다. 주요리는 감자를 갈아 만든 수단 전병과 레몬즙 소스에 싱싱한 샐러드, 닭찜과 대추야자 홍시, 그리고 밥과 된장 수프, 김치, 달걀프라이 등 뷔페식으로 차려졌다. 영수 씨의 기독교식 기도와 아이들의 '고향의 봄' 노래가 선창되었다. 우리는 박수로 고맙다는 답례를 하고 식사를 시작하였다. 식사가 끝나고 히비스커스 차와 홍차, 커피, 대추야자 홍시를 후식으로 먹었다.

영국인 클라인 대령은 3년 7개월 전 부인과 함께 현역에서 예비역으로 예편했고, 국가의 연금 생활자가 되어 부인과 함께 아프리카 여행을 떠났다고 했다. 지프차 랜드로버를 구입하여 아프리카 여행에 맞도록 차를 개조했다. 게스트하우스 주차장에 주차한 차를 보니 차량 지붕에 텐트가 설치되어 있고 뒷문 쪽에 부엌 겸 식사 준비를 하는 시설들이 설치되어 있었다.

3년 7개월을 이미 여행했지만 앞으로 1년 동안 이집트를 거쳐 아리비아 반도, 터키, 그리스, 이탈리아를 거쳐서 프랑스로 돌아갈 예정이라고 했다. 또한, 프랑스로 돌아가서 피레네산맥 마을에서 살 것이라고 했다. 우리가 이집트 아스완댐을 건너왔다는 이야기를 듣고 여러 가지 정보를 물어왔고 그들은 우리에게 수단 남쪽, 에티오피아, 케냐 등에 관하여 많은 것을 알려주었다.

아내 타냐는 에티오피아 에르타 알레(Erta Ale) 화산을 동영상으로 촬영해서 보여주었는데 정말 멋졌다. 이번 여행에서 꼭 들러야 할 곳 리스트에 에르타 알레 화산과 소금 캐러밴(Caravan)을 적어 넣었다. 클라인 대령은 아내와 함께 이라크 전쟁에 참여한 경험이 있고 아내는 사막의 전투에 헬기를 몰고 직접 참가했다고 했다.

대령과 차를 들며 이야기를 나누다 보니 밤 11시가 넘어 있었다. 오늘은 하루가 어떻게 지나갔는지 모를 정도로 많은 사람들을 만났다. 주인장의 수단 친구에게 고맙다는 인사를 했다. 대령과 부인은 자동차 지붕의 텐트로 올라가고 나와 혜경은 잠자리로 돌아왔다.


게스트하우스 사장 영수 씨는 어린 시절 경북 영천 부근에서 태어

낳는데, 아버지가 빨리 세상을 떠나고 4명의 형제와 어머니와 함께 살았다고 했다. 큰형이 초등학교 6학년이던 어느 날, 4명의 형제를 남겨 놓고 대문을 나가던 것이 어머니의 마지막 모습이라고 말했다. 그 이후로는 어머니를 한 번도 본 적이 없다고 했다. 석양의 나일강가에서 소설 속의 한 주인공과 같이 서 있는 느낌이 들었다. 그 이후 예수님을 의지하며 살았다고 했다. 그는 나에게 예수님을 모르고 어떻게 살았는지 궁금하다고 말했다.

그의 꿈대로 수단의 수도 하르툼에서 종교 단체 봉사 활동을 시작했고 거기서 봉사 활동을 하던 아내를 만나 결혼을 하고 슬하에 남자아이 3명을 두었다. 삼형제는 영어와 아랍어를 구사하고 독립심과 자립심이 강해 보였다. 영수 씨는 자식관과 세계관이 뚜렷했다. 어디든지 살아가는 곳이 고향이고 나의 집이 될 수 있고 자립해서 살아가야 한다는 생각을 가지고 있었다.

영수 씨 부인이 집 안 마당에서 저녁 식사 준비를 하고 있었다. 드럼통을 반으로 잘라 바비큐 화로를 만들었다. 숯불을 피우고 철망 위에 고기를 구웠다. 구수한 냄새가 진동하여 식욕을 돋웠다. 김치, 된장 시래깃국, 샐러드 등과 함께 식사가 준비되었다.

영수 씨가 먼저 식사에 앞서 이렇게 만나게 된 인연을 감사하게 생각하며 우리 여행이 무사하기를 바라는 인사를 했다. 나도 먼 이국에서 우리를 만나게 해준 인연을 고맙게 생각하고 영수 씨와 가족이 아무 탈 없이 사업이 번창하고 앞날에 행복이 함께하길 바라는 답례 인사를 했다. 그리고 우리 모두 '기러기' 노래를 합창하였다. 달빛이 아름답게 작은 정원을 훤하게 비춰주었다. 맛있는 양고기 갈비를 먹으면서 마음속으로 이 착하고 선한 가족이 정말 행복하고 건강하기를 빌었다.

내일은 하르툼으로 가야 하는 날이었다. 아침이 시원한 틈을 타서 버스표를 사려고 버스 정류장에 들렀다. 버스표 가격이 생각보다 무척 쌌다.

5일 동안 같이 있었던 영국인 대령 부부가 떠나겠다고 인사를 청했다. 지금 떠나면 중간에 도시도 없는데 어떻게 하느냐고 물었다. 가는 도중에 사막에서 야영을 할 것이라고 했다. 밤에 자칼을 조심하라고 농담을 하자, 아라비안 반월도를 들어 보였다. 영국 예비역 육군 대령과 링크 헬기 조종사 이름만 들어도 모든 도적이나 자칼이 도망갈 것 같았다.

영수 씨의 온도계가 55도에 멈춰버렸다. 그늘에 앉아 있어도 덥고 세수를 해도 순간뿐이었다. 영수 씨가 당근을 캐러 가자고 했다. 이웃집 당근 밭이지만 필요할 때 캐서 먹는다고 해서 따라나섰다. 지하수를 퍼 올려 채소 농사를 짓고 있었다. 양파, 당근, 배추, 밀을 재배하고 있었다.

당근이 크지는 않았지만 뽑아서 칼로 껍질을 슬슬 문질러 먹어보니 단맛이 꽤 있었다. 말 그대로 유기농이었다. 마음 놓고 날 것을 먹어도 아무 문제가 없는 신선한 채소였다. 오늘 저녁 이것을 뜯어 비빔밥을 할 것이라고 했다. 나도 열심히 당근과 양파를 캐고 배추를 뽑았지만, 워낙 키가 작고 몸집이 빈약한 것들이라 한참을 뜯어도 한주먹도 안 됐다.

땀이 마구 흘렀다. 시원한 맥주 생각이 났다. 이 나라에는 맥주 같은 주류는 팔지 않는다는 것을 알면서도 영수 씨한테 물었다. 밀주를 담가 먹는 사람도 있다고 했다. 그러나 술을 먹다가 경찰에 걸리면 경찰서로 불려가 태형 20대를 맞고 나온다고 했다.

오후가 5시가 되니 햇살이 조금 약해지는 듯했다. 영수 씨와 같이 낙타 몰이꾼들이 낙타를 몰고 오는 광경을 구경하러 갔다. 차를 몰고 시 외곽으로 나갔다. 도심을 지나자 오아시스 농경지가 나오고 이내 사막이 나타났다. 여섯시가 되었다. 해가 넘어갈 무렵 수백 마리의 낙타들이 대장 낙타 몰이꾼을 앞세우고 낙타 집결지에 나타나기 시작했다. 장관이었다. 영화 속에서나 다큐멘터리 속에서 보았던 모습이 눈앞에 생생하게 펼쳐졌다. 그림자를 모래사막에 길게 드리우고 낙타를 모는 사내들이 검은색 터번을 머리에 두르고 하나둘씩 낙타의 대열에 끼어 나타났다.

긴 다리를 성큼성큼 옮겨가며 머리는 반쯤 하늘을 향해 치켜들고 좌우로 흔들며 귀족 같은 자태로 걸어 들어왔다. 족히 500마리는 되어 보였다. 몇 마리를 제외하고는 안장도 고삐도 없었다. 모두가 단봉낙타들이었다. 등에는 혹이 하나씩 솟아 있었고 작은 귀에 선하게 생긴 눈, 긴 목은 기린 같기도 하고 공룡 같기도 했다.

단봉낙타는 발바닥이 넓어 모래에 빠지지 않고 다리가 길어서 다른 동물에 비해 사막의 복사열을 적게 받는다. 등에 혹이 있어 1주일 정도는 먹이나 물을 먹지 않아도 견딜 수 있는 사막을 위해 태어난 동물이다.

이 녀석들은 수단 남서부 차드와 국경 지역에서 자란 놈들이라고 했다. 무려 1,200킬로미터를 30여 일 동안 걸어서 여기까지 도착했다. 앞으로도 10여 일을 더 걸어 이집트 아부심벨 근처에서 이집트 낙타 몰이꾼에게 인계되고 그곳에서 차량으로 중동 지역으로 실려서 간다고 했다. 중동 지역으로 가면 중동 지방 사람들의 식탁에 오르게 되는 육용 낙타들이었다.

주로 낮에는 쉬거나 자고 저녁에 달빛이나 별을 보고 걸어온다고 했다. 오는 길목의 오아시스에 들러 건초와 물을 먹이고 사람들은 식량과 물을 공급 받으면서 온다고 했다.

한 마리의 가격은 100만 원정인데 오는 도중 죽거나 쓰러지면 사막에 버리고 온다고 했다. 낙타 몰이 소년이 나를 보더니 담배를 달라고 했다. 30여 일 동안 사막을 걸어온 몰이꾼에게 줄 담배가 없어서 너무 미안했다. 영수 씨가 준비한 사탕을 나누어주었다. 고마워하며 새까만 손을 내밀며 받아먹는 소년의 눈이 유난히도 반짝였다.

낙타를 몰고 올 때 도적은 없었는지 물었다. 그랬더니 자루에서 총을 끄집어냈다. 총알과 총이 들어 있었다. 어떻게 길을 잃지 않느냐고 물으니 대장 몰이꾼이 잘 알고 있고 별과 모래 언덕을 보고 찾아온다고 했다.

대장 몰이꾼은 40대 중반으로 20년 이상의 낙타 몰이꾼 경력을 갖고 있었으며 모든 것을 책임진다고 했다. 낙타를 죽이지 않고, 도둑들에게 도둑맞지도 않고, 낙타가 밤중에 도망을 가지 못하도록 하는 것이 모두 대장의 책임이라고 했다. 그리고 대원들의 안전과 건강까지 책임을 져야 하는 중책을 가지고 몰이꾼을 이끈다고 했다. 우리가 만난 대장은 체구가 당당하고 철근처럼 느껴지는 다부지게 생긴 사람이다. 1년에 2, 3번 낙타를 몰고 온다고 했다.

해가 지고 으스름해지자 모두 일손을 바쁘게 움직였다. 나이 어린 낙타들의 앞다리를 구부려 묶어버렸다. 왜냐고 물어보니 도망을 가지 못하게 묶는다고 했다. 그리고 다리를 절룩거리는 낙타들을 모아서 발바닥에 가죽을 대주는 작업을 했다. 말발굽에 징을 박는 것과 비슷했다. 오랫동안 걸어서 발바닥이 갈라지고 쪼개지는 낙타들이 발생한다고 했다. 이런 낙타들은 발에 송곳으로 구멍을 내고 가죽을 대주어야 했다. 그래야 발이 더 이상 갈라지지 않고 갈라진 틈으로 모래가 들어가지 않는다고 했다.

더위에 지친 낙타들은 한 마리 두 마리 차례로 낮 동안 데워진 모래 위에 배를 대고 눕기 시작했다. 동화 속에서나 보았던 수백 마리의 낙타와 낙타 몰이꾼들이 밤을 보낼 채비를 했다. 낙타 몰이꾼들은 낙타들 대열 속에 자신들의 숙소를 마련하고 있었다.

그날 저녁은 게스트하우스 마지막 밤이었다. 영수 씨는 우리를 위해서 비빔밥을 준비했다. 낮에 뽑았던 당근, 배추, 양파 그리고 어제 먹다 남은 양고기를 이용해서 멋진 저녁을 준비했다.

혜경은 아이들에게 '기러기', '뜸 북새', '고향의 봄' 노래 세 곡을 리코더로 연주할 수 있도록 악보를 그려 가르쳐주었다. 영수 씨의 집 마당에서 저녁 식사를 하기 전 아이들의 리코더 합주를 들었다. 그리고 우리 다 같이 기러기 노래를 불렀다.

영수 씨의 식사 전 기도가 있었다. 우리의 여행이 무사하기를 기원해주었고 나도 영수 씨 가족이 건강하고 조국을 잊지 말고 꿋꿋하게 살아갈 것을 주문했다. 식사가 끝나고 잘 자라는 인사를 하고 헤어져 나왔다. 문설주에 기대 선 영수 씨 부인 모습이 고향에 두고 온 부모님과 형제를 그리는 것 같아 마음이 조심스러웠다.

# 하르툼

영수 씨 가족과 게스트하우스 대문에서 작별을 했다. 아이들과 일
일이 악수하며 포옹했다. 영수 씨가 우리를 버스 터미널까지 데려다
주었다.

차에 오르자마자 차가 출발했다. 승객들이 만원이었고 빈자리가 한
좌석도 없었다. 에어컨 시설이 좋아 무릎이 시릴 정도로 시원했다.
승무원이 점심 도시락과 소다수 한 병과 물 한 병씩을 나누어주었다.
중국산 버스였다. 좌석은 편안했고 커튼이 2중으로 달려 있었다. 버
스 안에 달린 텔레비전에서 무슬림들이 예배하는 장면과 코란 독경
이 계속해서 흘러나오고 승객들은 코란 독경을 나지막이 읊조렸다.

눈도 보이지 않는 차도르를 입은 여인들은 혜경의 일거수일투족에
관심이 쏠렸다. 똑같은 여성이면서 팔과 다리의 맨살을 훤히 드러내
고 다니는 복식이 이해가 안 되는 듯 쳐다보았다.

1시간쯤 달리니 사하라 사막이 펼쳐졌다. 달리는 차창으로 보이는
사하라는 천의 얼굴처럼 변화무쌍했다. 순수하게 모래만으로 이루어
진 사막의 부드럽고 광대한 모래 언덕 '에르그(erg)'가 나타나는가 하
면, 자갈과 암석 평원이 나오고 때로는 험악한 야산들도 보였다.

사막 모래 언덕에 나뒹구는 낙타들의 죽음이 눈에 들어왔다. 죽은
시체들이 마른 고목나무 뿌리처럼 갈비뼈를 앙상하게 드러내고 널브
러져 있었다. 차창 밖은 온통 황색 물결이었다. 20미터 앞을 내다보기
힘들 정도로 모래바람이 세차게 불어왔다. 버스가 휴게소에 멈췄다.

여자 승객들이 모래바람이 몰아치는 사막 안으로 물병을 하나씩

아프리카의 바람 소리

들고 들어갔다. 화장실이 어설프게 마련되어 있었다. 흙으로 무릎 높이만큼 벽을 사각형으로 쌓았다. 그곳으로 차르도 입은 여인들이 몰려 들어갔다. 쪼그리고 앉은 채 서로의 얼굴을 빤히 쳐다보면서 일을 보고 뒤처리에 사용된 물병은 사막에 던져버렸다.

어느새 버스가 하르툼으로 들어간다. 길바닥이 온통 모래로 덮여 있었다. 오토바이를 개조한 삼륜차와 당나귀 수레, 사람들이 끄는 손수레가 뒤얽혀 도로가 꽉 막혀 있었다. 당나귀 수레의 긴 행렬이 도로를 가로막아 버스나 트럭들이 빠져나가지를 못했다.

차들은 경적을 울리고 당나귀 몰이꾼은 소리를 지르며 당나귀를 채근하고 행상인들은 호객하며 목청을 돋웠다. 한 마디로 난장판이었다. 허물어져가는 황토색 흙토담 집들이 열을 지어 무질서하게 흩어져 있었다.

버스 터미널에 도착했다. 오토바이를 개조한 삼륜 자동차 툭툭이를 불렀다. 하르툼 유스 호스텔에 도착하여 짐을 리셉션까지 들어주었다.

유스 호스텔은 규모는 컸지만 건축한 지 오래된 건물이다. 키가 큰 젊은이가 나타났다. 얼굴색은 숯검정보다 검고 납작한 코에 청바지 차림이었다. 며칠간 있을 건지 물었다. 1주일을 머물겠다고 하니 안 된다고 했다. 내일부터 손님들이 많이 오기 때문에 3일 이상은 안 된다고 했다. 겨우 입씨름 끝에 4일간 머무르기로 하고 체크인했다.

일 층에 방을 배정받았다. 방은 컸다. 청년이 돌아가고 방의 이곳저곳을 둘러보니 제대로 작동하는 것이 하나도 없었다. 청소는 언제 했는지 변기에 오물 찌꺼기가 눌어붙어 새까맣고, 창문 잠금장치는 없고 형광등은 불이 들어오지 않고 방 출입문 잠금장치는 망가져 있었다.

다른 방은 어떤지 살며시 들어가 보았다. 아예 불이 켜지지 않은 것은 마찬가지였고 방 안이 더러웠다. 화장실 청소와 고장난 곳을 고쳐달라고 리셉션 청년에게 부탁했다. 10분 후에 와서 고쳐주겠다고 말했다. 다행히 방 안에 달려 있는 선풍기와 에어컨은 제대로 작동하고 있었다. 파리와 모기가 낮인데도 윙윙거리고 화장실에서 냄새가 퀴퀴하게 풍겨왔지만 청소를 해줄 때까지 기다리며 쉬기로 했다.

10분이라더니 1시간이 지나도 청년은 나타나지 않았다. 슬슬 화가 치밀어 오기 시작하니 화장실에서 나오는 냄새가 더 고약하게 느껴졌다. 30분을 더 기다렸다. 그래도 오지 않았다. 몸은 피곤한데 냄새는 고약하고 청년은 약속을 지키지 않아 나의 자제력이 한계를 드러내고 말았다.

리셉션으로 달려갔다. 청년은 고물 같은 컴퓨터로 뭔가를 찾느라고 정신이 없었다. 방 안 청소며 전등이며 잠금장치 고치는 일이 어떻게 된 것이냐고 물었다. 청년은 천연덕스럽게 뭐가 잘못되었냐고 되물었다. 이런 고약한 녀석을 봤나? 나와 불과 1시간 반 전에 약속한 일을 모른 체하다니 능청도 이런 능청이 있단 말인가? 다시 한 번 고쳐야 될 것을 이야기 했다. 다른 손님들은 아무 말 없이 잘 지내는데 왜 나만 까다롭게 구는지 모르겠다는 말을 했다. 내가 앞으로 4일을 여기서 묵어야 하는데 전깃불이 안 들어오는 방에서 어떻게 살 것이며 냄새나는 화장에서 어떻게 보낼 것이냐고 물었다. 이 녀석은 다른 사람들은 바깥에서 지내다가 잠잘 때만 방으로 들어가서 잔다고 말을 했다.

나도 모르게 소리를 질렀다.

"너 정신이 있는 녀석이냐?"

이유를 막론하고 빨리 고치라고 소리를 질렀다. 고함 소리에 노인

아프리카의 바람 소리

두 사람이 달려왔고 나무 밑에서 잠자던 인부들이 들어왔다. 노인에게 청년이 한 말을 그대로 전달했다. 노인이 호스텔 주인인 것 같았다. 청년에게 빨리 고치도록 하라고 말했다. 노인은 점잖은 말로 청년의 무례를 이해해달라고 말하며 요즘 젊은이란 다 그렇다고 나를 위로했다. 나이 많은 인부는 나의 등을 두드리며 젊은이를 향하여 혀를 찼다.

이런 와중에 청년은 나에게 방값을 선불로 내라고 말했다.

"그래, 좋아. 먼저 방을 고쳐라. 그러면 당장 방값을 지불하마."

노인은 나를 방으로 안내하며 조금만 기다리면 고쳐주겠다고 했다. 방으로 돌아왔지만 이제 방이 정말 싫었다. 당장 다른 곳으로 옮기고 싶었지만 배낭을 쳐다보니 선뜻 옮길 수도 없었다. 곧 청년이 사다리를 들고 기술자를 데리고 형광등 전구를 고치러 왔다. 변기 주변을 청소하고 형광등 전구를 갈고 문고리 잠금장치를 고쳤다.

아침부터 시내가 황색의 먼지에 싸여 시계가 불량했다. 숨을 막히게 하는 더운 바람이 불어왔다. 시내로 들어가는 미니버스를 타고 어제 오후에 내렸던 시내버스 정류장에 내렸다. 아직 이른 아침이라 시내는 복잡하지 않았지만 열기는 여전했다. 조금만 걸어도 땀이 흘렀다.

구두 닦는 소년들이 10명 이상 그늘 밑에 열을 지어 앉아 열심히 구두를 닦고 있었다. 그런데 구두를 닦지 않으면서 한쪽 그늘 아래에서 배를 씰룩거리며 앉아 있는 중년 남자가 있었다. 구두를 닦은 손님들이 돈을 지불하자 소년들은 돈을 이 중년 남자에게 가져다주었다. 나는 이상해서 소년들에게 "왜 돈을 저 남자에게 가져다주지?"라고 물었다. "저분이 보스예요." 이곳 구두 닦는 곳까지 착취 조직이 있다는 것을 보고 놀랐다. 소년들은 피골이 상접한 모습으로 손님들의 구두에 침을 뱉어 가며 솔질을 하고 천으로 문지르고 구두 약칠을 하며 열심히 닦고 있었지만 정작 돈을 만지는 사람은 다른 사람이었다. "그럼 하루에 얼마를 받는 거냐?" 소년들은 웃으면서 대답을 하지 않고 그들의 보스를 바라보았다.

잘 포장된 도로를 따라 나일강 가에 도착하였다. 청나일을 따라 만들어진 도로는 깨끗하고 가로수 정비도 잘 되었다. 정부 관공서, 호텔 등 새로운 현대식 건물들이 많았다. 청나일강이라 강물이 푸른색을 띨 줄 알았는데 흙탕물이었다. 물살이 거칠게 파도를 일으키며 흘러갔다. 강폭이 무척 넓어 바다 같았다. 하르툼은 우간다의 빅토리아 호수에서 발원하여 흘러오는 백나일과 에티오피아 타나호수 근처에서 발원하여 흘러오는 청나일이 만나는 곳이었다.

수천 킬로미터나 떨어진 곳에서 흘러온 두 강이 만나는 합수 지점을 보고 싶었다. 청나일 부두로 갔다. 평저선, 엔진 보트, 범선, 작은 요트, 경찰 경비정들이 정박해 있었다. 투티섬을 한 바퀴 돌아오는 조건으로 작은 유람선을 빌렸다.

선장의 이름은 하산이고 조수는 모하멧이었다. 강을 거슬러 한참 내려오니 경찰 함정이 정박되어 있었다. 젊은이들이 고무보트를 머리에 이고 물속으로 뛰어들어갔다. 팬티 하나만 입은 채 잠수를 하기도 하고 보트를 물속에서 들었다 내리기를 반복하며 고된 훈련을 하고 있었다. 하산은 경찰들이 강물에서 일어나는 여러 사고에 대비해서 구조 훈련을 받는다고 했다.

강폭이 넓어지고 강의 유속이 빨라지면서 두 강이 서서히 만나고 있었다. 백나일강 물의 양이 청나일보다 훨씬 많고 유속도 엄청 빨랐

아프리카의 바람 소리

다. 우리가 탄 보트가 백나일에 접어들자 배가 강물의 유속을 이기지 못하고 떠밀려 뒤로 후퇴했다.

선장 하산은 꽤 당황하는 모습이었다. 엔진 출력을 최대로 올려 보지만, 소리만 요란했지 전진이 안 됐다. 백나일강 쪽으로 거슬러 올라가려던 것을 화이트 나일 브리지 아래에서 포기하고 두 강의 합수 지점에 배를 돌려세웠다. 사진을 찍기 위해서 정지하려고 해도 합수 지점의 물이 빙빙 돌아 배도 따라서 소용돌이치기 시작했다.

두 강이 만나는 합수 지점은 땅 모양이 V자형으로 강 안이 침식되고 있었다. 제방 시설이 되어 있지 않아 계속해서 강둑이 무너져 내리고 있었다. V자형을 정면에서 보았을 때, 오른쪽이 백나일강이고 왼쪽이 청나일강이었다. V자의 아래 부분이 합수 지점인데, 물이 빙빙 돌며 배가 강물에 빨려 들어갈 것 같다. 합수 지점의 강기슭에서 배의 조수 모하멧이 몇 장의 사진을 찍어주었지만 배가 소용돌이 물결을 따라 빙빙 돌아가는 바람에 더 이상 찍을 수가 없었다. 선장 하산은 강의 신이 노하여 배를 정지시킬 수 없다며 뒷걸음쳤다. 그를 만류할 수는 없었다. 강물을 바라보며 계속해서 무슨 주문을 외웠다.

이제 두 강이 합쳐진 나일강을 내려갔다. 강물의 흐름을 등진 배는 빠른 속도로 강 아래쪽을 향해서 내려갔다. 많은 모래가 있는 강물은 흙탕물이었다. 강물에 손을 담갔다. 강물의 유속이 빠르고 물의 온도는 낮았다.

나일강을 따라 한참 내려오다 뒤를 돌아보니 두 강이 만나는 모습이 거대한 Y자를 눕혀 놓은 것처럼 보였다. 강바람이 시원하여 50도가 넘는 더위도 기운을 잃었다. 팔뚝보다 큰 고기들이 여기저기 뛰어오르고 어부들은 고기를 쫓아 그물을 치느라 바쁘게 움직였다. 물

색깔은 흙탕물 색깔이었고 물결은 거칠었다. 많은 플라스틱 병과 쓰레기들이 떠내려왔다.

강변에 모래사장에 젊은이들이 어울려 수영을 즐겼다. 내가 하산에게 물었다.

"여자들도 함께 수영해요?"

"아니요. 저들은 남자 몸매 구경하러 나온 사람들이에요."

"남자들이랑 함께 수영하면 안 되나요?"

"안 되지요. 그건 절대로 안 돼요. 남들 앞에서 뽀뽀를 하거나 손을 잡으면 안 돼요. 회교 율법에 어긋나죠."

참으로 답답할 것 같아 보였다. 이 더운 날에 남자들은 수영을 마음대로 할 수 있는데, 여인들은 보기만 봐도 숨이 막힐 것 같았다. 발끝까지 오는 겉옷을 입고 게다가 눈만 보이는 옷을 입고 다닌다니! 이렇게 더운 날씨에 여인들이 저런 차도르를 입은 것을 어떻게 생각하는지 물었다.

"수단 여자들은 당연히 차도르를 입어야 해요. 남들에게 속살을 보이면 안 돼요. 그게 법이에요."

"하산 씨는 와이프가 몇 인가요?"

"둘이요. 두 사람인데 돈을 벌면 아내를 더 갖고 싶어요."

이야기가 재미있었지만 약속한 2시간이 지나 선창으로 돌아왔다. 미니버스를 타고 하르툼 남쪽 지역으로 가는 하르툼 랜드 터미널로 향했다. 에티오피아로 가기 위해 국경 도시 갈라바트(Gallabat)까지 가는 버스표를 미리 사두기 위해서였다.

터미널 경찰서를 찾아 출국 신고를 한 후 입국 비자 번호와 여권 번호를 기재하고 아침 7시에 갈라바트로 가는 표를 구입했다. 경찰은

아프리카의 바람 소리

출발하는 당일 6시 30분까지 와서 출국 허가 스탬프를 받으라고 알려줬다.

터미널을 빠져나오는데 너무 더워 현기증이 났다. 55도였다. 정말 더웠다. 힘들게 호스텔로 돌아왔다. 몸은 천근만근이었고 나일강의 강한 자외선에 노출되어 코가 술주정뱅이처럼 빨갛게 달아올랐다. 밥을 하고 계란과 참치, 매운 고추를 섞어 참치전을 부쳤다. 그리고 식초와 올리브오일을 섞어 소스를 만들고, 토마토, 당근, 오이, 매운 고추를 섞어 샐러드를 만들어 포식했다.

해는 졌지만 낮의 더운 열기가 호스텔 안에 퍼져 있었다. 어디로 가도 앉아 있기가 힘들 정도로 무더웠다. 호텔 뒤편 뜰로 나갔다. 밤하늘의 별이 하나둘 희미한 모습을 드러내고 있었다. 뒤뜰에 놓여 있는 의자에 앉았다. 조용한 공간이었다. 내가 앉아 있는 바로 맞은편 방에 불을 훤히 켜 놓고 두 여인이 알몸으로 침대에 누워 더위를 식히고 있었다. 망고나무 잎들이 보안등 불빛을 받아 파르스름한 색조로 변해버렸고 부겐빌레아꽃들이 향기를 내보냈다. 이국적 경치에 취해 의자에 비스듬히 누었다. 풀벌레 우는 소리가 들려왔다.

더위에 지쳐 숨도 크게 쉬지 않고 눈을 반쯤 감은 채 미동도 없이 더운 밤하늘을 바라보고 누웠다. 몽롱한 의식 속에 인기척이 들렸다. 무거운 중압감을 느끼며 겨우 허리를 곧추세우고 일어서려 할 때, 반라의 두 여인이 창가에 서 있었다. 맞은편 방 침대에 누워 있던 여인들이었다. 두 여인은 나에게 말을 걸어왔다. 여인들의 팔과 다리 손발에 그려진 헤나 문신이 무척이나 아름다웠다. 좀 더 나이 들어 보이는 여인이 나에게 물었다.

"중국에서 왔느냐?"

"한국에서 왔다."

"두 분은 어떤 관계냐?"

"우리는 둘 다 하산 씨 부인이다. 그는 부인이 셋이다. 큰 부인과 잠깐 외출 중이다."

"그럼 네 사람이 함께 자나?"

"아니다. 하산 씨는 큰 부인과 함께 지내고 우리 둘은 다른 방에서 같이 지낸다."

"질투나지 않느냐?"

"하하, 그런 것 없다. 큰 언니가 다 알아서 정해준다. 우리는 자매처럼 다정하고 행복하게 지낸다."

문신이 아름답다고 칭찬을 하자, 작은 부인은 다리에 그려진 문신을 설명해 가면서 보여주었다. 나뭇가지 모양, 고리 모양, 얼룩말 무늬를 넣은 문신이 정교하고 섬세하게 그려져 있었다. 허벅지에 그려진 풀잎과 새의 문신은 너무나 관능적이고 외설적 욕정을 자아냈다. 목에는 그물눈 모양의 문신이, 팔에는 나뭇가지 모양의 헤나 문신이 몸 전체를 뒤덮고 있었다. 헤나 문신이 단순히 관습이나 여인들의 아름다움을 위해서라기 보다는 남편의 욕정을 사로잡아 총애를 받을 수 있는 방편이 되겠다는 생각이 들었다.

아침의 하르툼은 짙은 운무로 도시가 무겁게 가라앉아 있었다. 금요일이라 사람들이 철시를 하거나 일을 하지 않고 사원으로 갔다.

미니버스를 타고 시내 중심으로 갔다. 미니버스에 오르면서 살람하고 인사를 하니 모두 자리를 당겨서 양보해주었다. 차비를 앞사람에게 전달하면 릴레이식으로 돈이 운전자에게 전달되고 거스름돈까지

　　　　　　　　　　　　아프리카의 바람 소리

정확하게 되돌아왔다. 사람들이 내릴 곳에서 '쯧쯧'하고 소리를 내면 운전자는 차를 세우고 사람들은 내릴 사람을 위해서 기다렸다가 내릴 사람이 모두 내리고 나면 사람들이 다시 승차했다. 번거로울 것 같았지만 그렇게 생각하는 사람은 없었다.

시내버스 정류장에 내려 옴두르만(Omdurman)으로 가는 미니버스에 올랐다. 날씨가 더워 가만히 앉아 있는데도 땀이 줄줄 흘러내렸다. 버스에 탄 여인들의 모습은 베일에 가려져 신비함을 주고 새까만 눈동자가 그물망 속에 보일 듯 말 듯한 것이 감질나게 했다.

서민들의 삶이 묻어 있는 알모라다 수산 시장(Al Morada Fish Market)에 내렸다. 나일강 변에서 잡은 고기들을 사고파는 곳으로, 시장 입구부터 비린 냄새가 코를 찔렀다. 시장 바닥에 각종 생선이 광주리에 담겨 진열되어 있었다. 상인들은 뜨거운 햇볕 속에서도 좌판을 벌이고 각종 고기들을 보기 좋게 진열하고 손님을 기다리고 있었다. 멸치처럼 작은 고기부터 50킬로그램이 넘는 고기도 있었다.

익살스러운 청년이 자기 가게로 오라고 손짓을 했다. 다가서니 자기 몸뚱이만큼 큰 고기를 나더러 사라고 했다. 큰 고기를 가리키며 그것을 한번에 머리 위로 들어 올리면 내게 거저 주겠다고 하면서 들어보겠느냐고 물었다. 나는 들어 올릴 수 있다고 장담했다. 청년은 껄껄 웃으며 들어 보라는 시늉을 하기에 들어봤지만, 가슴까지 들어 올리고 놓아버렸다.

강으로 내려갔다. 흰 갈매기들이 강물 위로 날아다녔다. 어부들이 잡은 고기를 배에서 내리고 있었다. 작은 어선들이 그물을 싣고 쉴 새 없이 강 안을 들락거렸다. 변변한 부두가 있는 것도 아니었다. 바로 강 안 풀섶에 고기를 내리고 그물을 풀어 손질하고 그곳에서 고기를 강물에 씻었다. 갈매기들이 날아다니며 어부들이 던져주는 고기를 낚아챘다.

나일강은 잔뜩 운무로 덮여 있고 인간에게 풍성한 고기를 선물한다. 수단 사람들은 무엇이든 '나일강의 선물'이라 말한다. 나일을 떠나서 수단 사람들은 생존을 할 수가 없다.

인류 문명의 발생지 나일! 참으로 풍성했다. 나는 어떤 바다에서도 작은 배가 이토록 많은 고기를 잡아 들어오는 것을 본 적이 없었다. 그리고 어부들은 나일의 선물을 자기만 소유하지 않았다. 나일의 갈매기들과 야생 고양이와 들개들에게도 나일강의 선물을 골고루 나누어주었다. 강물은 수천, 수만 년 저렇게 흘러갔을 것이다.

나는 지친 몸을 나일의 풀밭에 누이고 내리쬐는 햇볕 아래서 강바람을 맞으며 잠시 쉬었다. 다시 강둑에 올랐다. 옐로아카시아 고목나무 그늘에서 여인이 노천 카페를 운영하고 있었다. 나무 그늘에 커피 향이 잔뜩 배어 있었다. 고목나무 아래에서 강물을 바라보며 커피 한 잔을 마셨다. 아카시아 나뭇가지에 작은 새들이 지저귀고 나비들이 날아다녔다. 여인은 커피를 타주고는 졸음에 쫓겨 얼굴을 가슴에 파묻었다.

도로변으로 나와 옴두루만 시장으로 가는 미니버스를 탔다.

대추야자 가게로 들어갔다. 종류가 15가지 이상이었다. 크기별로 구별되어 있고 하얀 곶감처럼 흰 가루가 대추에 많이 붙어 있는 것도 있고 홍시처럼 말랑말랑하고 아주 달았다. 알이 굵으면서 단맛이 있어 씹는 질감이 좋아 간식으로 좋을 것 같은 대추 1킬로그램을 샀다. 마음씨 좋은 주인장은 저울에서 1킬로그램을 달고 나서도 몇 주먹을 더 넣어주었다. 국경을 넘는 장거리 버스 여행 중 비상식량으로도 좋을 것 같았다.

사원 입구에서 젊은이들이 인사를 하며 말을 걸어왔다. "중국 사람이냐?"라고 물었다. 한국에서 왔다고 말하자 삼성 핸드폰을 이야기를 했다.

"수단에는 어떻게 왔느냐?

"여행 왔다."

"비행기로 왔느냐?"

"이집트 아스완댐에서 배를 타고 왔다"

"다음은 어디로 갈 것인가?"

"국경을 넘어 에티오피아로 간다."

"어디까지 갈 것인가?"

"남아공 희망봉까지 갈 것이다. 육로로 국경을 넘어갈 것이다."

"우와 대단하다."

자기들이 카페에서 차를 사겠다고 우리를 카페로 데리고 갔다. 길가에 기둥을 세우고 인피 돗자리를 지붕에 덮었다. 사방은 훤하게 터져 있었고 벽은 없었다. 바닥은 쓰레기가 뒹굴고 차를 끓이는 주전자와 컵이 이동식 테이블 위에 놓여 있었다. 플라스틱 의자들이 아무렇게나 놓여 있었다. 청년들은 우유를 탄 홍차를, 우리는 우유를 넣지 않은 홍차를 주문했다.

청년에게 물었다.

"왜 여자들이 이슬람 사원에 들어갈 수가 없어요? 지금 사원에서 쫓겨 나왔어요."

"아, 그것은 우리들의 오랜 전통이고 율법이에요."

"그리고 모하멧이 여성들은 집에서 예배를 드리는 것이 좋겠다는 말을 했어요."

"'하디스(Hadîth)'에 남성들은 여성들을 사원에 들어가는 것을 허락하지 않았어요. 그리고 여성들이 있으면 남성들의 정신이 산만해질 수도 있다는 이유도 있어요."

"그리고 왜 남성들은 여러 명의 여자들과 결혼을 할 수 있도록 했어요?"

"이슬람 초기에 전쟁이 많았어요. 전쟁에서 남성들이 많이 죽었어요. 그러자 많은 과부와 고아가 생겨났어요. 이것을 해결하는 방법으로 모하멧은 남자들에게 고아와 과부를 돌볼 수 있도록 4명의 여자까지 부인을 둘 수 있도록 허락했어요. 그리고 아내들을 편애하지 않고 아주 공평하게 대하도록 했죠. 그것이 오늘날까지 전통이 되어 전해 내려왔죠."

"하나만 더 물어볼게요. 왜 무슬림들은 돼지고기를 먹지 않지요?"

"예, 무슬림 경전에 죽은 동물의 고기, 피, 돼지고기는 알라신이 아닌 다른 사악한 신들에게 바치는 제물이라고 되어 있어요. 그래서 먹지 않아요."


❧

# 갈라바트


아침 5시에 호스텔 앞에서 택시를 기다렸다. 1시간을 기다려도 택시가 없었다. 6시 30분까지는 터미널에 도착해야 했다. 픽업 트럭을 세웠다. 콧수염을 멋지게 기른 아랍 사람이었다. 사정을 이야기하니 사원에 아침 기도를 가야한다며 지나쳐버렸다. 그러나 우리의 짐을 쳐다보고는 상황이 어렵다는 것을 직감했던지 차를 되돌려 우리 곁으로 다가왔다. 짐칸에 배낭 4개를 실었다.

채 20분이 지나지 않았는데 터미널에 도착했다. 정성껏 우리의 짐을 내려주고 돌아가는 아라비안나이트에게 우리는 작은 감사를 표시했다.

짐이 내려지자마자 버스 터미널에서 일하는 날쌘 청년이 우리의 짐을 낚아채고 보안 검색대를 통과했다. 터미널 입구의 회전문을 통하여 버스 정류장으로 들어가니 청년이 우리를 기다리고 있었다. 청년과 함께 터미널 안에 있는 관광 경찰 사무실로 갔다. 표를 살 때 도와주었던 경찰이 우리를 알아보고 반갑게 허가 스탬프를 찍어주었다. 청년에 이끌려 버스 탑승구로 갔지만, 버스는 한 대도 보이지 않고 많은 승객들만 옹기종기 모여 있었다. 7시에 출발해야 할 버스가 9시가 되어 4대가 한꺼번에 들어왔다. 사람들은 버스가 들어오는 방향으로 트렁크와 보따리를 들고 우르르 몰려갔다.

버스표에는 정해진 좌석도 차량 번호도 없었다. 버스 터미널에서 일하는 청년은 우리의 배낭 두 개를 들고 군중들 사이를 헤집고 들어갔다. 나와 혜경도 그를 따라 사력을 다해 달렸다. 서로 먼저 버스에 올라 자리를 잡으려고 전쟁이 벌어졌다. 창문으로 기어오르는 사람, 짐을 창문으로 던져 좌석에 표시를 하는 사람들이 정신없이 무질서하게 움직였다.

버스 출입문에는 건장한 남자들이 버티고 서서 한 번에 한 사람씩 올려 보냈다. 차장들은 소리를 치고 험악한 인상을 지으며 죄인 다루

듯이 사람들에게 호령했다. 우리의 구세주 청년이 먼저 올라가서 두 좌석을 잡고 그곳에 작은 가방 두 개를 찜해두고 올라오라고 창문으로 손짓을 했다. 혜경이 버스 출입문으로 다가서서 차장에게 올려 보내달라고 소리를 쳤다. 차장은 외국인에게 배려를 하는 것 같았다. 나는 큰 배낭 두 개를 버스 짐칸에 싣기 위해 버스 아래에서 기다리고 혜경은 버스에 올랐다. 아비규환의 전쟁이었고 피난 열차에 먼저 타기 위해 아우성치는 전쟁, 바로 그것이었다. "이것이 진짜 아프리카다."라는 말을 실감했다.

버스 회사 직원이 짐칸으로 다가와서 짐을 싣기 시작했다. 직원은 나의 배낭 두 개를 제일 먼저 실어주었다. 짐을 다 싣고 나니 청년은 짐값이 두 사람의 버스 요금과 꼭 같다고 말했다. 이제야 청년이 본색을 드러내기 시작했다. 웃으며 청년에게 그렇게 많은 돈을 요구하면 너를 경찰에 넘길지도 모른다고 말했다. 20수단 파운드를 손에 쥐어주며 고맙다고 등을 두드려주었다. 청년은 웃으며 군중 사이로 사라졌다. 청년이 무척 고마웠다.

버스가 10시 30분이 되어서야 출발했다. 버스 통로까지 사람들이 보따리 트렁크를 놓고 앉았다. 어떤 사람은 보따리 사이에 끼어 서서 가는 사람도 있었다. 나와 혜경은 왼쪽 두 번째 좌석에 앉았다. 그리고 통로에는 아가씨가 앉고 오른쪽에는 몸이 젓가락처럼 마른 남편과 아내, 그리고 그의 딸이 엄마의 무릎 위에 앉아서 갔다.

버스 4대가 터미널을 서서히 빠져나가기 시작하고 우리가 탄 버스가 제일 뒤에 터미널 문을 빠져 나갔다. 마음속으로 "하르툼 안녕! 나일강이여 안녕!"이라고 작별을 고했다.

밤 10시 30분에 갈라바트(Galabat)에 도착하였다. 밤이라 어디가 어디인지 알 수가 없었다. 하르툼에서 먼저 출발했던 다른 버스들도 도착해서 기다리고 있었다. 작은 파출소가 있는 길 앞에서 먼저 도착한 승객들이 버스 운전자의 이야기를 듣고 있었다. 경찰관한테 물어보니 오늘 저녁은 짐을 주지 않고 내일 아침 8시에 짐을 돌려준다고 했다. 국경 도시라 경찰이 보안 검사를 해야 하는데, 지금은 밤이 늦어 할 수 없다는 것이었다. 그래서 경찰관은 오늘 버스를 타고 왔다는 확인을 받고 각자 호텔로 가라고 말했다.

버스 4대가 파출소 앞에 주차를 하고 밤을 새며 경찰이 경비를 한다고 했다. 어떤 호객꾼이 우리를 데리고 호텔로 가겠다고 했다. 6~7명의 버스 승객들이 호객꾼이 안내하는 호텔로 따라갔다.

밤의 공기가 쌀쌀했다. 밤하늘의 별들이 쏟아질 듯 가까이에서 반짝였다. 밤 11시가 가까워 오고 있었다. 불빛 없는 골목길을 별빛에 의존해 걸었다. 발자국 소리에 놀란 마을 개들이 맹렬히 짖어대며 대문을 뛰쳐나왔다.

갑자기 어디서 탕탕 총소리가 들려왔다. 모두 놀라 몸을 움츠리며 가던 걸음을 멈춰 서고 서로를 쳐다보았다. 앞서가던 호객꾼이 말하기를, 마을을 경비하는 국경 순찰대가 쏘는 총소리라고 했다. 국경 지역이라 밤이면 사람들이 밀무역을 하고 물건을 훔쳐간다고 했다. 칠흑 같은 국경의 밤은 거센 바람 소리에 휩싸였다. 김동환의 시 「국경의 밤」이 생각났다.

호객꾼이 우리를 데리고 간 곳은 이미 10명 이상의 사람들이 누워 있는 '로칸다'라 불리는 호텔이었다. 로칸다는 현지인들이 호텔을 지칭하여 부르는 말로, 목침상이 흙바닥에 놓여 있는 공동 옥외 취침 시설을 말했다. 울도 담도 없이 평상이 놓여 있었다. 혜경이 이곳을 꺼려하자 녀석은 우리를 '굿 호텔'로 데리고 가겠다고 했다. 다른 사람들도 우리를 따라왔다. 한참 시끄러운 골목길을 빠져나와 굿 호텔에 도착했다. 집 안에 들어서자마자 인분 냄새가 풍겨왔다. 함석으로 된 높은 대문이 닫히고 아름드리 바오바브 고목나무가 있는 집이었다. 호텔 주인이 우리를 반갑게 맞이했다. 주인은 혜경과 나를 데리고 어두컴컴한 곳으로 데리고 갔다. 전기불도 호롱불도 아무것도 없었다. 빛이란 오르지 하늘에 떠 있는 별빛뿐이었다.

새끼로 만든 침대에 스펀지 매트를 깔고 그 위에 얇은 이불을 얹혀 놓았다. 한 공간에 20여 명의 사람들이 흙바닥에 놓인 침상에서 밤을 새우고 있었다. 작은 배낭을 베개 삼아 누워보았다. 아침에 준비해두었던 감자, 계란, 토마토와 물을 꺼내 간단하게 식사를 했다. 낮 동안 버스 안에서 음식을 먹는 사람은 없었다. 배가 고팠지만 차 안에서 음식을 먹었다면 다른 사람들을 자극할 것 같아 그들처럼 아무것도 먹지 않았다. 그런데 그들은 지금도 먹지 않았다. 이 로칸다에 들어온 사람들은 모두 하르툼에서 우리와 함께 여기까지 온 사람들이었다. 그리고 내일 국경을 넘어 에티오피아로 갈 사람들이었다.

자리에 누워 별빛을 보며 오늘 지나왔던 일을 생각하니 긴 꿈을 꾼 것처럼 여겨졌다. 지금 내가 어떤 곳 어디쯤에서 무엇을 하고 누워 있는지 분간할 수 없었다. 살아 있는 사람인지, 아니면 죽은 나의 영혼이 움직이고 있는지 구분이 안 갈 정도였다.

별들은 쏟아질 듯 가까이에서 빛나고 있다. 눈이 어둠에 적응하기 시작했다. 사물들이 명확하게 윤곽을 나타내기 시작했다. 마치 거대한 하늘 무대에서 그림자극을 보는 것 같았다. 세상이 온통 그림자뿐이었다. 거대한 바오바브 고목나무 그림자가 나의 머리를 온통 덮고 있었다. 화장실에서 풍겨나는 인분 냄새가 코를 아리게 하고 옆 외양간에 메어 있는 주인집 당나귀 녀석이 밤을 새우며 휭휭 거렸다. 눈을 감았지만 바람에 날려오는 인분 냄새와 화장실을 들락거리는 사람들의 발자국 소리에 잠이 오지 않았다. 시계를 보니 3시를 넘어가고 있었다.

멀리서 개 짖는 소리가 들려왔다. 이른 새벽 야경꾼들의 발자국 소리가 쿵쿵거리며 들려왔다. 아침의 공기는 청명하고 상쾌했다. 우리의 가을날 아침 같았다. 우리 침대 주변에 함께 잠잤던 에티오피아 사람들이 눈인사를 했다. 어제 아침부터 하루종일 버스를 타고 오면서 얼굴을 익혔다.

자리를 주섬주섬 정리하고 일어나서 주변을 둘러보았다. 정말 자갈밭에 나무 침대 하나 올려놓고 잠을 잤다. 침대를 자세히 살펴보니 통나무를 잘라서 기둥과 틀을 만들고 새끼줄을 가로로 엮어 침대를 만들었다. 내가 누웠던 침대 옆에는 아름드리 바오바브나무가 열매를 주렁주렁 달고 서 있었다. 갈대로 지붕을 이은 고깔형의 화장실이 있고 그 옆은 당나귀 외양간이었다. 집 안 곳곳에 나무 침상을 놓고 손님을 받고 있었다. 집 전체는 함석으로 울타리를 쳐 놓았다.

다른 공간으로 가보았다. 여인들이 많이 모여 있었다. 현지 주민들이 물건들을 가지고 와서 거래를 하고 있었다. 국경의 밀거래가 이루어지는 곳이었다. 현지 수단 주민들이 에티오피아인들에게 필요한 물품들을 가지고 와서 팔고 있었다. 달러 환전, 수단 파운드 환전, 에티오피아 돈 환전을 해주는 것은 물론, 마른 코카 잎, 담배, 치약, 칫솔, 설탕 등 물건들을 양국 사람들이 사고팔고 있었다.

쓰다 남은 수단 돈을 에티오피아 돈으로 환전했다. 젊은 환전상은 돈뭉치 몇 다발을 자루에서 꺼내어 환전해주며 조수까지 일을 거들어야 될 만큼 바빴다. 환전을 마친 사람들은 자기 돈이 정확히 환전되었는지 몇 번씩 계산해보고 또 계산해보았다. 셈이 안 되는 사람들에게 내가 스마트폰 계산기로 대신 계산을 해주고 정확하다고 등을 두드려주면 정말 믿는 눈치였다.

호텔의 모습을 카메라에 담았고 어제 하루 종일 차에서 같이 고생했던 사람들과 작별을 하고 파출소 앞 버스 주차장으로 향했다. 숯불에 커피를 끓이는 냄새가 도로에 퍼져 발걸음을 멈추게 했고 사람들을 노천 식당으로 끌어들였다. 커피와 빵, 삶은 계란, 죽, 감자 샐러드와 같은 간단한 아침 식사 메뉴들이었다. 에티오피아로 넘어갈 사람들이 노천 식당에 앉아 아침을 먹었다.

수단의 국경 이민국이 아직 문을 열지 않고 있었다. 국경을 넘어갈 에티오피아 사람들의 짐이 하나둘씩 당나귀나 손수레에 실려 이민국 출국 사무소 앞으로 모였다. 에티오피아 국경까지 짐을 싣고 가면 얼마를 받는지 짐 싣는 소년에게 물어보았다. 소년은 수줍은 듯이 말을 하지 않다가 열 손가락을 한 번 올리고 다섯 손가락을 한 번 올렸다. 15수단 파운드였다. 우리 돈 2,000원 정도를 받는 것이었다. 시골 사람들이 하루 종일 일하면 1달러 정도를 번다고 했다. 소년의 수입은 좋은 편이었다. 매일 짐을 싣고 국경을 넘어가는지 물었더니 고개를 끄덕였다. 국경을 넘기 위해 짐을 실은 당나귀들이 10마리는 넘었다.

국경 이민국 문이 열렸다. 제일 먼저 배낭과 가방을 메고 작고 허름한 출국장으로 들어섰다. 이민국 직원이 수색대에 짐을 올려놓고 배낭을 검색했다. 더러워진 배낭과 나를 한 번 힐긋 쳐다보고는 배낭 안쪽은 검사도 하지 않고 여권에 출국 도장을 찍어주었다.

아프리카의 바람 소리

배낭을 짊어지고 수단과 에티오피아 국경을 연결하는 다리를 건너 갔다. 가슴 떨리는 흥분과 희열을 느꼈다. 새로운 나라에 대한 호기심과 약간의 불안한 마음을 떨칠 수 없었다. 국경을 연결하는 다리 아래 강물은 말라버렸고 양쪽에 푸른 페인트칠을 한 교각이 세워져 있었다. 사람들이 걸어 다닐 수 있는 인도가 따로 만들어져 있었다. 길이는 50미터 정도 되었고 다리를 건너자마자 많은 에티오피아 짐 꾼들이 달려들었다.

# 에티오피아

# 곤다르

국경을 연결하는 다리를 건너자마자 바로 오른쪽에 메테마(Metemma)라는 에티오피아의 초라한 이민국이 있었다. 이민국임을 알리는 명패가 녹슨 함석판에 에티오피아어와 영어로 쓰여 있었다. 대문도, 경비하는 수위도 없었다. 하얀 페인트칠을 한 작은 슬레이트 건물에 아가씨 한 사람이 앉아서 일을 봤다. 건물 안으로 들어서자 직원은 우리를 반갑게 맞아주었다. 손으로 작성된 에티오피아 입국 비자 목록을 일일이 여권에 찍혀 있는 스탬프와 대조하고 입국 스탬프를 찍어주며 에티오피아에 온 것을 환영한다고 했다.

입국 스탬프를 받고 세관으로 갔다. 세관은 벽도 울타리도 대문도 없었다. 나무 평상이 국경 세관의 검색대였다. 직원들이 우리의 배낭을 열어 보고는 짐을 이것저것 검사했다. 특히 우리가 가지고 있는 약봉지를 자세히 검사하면서 어디에 사용하는 약들인지 꼬치꼬치 물었다. 조사하는 세관 청년의 발등이 상처를 입어 궤양에 시달리고 있음을 알아차리고, 소독약과 상처에 바르는 연고를 살짝 건네주고 사용하는 방법을 알려주었다. 청년의 발등은 파리가 붙어 있었고 진물이 흐르고 있었다. 약을 바르고 상처를 덮을 수 있도록 반창고도 건네주었다. 세관 검열이 끝나고 세관 앞에서 기념 사진을 찍으려고 하니 직원들이 사진을 찍지 못하게 했다. 세상에서 제일 멋진 세관이라고 말하며 기념 촬영을 했다. 찍힌 사진을 보여주니 신기한 표정을 지으며 서로 웃으며 즐거워했다.

세관 통과를 끝내고 에티오피아 땅에 첫발을 디디자 많은 짐꾼과

아프리카의 바람 소리

당나귀 몰이꾼들이 달려왔다. 당나귀 몰이꾼들이 국경을 넘어오는 사람들의 짐을 싣기 위해 기다리고 있었다. 툭툭이 한 대를 잡아서 짐을 싣고 버스 정류장으로 향했다.

버스 정류장에 도착하니 곤다르(Gondar)로 가는 미니버스에 손님이 몇 명 앉아 있었다. 짐을 지붕 위에 싣고 버스 안으로 들어서니 비릿한 냄새가 확 몰려왔다. 뒤편 의자에 양치는 목자처럼 생긴 노인이 커다란 지팡이를 들고 담요를 어깨에 걸치고 있었다. 나를 자기 곁으로 오라고 손짓했다. 노인 옆에 앉았지만 서로 말이 통하지 않아 쳐다보며 눈인사만 했다.

모세처럼 긴 지팡이를 들었고 지팡이가 반들반들하게 손질되어 있었다. 지나가는 남자들이 대부분 크고 작은 지팡이를 들고 있었다. 영어를 말할 수 있는 젊은이에게 왜 지팡이를 들고 다니는지 물어보았다. 대부분의 사람들이 천주교를 믿기 때문에 모세처럼 지팡이를 들고 다니며 염소, 양을 다스리기도 하고 짐 보따리를 지팡이에 끼워 메고 다닐 때 사용한다고 했다.

작은 미니버스에 빈 좌석 없이 손님이 찼다. 운전자는 시동을 걸고 출발했다. 어두워질 무렵 곤다르 시내 주차장에 도착했다. 버스에서 내려 툭툭이를 잡아타고 가이드북 『lonely planet』에서 소개한 포게라(Fogera) 호텔에 체크인했다.


호텔에 체크인하고 정원의 벤치에 앉아서 휴식을 취했다. 정원 벤치에 서양 할머니 한 분이 독서를 하고 있었다. 눈이 마주치자 인사를 하고 자신을 소개했다. 호주 시드니에서 왔으며 78세라고 했다. 겨울로 접어드는 호주를 떠나 따뜻한 나라에서 겨울을 보내기 위해 왔다고 했다.

　해발 2,100미터가 조금 넘는 이 열대 지방의 산악 도시는 습도가 없고 기후가 가을날처럼 선선하여 사람들이 살기에 좋은 기후다. 상대적으로 물가가 싸고 망고, 오렌지, 파파야, 레몬 등 각종 과일이 풍부하여 여행자들이 머물기 좋은 곳이다.

　예쁘장하게 생긴 호텔 종업원 처녀가 우리를 위한 환영의 커피 세레머니를 열어주겠다고 했다. 처녀는 흰색의 드레스에 미색의 머리 수건과 여러 가지 도형 무늬가 새겨진 앞치마를 입었다. 그녀는 꽃향기 그윽한 정원에 마련된 작은 카페로 우리를 데리고 갔다.

　붉은 부겐빌레아꽃이 카페의 지붕을 덮고 있었고 '사르'라고 하는 억새풀을 닮은 풀을 카페 바닥에 뿌려 놓았다. 처녀는 우리가 앉을 수 있게 편안한 플라스틱 의자를 두 개 준비해두었고 본인은 낮은 의자에 앉았다. 풀이 흩어진 바닥 위에 테이블을 놓고 흰 테이블보를 폈다. 작은 커피 잔을 무려 15개나 올려놓았다. 그리고 테이블 위에 작은 화로를 올려놓고 숯불을 피우고 향긋한 향을 피웠다. 처녀는 연두색과 회색의 생두를 프라이팬에 볶기 시작했다. 활활 타오르는 숯불에 생두가 볶이면서 구수한 냄새가 온 정원으로 퍼져 나갔다.

　연두색의 커피 생두는 이제 흑갈색으로 바뀌고 뽀얀 연기를 내며 톡톡 튀어 올랐다. 처녀는 작은 절구통에 커피 원두를 넣고 빻기 시작했다. 커피 가루를 우리의 코에 살며시 가져다 향기를 맡게 해주며 커피를 끓이기 시작했다. 목이 긴 주전자를 숯불 화로에 올려 커피를 끓였다. 테이블 위에 놓여 있는 작은 잔에 커피를 따랐다. 처녀는 우리에게 석 잔을 마셔야 된다며 마시고 나면 또 따르고 설탕을 권하기도 했다.

커피 맛이 아주 연하고 부드러웠다. 풋풋하고 구수한 냄새가 배어 있었다. 커피 다섯 잔을 마시고서야 잔을 놓았다. 처녀는 웃음을 잃지 않고 끝까지 멋지게 우리를 대접해주었다. 계속해서 푸른 풀을 깔아주었으며 테이블 위에 놓인 작은 화로에서 향을 태워주었다. 자기 집을 찾는 손님에게 베푸는 커피 세리머니는 에티오피아의 독특한 문화였다.

북쪽에 있는 도시 샤이어(Shire)로 가는 버스표를 알아보기 위해 파실 성곽 뒤쪽에 위치한 시외버스 정류장으로 갔다. 새벽 5시에 출발하는 버스표를 예매하고 왜 이렇게 버스가 일찍 출발하는지 물어보았다. 비포장도로이고 산맥을 넘어 하루종일 달려가도 샤이어에 도착할지 잘 모른다고 말했다. 그러면서 한 청년이 가는 길이 대부분 공사 중이라 가운데서 길이 끊어지면 차 안에서 하루를 보내야 할지도 모르니 물과 음식을 충분히 준비하라고 했다. 해발 3,000미터 이상 되는 재를 7개 이상 넘어가야 한다고 했다.

하늘에는 아직 별들이 쏟아질 듯 총총했다. 택시를 타고 버스 터미널에 도착하였다. 이른 새벽이지만 벌써 전국 각지로 가는 승객들이 자기 버스를 찾아 바쁘게 움직였다. 샤이어로 가는 버스를 겨우 찾아 사다리를 타고 버스 지붕 위에 짐을 싣고 밧줄로 단단히 묶어 놓고 내려왔다.

버스에 올라앉으니 다리가 후들후들 떨리고 입술이 바싹 말랐다. 좌석이 모두 채워지고 버스가 어둠 속에서 출발했다. 동이 트려면 아직도 멀었다. 탱크처럼 생긴 버스는 승객 64명과 운전자와 차장을 태우고 산중 도시를 빠져나갔다.

시미엔(Simien)산맥 트레킹이 시작되는 거점 도시 다밧(Dabat)에 도착했다. 아침 식사를 할 수 있는 시간을 주었다. 2,800미터의 산중 도시라 공기가 청명하고 신선했다. 하늘은 온통 푸르고 티 하나 없이 맑고 깨끗했다. 사람들의 의복과 신발은 남루하고 냄새가 진하게 풍겼지만, 순진하고 겸손했다.

두 사람의 독일인을 만났다. 픽업 트럭을 타고 등산 장비를 갖추고 가이드와 운전수를 대동하고 있었다. 4박 5일 시미엔산 트레킹과 최고봉 라스 다쉔(Ras Dashen)산 정상까지 등산할 계획이라고 했다. 시미엔산맥은 아프리카에서 제일 큰 산맥이고 4,000미터 이상의 봉우리가 12개나 되며 최고봉은 4,620미터의 다쉔 봉으로 아프리카의 지붕이라 불린다.

차장이 사람들을 점검하고 버스가 산길을 따라 올라갔다. 샤이어까지 도착하려면 3,000미터 이상 되는 고갯길을 7번 넘어야 된다고 했다. 낭떠러지를 깎아지른 도로가 나왔다. 차창으로 내려다보니 간담이 서늘했다. 도로는 절벽을 따라 간신히 차 한 대가 지나갈 정도로 좁게 나와 있었다. 버스가 덜컹거릴 때마다 가슴이 찌릿찌릿하게 조여왔다. 갈라진 바위틈 사이에서 흘러내린 물이 도로에 흥건하게 고여 있어 차가 미끄러지지나 않을까 걱정이었다. 앞바퀴가 조심스럽게 물웅덩이 속으로 들어가더니, 기우뚱하며 빠져나왔다. 다시 뒷바퀴가 웅덩이 속으로 들어갔다.

차장 밖으로 내려다보니 천 길 낭떠러지가 까마득히 발아래 있었다. 먼 곳에 시미엔산맥의 고봉준령들이 굽이굽이 펼쳐져 장관을 이뤘다. 크고 작은 봉우리들이 칼날처럼 하늘을 향해 뻗어 있었고 간간이 뭉게구름이 산허리를 따라 둥실둥실 떠갔다. 솔개 몇 마리가 미동도 하지 않고 낭떠러지 길을 천천히 움직이는 우리 버스를 응시하고 있었다.

한참 동안 언덕길을 내려오는데 버스에서 고무 타는 냄새가 심하게 나면서 펑하는 소리와 함께 한쪽으로 기우뚱하더니 먼지를 일으키며 섰다. 앞 타이어와 뒤 타이어가 동시에 펑크 나는 소리가 크게 들렸다. 사람들은 차에서 모두 내렸다. 한 시간 가량 뜨거운 햇볕 아래서 바퀴를 갈고 다시 출발했다.

차가 덜컹거릴 때마다 차 안에서 일어나는 먼지와 차바퀴에서 일어나는 먼지가 버스 안을 온통 먼지투성이로 만들어 놓았다. 버스가 흔들릴 때마다 한쪽으로 기울어져 잠자던 사람들이 통로에 넘어지거나 짐칸에 얹어둔 물건들이 떨어졌다. 도로 바닥이 심하게 파헤쳐져 롤러코스터를 타고 가는 느낌이었다.

해발 3,000미터가 넘는 가파른 언덕길에 다다르자 길가 낭떠러지에 공사를 하는 포클레인 한 대가 절벽 위에 아슬아슬하게 걸려 있었다. 포클레인 팔을 땅바닥에 버티고 간신히 절벽 가장자리에 걸려 추락을 면하고 있었다. 포클레인 운전자는 샤이어에 견인차를 부르는 중이라고 말했다. 견인차가 와서 포클레인을 끌어낸다면 오늘 중으로는 샤이어에 도착할 수 없을 것 같았다. 나이 어린 포클레인 운전자에게 견인차를 부르는 것보다 차라리 도로 공사를 하고 있는 다른 포클레인을 불러서 임시 우회 도로를 만들면 더 빠르지 않겠느냐고 제안했다. 그러자 포클레인 운전자는 생각을 바꾸어 아래편 공사장의 다른 포클레인 운전자를 불러 임시 우회 도로를 만들겠다고 했다.

승객들은 뜨거운 햇볕 아래 앉아 누구도 불평하거나 짜증내지 않고 마냥 기다렸다. 고도가 높은 산악 지대라고는 하지만 열대 지방의 뜨거운 햇볕은 견디기가 힘들었다. 점심시간이 훨씬 지났지만 누구도 물 한 모금 먹지 않고 견뎠다. 나도 배가 고프고 강한 햇볕에 오랫동안 노출되어 머리가 욱신거렸다. 버스 안으로 들어가니 한증막처럼 뜨거웠다. 강한 햇볕이 지붕을 달궈 버스 안은 찜통이고 사람들은 초췌한 모습으로 축 늘어져 눈조차 뜨지 않았다.

다시 바깥으로 나와 사람들이 모여 있는 곳으로 가보니 코카 잎을 씹고 있었다. 몇 잎을 얻어 씹어보았다. 마른 코카 잎과는 맛이 달랐다. 머리가 아프다고 말하니 코카 잎을 씹으면 아픈 것이 사라질 것이라며 한 주먹을 더 주었다. 풋 냄새가 나는 코카 잎을 씹으며 우회 도로가 빨리 끝나기를 기다리는데 공사는 진척이 없고 시간은 더욱 느리게 흘러갔다. 뜨거운 열기의 고통을 참으며 2시간을 더 기다렸다.

우회 길이 완성되었다고 차장이 소리를 질렀다. 사람들은 새로 생긴 울퉁불퉁한 길을 먼저 걸어가서 버스를 기다렸다. 포클레인이 새로 생긴 길을 앞서서 가고 그 뒤를 버스가 따라왔다. 버스가 원래의 도로에 도착하자 사람들은 박수를 치고 환호했고 새로운 길을 만들어준 포클레인 운전자에게도 박수를 보냈다.

사람들이 버스에 오르고 출발하자 이번에는 길이라기보다 파헤쳐진 공사장을 가로질러 갔다. 차 바닥에 돌멩이가 부딪혀 금방이라도 구멍이 날 것 같은 소리가 들려왔다. 바퀴가 구덩이에 빠질 때마다 버스가 한쪽으로 전복될 것 같이 기울어졌다. 첩첩산중 깊은 곳에 화전민들이 계속해서 불을 질러 여기저기 연기가 피어올랐다.

차창 밖으로 최고봉을 거느린 거대한 산맥이 나타났다. 톱니 같이 생긴 산봉우리들이 하늘을 향해 뻗어 있었다. 장엄하고 거대했다. 아프리카의 지붕이라고 말할 수 있을 만큼 크고 웅장했다. 나는 넋을

아프리카의 바람 소리

잃고 차창으로 지나가는 장엄한 산들을 바라보았다. 어떤 봉우리는 사자의 어금니처럼 뾰족하고 날카롭게 하늘을 향해 치솟아 있었다.

버스가 작은 마을에 도착했다. 길거리 작은 카페에서 진한 커피향이 배어나와 그곳으로 갔다. 흙바닥에 작은 상자를 놓고 커피잔을 진열해 놓고 있었다. 마을 청년들과 커피 파는 아가씨가 깔깔 웃으며 시간을 보내고 있다. 커피 파는 아가씨는 정말 예쁘게 생겼고 애교가 많았다. 왕방울 같은 눈을 가졌고 환한 미소로 나에게 커피잔을 건네고 옆으로 다가와서 나의 팔을 가만히 잡았다. 청년들은 나의 모습을 유심히 바라보며 자기들끼리 웃음을 참지 못하고 낄낄거리기 시작했다. 아가씨는 나의 팔을 잡기도 하고 무릎을 만지려고도 하며 나의 곁으로 바짝 붙어 앉았다. 청년들과 철모르는 아가씨랑 같이 향긋한 커피 한 잔을 마셨다. 난 아가씨에게 미소를 보냈고 청년들에게도 즐거웠다는 말을 전하고 차에 올랐다.

땅거미가 내리기 시작할 무렵, 버스가 난민촌에 도착했다. 에리트레아와 전쟁을 치르는 동안 발생한 난민들의 집단 수용소라고 했다. 수백 채의 집들이 꼭 같은 모양으로 지어져 마을을 이루고 있었다. 아이들은 맨발이거나 타이어 신발을 신고 있었다.

차창 밖은 칠흑 같이 어두운 밤이 되었다. 언덕길을 내려가면서 계속 빠지고 흔들리고 기계가 망가지는 소리, 아이들이 우는 소리, 버스가 덜컹거리는 소리, 여인들의 비명 소리가 끊이지 않았다. 차 안은 먼지에 휩싸여 목이 아파서 말을 할 수 없었다.

3,000미터가 넘는 고개를 7개나 넘고 밤 10시가 되어서야 해발 2,000미터의 시미엔산맥의 북쪽 도시 샤이어에 도착했다. 짐을 찾아 배낭을 메고 호텔을 찾아 나서려니 어깨가 내려앉을 것 같이 무겁고

쑤셨다. 주차장 앞에 보이는 칼레마 호텔(Kalema Hotel)에 체크인했
다. 말을 할 수 없을 정도로 먼지를 많이 마셨고 코에서는 흙탕물이
흘러내렸다. 18시간 동안 흙먼지를 마시면서 시미엔산맥을 넘었다.

# 악숨

　밤새도록 천둥이 치고 비가 내렸다. 아프리카 여행을 시작하고 처
음 들어보는 빗소리였다. 빗소리가 이렇게 반가울 수가 없었다. 지난
밤 늦게 빗소리를 듣고 잠을 이루지 못했다. 창문에 빗물이 주르륵주
르륵 흘러내렸다. 가만히 누워 빗소리를 듣고 있노라니 지난 여행길
이 주마등 같이 지나갔다. 호텔 정원에 우뚝 선 바나나 열매가 자기
무게를 이기지 못하고 머리를 숙였다.

　추적추적 내리는 비를 맞으며 스텔라(Stella) 공원을 찾았다. 공원
안으로 들어가니 2,000년 역사를 가진 화강암 스텔라들이 여기저기
산발적으로 서있다. 3세기경에 세워진 에자나(Ezana) 스텔라는 비스
듬히 기울어져 서 있었다. 기울어진 각도가 지금이나 100년 전이나
아무런 변화가 없다고 했다. 에자나 스텔라는 대문의 모습과 9개의
창문이 조각되어 있었는데, 이것은 에자나 왕 무덤의 대문과 9개의
방을 모방하여 조각한 것이라고 했다. 가장 규모가 큰 스텔라는 흉물
스럽게 여러 동강이가 난 채 공원에 드러누워 있었다. 500톤이 넘는
거대한 탑신이 3조각으로 부러져 있었지만 대문과 창문모양이 아름

답게 조각되어 있었다. 높이는 탑들 중에서 가장 높은 33미터에 달한다고 했다. 두 번째로 큰 높이 26미터의 스텔라는 이탈리아 무솔리니가 침입했을 당시 탑을 3등분해서 로마의 피아자로 옮겨갔다가 이 지역 출신 에티오피아 총리와 이탈리아 정부 간의 협상으로 돌아왔다고 했다.

이곳의 스텔라는 종교적인 의미를 가진 것이 아니고 스텔라를 세운 왕의 권위와 힘을 과시하기 위해서 세워진 것이라고 했다. 예멘과 수단을 점령했던 에자나 왕은 정복자로서 권위와 힘을 과시하기 위해서 많은 스텔라를 세웠다고 했다. 스텔라 지하는 왕들의 무덤이 있지만 입구 통로 아치까지만 개방하고 무덤의 현실은 안전상의 문제로 개방하지 않고 있었다.

걸어서 마리암(Mariam) 성당으로 갔다. 이 성당은 4세기경에 세워진 에티오피아 최초의 성당으로, 처음에는 12개의 사원이 있었다고 했다. 그러나 16세기경 무슬림들이 들어오면서 대부분 파괴되었다. 아직도 에티오피아 정교의 본산으로 에티오피아 신도들의 성지 순례지가 되고 있었다.

시장의 계란 가게에 들렀다. 초등학교 아들과 아버지가 운영하는 달걀 파는 가게였다. 어린 꼬마가 닭의 모이를 주고 있었고, 아버지는 닭장을 청소하고 있었다. 닭장 안에 달걀을 낳을 수 있도록 둥지를 놓아두고 있었다. 달걀을 사겠다고 말하자 꼬마가 쉬하고 입을 다물라는 신호를 했다. 왜냐고 물어보니 지금 닭이 알을 낳고 있다며 손으로 가리켰다. 닭장 한편에 마련한 둥지에서 닭이 알을 낳고 있었다. 둥지에 앉아서 눈을 껌뻑이며 미동도 하지 않고 있다가 알을 낳고 나서는 날개를 몇 번 흔들고는 꼬꼬 울면서 둥지에서 내려왔다. 소년이 달걀을 들고 나와 만져보라고 시늉을 했다. 따끈따끈한 온기를 가진 생달걀이었다. 방금 낳은 따뜻한 알을 포함해서 10개의 달걀을 샀다.

곱상하게 생긴 청년이 호텔방으로 찾아와서 조심스럽게 노크를 하고 인사를 했다. 에티오피아 정교 사원과 데브레 다모(Debre Damo) 수도원을 방문할 것인지 물었다. 점심을 제공하지 않고 두 곳을 다녀오는 조건으로 여행비가 100달러라고 했다. 내가 계획한 예산과 맞지 않아 청년을 돌려보냈다. 대중교통이나 더 저렴한 가격에 갈 수 있는 방법을 찾아보기 위해 호텔을 나섰다.

악숨 시외버스 터미널까지 걸어가서 미니버스를 타고 아두와 (Aduwa) 버스 주차장에 도착했다. 호텔 관광 안내소에 들러 예하 (Yeha)와 데브레 다모의 차편을 알아보니 악숨에서와 꼭 같이 100달러를 내라고 했다. 터미널로 돌아와 일반 미니버스를 알아보았다. 시내를 운행하는 일반 미니버스를 1,000비르에 흥정해 예하와 데브레 다모로 향했다.

운전자와 차장을 대동하고 시내를 빠져나오자 바로 가파르게 산을 오르는 언덕길이 나타났다. 3,000미터가 넘는 높은 봉우리들이 눈앞에 나타나기 시작하고 봉우리 바로 아래까지 농가들이 조가비처럼 붙어 있었다. 나뭇가지에 파릇파릇 새싹이 돋아나기 시작했다. 우리나라 봄의 모습과 꼭 닮았다. 진달래꽃 대신에 부겐빌레아가 농가의 울타리를 붉게 물들이고 있었다. 언덕마다, 마을마다 꽃이 만발했다.

중국 계림과 흡사한 봉우리들이 국도를 따라 헤아릴 수 없이 솟아 있었다. 3,000미터가 넘는 봉우리들이었다. 30분쯤 달려 아디그라 (Adigrat) 로드에서 예하로 들어가는 분기점이 나타났다.

표지판을 따라 비포장도로로 달렸다. 뽀얀 흙먼지가 뱃길의 물거품

아프리카의 바람 소리

처럼 날아올랐다. 형언할 수 없이 아름다웠다. 첩첩산골을 따라 비포 장도로가 연결되어 있었다. 지나가는 사람이나 차는 없었다. 날아다 니는 새조차도 보이지 않는 깊은 산골짜기였다. 운전자와 차장도 이 곳은 한 번도 와보지 않은 곳이라고 했다. 깊은 산골짜기로 들어가는 것을 두려워하는 눈치였다. 이 고물차가 중간에서 고장이 난다거나 타이어가 터지지는 않을까 걱정이었다. 가파른 절벽이 난공불락의 요 새처럼 수백 미터 높이로 하늘을 향해 우뚝 서 있었고 그 요새 같은 절벽을 따라 작은 바위들이 호위병처럼 서 있었다.

아디그라 로드가 시야에서 거의 사라질 무렵 깊은 산골짜기에 마 을이 나타났다. 그곳이 예하 마을이었다. 마을 입구에 하수구 공사 를 하느라 마을 사람들이 모두 나온 것 같았다. 하수구를 만들기 위 해 돌로 담을 쌓는 사람부터 물을 길어나르는 여인, 돌을 깨는 청년들, 흙을 실어나르는 당나귀, 나무를 끌어오는 낙타까지 온 마을 사람들과 동물들이 동원되어 도로 공사를 하고 있었다. 차가 마을 길에 들어가 자 차와 함께 뛰는 사람도 있고 문을 열려고 하는 사람들도 있었다.

이곳이 2,800년 전에 세워진 다모트(Damot) 왕국의 수도라고 했다. 수 세기 동안 고 왕국으로 번창하다가 악숨 왕국에 의해서 정복되었 다고 했다. 이곳에 2,500년 전에 만들어진 예하 사원이 있었다.

공사장을 간신히 빠져나와 예하 사원 앞 광장에 도착했다. 3,000미 터가 넘는 고봉준령들이 이 사원을 굽어보고 있었다. 2,500년의 세월 이 지났음에도 예하 사원의 흔적이 보존될 수 있었던 것은 6세기경 부터 이곳이 천주교 중심 지역이었기에 가능하다고 했다.

사원 안으로 들어가는 입구 건물 벽에 입장료 100비르라는 글귀가 크게 적혀 있었다. 사원으로 들어가는 입구 건물 벽면은 흙을 사용하지 않고 완전히 돌로만 차곡차곡 쌓았다. 대문의 상인방은 나무로 만들어져 있었다. 돌의 색깔은 붉은색이고 벽돌처럼 잘 다듬어서 쌓아올렸다. 입구에 노란색 옷을 입은 수사가 100비르의 입장료를 받고 있었다. 독일의 후원을 받아 보수 공사를 하고 있다는 팻말이 붙어 있었다. 돌을 쌓아 만든 벽면과 기초석이 남아 있었다. 지붕은 완전히 사라지고 벽면도 많이 훼손되었다. 염소와 머리카락을 가느다랗게 닿은 여인들의 조각상이 벽면을 가득 메우고 있었다.

햇볕은 따갑지만 하늘은 맑고 구름 한 점 없이 청명했다. 폐허가 된 사원 돌담에 앉았다. 진공처럼 고요했다. 사원 돌담에 도마뱀들이 분주히 움직였다. 사원 앞 빈터에서 한참 자고 있던 운전자와 차장을 깨웠다. 차에 올라 다시 아디그라 로드를 따라 데브레 다모를 향했다. 아디그라 로드는 포장이 잘 되어 있었고 경관이 수려하여 나는 또 다시 흥분하기 시작했다.

온 산이 연녹색으로 가득했다. 농부들은 쟁기로 밭을 갈고 옥수수들이 잘 영글어 가고 있었다. 막 추수가 끝난 보릿짚을 지붕처럼 쌓아 낟가리를 만들어두었다. 지나가는 차들이 없어 차창 밖으로 목을 내밀고 수없이 셔터를 눌렀다. 뾰족한 산봉우리들이 하늘에 맞닿아 금방이라도 하늘을 향해 비상할 것 같았다. 열린 차창으로 시원한 산골 바람이 불어왔다.

마을을 지나자 다시 황량한 산악 지대가 나타났다. 주변의 산 지형은 산꼭대기가 마치 밥상처럼 평평하게 생겼다. 햇볕이 무엇이든 태워버릴 것 같은 기세로 그 열기가 이글거렸다. 사방을 둘러봐도 풀한 포기 보이지 않는데도 염소와 당나귀들이 돌아다녔다.

아디그랏 로드에서 비포장도로를 따라 굽이굽이 계곡을 끼고 한 시

아프리카의 바람 소리

간쯤 달렸다. 꼬불꼬불 산악 지대를 따라 계속 올라갔다. 에리트레아 국경이 가까워지고 있었다. 운전자와 차장이 두려워하는 표정을 지었다. 전쟁은 끝이 났지만 이곳은 산악 지대라 에리트레아 게릴라들이 자주 출몰하여 양식, 의복, 신발을 약탈해간다며 긴장하는 모습이었다.

길가에는 돌멩이들만 뒹굴어 다녔다. 계단식 밭들이 주인을 잃은 채 언덕을 따라 널려 있었다. 전쟁 전 사람들이 살다 버리고 떠난 돌집들이 흉물스럽게 산언덕 곳곳에 흩어져 있었다.

이윽고 테이블 모양의 산군들이 나타났다. 입구에 데브라 다모 마을이 있었다. 운동장에 어린 아이들 6~7명이 공을 차며 선생님과 수업을 하는 모습이 보인다. 학교를 사이에 두고 3,000미터가 넘는 테이블형 산들이 학교를 에워싸고 있었다.

운전자와 차장을 앞세우고 데브레 다모 수도원이 있는 언덕을 올랐다. 수도원은 3,000미터 높이의 테이블 산꼭대기에 마을과 함께 있었다. 타원형으로 생긴 산 정상은 누구도 접근이 불가능하도록 깎아지른 절벽으로 되어 있었고, 수도원으로 통하는 유일한 길은 15미터 높이의 줄을 타고 수도원 대문으로 기어 올라가는 것이었다.

에티오피아 사람들은 이곳을 암바(Amba)라고 한다. 3,000미터 높이에 세워진 난공불락의 수도원으로 누구의 접근도 불허하는 곳이다. 6세기경 악숨 왕국 때 만들어진 사원으로 설립자는 아레가위(Aregawi)다. 전설에 의하면 아레가위가 수도원을 짓기 위해서 돌을 아래에서 운반해올 때 하늘을 날 수 있는 뱀들이 나타나 돌을 운반해주었다고 한다.

계단을 올라와 밧줄이 묶여 있는 곳까지 올라갔다. 줄무늬 원숭이들이 바위 사이를 뛰며 휘파람 소리를 냈다. 입장권을 파는 사는 사람이 우리를 반갑게 맞아주었다. 여자는 수도원에 입장을 불허했다. 혜경은 수도원 아래에서 기다리기로 하고 운전자와 차장을 데리고 수도원에 올라갔다. 올라가기 전 수도원 표지석이 있는 곳에서 수도원 방문이 무사하기를 비는 의례가 있었다. 신발을 벗고 절을 하고 무사히 돌아오기를 빌었다.

입장권은 200비르이고 표는 수도원 사무실에서 살 수 있다고 말했다. 줄을 타고 수도원으로 올라가는 요령에 관해 들었다. 올라가다 떨어지면 죽는다고 몇 번씩이나 경각심을 일깨워주었다. 떨어지면 틀림없이 죽을 것 같은 아주 단단한 바위였다. 절벽의 중간쯤에 수도원으로 들어가는 대문이 있고 대문까지 밧줄 두 개가 대문 기둥에 묶여 있었다. 밧줄은 쇠가죽을 땋아 만들었고 팔뚝만 한 굵기였다.

먼저 운전자가 올라가고 그다음은 내가, 그리고 제일 마지막은 차장이 올라가기로 했다. 밧줄을 잡고 위를 쳐다보니 까마득하게 보였다. 운전자를 먼저 올려 보내고 그다음은 내가 올라가기 위해 가죽 밧줄을 허리와 다리에 감았다. 수직의 절벽을 타보는 것은 처음이었다. 허리와 다리에 안전을 위하여 각각 두 개의 밧줄을 감고 올라가기 시작했다. 15미터 높이 중 5미터 정도 올라가니 벌써 팔에 힘이 빠지고 현기증이 났다. 팔이 떨리고 심장 박동이 빨라졌다.

밧줄에 매달린 채 휴식을 취하고 머리를 좀 식혔다. 마을을 쳐다보았다. 조개껍데기처럼 작은 집들이 드문드문 있을 뿐 메마른 황토색 산들이 겹겹이 펼쳐져 있었다. 아래에서 사진을 찍고 있는 혜경을 쳐다보니 아주 작게 보였다.

후회가 되었다. 수도원이 나랑 무슨 관계가 있다고 이렇게 애써 가며 올라가야 한단 말인가? 팔에 힘이 점점 빠지고 현기증이 사라지지 않았다. 혜경이 뭐라고 말을 하는데 무슨 말인지 들리지 않았다. 사람들은 걱정스러운 얼굴로 나를 올려다보고 위에서는 내려다보았다. 다시 힘과 용기를 내고 2차 시도를 했다. 한 발 한 발 기운을 내고 팔에 힘을 쏟으며 몸을 끌어올렸다. 몸이 이렇게 무거운 줄 몰랐다.

마지막 대문에 이르렀을 때는 기진맥진하여 바닥에 누워버렸다. 심장이 쿵쾅거리는 소리만 들렸다. 대문에 올라서서 수직으로 내려다보니 혜경의 정수리만 보였다. 시야가 넓어지고 주변의 산들이 발아래로 내려다보였다. 에리트레아 국경 쪽으로 가는 길이 산골짜기를 따라 실오라기처럼 뻗어 있었다.

수도원 대문을 통과했다. 입구에 총을 든 경비원이 나를 반갑게 맞이했다. 뒤따라 올라온 차장과 함께 사원으로 들어갔다. 사원 입구에서 먼저 표를 사고 수도원으로 들어갔다. 표를 파는 사무원은 노란 수도사복을 입고 자기 키 높이만 한 철 십자를 곁에 두고 표를 팔고 있었다. 무슨 말을 해도 듣고만 있지 대답을 하지 않았다.

수도원 건물은 2층으로 된 돌집이었다. 1,500년 이상 햇볕에 그을렸지만, 주변 색깔과 크게 다르지는 않았다. 지붕 꼭대기는 에티오피아 정교를 나타내는 마크가 달려 있었다.

수도원 외벽에 회색 베레모를 쓰고 자기 몸을 완전히 가린 수도사가 서 있었다. 눈도 보이지 않도록 몸 전체를 가렸다. 자기 키 높이의 철 십자를 왼손으로 꼭 잡고 말을 걸어도 아무런 대답을 하지 않았다. 말을 걸려고 시도하자 그물망 천을 끌어 올려 얼굴을 완전히 덮어버렸다.

이 수도원을 설립한 아레가위 수도사는 방문자에게 현관 앞만 공개하도록 했다. 방문객은 수도원으로 들어갈 수 없었다. 그러나 나는 궁금한 나머지 천으로 가려진 문을 열고 들어갔다. 수도원 바닥은 카펫으로 깔려 있고 불빛 없는 깜깜한 공간이었다. 어둠 속에서 세 사람의 수도사를 보았는데, 각각 다른 공간에서 서 있었다. 내가 다가가도 움직이거나 말하지 않았다. 모두 수염을 길렀고 나무 십자가를 가슴 앞에 세우고 서 있었다. 내가 다가서도 미동도 하지 않았으며 쳐다보지도 않고 눈을 감고 서 있었다. 더 안으로 들어가려고 하자 키 큰 수도사가 나의 길을 막았다. 어둠 속에서 그를 쳐다보니 수염이 긴 수도사였다. 그는 아무런 말도 없이 나를 현관문 쪽으로 인도해서 더 이상 들어오지 못하게 했다. 무례를 무릅쓰고 수행 현장을 사진기로 찍었다. 수도사가 나타나더니 나를 현관문 밖으로 나가도록 유도했다. 수도사들 몸에서 역한 냄새가 났다. 기분이 나쁘지는 않았다. 곰팡 냄새 같은 것이었다.

수도원에서 나오자 꼬마 아이가 좋은 곳을 구경시켜주겠다며 우리를 데리고 데브레다모 마을로 들어갔다. 45명 수도사와 120명의 정교 신도들이 천상의 수도원 마을에서 외부와 단절한 채 살아가고 있는 곳이었다. 산 아래에서는 이곳이 전혀 보이지 않았다. 그야말로 은둔 마을이었다.

소년은 우리들에게 우물을 보여주겠다고 했다. 수도원 마을 중앙에 나와 있는 길을 따라 한참 걸어갔다. 담을 쌓고 울타리를 만들어 인공 저수조를 보호하고 있었다. 사립문을 열고 들어가니 10여 개의 인공 저수조가 있었다. 둥글게 바위를 파고 저수조를 만들었다. 저수조 깊이가 45미터이고 물을 퍼 올릴 수 있는 두레박과 줄을 매달아 두었다. 인공 수조 안에는 녹조류가 파랗게 생겨 있었다. 바위에서 자연 정화되어 물은 맑고 깨끗했다. 운전자와 조수는 한 바가지씩 들이

아프리카의 바람 소리

컸다. 나도 한 바가지를 단숨에 마셨다. 아무런 냄새도 나지 않은 순수한 물맛이었다.

수도원 가옥은 전부 돌로 만들어졌다. 인공 수조를 팔 때 나온 바위 조각으로 집을 지었다고 했다.

소년이 살고 있는 집으로 나를 데리고 갔다. 들어가는 문의 상인방과 벽에 만들어진 작은 창문틀 외에는 전부 돌로 만들어졌다. 돌의 크기가 벽돌만 한 크기로 아주 일정했다. 지붕도 전부 작은 돌을 연결하여 만들어졌다. 집 안으로 들어가니 시원한 토굴에 들어온 것 같았다. 저수조를 팔 때 나온 돌로 만든 침대가 양쪽으로 두 개 있었고 바닥은 흙으로 되어 있었다. 부엌은 에티오피아 빵인 인제라(Injera)를 만들 수 있는 작은 화로가 있었다. 그리고 땔감, 노란 물통, 냄비와 냄비 뚜껑이 전부였다. 소년은 나에게 돌 침대에 누워보라고 권했다. 누워보니 정말 시원했다. 바깥은 열기로 달아올랐지만 집 안의 돌 침대는 냉방처럼 시원했다.

인제라를 만들기 위해서 곡식을 가는 맷돌과 인제라를 담는 광주리가 있었다. 소년은 광주리 안을 열어 보여주었다. 인제라 20여 장이 가지런히 차곡차곡 쌓여 있었다. 이것이 이들의 유일한 양식이었다. 인제라는 우리나라 밀가루 전과 비슷한 빵으로 발효 식품이라 기공이 많이 있었다. 소년은 나에게 한 조각을 떼어주었다. 신 요구르트를 섞어 만든 것처럼 신맛이 났다.

개 짓는 소리, 닭이 우는 소리가 들리기도 하고 아이들은 보였지만 여인들의 모습은 보이지 않았다. 3,000미터 산꼭대기에 200여 명의 사람이 살아갈 수 있는 마을과 수도원이 만들어진 것이 신비스러웠다. 집집마다 높은 담을 쌓았고 대문을 설치해 다른 사람들의 접근을 막았다.

소년은 나를 데리고 정교 신도들이 운영하는 카페로 갔다. 내가 들어가자 사람들은 자리에서 일어나 나를 맞아주었다. 나는 일일이 한 사람 한 사람 악수를 하고 한국에서 온 여행객이라고 소개했다. 한국 전쟁 때 에티오피아가 참전하여 우리를 도와준 사실을 잘 알고 있었다. 아주 자랑스럽게 생각하고 있었다. 정말 고마운 일이며 감사하다고 말했다. 그들은 한국은 아시아에서 제일 잘사는 나라라고 치켜세웠다. 나는 카페에 앉아 있는 사람들에게 커피와 인제라를 주문해서 대접했다.

운전자는 노란 물통에 물을 가득 채워 내려갔다. 왜 그렇게 물을 많이 받아 가느냐고 물어보았다. 이 수도원 물은 물이 아니고 성수라고 했다. 물병에 머리를 조아리고 손을 합장하여 인공 저수조의 물에 몇 번이고 절을 했다.

다시 줄을 타고 내려갔다. 밧줄을 다리와 허리에 단단히 매고 한발 한발 내려갔다. 이를 악물고 체중을 양팔에 매달고 사투를 벌이며 내려오다 중간쯤에서 발이 미끄러졌다. 1미터 정도 줄을 잡은 채 아래로 떨어졌다. 바닥과 마찰이 일어난 손바닥에 껍질이 벗겨지고 피가 흐르기 시작했다.

호텔로 돌아와 하룻밤을 죽은 듯이 잤다. 샤워를 할 때 손바닥이 욱신거리며 아파왔다. 손바닥 껍질이 벗겨지고 손톱이 부러지고 무릎 정강이도 껍질이 벗겨졌다. 어깨, 허리, 목, 근육이 쑤시고 아팠다.

영국계 은행인 바클레이즈(Barcalays) 은행 ATM 인출기가 있는 곳으로 갔다. 어느 외국인이 인출기 앞에 서 있는 나를 보며 이스라엘

아프리카의 바람 소리

군인이냐고 물었다. 왜 그런 질문을 하느냐고 물어보았더니 내가 입고 있는 옷이 이스라엘 군복이라고 말했다. 자기는 이스라엘 사람이며 에티오피아에 천주교 순례 여행을 왔다고 했다. 그리고는 나에게 이 군복을 어디서 구했는지 물어보았다.

이스라엘 군복이라는 이야기를 듣는 순간 머리끝이 쭈뼛해졌다. 이스라엘 사람은 나의 오른쪽 어깨에 붙어 있는 마크를 가리키며 이스라엘 군대의 표시라고 알려줬다. 또 다른 어깨에는 견장이 붙어 있었다. 옷은 곤다르 시장에서 샀다. 호주머니가 많이 달려 있어 쓸모 있는 옷이라 여기고 샀는데 이스라엘 군복인 줄은 몰랐다. 이 옷을 아랍의 나라나 이슬람 국가에서 입고 다녔다면 나는 감옥으로 갔든지 아니면 테러를 당했을 것이라고 이스라엘 사람이 말했다.

천주교 나라 에티오피아에서 알게 된 것을 천만다행으로 생각하며 이스라엘 사람에게 고맙다는 말을 전했다. 이스라엘 사람도 내가 자기 나라 군복을 입고 다니는 것을 보고 놀랐다고 말했다. 이슬람 무장 단체나 이슬람 테러범들이 이스라엘 군복을 입고 시내를 활보하는 것을 봤다면 틀림없이 테러를 감행했을 것이라고 말했다. 아찔한 마음이 들어 얼른 호텔로 돌아와 견장과 이스라엘 군인 마크를 떼어 버렸다.

오후에는 시간을 따로 내어 아디그라 로드의 사진을 찍기 위해 툭툭이를 대절하여 15번 국도를 따라갔다. 아디그라 로드의 고봉준령들이 열을 지어 도열해 있는 모습을 촬영하기 좋은 위치에 차를 멈추게 하고 툭툭이는 돌려보냈다. 좋은 위치를 찾아 마을 언덕을 올라가려고 하는데 동네 불량배 녀석이 따라오며 사진을 못 찍게 방해했다. 이곳은 자기 나라이고 자기들이 살고 있는 곳에 외국인이 사진 찍는 것을 허락할 수 없다는 것이었다. 일단 시비를 무시하며 나는 사진을 찍었다. 이 녀석은 흙을 던지며 행패를 부리기 시작했다.

사람들이 많이 모여들기 시작했다. 20명 정도 사람들이 모여들었다. 시비가 점점 커지고 있음을 느끼고 이곳을 빠져나가야겠다고 생각했다. 점점 많은 사람들이 모여들고 외국인을 증오하는 욕설을 퍼붓고 험악한 얼굴로 지껄였다. 만약의 경우를 대비해 산을 찍는 것처럼 하며 불량배의 사진을 여러 장 찍었다.

자기들도 두 패로 갈리는 것 같았다. 어린 소년들이 나의 등에 흙을 던지며 욕을 하기도 했다. 지나가는 차라도 있으면 타고 가겠지만 이런 오지에 당나귀 말고 따로 교통수단이 있을 리 없어 난처해지고 있었다. 불량배들이 사진기를 빼앗으려고 하며 나에게 신체 접촉을 시도했다.

나는 호주머니에 넣고 다니던 잭나이프를 꺼내 나뭇가지를 잘랐다. 사진기 안의 먼지를 털어내는 척했다. 날카로운 칼이 있음을 암묵적으로 보여주었다. 내가 입고 있는 옷이 군복이었고 끝이 예리한 칼을 보자 나의 주변에서 한 발짝씩 물러나기 시작했다. 한 청년이 다가오더니 나의 옷을 가리키며 군인이냐고 물었다. 나는 화난 목소리로 군인이라고 허풍을 떨었다. 녀석들은 자기들끼리 웅성거리며 나의 주변에서 멀어져 흩어지기 시작했다. 사진을 못 찍게 방해하던 불량배 녀석도 친구들과 함께 슬그머니 물러나버렸다. 나와 혜경도 얼른 한 길로 나와 지나가는 민간인 차량을 세워 그곳을 벗어났다.

# 메켈레

다나킬 디프레션(Danakil Depression) 지역에 있는 소금 낙타 캐러 밴, 소금 호수, 아파르(Afar)족, 에르타 알레 화산을 보기 위해 악숨 호텔에 위치한 독일인이 경경하는 여행사를 찾아갔다. 독일인 처녀 카르멘은 오늘 아침 8명이 다나킬 여행을 떠났다고 했다. 이제 일주 일 이상 기다려야 한다고 했다. 전화번호를 남겨 놓고 성원이 되면 연 락해주기로 했다. 기다리는 동안 랄리벨라(Lalibela) 성지 여행을 가기 위해 새벽 5시에 짐을 꾸려 버스 터미널로 갔다.

랄리벨라로 바로 가는 버스는 없고 웰디야(Weldiya)까지 가서 가스 헤나(Gashena) 가는 미니버스를 갈아타고 거기서 다시 랄리벨라행 미 니버스를 타야 한댔다. 거리는 500킬로미터 정도이며 시간은 16시간 에서 20시간가량 소요될 거라고 했다.

아디스아바바(Addis Ababa)로 가는 버스를 타고 가다 웰디야에서 가스헤나행 버스를 갈아타기로 했다. 배낭 두 개와 작은 손가방을 버 스 지붕 위에 올리려고 하니 짐꾼이 30비르를 내라고 했다. 짐을 올리 는 사람은 버스 회사 사람들이 아니고 일반 일꾼들이었다. 짐삯을 받 아 차장과 버스 운전자에게 일부를 주어야 한다며 우는 소리를 했다.

제일 뒷좌석 두 자리가 비었다. 5명이 앉아야 하는 자리에 6명이 앉았다. 다행히 에티오피아 사람들은 다리가 긴 반면 어깨가 넓지 않 아 그렇게 비좁지는 않았다. 웃는 얼굴로 혜경과 나에게 자리를 비켜 주었다. 버스 엔진 위에도 여러 명의 사람들이 앉았다.

버스 종류는 일급과 이급으로 나누어 구분하는데, 우리가 탄 버스는 일급 버스라는 표시가 붙어 있었다. 차령이 30년은 넘어 보이는 탱크 같이 생긴 버스였다. 버스 내부를 리모델링하여 60명 이상 태울 수 있도록 만들었다.

6시가 되자 버스가 출발했다. 출발한 지 10분이 지나자 산악 지형에 도달했다. 아디스아바바로 가는 국도 1번 위로 달렸다. 고갯길 하나를 넘어가니 상투 초콜릿 같은 초가집들이 옹기종기 모여 선인장 숲속에 마을을 이루고 있었다.

버스가 작은 시골 마을에 정차하여 몇 사람이 내렸다. 검은 차도르를 입은 여인이 커다란 보릿자루를 들고 버스로 올라왔다. 작은 비닐 봉지에 볶은 보리를 담아 10비르에 팔고 있었다. 아침인지라 사람들은 보리 볶은 것을 앞다투어 샀다. 고소한 보리 냄새가 식욕을 돋웠다. 혜경도 한 봉지를 샀다. 달콤하고 고소한 맛이었다.

파릇파릇 새싹이 도처에 돋아나고 농부들은 파종할 준비를 하느라 들판이 분주했다. 쟁기질하는 농부, 씨 뿌리는 아낙네들이 들판에 흩어져 있었다.

버스가 알라마타(Alamata)에 도착했다. 정류장은 사탕수수 대를 잘라 팔러 나온 아낙네들로 붐볐다. 30센티미터 길이로 잘라 다발로 묶어서 팔기도 하고 낱개로도 팔았다. 대부분의 장사꾼들은 무명으로 만든 티셔츠, 목도리, 바지를 팔고 있었다. 어느 서양 청년 여행자가 목도리를 하나 샀다. 갑자기 많은 아낙네들이 이 청년을 따라다니며 이것저것 사라며 청년을 졸졸 따라다녔다.

코카 잎을 팔기도 하고 양치질하는 나뭇가지를 묶어서 팔았다. 이곳 사람들 대부분은 나뭇가지로 양치질을 했다. 생나뭇가지를 잘라 이빨을 문지르고 침을 아무 데나 탁탁 뱉었다. 버스 안이고 식당 안

아프리카의 바람 소리

이고 어디든지 나뭇가지로 양치질을 했다.

여섯 시간을 달려 웰디야에 도착하였다. 길가에 있는 버스 정류장에 버스가 정차하자 차장은 재빨리 버스 지붕 위로 올라가 우리의 배낭을 내려주었다. 우리랑 같이 앉아 고생했던 아디스아바바로 가는 손님들이 손을 흔들며 인사를 했다.

세 발 택시를 잡아타고 가스헤나로 가는 정류장으로 갔다. 마침 미니버스가 출발을 앞두고 있었다. 배낭을 지붕에 올리려고 하니 자리가 비좁았다. 40도를 넘어서서 무척 더웠다. 버스 지붕은 햇볕에 달구어져 손바닥을 댈 수 없을 정도로 뜨거웠다. 갈색 염소 한 마리가 밧줄에 묶여 뜨거운 지붕 위에 누워 있었다. 죽은 듯 혀를 쭉 내밀고 눈을 감고 있었다. 배낭을 올리는 청년에게 염소가 죽지 않겠느냐고 물었더니 씩 웃으며 "No problem."이라며 배낭을 올려서 묶어 놓고 내려왔다.

곤다르로 가는 길을 달려 가스헤나(Gashena)에서 랄리벨라로 가는 다른 미니버스를 갈아탔다. 3,000미터가 넘는 고원 지대 비포장길을 따라 달렸다. 초가집들이 산허리에 옹기종기 모여 아름다운 풍경을 만들고 있었다.

갑자기 하늘이 먹구름에 휩싸이고 소나기가 퍼붓기 시작했다. 차장이 지붕으로 올라가 배낭과 곡식이 든 자루를 차 안으로 옮겼다. 갑작스럽게 내리는 비가 억수 같이 퍼부었다. 번개와 뇌성 소리가 하늘을 찢어 놓을 것 같았다. 우리가 타고 가는 버스의 창문은 깨지고 몇 개만이 온전하게 남아 있었다. 깨진 창문으로 바람과 함께 비가 쏟아져 들어오기 시작했다. 창 쪽에 앉은 사람들은 물론이고 대부분 사람들이 비에 흠뻑 젖었다. 임시방편으로 커튼 조각으로 창문을 막고 비닐로 창문을 막아보지만, 바람을 막기에는 속수무책이었다.

이제 창밖은 완전히 어둠 속에 갇혀버렸다. 번개가 번쩍일 때 바깥 세상을 잠깐 볼 수 있었다. 길은 험악하고 도로는 비포장이었다. 차는 덜컹거리고 운전자는 나이가 어렸다. 어디가 어딘지 알 수 없는 산길을 한없이 올라갔다. 천둥 소리가 세상을 쪼개버릴 듯 크게 들렸다. 번갯불에 창밖을 바라보니 왼쪽이 심한 낭떠러지였다. 앞좌석 등받이를 잡고 안간힘을 쓰며 차의 흔들림을 견뎠다. 하루종일 먹지 못하여 배 속에서 꼬르륵꼬르륵 소리가 미안할 정도로 터져 나왔다.

1시간 이상 더 달렸다. 아스팔트 길이 나타났다. 반딧불 같은 전깃불이 보이기 시작했다. 밤 12시가 되어서야 랄리벨라 정류장에 도착했다. 산중의 공기는 냉랭하고 청량했다. 몸을 쭉 펴고 신선한 공기를 들이마시며 기지개를 켰다.

산악을 누비며 고원 지대를 통과하고 빗속을 빠져나와 19시간 동안 좁은 좌석에 시달리며 도착했다. 허리가 쑤시고 아팠다. 눕고 싶은 마음뿐이었다. 먹지도 못했지만 배고픔보다 자고 싶은 생각뿐이었다. 택시를 잡아타고 랄리벨라 호텔에 도착했다. 체크인하고 저녁을 먹지 못한 채 침대에 쓰러져 누웠다.


아침에 눈을 떴다. 사방이 산으로 둘러싸였다. 어제 저녁 늦게 도착해 정신없이 잠을 잤는데도 머리가 술 취한 사람처럼 몽롱했다. 호텔이 있는 곳이 2,700미터쯤 되는 고산 지역이었다. 4,000미터 가까운 높이의 산들이 도시를 감싸고 있었다.

어제 저녁에는 호텔이 어떻게 생긴 줄도 모르고 잤다. 아침에 일어나보니 호텔의 정원과 전망이 아주 좋았다. 구름이 산허리를 감싸고

　　　　　　　　　　　　아프리카의 바람 소리

지나갔다. 고산 지역이라 아침은 제법 쌀쌀했다. 정원에 빨간 접시꽃이 곱게 피어 있었다. 울타리에 커피 열매가 빨갛게 익어가고 있었다.

시장으로 갔다. 주변 마을 농부들이 직접 재배한 농산물을 장터에서 팔고 있다. 해발 3,000미터 지역에서 생산된 농산물이라 크기가 작고 질도 많이 떨어졌다. 농산물 종류도 많지 않고 빛깔도 좋지 않았다. 토마토와 오이 몇 개를 사고 호텔로 돌아왔다.

호텔 앞에 있는 노상 카페 앞을 지나가려니 커피 향기가 향긋했다. 레게(Reggae) 머리를 한 예쁜 아가씨가 주인이었다. 작은 놋쇠 화로에 향을 피우면서 커피를 끓였다. 마을 청년들이 둘러앉아 잡담을 나누며 나를 불러들였다.

바닥에 마른 풀이 깔려 있고 나무 의자 5개가 놓여 있었다. 청년들이 노상 카페 뒤편에 있는 커피나무 밭으로 나를 데리고 갔다. 카페에서 끓이고 있는 커피도 이곳에서 수확한 것이라고 했다. 커피나무에 푸른 열매도 있고 빨갛게 익은 열매도 있었다. 청년은 붉은 열매를 따서 손으로 문질러 보리알 같은 커피콩을 보여주었다. 이 커피콩을 말리고 볶아서 가루로 만든 다음에 끓인다고 했다. 생 커피콩에서는 아무런 냄새도 나지 않았다. 말리고 볶으면 구수한 냄새가 난다고 했다. 커피 한 잔을 마시고 나니 레게 머리 아가씨는 3잔을 마셔야 한다며 한 잔을 더 줬다. 커피잔이 녹차잔 크기였다. 한국에는 어떻게 갈 수 있는지 물어보기도 하고 자기를 한국에 초청해달라고도 했다.

한참 청년들과 농담도 하며 커피를 즐기고 있는데 메켈레(Mekele)의 독일인 처녀 카르멘에게서 전화가 걸려왔다. 이틀 후면 다나킬 디프레션 여행 멤버가 구성된다고 했다. 내일 올라와 모레 출발하라고 했다. 일주일쯤 걸릴 것이라고 생각했는데 이렇게 빨리 여행이 이루어지리라 생각도 못했다.

혜경과 함께 랄리벨라 유적지가 있는 곳으로 택시를 타고 올라갔다. 도착하니 2시간밖에 시간이 없었다. 여러 곳을 2시간 만에 돌아봐야 했다. 요금은 한 사람당 50달러였다. 이것저것 따지고 물어볼 것도 없이 무조건 표를 사서 들어갔다. 들어서자마자 많은 가이드가 우리를 에워쌌다. 자기를 가이드로 채용하라며 자기들끼리 싸웠다.

랄리벨라에는 크게 북서 군에 7개의 교회가 있고 남동 군에 6개의 교회가 있으며 가장 아랫부분에 암굴 교회(Bete Giyorgis)가 있다. 북서 군에 있는 교회들은 바위의 표면에서 수직으로 해자나 참호처럼 바깥 부분을 파내고 안쪽에 남아 있는 바위 속에 보통의 성당 양식의 건축물처럼 조각했다. 남동 군에 있는 교회들은 티그라이(Tigray) 동굴 성당처럼 한쪽의 수직면을 동굴처럼 파고들어가 성당 모양의 건축물을 바위 속에 조각했다.

아래쪽에 위치한 암굴 교회는 참으로 신기했다. 하늘에서 보면 성당 지붕이 십자 모양이었다. 바위 표면에서 수직으로 십자 모양의 참호를 파고 내려가 바닥에 안뜰을 만들었다. 단일 거석의 바위 안을 파서 성당 모양으로 만든 좌우 대칭의 십자 모양의 건축물이었다. 내부에서 외부로 나오는 길은 미로처럼 얽힌 터널을 파서 바깥세상과 연결되어 있었다.

제일 걸출한 교회인 북서 군에 속한 메드하네 알렘(Bete Medhane Alem)은 세계 최대의 단일 거석 동굴 교회로, 높이가 15미터 정도 되고 넓이가 240평에 달한다. 안쪽은 36개의 기둥이 받치고 건물 둘레도 36개의 기둥이 받치고 있다. 내부는 붉은색의 카펫을 깔고 벽면과 천정에 십자 문양, 여러 가지 도형 문양이 조각되어 있어 엄숙한 분위기를 느끼게 했다.

교회를 둘러싼 넓은 안뜰이 교회를 둘러싸고 있었고 묘지, 수도자의 동굴 등이 벽면에 조각되어 있었다. 미로 같은 터널이 파져 있어 교회와 교회를 연결하고 방과 방 사이를 연결하도록 조각되어 있었다. 교회 안의 방과 방을 돌아다니다보니 지하 감옥에 갇혀 있는 느낌이 들었다.

빠르게 한 바퀴 돌고 나니 해가 서산으로 넘어가기 시작했다. 암굴 교회가 있는 바위 위에 앉았다. 천년의 세월을 머금은 교회 외벽에 노란 곰팡이, 붉은 곰팡이가 건물의 벽을 따라 더덕더덕 붙어 있었다. 유네스코가 인류의 유산으로 지정했다고 하지만, 전혀 보호하고 있는 것 같지 않았다. 교회와 교회, 방과 방을 연결하는 계단과 터널도 비바람에 노출되어 부식되어 가고 있었다. 이 황량하고 척박한 에티오피아 고원지대에 세계적 불가사의 중 하나인 동굴 교회가 있다는 것을 아는 사람은 많지 않다.

랄리벨라에 4일을 체류할 목적으로 왔지만 급하게 동굴 교회를 둘러보고 떠나게 되어 아쉬웠다. 다나킬 디프레션 여행 계획에 맞추기 위해서 메켈레까지 비행기로 돌아갈 수 있을지 여러 여행사에 알아보았다. 수도 아디스아바바로 갔다가 다시 메켈레로 돌아간다고 했다. 경비와 시간이 더 많이 소요되어 힘들지만 버스로 돌아가야 했다. 내일 아침 5시에 떠나기로 하고 호텔에 택시를 불러달라고 부탁했다. 새벽 4시에 일어나서 짐을 챙기고 택시를 기다려도 오지 않았다. 참으로 조용한 새벽이었다. 공기는 쌀쌀했다.

10분, 20분을 기다려도 택시가 오지 않았다. 호텔 직원이 택시 운전사에게 전화를 해도 받지 않는다고 했다. 할 수 없이 호텔 직원의 힘을 빌려 버스 터미널로 가기로 했다. 호텔 야간 경비원과 리셉션 직원에게 배낭을 운반해줄 것을 부탁했다. 큰 배낭 하나와 작은 손가방 하나씩을 각각 호텔 직원이 메고, 나와 혜경은 중간 크기의 배낭 하나를 들고 캄캄한 산길을 따라 버스 터미널에 도착했다. 왔던 길을 되돌아갔다. 아침 햇살이 산봉우리마다 발갛게 비치며 날이 밝아왔다.


## 다나킬 디프레션


그동안 많이 기다렸던 다나킬 디프레션(Danakil Depression) 지역으로 패키지 여행을 떠났다. 필요 없는 짐들은 따로 배낭에 넣어 호텔에 맡겼다. 텐트, 침낭, 비상식량, 비상 약품, 모기약, 자외선 차단 크림을 챙겼다. 호텔에는 4일 후에 돌아오겠다고 말하고 현재 묵고 있는 방을 예약했다. 여행사 직원이 8시에 호텔 로비로 우리를 데리러 왔다.

여행사에 도착했다. 여사장 카르멘이 우리를 반갑게 맞아주었다. 여행 일정과 계약서 약관에 관하여 설명을 들었다. 일정에 관한 유인물을 받고 계약서에 서명했다. 계약 절차가 끝나자 함께 여행할 사람들을 소개했다. 벨기에 출신 캐나다인 존잭은 지질학을 공부하여 석사 학위를 가진 72세의 노익장으로 광산업에 종사하며 희귀 광석을 찾아 에티오피아 전역을 탐사하는 중이라고 소개했다. 영국 데번에서 태어나 미국으로 이민온 미국인 캐빈은 캘리포니아 커뮤니티 대학에서 지질학을 강의하다 역시 희귀 금속을 찾아 에티오피아 전역을 탐사하는 광산업자였다. 나이는 55세라고 했다. 그리고 일본인 오지 여행가인 미사꼬와 마이, 두 사람이었다. 우리 부부, 존잭, 캐빈, 차량 운전자, 경호원, 요리사와 보조 요리사를 태우고 갈 가이드 겸 운전자 등 모두 12명이 함께 여행을 떠나게 되었다. 10시에 카르멘과 여행사 직원들의 환송을 받으며 출발했다. 4일간 먹을 식량, 물, 침구류, 연료, 조리 기구들이 3대의 차량 지붕과 짐칸에 가득 실려 있었다. 오지 탐험을 가는 느낌이 들었다.

출발한 지 10분이 지나자 이미 차는 시내를 빠져나와 국도 1번 도로를 따라 북쪽을 향해 달렸다. 3,000미터가 넘는 고산 지역 티그라이의 황량하고 척박한 산지가 끝없이 눈앞에 나타났다. 사방이 황토 빛깔이었다. 하늘은 맑고 푸르렀다. 아직은 오전이라 공기가 시원했다. 창문을 열어젖히자 상쾌하고 시원한 바람이 얼굴을 스치고 지나갔다.

지금까지 타고 다녔던 좁은 미니버스 의자와는 달리 좌석이 넓고 편했다. 아프리카 여행을 시작한지 두 달이 넘도록 한 번도 타보지 못한 넉넉한 좌석이었다. 좌석 하나 바꿔었다고 이렇게 행복하고 편할 수 있을까? 4일간 눈앞에 펼쳐질 세계를 상상해봤다.

1번 국도 북쪽을 올라가다 아굴라(Agula)에서 동쪽으로 방향을 바꾸어 베르할레(Berhale) 길로 접어들었다. 비포장 산악 도로였다. 도로를 확장하는 공사를 하고 있었다. 앞차가 먼지를 일으켜 짙은 안개 속을 달리는 것 같았다. 제일 앞차는 가이드 겸 운전자가 조리사와 조리 보조원을 태워 달렸다. 가운데 차량에는 미국인 캐빈과 캐나다인 존잭이 타고 갔다. 그들 회사 운전자가 운전을 했다. 혜경과 나, 일본인 처녀 두 사람은 제일 뒤차에 타고 갔다. 사막 중간에 있는 베르할레에서 우리를 경호할 경호원 2명이 합류하면 제일 앞차에 타고 갈 것이었다.

일본 처녀들은 각각 동경과 오사카에 살며 같은 회사 직원이었다. 3개월간 휴가를 얻어 아프리카 오지 여행을 한다고 했다. 마이 양은 머리를 노란 물감으로 염색하고 장화를 신고 다녔다. 영어가 유창했다. 활발하고 아주 도전적인 성격을 가지고 있었다. 반면 미사꼬는 영어가 서툴렀지만, 차분한 성격에 사색적이고 여성스러운 성격이었다. 서로 대조적인 성격을 가졌지만 아주 조화를 잘 이루었다.

두 사람은 어제 저녁 아디스아바바에서 다나킬 여행에 참여하기 위해 비행기로 왔다고 했다. 차에 타자마자 앞좌석에 앉은 마이 양은 졸기 시작했다. 튀어 오르는 차량에 머리를 부딪혀도 잔다. 뒤에 앉은 미사꼬 양도 머리를 가슴에 파묻고 바깥세상에 관심 없이 잤다. 원래 세 친구가 다나킬 여행에 참여하기 위해 메켈레에 왔는데 한 친구는 심한 설사와 복통으로 오늘 아침 병원에 입원했다고 했다. 친구를 병원에 남겨두고 자기들만 간다고 했다.

우리 운전자는 납치된 독일인들의 이야기를 들려주며 방심하지 말 것과 개인적인 행동을 하지 말 것을 당부했다. 사하라 사막의 멋진 풍광에 이미 매료되었다. 운전자가 말하기를 하루에 한 사람당 물 5리터씩을 지급한다고 했다. 얼마나 더울지 상상을 해봤다. 다나킬은 낮 온도가 언제나 50도를 넘는다고 하며 가라(Gara)라고 하는 열풍이 저녁 내내 불어 잠을 못 자게 한다고 운전자는 알려주었다.

하늘은 뭉게구름이 떠갔다. 열린 차창으로 시원한 산골 바람이 불어왔다. 앞서 가던 가이드 차량이 멈추어 섰다. 에어컨 벨트가 터져 에어컨을 가동할 수 없어 새로운 것으로 교체하고 떠나기 위해서였다. 예상되는 고장에 대비하여 미리 부속을 준비해 다니는 운전자들에게 신뢰가 갔다.

우리 운전자는 아주 침착하게 운전했다. 가능하면 차량이 비포장도로에서 튀지 않도록 천천히 운전했다. 앞좌석에 앉은 일본인 마이 양은 졸다 머리를 창문에 부딪혔지만 아랑곳하지 않고 잤다. 나와 혜경은 웃음을 참느라 침을 삼키기도 했다. 머리를 가슴에 파묻고 자다 좌우로 고개를 흔들었다. 창문에 부딪히고 입을 한참 벌리다 거친 숨소리를 냈다. 잠꼬대까지 했다. 어제 친구가 아파 병원에서 지냈다니 이해가 갔다. 운전자는 운전을 하다가도 마이 양의 머리가 한쪽으로 기울면 머리를 곧추 세워주곤 했다.

티그라이 고산 지역이 눈앞에 끝없이 펼쳐졌다. 베르할레를 향하여 내려가는 언덕길에 야생 알로에 나무들이 무성했다. 아파르 부족들이 산속에 띄엄띄엄 흩어져 살고 있었다. 우리가 달리고 있는 길은 옛날부터 낙타 대상들이 다녔던 길이었다. 베르할레-메켈레 소금 캐러밴 길이라고 운전자가 말했다.

다나킬로 들어가는 길목에 경찰 초소가 있었다. 이곳에서 여행자 명단 제출, 여권 검사, 국적 신고 등 인적 사항을 신고하고 허가를 받았다. 그리고 4일간 우리를 경호할 무장한 군인 1명과 경찰 1명이 가이드가 운전하는 차량에 탑승했다. 그들은 실탄 수십 발과 총을 메고 있었다. 혜경이 독일 인질 이야기를 하면서 안전하게 여행할 수 있을지 걱정했다.

우리 차량 행렬이 한없이 언덕길을 따라 내려갔다. 내려갈수록 몸에서 땀이 나기 시작했다. 이제 관목이라든지 선인장 같은 나무는 사라졌다. 완전히 돌과 자갈로 된 사막이 나타났다. 앞차가 모래 구덩이에 빠졌다. 액셀을 세게 밟지만 연기만 내뿜었다. 타이어 타는 냄새가 심했다.

우리 차가 앞으로 나아가 밧줄을 연결하고 끌어냈다. 차량마다 예비 바퀴 3개씩 준비되어 있었다. 걷는 속도보다 느렸다. 강바닥 돌부리를 넘을 때마다 차량이 전복되는 느낌이었다. 지붕에 머리를 부딪히기도 하고 앞쪽으로 쏠렸다가는 뒤로 곤두박이쳤다.

이번에는 우리가 탄 차량이 모래에 박혀버렸다. 앞차들은 모래에 박힌 줄도 모르고 시야에서 사라졌다. 운전자는 모래 구덩이에서 빠져나오려고 안간힘을 썼다. 기어를 바꾸고 액셀을 세게 밟아도 소용없었다. 옆구리에 달고 다니던 구멍 난 철판을 꺼냈다. 앞바퀴 밑 모래를 파내고 철판을 밀어 넣었다. 힘겹게 빠져나갔다. 우리는 박수를 쳤다. 운전자를 베스트 드라이버라고 치켜세우고 격려했다.

나뭇가지로 만든 아파르 유목민 집 몇 채가 나타났다. 차량을 멈추게 했다. 그들이 살고 있는 집을 방문했다. 운전자는 총을 가지고 있으니 조심하라고 말했다.

남자 한 사람과 여자 세 사람, 아이들은 무려 8명이었다. 좁은 공간에 함께 살고 있었다. 갑자기 나타난 나를 보고 짐짓 놀라는 표정이었다. 여인들이 윗도리를 벗고 앉아 있었다. 나를 보고는 옷을 입었다. 남자가 집 안에서 나왔다. 미소 지으며 집 구경을 해도 되겠느냐고 물었다. 남자는 들어오라고 말했다. 나를 데리고 집 안으로 들어가 자기 아내들을 소개했다. 아내가 세 명이었다. 첫째 부인과의 사이에서 4명의 자식이 있고, 둘째는 2명, 셋째는 2명으로 자녀가 모두 8명이었다.

바닥에는 갈대 돗자리와 깔려 있었다. 집 안 한편에 커피를 끓이는 주전자 등 취사도구들이 놓여 있었다. 잠을 잘 때는 전 가족이 돗자리 위에서 잠을 잔다고 했다. 염소젖을 보관하는 염소 가죽 통에서 비린 냄새가 역하게 풍겼다. 둘째 부인이 영어로 몇 마디 말을 했다. 어디서 왔는지 물었다. 한국에서 왔다고 말했다. 한국이 어디쯤 있는 나라인지 전혀 알지를 못했다.

나뭇가지로 엮어 만든 집이라 집 안에서 바깥을 훤하게 볼 수 있었다. 천정은 나뭇가지로 덮여 있어 하늘이 보였다. 밤하늘의 별이 훤하게 보일 것 같았다. 나뭇가지에 옷가지들이 여기저기 걸려 있었고, 먹다 남은 염소젖과 인제라가 담긴 광주리가 있었다. 타다 남은 숯, 노란 물통과 땔감들이 모두 집 안에 있었다. 집 앞에는 당나귀와 염소들이 돌아다니며 나뭇잎을 뜯고 있었다.

가족들과 함께 기념으로 사진을 찍었다. 아이들에게 몇 푼의 돈을 남기고 돌아서려고 했다. 남자가 따라 나와 자기에게도 돈을 줘야 한다고 했다. 10비르를 건넸더니 더 달라고 떼를 썼다. 나는 남자의 등을 두드리며 "당신은 멋진 사나이다. 마누라를 3명씩이나 두었으니 얼마나 행복한가?"라고 하며 엄지손가락을 치켜세워주었다. 그래도 남자는 험상궂은 인상으로 돈을 달라고 했다. 차에 오르는 나를 향해 알아듣지 못하는 말로 지껄였다.

어느덧 태양이 산 저쪽으로 넘어갔다. 차량 앞쪽 강바닥에 수백 마리의 낙타 행렬이 나타났다. 딸랑이는 방울 소리가 들려오자 우리는 순식간에 흥분하기 시작했다. 우리가 흥분하자 운전자는 차를 더 빨리 몰았다. 캐러밴 대열 가운데로 들어갔다. 먼저 도착한 존잭과 캐빈은 캐러밴 행렬 사진을 찍느라 여념이 없었다. 운전자도 수백 마리가 넘는 대상이라며 감탄했다. 석양을 등진 두 줄의 낙타 행렬은 장관이었다. 낙타 몰이꾼이 물을 달라고 했다. 가지고 있던 물병을 주었다. 같이 사진을 찍자며 포즈를 취해주었다.

석양에 보는 캐러밴은 한층 더 아름다웠다. 소금을 운반하는 낙타들은 다리가 더 길고 튼튼해 보였다. 피부에서 윤기가 흘렀다. 해가 서산으로 넘어가려 하자 가이드는 빨리 떠나자고 채근했다. 일본 처녀들은 낙타 무리가 보이지 않을 때까지 창문을 열어 놓고 사진기 서터를 눌렀다.

해가 완전히 서산으로 넘어갔고 뜨거운 열풍이 불어왔다. 드디어 우리가 탄 차량이 여행의 진초기지 아파르 부족 마을 하메드 엘라 (Hamed Ela)에 도착했다.


자갈이 펼쳐진 마른 강바닥에 낙타 캐러밴들이 야영을 했다. 낙타들에게 물과 먹이를 먹이는 곳이었다. 우리가 야영할 공간을 찾아 마을로 들어갔다. 마을 언저리에 움막을 지어 놓고 야자수 잎으로 만든 나무 침대가 놓여 있었다. 차량을 주차시키고 야영 준비를 했다.

우리가 야영을 하는 곳에 아파르 부족들이 살고 있었다. 그들의 집은 나뭇가지를 세우고 마른 풀잎을 덮었다. 가이드가 2시간 후 저녁 식사가 시작된다고 알려주었다. 부족 사람들을 접촉을 하지 말 것을 당부했다. 항상 우리 야영장이 보이는 거리에서 구경하라고 했다.

200미터 정도 떨어진 곳에 여행사에서 만든 간이 화장실과 샤워장이 있었다. 물통을 들고 가서 한 바가지씩 덮어쓰고 오는 것이 샤워였다. 화장실은 땅속에 구덩이를 파고 나무판자 두 개를 나란히 걸쳐 놓았다.

캠핑 준비를 끝내고 혜경과 나는 마을 골목길을 따라 마을로 들어

아프리카의 바람 소리

갔다. 마을 사람들이 저녁 준비를 하느라 바빴다. "How are you doing?"이라고 인사를 했다. 고기 굽던 남자가 씩 웃었다. 들어가도 괜찮은지 물어보았다. 들어오라고 했다.

집 안에 있던 두 명의 아내가 얼굴을 내밀었다. 남자는 두 아내를 불러내고 고기 굽는 일을 여인들에게 맡겼다. 나이가 들어 보이는 아내가 고기를 굽고 젊은 아내는 야자수 잎으로 발을 엮었다. 남자는 두 번째 아내보다도 훨씬 젊어 보였다.

"두 사람 모두 당신의 아내인가요?"

"그렇다."

"아내가 더 필요해요?"

"더 필요하다."

"몇 사람 더 필요해요?

"두 사람"

손가락 2개를 펼쳐 보였다. 첫 번째 아내는 키가 크고 날씬한 몸매였다. 노란 천으로 된 긴 치마를 입었고, 두 번째 아내는 검은 천 차도르를 입고 있었다. 남자는 티셔츠와 긴 치마를 입고 속옷을 입지 않았다. 걸을 때마다 남자의 허벅지가 드러났다. 첫 번째 아내는 작은 아이를 등에 업고 일을 했다. 둘째 아내는 아직 아이가 없다고 했다.

하늘에는 이미 별들이 빤짝였다. 바람이 거세게 불고 숨 쉬기 힘들 정도로 더웠다. 당나귀들이 괴성을 질렀다.

마른 강가로 나갔다. 수많은 낙타 대상들이 밤을 맞이할 채비를 했다. 대부분 낙타들은 강상에 누워 있었다. 낙타 몰이꾼들은 몇십 명씩 무리를 지어 강바닥에 돗자리를 펴고 잠자리를 만들고 있었다.

수백 마리의 낙타와 대상이 고단한 하루를 마감하고 잠을 청했다.

야영지로 돌아오니 저녁 준비가 되어 있었다. 간이 식탁이 차려지고 플라스틱 의자가 준비되어 있었다. 조리사 보조원이 물을 길어주며 손을 씻으라고 했다. 정말 미안한 마음이 들었다. 이런 열악한 곳에서 물을 길어 손과 발을 씻도록 배려하는 것에 감동받았다. 고맙다는 말을 여러 번 건넸다.

희미한 기름 호롱불이 켜졌다. 기다리던 식사가 시작됐다. 운전사, 경호원, 조리사와 보조 조리사는 우리의 식사 시중을 들어주었다. 엄청난 열풍이 몰려왔다. 호롱불을 켜자마자 꺼졌다. 별빛을 이용하여 식사를 하는 수밖에 없었다. 메뉴는 스파게티, 통밀빵과 따뜻한 크림 수프였다.

나와 미국인 캐빈은 식욕이 왕성했다. 수프와 스파게티에 빵을 곁들여 2인분을 먹었다. 모두 더위에 지쳐 식욕을 잃어 잘 먹지 못했다. 모래바람이 세게 불어왔다. 입속으로 모래가 들어와 식사하기가 힘들었다. 일본 처녀들은 식사를 거의 하지 못하고 홍차만 계속 마셨다.

저녁인데도 온도는 55도를 가리켰다. 생존 한계점에 앉아 있는 듯했다. 높은 습도로 말미암아 가만히 앉아 있는데도 땀이 줄줄 흘러내렸다. 호흡이 곤란해졌다. 목침대 위에 누웠다. 모래를 동반한 열풍이 세게 불어 무엇이든 날려버렸다. 두꺼운 옷을 꺼내 입고 모래를 막았다. 얼굴을 옷으로 칭칭 감았다. 바람이 불어오는 방향에 배낭을 놓고 바람을 막으려고 했다. 모래바람을 막을 방법이 없었다. 목침대에 누워 아무도 말을 하지 않았다. 말을 할 수도 없고 그럴 에너지가 없었다. 얼굴이 화끈거리고 목이 부어오르고 목소리도 변하고 목 안이 따가웠다.

밤이 깊어 11시가 넘었다. 열풍은 조금도 식을 줄을 몰랐다. 별과

아프리카의 바람 소리

달이 모두 나와 사막을 밝혔다. 하늘은 별들로 가득한데 당나귀가 밤을 새워 울부짖었다. 몸 전체가 땀에 흠뻑 젖었다. 12시가 넘어도 잠을 이루지 못했다. 혜경도 잠을 자지 못했다. 캐나다인 존잭과 미국인 캐빈도 앉아서 계속 물을 마셨다. 일본 처녀 마이와 미사꼬도 뒤척였다. 팬티만 입고 침상에 앉았다. 세계 최저지의 소금 호수가 눈앞에 펼쳐져 마치 은쟁반 같았다. 새벽 1시가 넘어 모두 잠들었다.

아파르 오두막에 살고 있는 처녀가 알몸으로 나왔다. 순간 더위의 고통을 잊고 처녀의 행동을 지켜보았다. 처녀는 달빛 속을 유영하듯 집둘레를 몇 바퀴 돌았다. 양팔을 수평으로 벌린 채 바람이 불어오는 쪽을 향하여 미동도 없이 서 있었다. 더위를 잊고 여인의 벌거벗은 몸에 시선을 집중했다. 이 신비스러운 광경을 놓치지 않으려고 호흡도 멈춘 채 여인을 바라보았다. 여인은 다시 집 둘레를 몇 바퀴 돌았다. 그리고는 똑같이 팔을 벌리고 바람을 맞았다. 아무런 영문도 모른 채 여인의 행동을 지켜만 볼 수밖에 없었다.

여인의 몸은 기름을 칠한 것처럼 윤기가 흘렀다. 달빛을 받은 몸은 검은 광채를 발하며 빛났다. 여인은 바람이 불어오는 쪽을 바라보며 꼿꼿이 섰다. 자기의 젖가슴을 몇 번이고 문질렀다. 여인은 몇 번이고 같은 행동을 반복하고서는 집 안으로 들어갔다. 더위를 잊게 한 이 신비스러운 행동을 머릿속에 되뇌었다. 다시 목침대에 누웠다. 정신은 더욱 말똥말똥해졌다. 자정이 넘은 이 밤에 왜 달빛 아래에서 집 둘레를 돌았을까?

소변을 보기 위해 팬티 차림으로 모래밭을 가로질러 화장실로 갔다. 지구상 최저지 사하라의 소금밭은 참으로 신비한 은빛을 발하고 있었다. 화장실로 가는 도중 엄청난 모래바람이 나의 몸을 마구 때렸다. 화장실에 도착했을 때 나의 몸은 완전히 더위를 잊고 차라리 몸이 시원해짐을 느꼈다. 쏟아져 내리는 달빛이 나의 몸을 하얀 은빛으로 만들었다. 여인이 옷을 벗어 던지고 달빛 유영을 한 이유를 알 수 있었다. 여인은 바람에 섞여 날아오는 모래로 목욕을 한 것이었다. 닭들이 모래로 목욕하는 것처럼 말이다.

나는 야영장이 희미하게 보일 때까지 사막 안쪽으로 깊숙이 걸어 들어갔다. 그리고는 팬티를 벗어 던졌다. 여인과 마찬가지로 팔을 벌리고 바람이 불어오는 쪽을 향하여 미동도 하지 않고 섰다. 하늘에는 수많은 별들이 보석처럼 빛났다. 어떤 환각 상태에 빠진 사람처럼 황홀함을 억누를 수 없었다. 하늘을 향해 소리 질렀다.

모래바람은 거세게 몰려왔고 나의 몸은 더욱 시원해졌다. 이 세상 누구도 나의 소리를 들을 수 없었다. 은백색 달빛 아래에서 너울너울 춤추며 모래바람을 맞았다. 더위를 잊었다. 30분 정도 알몸으로 달빛 유영을 계속했다.


## 에르타 알레 활화산

어제 저녁 강렬하게 불어 닥치던 열풍은 어디로 가버리고 흔적도 없었다. 태양이 소금 호수 위에서 이글거리며 떠올랐다. 에르타 알레 (Erta Ale) 화산으로 가는 날이었다. 가이드는 우리를 모아 놓고 오늘의 일정에 관하여 설명을 했다. 무장 경호원들도 동참하여 우리에게 필요한 안전 사항과 주의 사항을 설명했다.

모두 영어가 유창하여 설명을 잘 해주었다. 한 사람당 물 5리터가 지급되고 약간의 간식이 지급되었다. 오늘은 완전히 길이 없는 곳으로 갈 것이며 거리는 105킬로미터 정도 될 것이라고 말했다. 가는 길에 아파르 유목민을 만나기도 하고 최고 낮은 지역의 늪과 건조 지대, 야생 낙타 지역과 라바(Lava) 지역을 통과해서 에르타 알레 군인 전초 기지가 오늘 캠핑사이트가 될 것이라고 가이드는 말했다.

아침 식사를 마치고 우리 일행은 7시 35분에 출발했다. 이른 아침이지만 강렬한 태양이 내리쬐었다. 마른 강바닥을 차량 행렬이 통과할 때 끝을 헤아릴 수 없는 낙타 행렬이 줄을 지어 소금 호수를 향해 갔다. 낙타 몰이꾼들은 담배나 물을 달라고 손을 내밀었다.

우리가 타고 가는 차량이 백색의 진흙 밭에 빠져 꼼짝 못 했다. 운전자는 기어를 바꾸어가며 안간힘을 쓰고도 쉽게 빠져나오지 못했다. 백미러로 확인한 앞차가 돌아와 끌어냈다. 이제 관목 숲이 나타나기 시작했다. 숯검정처럼 새까만 아이들이 염소를 몰고 가다 차량을 막아섰다. 나뭇가지 움막집들이 여기저기 흩어져 있었다. 아이들은 새까만 손을 내밀어 달리는 차량의 창문을 잡고 같이 달렸다. 때가 묻어 시꺼멓게 변한 물병을 흔들며 물병과 물을 달라고 외쳤다. 가지고 있던 물통과 비스킷을 던져주었다. 주변에는 죽은 낙타 백골들이 널려 있었다.

사막 한가운데 자리 잡은 작은 마을에 도착했다. 여기서 점심을 먹는다고 했다. 허름한 집 안으로 들어가니 숨이 막힐 지경이었다. 온도는 55도를 넘어섰다. 집 안은 찜통이었다. 바람이라고는 없었다. 세상은 진공처럼 조용하고 용광로처럼 달아올랐다. 파리도 모기도 아무런 벌레나 곤충도 보이지 않았다. 오로지 움직이는 것은 몇 사람 인간들뿐이었다. 카레밥을 점심으로 받았다. 돗자리 바닥에 앉아 먹으려고 하니 얼굴에서 흘러내리는 땀이 밥으로 떨어졌다.

작은 유목민 마을이 관목 숲 사이에 여기저기 흩어져 있었다. 새까만 아이들이 왔다갔다하는 모습이 보였다. 나는 아이들을 따라 마을이 있는 곳으로 걸어 들어갔다. 내가 지나간 자리에 발자국이 남았다. 사방이 말라버려 백색의 흙가루만 남아 있었다.

마을 첫 집에 이르렀다. 나뭇가지를 촘촘하게 엮어 울타리를 만들었다. 역시 나뭇가지로 집둘레를 만들고 지붕도 나뭇가지로 덮었다. 집이라기보다 태양 광선만 차단할 수 있는 움막이었다.

마을 안쪽으로 더 들어갔다. 집 앞에서 야생 억새풀로 돗자리를 엮고 있던 여인이 나를 보자마자 검은 천으로 얼굴을 가리고 황급히 집 안으로 들어갔다. 숯검정보다 검고 피부가 반질거리는 여인이었다. 집 안이 훤히 들여다 보였다. 윗옷을 입지 않은 세 여인과 한 남자가 함께 있었다. 아이들은 다른 움막집에 모여 있었다.

남자가 총을 가지고 나왔다. 나는 순간 머리끝이 쭈뼛해졌다. 남자와 눈이 마주쳤다. 난 미소를 지으며 차량이 있는 곳을 가리키며 여행객이라고 말하며 계속 미소를 지었다. 총을 거누며 내 곁으로 다가올 때 나는 가슴이 터질 것 같이 얼어붙었다. 이곳이 내 인생 마지막 묻힐 곳이 아닌지 하는 생각이 순식간에 스쳐갔다. 다리가 후들후들 떨려 왔다. 입술과 혀가 경직되어 말이 잘 나오지 않았다. 나는 떨리는 손을 주체할 수 없었지만 손을 내밀며 악수를 청했다. 아파르족은 자기 부족을 침입한 자를 잡으면 고환을 떼 내고 인육을 먹는다는 이야기를 가이드북에서 읽었다.

아프리카의 바람 소리

남자는 떨고 있는 나를 바라보며 악수를 받아주지 않았다. 날카로운 눈빛으로 나의 모습을 여기저기 살펴봤다. 이때 아이들이 달려 나와 나를 에워쌌다. 나는 얼른 호주머니에서 사탕을 꺼내어 아이들에게 나누어주었다. 아이들은 사탕을 먹으며 소리를 질렀다. 집 안에 있던 다른 아이들이 모두 나와서 나에게 사탕을 달라고 손을 내밀었다. 나는 가지고 온 사탕을 전부 꺼내어 아이들에게 나누어주었다. 남자에게도 권했다. 이제야 남자도 사탕을 받으며 악수를 청했다. 사탕이 이렇게 고마울 수가 없었다. 남자에게 집 안 구경을 해도 되겠느냐고 손짓을 하자 나를 데리고 집 안으로 들어갔다.

집 안에 들어서자 노인이 함께 살고 있었다. 마당에는 멍석 돗자리, 노란 물통, 깡통, 플라스틱 물통 같은 가재들이 널브러져 있었다. 지팡이들이 여기저기 세워져 있었고 아이들도 지팡이를 하나씩 들고 있었다. 아마도 동물을 몰아올 때 사용하는 것 같았다. 마당 한구석에 돗자리를 엮어서 쌓아두었다. 여인들은 붉은 천으로 몸을 감싸고 계속해서 돗자리를 짜고 있었다.

남자는 노인을 모시고 두 사람의 아내와 7명의 아이들과 살고 있었다. 큰 여인에게 사진을 찍어주었다. 그러자 여인은 일곱 명의 아이들을 모두 불러모았다. 사진 몇 장 더 찍고 호주머니에 남아 있던 비스킷 한 봉지를 노인에게 드렸다. 아이들이 줄곧 나를 따라다니며 손을 내밀었다. 더 이상 줄 것이 없어 미안했다. 돗자리를 짜던 여인들은 천으로 감쌌던 얼굴을 내보이며 미소를 지었다. 아이들은 나를 따라 차량 있는 곳까지 따라왔다. 나는 차 안에 있는 물을 한 통씩 주어 돌려보냈다.

모두 나를 기다리고 있어 미안했다. 차에 오르자마자 떠났다. 혜경과 일본 처녀들은 더위에 지쳐 말이 없었다. 유목민 지역을 벗어나기 위해서 2시간 동안 혹독한 더위와 싸웠다.

에르타 알레 화산 지역으로 들어가는 용암 분출 지역이 나타났다. 용암이 흘러 내려 고래등처럼 굳어버렸다. 굳어버린 용암지역으로 차량이 휘청거리며 올라갔다. 마그마가 굳어버린 바위 지역이었다. 길이 없었다.

노련한 운전자는 쓰러질 듯하며 거북처럼 기어서 화산 분출 지역을 빠져나갔다. 분출된 용암이 모래로 변한 지역이 넓게 펼쳐졌다. 관목, 억새풀, 가시덤불이 자랐다. 이곳에도 아파르 유목민이 살고 있었다. 낙타들이 가시덤불 사이에서 먹이를 찾아 헤맸다. 온도는 섭씨 60도를 가리켰다. 인간의 생존 한계에 사는 사람들이었다.

세계 최저 지대 다나킬 디프레션은 모든 생명체의 마지막 한계선이었다. 사방이 새까만 용암 바위로 뒤덮여 있었다. 금방이라도 불이 붙어버릴 것 같이 이글거렸다. 뒹구는 돌과 바위에 구멍이 송송 뚫려 있었다. 돌멩이로 만든 4채의 집이 있었다. 구멍 뚫린 돌멩이로 담을 쌓아 벽을 만들고 지붕은 마른 나뭇가지로 덮었다. 이해할 수가 없었다. 여기서 뭘 먹고 산다는 것인가?

차량의 엔진 소리를 듣고 아이들이 달려 나왔다. 남자아이들은 알몸으로 달려 나오고 여자아이들은 검은 천으로 몸을 감싸고 있었다. 물을 달라고 빈병을 흔들어 보였다. 물을 몇 병 던져주었다. 아이들이 계속 따라오며 물을 더 달라고 했다. 몇 병의 물을 더 던져주었다. 물병을 받아들고는 새까만 용암 지역 안으로 사라졌다. 눈앞에 나타난 일이 현실인지 가상인지 구별할 수 없었다.

최변방 초소로 가는 길목에는 유목민은 보이지 않고 새까맣게 굳어버린 용암이 끝없이 펼쳐졌다. 열기는 식을 줄 몰랐다. 차 안 에어 컨은 소리만 요란했지 있으나 마나였다. 콧구멍과 목 안이 따가웠다. 어느 외계의 혹성 가운데를 달리는 기분이었다. 에티오피아 최외곽 군부대 초소가 나타났다.

화산으로 올라가는 베이스캠프였다. 초소 입구에 초병이 우리를 맞이했다. 군인 초소 안으로 들어섰다. 군인들은 집 안에서 낮잠을 자거나 총기 청소를 하고 있다. 초소라고 하지만 화산암으로 담을 쌓고 그 위에 거적으로 덮은 움막이었다. 바닥은 돗자리 하나가 깔려 있었고 한 집에 한 사람씩 거주했다.

우리 일행도 군인 초소 하나를 배정받고 여장을 풀었다. 군인 초소 외에는 아무런 그늘이 없었다. 새까맣게 굳어버린 용암 대지에서 엄청난 열기가 뿜어져 나왔다. 가만히 서 있으면 용암 대지 바닥에서 올라오는 열기가 숨을 틀어막았다.

해가 서산으로 기울었다. 요리사들의 손놀림이 바빴다. 식사가 준비되는 동안 초소 안에서 이야기를 나누어보지만 너무 더워 사람들은 말을 하지 못했다.

나는 군인 부대 안을 들여다보며 젊은 병사들과 이야기를 나누었다. 초소 안 광주리에 인제라와 플라스틱 물병, 통조림 캔이 있었다. 소총과 총알이 탄창에 들어 있었고 군복이 바닥에 놓여 있었다. 공동으로 취사를 하는 것은 아니었다. 개인별로 일주에 한 번씩 식품을 보급 받는다고 했다. 이들은 에리트레아 접경 지역을 지키는 최전방 초병 임무를 수행하는 군인들이었다. 화산을 찾아오는 여행객들을 경호하는 임무도 그들의 몫이었다.

오늘 저녁에 우리가 화산을 올라갈 때 함께 올라간다고 했다. 막사

안에서 언덕을 바라보았다. 병사 한 명이 반바지 차림으로 뜨거운 용암 바위 위에서 총을 세워 들고 보초 임무를 서고 있었다. 이곳에서 에타 화산을 넘어가면 바로 에리트레아와 국경을 마주한다고 했다. 에리트레아인이나 소말리아인들이 그 곳을 넘어와서 종종 여행객을 납치한다고 했다. 여행객의 신발이나 귀중품을 빼앗고 살해한다는 보도를 보았다. 젊은 군인들은 화장실도 샤워 시설도 없는 이 열악한 환경에서 군 생활을 하고 있었다. 군인들은 플라스틱 슬리퍼를 신고 있었지만, 보통 초소 안에서는 맨발로 뜨거운 돌을 밟으며 다녔다.

가이드는 식사가 끝나자 우리들을 불러모았다. 오늘 저녁에 에르타 화산으로 가는 것에 대하여 설명과 주의 사항을 이야기했다. 낮에는 화산으로 올라갈 수가 없다고 했다. 이곳의 낮 기후가 너무 뜨거워 도저히 산을 오를 수 없기 때문에 해가 지고 밤이 되면 올라간다고 했다. 한 사람당 물을 4리터씩 준비하고 간식을 지급한다고 했다. 잠은 산 정상 돌집에서 자고 화산 구경은 두 차례 실시한다고 했다. 오늘 저녁 올라가서 구경을 하고, 내일 아침 일출 전 화산 구경을 한다고 말했다. 올라갈 때 무리하면 탈진하여 후송될지 모르니 절대 무리하게 빠른 속도로 올라가지 말 것을 몇 번이고 당부했다.

용암 대지에 해가 기울고 어둠이 내리면서 하늘에 별이 하나둘씩 나타나기 시작했다. 낙타 몰이꾼이 큰 낙타를 몰고 군 초소 안으로 들어왔다. 가이드와 조리사는 낙타 등에 물, 간식, 매트리스, 담요, 베개 등 7인분 몫을 실었다.

새까만 소년이 낙타를 몰고 앞장서서 갔다. 우리는 그 뒤를 따랐다. 무장 군인 9명이 개인별 실탄 200발로 무장하고 함께 갔다. 행렬 앞

아프리카의 바람 소리

쪽에서 5명, 뒤쪽에서 4명이 호위를 하며 올라갔다.

지질학을 전공한 존잭은 화산의 생성 원리와 용암이 흘러내리는 원리 등 여러 가지를 설명해주었다. 검은 모래가 발목까지 빠져 걷기가 무척 힘들었다.

달빛이 훤하게 용암 대지를 비췄다. 달빛을 받은 바위 모습이 여러 가지 형상으로 다가왔다. 화산 가스가 빠져나간 바위들은 바스락거리며 발 아래에서 부서졌다. 달빛과 함께 은하수가 뿌옇게 수를 놓았고 금방이라도 쏟아질 듯 가까이에 있었다. 가끔 유성이 긴 사선을 그으며 지구를 향해 떨어졌다.

산은 산이지만 새 한 마리 날지 않고 풀 한 포기 없었다. 바람 한 줄기 불어오지 않는 죽음의 산이었다. 새하얀 달빛 아래 용암 대지는 더욱 검고 황량했다. 어느 혹성 위를 걸어가는 느낌이었다.

땀이 빗물처럼 흘러내렸다. 한 발짝 한 발짝 내디딜 때마다 목구멍까지 숨이 차올랐다. 말을 많이 하는 존잭도 말이 없었다. 앞서서 가는 낙타만이 터벅터벅 소리를 내며 올라갔다. 무장 군인들은 총과 총알이 무거운지 몇 번이고 쉬어가며 올랐다.

풀 한 포기 없이 열기만 가득한 용암 대지를 올라 700미터 고지에 올랐다. 유황 냄새가 천지에 진동했다. 달빛 아래 두 개의 분화구가 하늘을 향해 입을 떡 벌리고 있었다. 세상에 이런 광경이 또 있을까? 유황 냄새가 나의 머리를 순식간에 정화시켜버렸다. 힘들고 고통스러웠던 순간들은 모두 잊어버렸다.

거대한 괴물이 두 눈에 불을 뿜으며 새까만 대지에 누워 있는 장면과 흡사했다. 거대한 용암 대지 한가운데 단지 같이 생긴 분화구 언저리가 보였다. 부글부글 끓어오르는 마그마가 마치 팥죽을 끓이는 것 같았다.

용암 대지의 절벽에 섰다. 분화구 마그마가 하늘로 치솟아 분출했다. 불기둥을 바라보노라니 소리는 천둥이요, 불길은 수천 발 폭죽을 동시에 쏘아 올리는 불꽃놀이였다. 불기둥이 하늘을 치솟을 때 천지가 훤하게 밝아졌다. 바람을 타고 날아오는 유황 냄새가 콧속을 파고들었다. 두통이 사라졌다. 한참 동안 망연자실한 채 구경했다.

저녁참을 먹기 위해 모였지만 다섯 시간을 더위와 싸우며 고군분투한 나머지 식욕을 모두 잃어버렸다. 물을 너무 많이 마신 탓에 아무도 저녁참에 손을 대지 않았다. 나와 존잭만이 식사를 하고 다른 사람들은 용암 대지 절벽 위에 앉아 넋을 잃고 화산 분출을 지켜보았다. 짐을 정리하여 내려놓고 용암 대지의 절벽을 따라 분화구에 접근하기로 했다.

분화구에 접근하기 전 가이드는 우리를 모아 놓고 주의 사항을 이야기했다. 분화구 언저리에 많은 균열이 있으니 안전선 밖으로 들어가지 말라는 경고를 했다. 이탈리아 화산 연구가가 이 분화구를 연구하던 중 마그마 속으로 빨려들어 생을 마감했다는 이야기를 들려주었다. 저녁이라 균열이 잘 보이지 않으니 조심하라는 당부를 몇 번이고 되풀이했다.

조심스럽게 용암 대지의 언덕을 따라 한 발짝 한 발짝 내려갔다. 발을 내딛자 얇게 부풀어 오른 용암석이 푸석푸석 부서졌다. 가스가 빠져나간 용암 대지는 구멍 투성이였고 강한 햇볕에 부식되어 발을 뗄 때마다 부서지는 소리가 사기그릇 깨지는 소리 같았다.

조심조심 분화구의 언저리에 섰다. 하늘을 향해 50미터 이상 불기둥이 치솟아 흩어지는 광경은 장관 중에 장관이었다. 분화구 안에서

아프리카의 바람 소리

마그마가 팥죽처럼 보글보글 끓어오르며 일렁였다. 파도처럼 한쪽으로 몰려왔다가 벽에 부딪쳐 하늘로 치솟아 올랐다. 강한 태풍에 몰려온 파도가 방파제에 부딪혀 하늘로 치솟아 오르는 모습이었다. 나는 이 신비한 모습에 압도당하여 한참 동안 말문을 열지 못했다. 짧은 쪽의 지름이 50미터, 긴 쪽의 지름이 100미터에 달하는 완전 타원형으로 학교 운동장 크기의 분화구였다. 언저리에는 균열이 심하게 생겨 언젠가는 붕괴될 것처럼 보였다. 분화구 속의 마그마가 파도처럼 격렬하게 움직이며 회전했다. 금방이라도 마그마가 치솟아 분화구 밖으로 흘러내릴 것 같았다.

유황 냄새가 코를 찌르고 뜨거운 열기가 온몸을 데웠다. 아주 뜨거운 찜질방에 앉아 있는 느낌이었다. 몸 전체가 흐물흐물 녹아내렸다. 상쾌하고 시원했다. 마그마가 분화구 벽면에 부딪히는 소리가 천둥소리 같았다. 치솟는 불기둥의 쇼를 보느라 새벽 2시가 되었다. 아무도 떠날 생각을 하지 않았다. 모두 무거운 발걸음을 추스르고 용암 대지의 언덕을 올라갔다.

언덕에 올라 매트리스를 받았다. 혜경과 나는 분화구를 내려다보며 잠자리를 땅바닥에 만들었다. 잠자리 주변에는 무장 군인 9명이 총을 들고 교대로 보초를 서고 있었다. 매트리스 위에 누워 분화구에서 날아오는 유황 냄새를 맡으며 잠을 청했다.

용암이 부딪쳐 치솟아 오를 때마다 세상이 밝아졌다가 다시 어둠 속으로 사라졌다. 별들이 손에 잡힐 듯 가까이에 있었다. 개미도, 모기도, 파리도 없었다. 태초에 지구가 창조될 때 이런 모습이 아니었을까? 보초 서는 군인의 기침 소리가 간간이 들려왔다. 자꾸 미안한 마음이 들었다. 미국인 캐빈, 캐나다인 존잭, 일본인 처녀들, 혜경 모두 잠에 녹아떨어졌지만 난 쉽사리 잠들지 못했다. 아니 잠을 자고 싶지가 않았다. 귓가에 들리는 불기둥 소리를 들으며 나는 잠을 늦추려고 애를 썼다.

## 소금 캐러밴

야영장으로 돌아와서 아침 식사를 마치고 쉬고 있을 때 가이드가 무장 군인 4명을 대동하고 나타났다. 오늘 군인들은 에르타 알레 초소 군인들과는 복장이 달랐다. 군화를 신었고 전투 복장으로 깨끗하게 갖추어 입었다. 총도 깨끗하게 닦아서 개머리판이나 총구가 반질반질했다.

소금 호수를 향해 떠나는 닉타와 당나귀늘이 수백 마리였다. 행렬의 끝이 보이지 않았다. 햇볕이 강하게 내리쬐었다. 소금 호수 입구에 들어서자 앞서가던 낙타 행렬이 여러 갈래로 나뉘어 여러 방향으로 흩어졌다.

소금 호수 한가운데 붉은색 소금 산이 우뚝 솟아 있었다. 소금 캐는 사람들이 수백 명이었다. 안으로 깊숙이 들어갔다. 소금 캐러밴의 모습은 사라지고 붉은 적토색 소금밭이 끝없이 펼쳐졌다.

우리가 가고 있는 곳은 '다돌'이라 불리는 지역이었다. 각종 유황 온천이 형형색색으로 분출되고 있었다. 소금 결정체가 나지막한 산을 만들었다. 울퉁불퉁한 소금 결정들이 거친 소금 사막을 만들고 있었

아프리카의 바람 소리

다. 무장 군인들의 호위를 받으며 유황 온천 지역으로 갔다.

노란색, 푸른색, 자색 등 여러 가지 색채를 띤 소금 결정들이 송이버섯처럼 여기저기 솟아올랐다. 유황 소금 온천에 도착하였다. 온통 노란 소금 결정체가 여러 가지 형상으로 넓게 펼쳐져 있었다. 크고 작은 분화구 구멍에서 온천물이 치솟아 올랐다. 유황이 섞인 수증기가 피어올라 안개처럼 자욱하게 주변을 덮었다.

거칠게 솟아오르는 유황 온천 냄새를 맡으며 앉아 있었다. 무장 군인이 나를 지키고 떠나지 않았다. 서투른 영어로 이곳이 아주 위험 지역이라고 일러주었다. 몇 킬로미터만 북동쪽으로 가면 에리트레아 국경이었다. 빨리 이곳을 빠져나갔으면 하는 눈치였다.

온천에서 흘러나오는 물에 손을 담갔다. 비눗물에 손을 넣었을 때처럼 미끈미끈했다. 온천수 속 소금 결정이 마치 노란 다이아몬드처럼 반짝였다. 부글부글 끓다 갑자기 쐐 소리를 내며 하늘을 향해 치솟아 올랐다. 손가락 하나 들어갈 정도의 작은 기생 화산 분화구에서도 온천수가 쉴 새 없이 솟아올랐다. 이 지역이 지구의 육지에서 가장 낮은 해발 마이너스 162미터 지역이라고 했다. 땀이 줄줄 흘러내렸다. 입이 말라 말이 잘 나오지 않았다. 입속에 불을 머금은 기분이었다. 무엇이든 녹여버릴 것처럼 달아올랐다.

일행은 차를 타고 다시 소금 산으로 갔다. 크고 작은 산봉우리들이 여러 가지 모양의 소금 산을 만들었다. 수려한 풍광이었다. 소금 결정을 부수어 맛을 보니 아주 짠 소금이었다. 소금 결정이 융기하여 산을 만들었다. 소금 산봉우리들이 기암 절벽을 이루고 있었다.

소금 산 계곡 이곳저곳을 구경하는 동안 무장 군인들은 사방 경계 근무를 철저히 해주었다. 군인들 이야기로는 이곳 소금산 계곡에 게릴라들이 숨어 있다가 여행객을 납치한다는 것이었다. 군인들과 기념 촬영을 하고 다시 차를 몰아 소금밭 한가운데 있는 자철 온천으로 갔다. 온천수에 붉은 철 성분이 들어 있어 녹물 같았고 주변 소금밭 색깔도 붉은 색깔이었다. 온천수가 부글부글 솟아올랐다.

다시 끝없이 펼쳐진 소금밭 위로 차량이 질주했다. 온도는 이미 55도를 넘어섰다. 점점 열기가 달아올랐다. 소금밭의 복사열이 달리는 차 안으로 스며들었다. 소금밭 가운데 우뚝 선 소금 산으로 달려갔다. 소금 산 주변으로 많은 사람들이 모여 소금을 캤다. 이 소금 산은 영산으로 여겨 소금을 채취하지 않는다고 했다. 만약 소금을 채취하다 발각되면 영원히 이곳에서 소금을 채취할 수 없도록 규약을 만들어두었다고 했다. 소금 산을 훼손하면 소금 신이 노하여 소금이 녹아버린다는 전설 때문이라 했다. 그러나 이 소금 산은 이정표로서 중요한 구실을 하기 때문에 누구도 손을 대지 않는다고 했다. 망망대해와 같은 넓은 소금밭의 등대 같은 존재였다.

소금 산꼭대기에 올라가 주변을 실펴보았다. 사방이 끝없이 펼쳐진 소금밭이었다. 동쪽은 카룸호수(Lake Karum/Asale)가 번쩍이고 있었다. 아파르 부족 남자들과 낙타 몰이꾼들이 더위도 아랑곳하지 않고 소금을 캤다.

수백 마리의 낙타들은 소금밭에 누워 쉬고 있었다. 소금 결정을 가로 30센티미터 세로 40센티미터 크기로 네모반듯한 사각형 덩어리로 잘랐다. 한 장의 무게는 대충 6.5킬로그램 정도였다. 낙타 한 마리당 30개에서 40개 정도를 실었다. 낙타 한 마리가 200킬로그램 이상 소금을 등에 지고 일주일 정도 걸어서 메켈레까지 갔다.

이런 소금 캐러밴이 수백 년 동안 지속되어 아프리카 전역에 소금

　　　　　　　　　　　　　아프리카의 바람 소리

을 공급해왔다고 했다. 소금을 아무리 캐내어도 카룸 소금 호수의 물이 흘러들어와 새로운 소금을 만들어 내기 때문에 아무리 파도 고갈되지 않는다고 했다.

소금을 캐는 사람들 곁으로 다가갔다. 낙타 배설물이 여기저기 범벅이 되어 있었다. 게다가 밤을 새워 소금을 캐는 사람들의 대소변도 여기저기 널브러져 말라 있었다. 메켈레에서 캐러밴을 끌고 온 아파르 청년을 만났다. 청년은 나에게 담배를 달라고 했다. 담배가 없어 가지고 있던 사탕을 건네고 도끼를 받아들고 소금을 캐보았다. 도끼로 내리쳤더니 소금 결정이 딱 소리를 내며 갈라졌다. 갈라진 소금 결정 틈으로 나무 지렛대를 넣어 밀어 올렸다. 30×40센티미터 크기의 사각형으로 잘라냈다. 두께가 10센티미터 가량 되는 소금 덩어리를 반듯하게 자르기가 쉽지 않았다. 두 개를 캤다. 현기증이 나고 땀에 흠뻑 젖었다. 청년은 이런 소금 덩어리를 하루 저녁에 100개 이상 캔다고 했다.

100개를 캐면 120비르였다. 우리 돈으로 4, 5000원을 벌기 위해 밤을 새며 더위를 견뎠다. 이 사람들의 평균 수명이 40여 세라고 했다. 청년에게 몇 살인지 물어보니 19살이라 했다. 평균 수명대로면 반쯤 살았다. 아버지의 대를 이어 앞으로도 이 청년은 이 일을 계속할 것이라고 했다. 할아버지도, 아버지도 이 일을 해왔다고 했다. 마침 청년은 일을 마무리하고 소금을 낙타에 싣기 시작했다. 청년이 몰고 온 낙타는 20마리였다. 누워서 쉬고 있는 낙타들을 불러 일으키고 양쪽에 매달린 자루에 소금 덩어리를 싣기 시작했다. 청년의 신발은 타이어로 만든 슬리퍼였다. 발톱은 모두 빠져버리고 없었다. 도끼에 맞아 생긴 상처 자국이 양다리에 무늬처럼 박혀 있었다.

# 아르바 민치

아르바 민치(Arba Minch) 터미널에 도착하여 운전자가 소개하는 신축 호텔 에자나 아르바 민치 호텔(Ezana Arba Minch Hotel)로 갔다. 가격이 일박에 460비르였다. 혜경은 솜씨를 발휘하여 350비르에 결정하고 2층의 조용하고 전망 좋은 방에 체크인했다.

호텔의 베란다 의자에 앉으니 아프리카 대지구대 안의 호수 아바야 호수(Abaya)와 차모(Chamo)호수가 한눈에 들어왔다. 호텔이 해발 1,600미터의 대지구대 안에 있었다. 4,000미터가 넘는 대지구대의 서쪽 사면이 아바야호수 뒤편으로 장벽처럼 뻗어 있었다. 아프리카 대지구대의 거대한 모습이 눈앞에 나타나자 몹시도 흥분되었다.

아디스아바바에서 온 여자 여행객들을 태운 패키지 여행 차량 2대가 호텔로 들어왔다. 커다란 물통과 배낭을 들고 내가 앉아 있는 베란다 쪽으로 올라왔다. 독일에서 왔으며 오늘 아디스아바바에서 출발하여 7일 간 남쪽 오모 밸리(Omo Valley) 국립 공원과 투르미(Turmi) 지역을 여행할 계획이라고 했다. 우리가 가고자 하는 곳과 꼭같은 지역이었다. 아디스아바바에서 여행사에 문의했을 때 1인당 경비가 1,500달러였다.

비가 내리면서 저물어가는 대지구대 모습은 장엄했다. 호수가 벌겋게 변해버렸다. 호수 가운데가 불룩하게 튀어 올랐다. 물동이로 물을 퍼붓듯이 비가 내렸다. 베란다에 앉아 비 내리는 모습을 보고 있으려니 호수물이 천천히 일렁였다. 어제 저녁 투숙했던 독일 처녀들이 짐을 챙기고 비를 맞으며 남쪽 오모 밸리 국립 공원을 향해 떠났다.

오늘은 첸차(Chencha)의 장날이라고 했다. 비를 맞으며 터미널로 가서 미니버스를 타고 고산족들이 모여 사는 첸차로 향했다. 비스에 탄 사람들이 모두 지팡이를 들었고 알록달록한 무명옷을 입고 있었다. 맨발로 다니는 사람도 많았지만 폐타이어로 만든 슬리퍼를 신었다. 여인들은 가방 대신 보자기를 등에서 가슴 쪽으로 메고 있었다.

북쪽 소도(Sodo) 방향으로 가다 왼쪽으로 방향을 바꾸어 산속으로 들어가기 시작했다. 산으로 올라갈수록 산림이 울창했다. 아바야호수와 차모호수가 멀리 보였다. 아름드리나무들이 울창했다. 해발 2,900미터에 살고 있는 첸차 부족을 찾아가는 길이 험악했다. 가이드북에서 읽었던 사나운 부족이란 말이 자꾸 떠올랐다.

산으로 올라갈수록 정글은 사라지고 키 작은 관목 숲과 대나무 숲이 나타났다. 산으로 오르는 경사가 심하여 미니버스가 절벽을 타고 올라가는 느낌이었다. 산등성이를 따라 지그재그로 올랐다.

해발 2,500미터에 다다르자 차창으로 찬바람이 들어왔다. 현지인들은 담요를 꺼내 판초처럼 어깨를 감쌌다. 높은 곳으로 올라갈수록 대지구대 모습이 뚜렷이 나타났다. 두 개의 호수가 보석같이 아름다웠다.

첸차에 도착하기 전 도르제(Dorze) 마을에 도착했다. 집집마다 대나무로 울타리를 만들었다. 울타리 안 마당은 바나나 나무와 담배를 재배하고 있었다. 마을 입구에 형형색색의 옷감, 모자, 스카프들이 줄에 걸려 있었다. 각종 무늬를 넣어 만든 옷들이 손으로 직접 짠 베로 만들었다고 했다. 특히 모자가 아름다웠다. 울타리 안 바나나 나무들이 집 높이보다 훨씬 높았다.

가옥의 양식이 특이했다. 다른 아프리카에서는 찾아볼 수 없는 유일한 건축 양식이었다. 정면에서 보면 코끼리 머리 모양이었다. 에티오피아에서 이 지역이 강수량이 가장 많은 지역이라 지붕이 급경사를 이뤘다.

도르제 마을을 지나 8킬로미터를 더 오르니 첸차 마을이 나타났다. 장날이라 산골짜기에 사는 사람들이 모여들기 시작했다. 사람들의 눈이 매섭게 생겼다. 말투가 배타적이고 무뚝뚝했다. 여인들이 땔감이나 숯을 이고 장터로 갔다. 남자들은 거의 일을 하지 않고 길거리에서 빈둥거리며 놀고 있었다. 황토색의 도로가 무척이나 질퍽였다.

이곳 마을은 해발 2,900미터에 있었다. 에티오피아 중에서도 오지 마을이고 고산 마을이라 저지대에 살고 있는 사람들과는 문화적 차이가 많았다. 질퍽거리는 황톳길을 신발도 신지 않고 무거운 짐을 지고 다니는 여인들이 많았다. 아이들도 맨발로 다녔다. 4, 5살쯤 되어 보이는 아이들이 황토 마당에서 새끼 돼지들과 놀고 있었다. 돼지 꼬리를 끌어당기자 돼지들이 소리를 질렀다. 꼬마들은 재미있다는 듯 따라가며 돼지 꼬리를 잡아당겼다.

질퍽이는 황톳길을 따라 장터로 갔다. 먼저 온 사람들이 터를 잡고 자기가 가지고 온 물건들을 펼쳐 놓았다. 옥수수, 무명옷, 땔감, 감자, 고구마, 닭, 돼지, 숯 같은 물건들이었다. 대부분 가정에서 기르거나 재배한 농산물이었다.

어떤 녀석이 우리를 따라오며 시비를 걸었다. "외국인은 여기서 빨리 나가라." 모자를 눌러쓴 젊은 청년이었다. 사진을 찍으려면 손으로 막아버리고 우리를 따라다니며 괴성을 질렀다.

"우리의 모습을 보여주고 싶지 않다. 빨리 꺼져라."

사람들이 주변에서 몰려들기 시작하자 청년은 기세등등하게 소리

아프리카의 바람 소리

를 지르며 우리를 쫓아내려고 했다.

"외국인은 꺼져라."

우리를 도와주려 했던 사람도 슬그머니 사라지고 없었다. 화가 머리끝까지 치밀어 올랐다. 나도 소리를 쳤다. 녀석은 기다렸다는 듯이 삿대질을 하며 가지고 있던 지팡이를 휘두를 태세를 했다.

주변에 모인 젊은 친구에게 경찰을 좀 불러달라고 부탁했다. 그는 어디론가 경찰을 부르러 갔다. 불량 청년은 지팡이를 휘두르면서 우리를 몰아내려고 했다. 나는 호주머니에 있는 잭나이프를 손에 잡았다. 지팡이로 나를 공격하면 나도 칼을 꺼낼 생각을 했다. 이곳은 피할 곳이라고는 없는 시장판이었다. 택시도 없고, 상황을 피해서 다른 곳으로 옮겨갈만 한 건물도 없었다. 경찰이 나타나서 우리를 도와주든지 아니면 스스로 해결하는 수밖에 없었다.

나는 청년이 지팡이를 휘두르더라도 내가 대응해야 할 한계선을 생각했다. 흥분을 참지 못하고 칼로 상해를 입힌다면 문제가 복잡할 것 같았다. 들어오는 지팡이를 일단 제압하고 날카로운 칼날을 뽑아들고 겁을 주는 것까지만 하기로 했다. 청년이 미처 날뛰기에 나도 큰소리로 청년을 제압하려고 시도하면서 경찰이 오기를 기다렸다. 청년이 지팡이를 내 눈앞에 대고 휘둘렀다. 나는 일단 뒤로 피하면서 한번만 더 휘두르면 지팡이를 잡고 칼날을 보일 생각이었다.

작은 배낭을 풀어 혜경에게 건네주었다. 내가 입고 있던 군복 매무새를 바로 고쳐 입고 수비 자세에서 공격 자세를 취하며 청년을 노려보았다. 더 이상 지팡이는 휘두르지 않았지만 고래고래 소리를 지르며 나를 따라다녔다. 비쩍 말라빠진 말라깽이 같은 녀석이 소리를 지르며 졸졸 따라다니는 꼴을 보면 반쯤 죽이고 싶었지만, 참을 수밖에 별도리가 없었다.

그러던 중 경찰과 청년이 돌아왔다. 경찰한테 자초지종을 이야기해도 녀석이 미친 사람처럼 소리를 질렀다. 경찰도 어찌할 바를 모르고 버스 타는 곳까지 우리를 데려다주겠다고 했다. 돌아가는 것이 좋겠다고 조언했다.

많은 사람들이 불량 청년의 행동을 손가락질했지만 이 청년의 정신상태가 정상이 아닌 듯했다. 경찰과 함께 버스에 앉아 있으니 버스까지 따라와서 소리를 질렀다. 정말 두들겨 패주고 싶은 마음이 목까지 차올랐다. 지팡이로 버스 바닥을 치며 소리를 지르자 버스에 앉아 있던 여인이 소리를 질렀다. 그래도 막무가내였다. 경찰이 녀석을 억지로 밀어내고 버스가 떠났다. 청년은 흙을 버스에 던지면서 지팡이를 흔들었다. 경찰이 그를 끌고 어디론가 사라졌다.

## 진카

억수같이 퍼붓던 스콜이 개이고 쨍쨍 햇빛이 쏟아졌다. 케이 아페르(Key Afer)에 도착했다. 많은 사람들이 이곳에서 내렸다. 오늘은 월요일이라 장이 열리는 날이었다.

갑자기 타임머신을 타고 몇백 년 뒤로 여행을 온 것 같았다. 젖가슴을 드러내고 붉은 황토색으로 머리를 물들인 여인들이 박 바가지를 쓰고 다녔다. 짧은 치마를 입은 청년들이 맨발로 붉은 황톳길을 배회했다. 차가 떠날 때도 난 연신 카메라 셔터를 눌렀다. 케이 아페르 마을에서 40분 정도 더 달려 진카(Jinka)에 도착했다. 터미널은 진흙탕이어서 발이 빠지고 질퍽거렸다.

툭툭이를 타고 고호 호텔로 갔다. 호텔 리셉션에 들어서자 리셉션 안이 눅눅하고 곰팡이 냄새가 파다했다. 그러나 정원이 아름다웠다. 사탕수수 나무, 망고 나무, 파파야 나무가 정원을 가득 메웠다. 붉은 색 망고가 주렁주렁 열려 열대 지방의 멋을 풍겼다. 작은 식당과 카페가 딸려 있었다. 점심으로 먹을 빵을 챙겨 버스 터미널로 갔다.

케이 아페르로 가는 미니버스가 막 떠나려고 했다. 앉지도 서지도 못한 자세로 미니버스에 올라 출발했다. 시장으로 가려는 주민들이 닭, 계란, 토산 공예품, 채소 등을 자루에 담아 버스를 세웠다. 짐은 차 지붕으로 올라가고 사람들을 버스 안으로 밀어 넣었다. 아프리카 여행의 진수는 길 위에 있고 미니버스 속에 있음을 또 확인했다.

겨우 사람들 틈에 끼어 케이 아페르에 도착했다. 시장이 열리는 마을 공터로 걸어갔다. 골목마다 인근 마을 주민들이 가지고 온 갖가지 농산물, 토산품을 진열해두었다.

시장 길목에 미끈미끈하게 생긴 베나(Benna)족 청년들이 한껏 육체미를 뽐내며 거리를 어슬렁거렸다. 내가 지나가자 사진을 찍겠느냐고 물었다. 관심을 보이지 않자 "원 비르"라고 말했다. 친구로서 기념 촬영을 하자고 하자 청년들은 "원 비르"라고 외쳤다. 좋다. 원 비르. 청년들에게 1비르의 동전을 건네고 한껏 폼을 잡은 청년들과 사진을 찍었다. 거리에 모인 사람들이 내 곁으로 몰려들었다. 몰려드는 청년들에게 최신 스마트폰으로 사진을 찍어 자신들의 모습을 보여주니 깔깔 웃으며 나를 졸졸 따라다녔다.

베나족 청년들은 양팔에 작은 구슬로 만든 형형색색의 밴드를 여러 개 타이트하게 차고 있었다. 머리에도 마찬가지로 컬러풀한 밴드를 묶고 있었다. 윗옷은 입지 않고 다니는 청년들이 많았다. 이마에서 정수리까지는 면도를 하고 정수리에서 뒷부분은 머리를 기르고 다녔다. 이들은 자신들의 미끈한 다리를 무척이나 자랑했다. 팬티는 입지 않았다. 화려한 색깔의 천으로 허리에서 허벅지 중간정도 길이의 몸에 붙는 미니스커트를 입었다. 빠른 걸음으로 걸을 때 성기가 삐죽이 새어 나오는 녀석도 있었다. 다리 근육과 허벅지 근육이 발달되었고 특히 종아리가 미끈하게 생긴 아름다움을 갖고 있었다. 빨강, 노랑, 파랑, 오렌지색의 각종 구슬로 만든 밴드가 검은 피부와 아주잘 어울려 아름다웠다. 이곳은 여자가 남자를 선택하는 결혼 풍습 때문에 남자들이 더욱 치장을 한다고 했다. 금이나 은으로 만든 팔찌를 해 부유함을 여성들에게 과시하고, 잘 발달된 근육을 보여주어 여성들을 유혹한다고 했다. 베나족 남자들이라면 지팡이는 필수품처럼 들고 다녔다. 그리고 귓불에 3, 4개의 구멍을 뚫고 여러 색깔의 구슬링을 달고 다녔다. 매주 월요일이면 장이 열리는데, 그럴 때마다 남자들은 멋진 모습으로 시장에 나타났다. 물건을 파는 것이 아니라 여인들에게 프러포즈를 받기 위해서 어슬렁거린다고 했다. 그러다가 처녀에게 프러포즈를 받으면 부모님을 만나 뵙고 소 20마리를 주고 아내를 데리고 온다고 했다.

시장이 열리고 있는 길을 따라 더 안쪽으로 들어갔다. 잘 차려 입은 서양 여자를 발견하고 서로 이야기를 나누었다. 여인은 원주민 어린이들의 손을 꼭 잡고 물건을 구경하고 있었다. 선교사인지 물어보니 선교사는 아니고 이 부족들이 좋아 한 달째 이곳 여러 시장을 찾

　　　　　　　　　　　　　　　아프리카의 바람 소리

아다니며 생활한다고 했다. 아이들은 누구냐고 물었다. 길거리에서 만난 아이들이며 그저 아이들이 좋다고 했다. 그러면서 자신을 소개하였다. 프랑스에서 교사로 지내다 작년에 은퇴하고 이곳으로 왔다고 했다. 여행 중이라며 1년을 아프리카에서 보낼 계획이라고 했다.

시장 바닥에 많은 농산물, 토산품과 작은 가축들이 널려 있었다. 땔감, 숯, 옥수수, 갖가지 곡식, 마늘, 꿀 등 농산품에서 조롱박, 항아리, 깃털 장식, 박 항아리, 장신구, 목각 인형 등 토산품까지 다양한 물건들이 땅바닥에 진열되어 있었다. 자기 물건을 사라고 소리치는 사람도, 흥정하는 사람도 없었다. 얼마를 달라고 부르면 그것이 물건값이었다. 물건값을 깎거나 흥정하는 사람은 없었다.

역시 눈에 띄는 여인들은 베나족 여인들이었다. 복장이 특이했다. 머리는 황토로 물감을 들여 색깔이 진한 고동색이었다. 숱이 풍성하고 가느다랗게 여러 가닥으로 머리를 닿아 레게 머리를 만들었다. 그리고 머리에는 진짜 바가지를 쓰고 다녔다. 바가지를 쓰고 다니다 음식을 담아먹거나 물을 마실 때 사용한다고 했다. 여인들은 맨가슴을 드러내고 다니는 사람들이 많았다. 처녀들이 포동포동한 가슴을 드러내고 남자들이랑 자유롭게 이야기했다.

과일을 파는 가게를 지나다보니 붉은 바나나가 눈에 띄었다. 바나나를 사 먹어보니 아주 달고 찰기가 많고 맛이 좋았다.

혜경이 청년의 사진을 몰래 찍다가 발각되어 곤혹을 치렀다. 자기들의 영혼을 빼앗아 갔다며 사진기를 부수려 했다. 베나족 남자들이나 여자들 모두 사진 촬영을 허락하지 않았다. 붉은 바나나를 파는 여인도 바나나를 사고 나서야 사진 촬영을 허락했다. 여인들이 지나갈 때마다 소나무 송진 같은 향긋한 향기가 났다.

호텔 리셉션에 무르시(Mursi) 부족 마을로 가는 교통편을 알아보니 대중교통은 없고 여행사나 개인차를 빌려서 가야 한다고 했다. 호텔 리셉션에서 차량과 가이드를 소개해줬다. 계약서를 작성하고 여행 경비를 지불했다.

미니밴 차량과 가이드를 대동하여 오모 밸리 안에 있는 마고 (Mago) 국립 공원을 향해 출발했다. 비포장도로지만 잘 다져진 자갈길이었다. 국립 공원에 접어들자 울창한 열대 정글이 시작되고 정글 사이로 화전민들이 산림을 불태우고 농사를 지었다. 옥수수, 조 그리고 호박을 기르는 아리족들이었다.

아리 부족 마을을 지나자 마고 국립 공원 관리 사무소가 나타났다. 입장료는 1인당 차량 주차 요금을 포함하여 10달러이고 가이드의 입장료도 받았다. 공원 관리 사무소를 빠져 나오자 울창한 정글이 계속됐다. 왠지 으스스한 느낌이 들었다. 이런 곳에서 죽는다면 영원히 발견되지 않을 것 같았다. 미니밴이 고갯마루에 올라서자 정글 바다가 나타났다. 하늘에서 내려다보았던 아마존 정글과 흡사했다. 누런 빛 마고강이 정글 가운데로 실낱 같이 흘러갔다.

비포장도로를 따라 하염없이 내려갔다. 정글 한가운데에 들어섰다. 시야에 들어오는 것은 울창한 숲과 가늘게 뻗어 있는 길뿐이었다. 원숭이들이 길을 가로막고 짹짹거리다 흩어졌다. 빽빽이 들어선 나무들 때문에 10미터 앞 정글 속을 들여다볼 수 없었다. 살쾡이 같은 작은 포식자들이 먹이를 물고 지나갔다. 더 깊은 곳으로 들어갔다. 차량 엔진 소리만 들렸다. 수많은 덩굴 식물들이 큰 나무를 휘감아 하늘을 막아버렸다.

정글 가운데로 흐르는 마고강이 나타났다. 누런 흙탕물이었다. 거

아프리카의 바람 소리

센 물줄기가 강바닥의 모든 것을 쓸어 가버릴 기세로 흘러갔다. 세차게 흐르는 강물 위로 허술한 다리가 놓여 있었다. 다리를 지나자 이내 무르시 마을 입구였다. 마을 입구에 공원 레인지들과 마을 주민들이 관광객을 기다리고 있었다.

젊은 처녀들과 나이 많은 할머니들이 찾아오는 사람들과 사진을 찍고 돈을 받았다. 우리가 들어가자 모두 차량으로 달려왔다. 처음 보는 무르시 여인들이 신기했다. 귓불과 아랫입술에 커다란 구멍을 뚫고 진흙으로 만든 접시를 끼웠다. 상의를 입지 않고 가슴을 드러내고 있었다.

입구에서 우리를 경호해줄 무장 공원 레인지를 태우고 깊숙한 산길을 따라 안으로 들어갔다. 20대 후반의 레인지는 총알 탄창을 옆구리에 차고 총을 메고 있었다. 무르시 마을을 방문할 때는 무장 레인지를 고용해야 하는 것은 의무 사항이며 110비르의 비용을 지불해야 했다. 이들을 고용하지 않으면 마을을 방문할 수 없을 뿐더러 총을 가진 무르시 마을에서 안전을 보장할 수가 없었다. 소를 몰고 유목 생활을 할 때 소떼를 보호해야 하고 무르시 영역을 침범하는 다른 부족의 침입을 막기 위해 꼭 총을 소지하고 다녔다.

마을 입구부터는 정글이 끝나고 사바나 지역이었다. 억새풀처럼 생긴 풀들이 작은 관목과 함께 양탄자처럼 펼쳐졌다. 소를 방목하기에 천혜의 장소였다. 도로변에서 소를 먹이던 무르시 남자들이 알몸 차림으로 지나갔다. 남자들의 성기가 너무 길었다. 발기하지 않은 길이가 어떤 청년은 25센티미터나 될 것 같았다. 달리는 차를 향해 지팡이를 휘둘렀다. 돌멩이를 던지며 한참 뒤따라오다 멈추어 서서는 다시 초지로 돌아갔다.

길가에서 두 처녀가 차를 세웠다. 처녀는 차 안을 살펴보더니 내게 달려와 사진을 찍자고 했다. 우리의 가이드는 사진을 한 번 찍을 때마다 2비르를 주어야 한다며 찍을 것인지 물어봤다. 내가 사양하자 처녀는 여러 번 구걸하다시피 사진을 찍자는 표정을 지었다. 입술과 귓불에는 구멍을 뚫고 진흙 접시가 끼워져 있었다.

무르시 여인들은 15~6세가 되면 통과 의례처럼 아랫입술과 귓불을 잘라 구멍을 뚫고 차츰차츰 구멍을 키워 나중에는 지름이 15~6센티미터가 될 때까지 구멍을 늘어뜨린다. 노예 무역이 성행하던 시절 아랍의 노예 무역 상인들이 총을 들고 이곳으로 와서 여인들을 잡아갔다. 그때부터 노예로 잡혀가지 않으려고 혐오스럽고 더러운 모습으로 입술을 변형시켰다고 한다.

그러던 것이 노예 무역이 끝난 지금은 하나의 사회적 풍습으로 자리 잡았고 여인들의 사회적 신분의 상징이며 아름다운 자기 표현으로 생각한다. 여인들의 입술에 끼우는 진흙 접시의 크기가 클수록 더 가치가 있고 미인으로 인정받는다. 진흙 접시가 클수록 소를 더 많이 받고 결혼을 할 수 있어 딸을 가진 부모는 딸의 입술이 커질 수 있도록 한다. 진흙 접시에는 여러 가지 문양을 넣어 아름답게 만들어 자신의 가치를 높인다. 여인들은 젖가슴과 복부에 날카로운 칼이나 가시로 두 줄로 상처를 내어 아름다운 무늬를 만든다. 무늬를 만들면 생식 능력을 촉진시킨다고 믿는다.

무르시 남성들은 뼈나 소뿔로 머리 장식을 하는데, 이것은 다른 부족을 위협하거나 두려움을 줄 목적이다. 또한 남자들은 하얀 물감을 얼굴과 몸에 칠하고 '동가'라는 막대기를 들고 서로 상대를 때리는 결투를 한다. 이것은 남성을 강하게 하여 다른 부족을 무찌르는 용맹성을 기를 뿐 아니라 이긴 팀은 아내를 고를 수 있는 자격을 갖게 된다. 상대가 패배를 인정할 때까지 상대를 막대기로 때리며 결투를 벌인다. 결투에 참가하는 남자들은 모두 알몸으로 결투에 참가하고 처녀들은 이것을 지켜본다. 상대가 패배를 인정하고 항복하면 경기는 끝나고 승자들은 지켜보던 처녀들 중에서 아내를 선택하고 결혼한다. 경기 도중 죽는 경우가 발생하는데, 죽은 자의 가족에게는 소를 보상한다. 남자들 중 머리에 깃을 꽂고 다니는 사람은 다른 부족을 죽였거나 용감한 전사라는 것을 표시하는 영광스러운 상징이다.

무르시 부족은 9월에서 2월 사이에는 오모강 가에서 유목 생활을 하다가 3월과 8월 사이에는 내륙으로 들어와 수수, 옥수수, 콩과 호박을 기르며 살지만 대부분 소를 길러 곡식을 구입한다.

처녀들을 지나치고 한참 동안 초원 지대를 따라 들어가니 여기저기 무르시 부족들이 초가 움막집을 지어 놓고 관목 숲속에 살고 있었다. 우리는 10집 정도가 살고 있는 작은 부락으로 들어갔다.

마을 입구에서 촌장으로 보이는 사람이 차를 세우고 입장료 100비르를 내라고 했다. 차량이 마을 큰 느티나무가 있는 빈터에 도착했다. 차 소리를 듣고 마을 사람들이 모두 몰려나왔다. 어른, 아이 할 것 없이 아마 모든 사람들이 다 몰려나온 것처럼 보인다. 우리를 신기한 구경거리로 보는 것 같았다.

마을 길은 소똥으로 질퍽였다. 집집마다 소를 가두어두는 우리가 있었다. 마을 전체가 소들 때문에 파리가 들끓었다. 20여 명의 아이들이 내 곁으로 몰려왔다. 신발을 신지 않고 소똥을 밟아가며 따라다녔다. 아이들과 눈이 마주치면 순진한 아이들은 다른 아이들 뒤로 몸을 숨겼다. 마을 전체의 길바닥이 거의 소똥으로 질퍽이고 있었지만, 아무도 신발을 신은 사람이 없었다.

여자들은 아이 어른 모두 가슴을 드러내고 다녔다. 여인들의 가슴과 복부에는 두 줄로 도드라지게 문신한 상처 무늬가 있었다. 양쪽 어깨선을 따라 팔 쪽으로 두 줄의 상처 문신을 새겼다. 여인들의 젖가슴에 생긴 무늬는 혐오스럽거나 흉하지 않았다. 여인들의 젖가슴에 새겨진 문신을 따라 배꼽까지 두 줄의 문신이 연결되어 있었다. 아마 여성의 아랫부분까지 문신이 연결이 된 것 같이 보이지만 천으로 아랫부분을 감추고 있어 확인할 수는 없었다. 어린아이들은 남자든 여자든 옷을 입지 않았다. 성인 남자들도 옷을 입지 않고 초지를 돌아다니거나 소를 몰고 유목 생활을 했다.

여인들이 뿔과 가죽으로 목걸이처럼 장식을 하고 나를 따라다니며 사진 찍기를 바랐다. 두 사람은 처녀이고 한 여인은 갓난아이를 업었고 또 다른 여인은 지팡이를 짚고 있었다. 그리고 네 여인들과 함께 20여 명의 아이들이 우리를 졸졸 따라다녔다. 네 여인들을 뿌리 칠 수 없어 사진을 찍고 각각 여인들에게 2비르를 주었다. 그러자 여인들은 한 번만 더 함께 찍자며 이번에는 1비르만 달라고 했다. 다 함께 찍었다.

여인들의 가슴은 전부 열려 있었고 특히 처녀의 가슴에는 예쁜 문신이 젖가슴을 두 바퀴 돌아 복부를 지나 배꼽 아래로 쭉 뻗어 있었다. 나이는 17살이고 아주 반질거리고 윤기나는 피부를 가지고 있었다. 처녀의 발톱은 거의 망가지거나 빠져버렸고 입술과 귓불에는 구멍을 뚫어 진흙 접시를 넣고 있었지만 흉하지 않았다. 아기를 안은 여인은 20대 초반의 중년 여인이었다. 이들의 수명은 40세 전후라고 했

아프리카의 바람 소리

다. 그러니 20대 초반의 여인은 비대한 몸매에 앞쪽의 아랫니를 몇 개 뽑고 진흙 접시를 끼고 있었다. 자기가 끼고 있는 접시가 이곳에서 제일 크다고 손짓했다. 여인도 예쁜 상처 무늬를 젖가슴에서부터 배꼽 아래까지 길고 도드라지게 새겼다. 또 이 여인은 복부의 오른쪽 왼쪽 각각 세 줄의 문신 무늬를 하고 있었다.

네 여인 모두 사진을 찍고 난 후에 입술에 끼운 접시는 뽑아서 매고 다니던 보자기에 넣었다. 귓불에 끼고 있던 접시는 그대로 끼고 있었다. 여인들이 끼고 있던 접시에는 의미를 알 수 없는 기하학적인 무늬가 조각되어 있었다. 아기를 안고 있던 여인이 접시를 빼고 자기 아래 입술을 머리 위로 끌어올려 머리에 입술 링을 끼었다 내려놓았다. 입술에 끼우는 링이 클수록 미인이라니 아이러니했다.

나는 소똥을 잘못 밟아 미끄러졌다. 이곳의 소들은 곡식류의 여물을 일체 먹지 않고 풀만 먹기 때문에 소똥이 푸른 풀색이었다. 엉덩이에 푸른 소똥이 묻었다.

무르시 가정이 궁금하여 어느 가정을 방문해보기로 하고, 놀고 있는 아이들에게 부모님이 계신지 물어보았다. 나의 소리를 듣고 여인이 작은 대문으로 기어 나왔다. 문은 개집처럼 낮게 만들어 사람이 들어갈 때 기어서 들어가고 나왔다. 사나운 동물이나 적의 침입을 막기 위해서라고 했다.

여인에게 집 안 구경을 좀 시켜주겠느냐고 손짓을 했다. 나의 가이드는 겁을 먹고 난색을 표했다. 혹시 내가 들어가는 것을 남편이 보면 나를 죽일지도 모른다며 들어가지 말라고 했다. 그러나 나중에 집 안으로 들어가보지 않은 것을 후회하고 싶지는 않았다. 가이드의 염려를 무시하고 무장 경호원을 대문에 세워두고 기어서 들어갔다. 문이 좁아서 바로 들어갈 수 없어 몸의 상체를 비스듬히하여 들어갔다.

마침 점심때라 여인은 점심 요리를 하고 있었다. 집 안은 캄캄했다. 한참 있으니 어둠에 적응이 되고 요리하는 모닥불이 집 안을 밝혀주었다. 집 가운데 기둥이 있고 기둥 옆에 부엌이 있다. 부엌은 참으로 간단하게 만들어졌다. 돌 3개를 놓은 'ㄷ'자 모양의 화로였다. 그 위에 새까맣게 그을음이 묻은 냄비를 놓고 수수 가루를 물과 함께 끓이고 있었다.

여인이 요리하는 모습을 바라보면서 집 안을 살펴보았다. 아이들이 7명이었다. 바닥에는 소가죽을 벽면을 따라 펼쳐 놓고 아이들이 그곳에 앉아 있었다. 또 송아지 한 마리가 아이들과 같이 소가죽 위에 누워 있었다. 벽 한구석에는 송아지에게 먹일 풀을 베어 쌓아두었다.

여인은 가슴을 드러내고 여느 여인들처럼 입술과 귓불에 구멍을 뚫었다. 입술 링이 아래로 축 처져 있었지만 귓불과 입술에 접시를 끼우지 않았다. 양쪽 팔에 구리 팔찌를 주렁주렁 끼고 있었다. 아이들도 7명 모두 발과 팔에 10개 이상 팔찌와 발찌를 끼고 있었다. 그리고 구슬을 꿰어 만든 목걸이를 모두 차고 있었다. 파리 떼들이 아이들의 코와 입술에 많이 붙어 있었지만, 아이들은 상관없이 태연히 앉아 있었다. 연년생 같이 생긴 아이들이 올망졸망 앉아 눈망울만 깜빡이며 쳐다만 보았다.

집 안에 가재도구 같은 것은 아무것도 없었다. 작은 곡식 자루가 하나 놓여 있었고 곡식을 가는 납작한 돌과 둥근 둘이 있을 뿐이었다. 식사 준비가 끝나자 아이들과 엄마는 점심을 먹기 시작했다. 냄비 안에 끓여진 수수 가루 반죽을 손으로 먹었다.

집 안에서 불을 피우니 지붕에 그을음이 앉아 새까맣고 집 안 전체

아프리카의 바람 소리

에서 심한 불 냄새가 묻어났다. 바깥에서 가이드가 빨리 나오라고 재촉했다. 긴급이라고 했다. 나는 무엇인가 아이들에게 주어야 한다고 생각했지만 가이드의 재촉하는 목소리에 허겁지겁 밖으로 나왔다. 저쪽에서 남자들이 이쪽으로 몰려오고 있었다. 가이드는 저들과 만나게 되면 문제가 발생할지도 모른다며 나를 끌고 어느 할머니 한 분이 계시는 곳으로 데리고 갔다.

할머니 한 분이 납작하게 생긴 돌을 놓고 곡식을 빻고 있었다. 이건 맷돌도 아니고 신석기 시대의 마제 석기류나 다름없었다. 곡식을 납작한 돌 위에 놓고 다른 돌로 문질러 곡식을 빻았다.

나의 코와 입술에도 파리 떼들이 더덕더덕 붙어 따라다녔다. 아이들이 골목길을 졸졸 따라다니며 사진을 찍자며 졸랐다. 우리를 따라다니는 24, 5명 정도의 아이들 모두를 세워 놓고 나와 혜경은 사진을 찍었다. 마을을 배경으로, 부족들의 집을 배경으로 몇 장을 찍고 호주머니에 있는 동전을 전부 꺼내 아이들에게 나누어주었다.

수백 마리의 소떼들을 몰고 몇 명의 남자들이 마을로 들어왔다. 얼굴에는 하얀 페인트를 칠한 전사 차림의 남자들이었다. 동가라 부르는 격투를 할 때 사용하는 막대기를 들었다. 아주 단단한 나무로 만들어졌으며 맞으면 죽을 수도 있을 것 같았다. 그리고 모두 총을 메고 있었다. 수백 마리의 소들은 마을 공동 외양간 마당으로 들어갔다. 여인들이 몰려나와 소를 세어보며 알아듣지 못하는 말로 지껄였다. 아이들이 손을 흔들며 떠나는 우리 차를 따라 한참을 달려오더니 돌아섰다. 나는 아이들에게 손을 흔들어주었다.

마을을 한참 빠져나가고 있을 때, 유럽에서 온 청년이 오토바이를 타고 들어오다 처녀들과 길가에서 사진을 촬영을 했다. 무장 가이드가 곁에 있었다. 가이드 없이 들어가는 것은 꽤 위험한 일처럼 보였지만 청년은 모험을 하는 듯했다.

마을을 빠져 나와 정글로 접어들었다. 많은 원숭이들이 재잘거리며 나무 위를 뛰어다녔다. 아름다운 새소리가 정글에 가득했다. 허파까지 파고드는 상큼한 수목 냄새에 무르시 부족을 만나 긴장했던 마음이 사라졌다.

# 투르미

투르미(Turmi) 삼거리에 도착하였다. 이곳은 하메르(Hammer) 부족들이 모여 사는 곳이었다. 엄청나게 더웠다. 진카에서 같이 미니버스를 타고 왔던 중국인 청년 웨이와 함께 투루미 관광 호텔로 들어갔다. 말이 호텔이지 흙먼지가 날아다니는 호텔이었다. 모기가 윙윙거리는 헛간 같은 방에 짐을 넣고 밖으로 나왔다. 호텔로 찾아온 마을 청년이 가이드로 써달라며 끈질기게 부탁했다. 이 청년을 데리고 하메르 부족 마을로 갔다.

호텔을 나와 10분 정도 걸어 반쯤 말라버린 강을 건너갔다. 여인들이 알몸으로 빨래도 하고 멱을 감았다. 지나가며 그들을 쳐다봐도 피하거나 몸을 숨기지 않았다. 나를 신기하게 쳐다볼 뿐이었다.

하메르 마을로 가는 길목에서 아기를 업은 여인을 만났다. 손가락 굵기보다 더 굵은 철사로 목걸이를 했다. 앞부분에 쐐기 모양의 끝이

10센티미터가량 튀어나와 있었다. 이것은 이 여인이 첫 부인이라는 것을 의미했다. 어깨에서 옆구리 쪽으로 매고 있는 하얀 띠 안에 무엇이 있는지 가이드를 통해 물어보았다. 보자기 같은 띠 안에는 아주 갓난 아기가 있었다. 같이 사진을 찍어도 되겠느냐고 다시 물어보니 흔쾌히 허락했다.

이글거리는 태양열을 받은 여인의 몸은 번질거렸다. 꽃망울 같이 예쁜 여인의 젖가슴에 땀방울이 송송 맺혀 있었다. 여인은 목에는 강철 목걸이, 팔에는 여러 색깔의 구리 팔찌로 장식했다. 몇 살인지 물어보니 21세라고 했다. 혼자서 아기를 업고 노란 물통과 플라스틱 통을 들고 관목 무성한 숲속으로 걸어 들어갔다.

개울을 건너 30분쯤 걸어갔다. 아주 전원적인 마을이 나왔다. 초가 움막들이 옐로아카시아 나무와 작은 관목들 사이에 띄엄띄엄 흩어져 있었다. 이름 모를 하얀 야생화가 온 마을을 뒤덮고 있었다.

한 여인이 바가지를 염소의 젖꼭지에 대고 손으로 젖을 짰다. 여인이 들고 있는 바가지 안에는 김이 모락모락 나는 새하얀 젖이 담겨 있었다. 여인의 목걸이는 쐐기 모양의 끝이 2개가 앞으로 돌출해 있었다. 가이드는 두 번째 부인이라고 말했다. 두 번째 부인은 첫 번째 부인의 통제를 받으며 집안일과 염소를 돌보며 물을 긷고 땔감을 모은다고 했다.

집 모양은 나무 막대기를 울타리처럼 둥글게 세워 벽을 만들고 풀로 지붕을 덮은 유목민의 움막과 비슷했다. 대문도 특이했다. 나뭇가지로 아치를 만들고 정낭처럼 나무 막대를 걸쳐 놓았다. 죽은 나뭇가지를 모아 집 둘레에 철조망 울타리처럼 둘러 놓았다.

마을 길을 한 바퀴 돌아 새댁 혼자 살고 있는 집을 방문했다. 가이드와 함께 집 안을 들여다보았다. 새댁 혼자 알몸으로 앉아 돌로 만든 화로에 불을 지피고 있었다. 집 안 바닥에 소가죽이 깔려 있었다. 가이드가 무슨 말을 건네자 집 안에 있던 여인이 소가죽 치마를 걸치고 바깥으로 나왔다. 젊은 새댁이 마당으로 나오자 이웃 여인들과 아이들이 몰려왔다.

여인들은 짧은 소가죽 치마를 걸쳤을 뿐 다른 옷을 입지 않았다. 여인들의 젖꼭지가 유달리 컸고 새까맣게 변색되었다. 머리는 황토로 물을 들여 진한 고동색이었고 몸은 흰색의 물감으로 팔과 다리에 줄을 그어 무늬를 만들었다. 발목과 팔뚝에 구리와 철로 만든 링을 여러 개 차고 있었다. 새댁을 제외하고는 남성 성기 모양의 쐐기가 있는 흰 목걸이를 착용하고 있었다. 쐐기 모양의 끝이 하나인 것으로 보아 첫째 부인이었다. 조개껍데기나 구슬 모양의 목걸이를 젖가슴 위에 늘어뜨리고 있었다.

이곳 풍습은 결혼하기 전 몇 달간 여성의 생식 능력을 확인하기 위해 같이 동거 생활을 한다고 했다. 이 동거 기간에 임신을 하고 아기를 낳더라도 남자가 원하면 아기를 키우지만, 원하지 않을 경우에는 산속에 버린다고 했다. 여성의 생식 능력이 확인되면 결혼을 했다. 결혼 후에라도 남편은 둘째, 셋째 그리고 넷째 아내까지 둘 수 있다고 했다.

이 새댁도 지금 동거 중에 있고 남편은 소를 몰고 유목 생활 중이라고 했다. 지금은 마을 남자들이 모두 소를 몰고 오모 밸리 안에서 유목 중이라고 했다. 그래서 이 마을에 성인 남자는 아무도 없고 어린아이들과 여인들뿐이었다.

나는 새댁에게 집 안 구경을 해도 되는지 가이드를 통해 물어보았다. 여인은 처음은 망설이더니 재차 부탁하니 허락해주었다. 집 안으

아프리카의 바람 소리

로 들어갔다.

집 안으로 들어가는 문이 너무 작았다. 개집 문처럼 아래쪽에 문이 있어 허리를 잔뜩 구부리지 않으면 들어갈 수 없었다. 새댁이 먼저 들어가고 내가 따라 들어갔다. 내가 들어가는 모습을 혜경은 빠른 속도로 사진을 찍었다. 금남의 집에 남자가 들어가는 것이었다. 들어가다 남자들에게 들키면 부족의 규칙대로 목숨을 잃는 경우가 허다하다고 했다. 특히 남자들이 집을 비우고 동거 중인 여자 혼자 사는 집 안으로 들어가는 것은 더욱 위험하다고 가이드가 말했다. 그러면서 집 안으로 들어가는 것을 만류했다.

나무 기둥을 얼기설기 엮어 만든 대문을 기어 들어가자 바닥에 벽을 따라 소가죽을 펴 놓았다. 가운데는 돌로 만든 간단한 화로가 있었고 벽면에 노란 물통과 곡식을 넣어 두는 큰 항아리들이 놓여 있었다.

나무를 태우는 불 냄새가 집 안 가득하고 원시 토굴에 들어온 느낌이었다. 먹다 남은 염소젖이 바가지에 담겨 있었고 타다 남은 불씨에서 나오는 연기가 천정으로 올라갔다. 벽은 황토를 발라 미장했지만, 화로가 있는 쪽은 흙을 바르지 않았다. 곡식을 가는 맷돌과 갈린 곡식 가루를 모으는 소가죽이 부엌 옆에 놓여 있었다. 새까맣게 탄 냄비와 토기 항아리가 부엌 가재의 전부였다. 벽의 중간에 세운 기둥 사이로 자연 채광 문이 있었다. 황토와 타는 냄새로 집 안이 안온한 느낌이었다. 천정은 나무 서까래를 걸치고 풀로 지붕을 덮었다. 그을음이 주렁주렁 달렸지만 자연스러운 모습이라 포근하고 아늑한 느낌을 주었다.

새댁은 임신을 한 상태였고 머리는 유달리 짙은 황토로 물을 들였다. 황토 냄새와 기름 냄새가 많이 났지만, 싫은 냄새는 아니었다. 발목에 구슬을 실에 끼어 차고 있었고 아직 동거 중이라 결혼한 여성들이 하고 있는 쇠 목걸이는 하지 않았다. 대신 자연석으로 된 컬러풀한 목걸이를 걸고 있었다.

사진을 찍을 때 유난히도 내 곁에 밀착하여 여인의 젖가슴이 나의 옆구리에 닿아 푹신한 촉감이었다. 혜경은 여러 장의 사진을 능수능란하게 빠른 속도로 셔터를 눌렀다.

새댁은 남편이 돌아올 때까지 3개월 이상 혼자서 생활한다고 했다. 가이드는 빨리 나오라고 안달복달이었다. 나는 이 신기하고 원시적인 부족의 생활을 엿보는 것이 너무 재미있었다. 멋진 경험이라 위험 같은 것은 전혀 생각할 수가 없었다.

가이드의 재촉에 못 이겨 좁은 문으로 기어 나왔다. 바깥에 나오니 여인들이 아기를 안고 우리를 보러 나왔다. 혜경과 나를 빙 둘러서서 신기하게 바라보았다. 이 집을 빠져나와 다른 곳으로 가는 길이 너무나 아름다웠다. 염소들이 선인장과 아카시아나무들이 자라는 숲속을 돌아다니며 나뭇잎을 먹었다.

소년들은 맨발로 숲속을 누비며 동물을 돌보고 있었다. 하얀 야생화들이 온 마을을 뒤덮어 화원을 이루고 향기로운 야생화 냄새가 날려 왔다. 해는 서산으로 기울기 시작하고 부족들의 지붕에서 저녁을 짓는 연기가 새어 나왔다. 뜨거운 햇살이 꺾이자 간간이 시원한 바람이 불어오고 마을 꼬마들 10여 명이 우리를 졸졸 따라왔다.

두 번째 방문하는 집은 참으로 멋진 새댁의 집이었다. 우리의 가이드도 원래 하메르 부족이라고 했다. 자기는 아버지가 유목 생활을 하면서 도시에 나가 공부를 할 수 있도록 해주었다고 했다. 그래서 영어를 배우게 되었다고 했다.

하메르 말을 유창하게 하는 가이드가 우리를 데리고 두 번째 집 안으로 들어갔다. 집 안에 앉아 있는 여인에게 말을 했다. 캄캄한 방안에 혼자 알몸으로 앉아 있었다. 가이드와 내가 들여다보자 짧은 치마를 입고 앉았다. 치마도 황토가 묻어 빨갰다.

이 새댁은 처음 찾아갔던 새댁과는 조금 다른 모습이었다. 처음 만났던 새댁은 몸에는 황토를 바르지 않았었다. 그런데 두 번째 만난 새댁은 발끝에서 머리끝까지 황토를 바르고 앉아 있었다. 손바닥 발바닥까지도 모두 칠했다. 팔목에 구리 팔찌를 끼었고 목걸이를 했지만 황토칠을 해서 빨갛게 되었다.

이번에는 집 안으로 들어가지는 않았고 집 안 모습을 사진만 찍었다. 집 안의 모습은 처음 찾아간 새댁 집과 비슷했지만 땅바닥에 깔려 있는 소가죽에 황토가 묻어 빨갛게 되어 있었다. 바가지를 비롯하여 황토로 빚어 만든 항아리들이 유별나게 많았다. 곡식 자루도 여러 개 벽면을 따라 놓여 있었다. 화로에 불이 지펴져 있고 냄비에 저녁을 준비하는 곡식 가루가 담겨져 있었다.

여인이 바깥으로 나오자 우리는 너무 놀랐다. 키가 180센티미터가 넘는 미인이었다. 집 안에 앉아 있을 때는 키가 큰 줄 몰랐다. 내가 옆에 서니 그녀의 귀에 내 키가 닿았다. 혜경은 뒤꿈치를 들어도 귀에 닿을까 말까했다.

남편은 소를 몰고 유목 생활 중이고 여인은 동거 중 임신을 하고 있었다. 곧 아기를 낳을 것 같이 배가 불러 있었다. 남편이 유목 생활을 떠나고 두 달 째 혼자서 생활한다고 했다. 왜 이렇게 황토 칠을 많이 하였는지 물어보았다. 남편의 지시에 따라 자기 몸을 건드리지 못하도록 진한 황토를 몸 전체에 바르고 있단다. 나와 사진을 찍을 때 여인이 칠한 황토가 나의 옷에 묻었고 악수할 때 손이 질퍽할 정도로 황토가 묻었다. 황토가 마르면 계속해서 칠을 한다고 했다.

이 새댁도 결혼 전 동거 생활 중이라 쇠 목걸이는 없었고 아기를 남편이 받아줄 지 모른다고 했다. 이 새댁은 문명사회에 있다면 모델감이었다. 늘씬한 몸매에 시원스러운 눈망울, 쭉 빠진 목과 긴 다리. 그어떤 여인에게 비견되지 않는 멋을 가지고 있었다. 상체는 짧고 다리는 특이하게 긴 팔등신이었다.

해가 서산으로 떨어졌다. 어둠이 깔렸다. 화로에 타다 남은 불씨가 발갛게 보였다. 별들이 나타났다. 어린 신부가 깜깜한 어둠 속에서 어떻게 밤을 지낼까 생각해보았다. 산새들도 아카시아 나뭇잎 사이에서 깃을 접었다. 나무 타는 연기와 총총한 별들이 이 아름다운 마을의 하루를 저물게 했다.

별빛에 의지하여 하메르 마을을 떠나 호텔로 돌아왔다. 호텔에 한국인 처녀 여울과 그녀의 남자 친구 프랑스 청년이 투숙했다. 그리고 아르바 민치에서 만나 여울과 함께 동행 중이던 부산 청년 주현이도 함께 있었다.

여울은 학원 강사를 하다 여행 중이고 주현이는 회사를 다니다가 원룸 전세금과 자동차까지 팔아서 세계 여행 중이라고 했다. 여울은 인도 여행 중 프랑스 청년을 만나 연인 관계가 되었다고 소개했다. 저녁 식사를 함께하며 오랜만에 한국어로 이야기할 수 있어 즐거웠다. 여울은 서양인으로 착각되었다. 식사 도중에도 프랑스 청년에게 애정 표현을 진하게 했다. 나로서는 당혹감을 감출 수가 없었다. 주현이는 이틀 동안 여울이랑 같이 여행을 했단다. 세 사람은 젊은이들이라 대화를 잘 풀어나갔고 어색한 기색은 없었다. 식사가 끝날 때쯤 같이 왔던 중국인 청년 웨이가 들어왔다. 이 호텔 음식이 비싸서 시장에서

아프리카의 바람 소리

저녁을 사 먹고 온다고 했다.

식사가 끝나고 방으로 들어갔다. 쾨쾨한 곰팡 냄새가 코를 찌르고 모기가 날아다녔다. 낮 동안 달구어진 함석 지붕의 열기가 그대로 방 안에 남아 있었다. 모기 스프레이를 뿌리고 곰팡이가 슬어 있는 스펀 지 침대에 누웠다. 땀이 계속 흘러내렸다. 창문이 없는 방이라 바람 이 들어올 틈조차도 없었다. 곰팡냄새와 윙윙거리는 모기 소리로 질 식할 것 같았다. 침대 위에 누웠다. 벼룩과 빈대가 기어 다니며 물기 시작했다. 빨갛게 생긴 벼룩이 배 위로 톡톡 튀어 올랐지만 무척 빨 라 전기불이 없는 어둠 속에서 잡을 수도 없었다. 납작하게 생긴 빈 대 녀석이 침대 스펀지 매트리스에서 기어 나와 다리와 배 위로 기어 올랐다. 성냥불로 몇 마리를 태워 잡았지만 벼룩과 빈대에 쫓겨나 호 텔마당에 텐트를 쳤다.

플라이는 걷어버리고 텐트 안에 누웠다. 텐트의 그물눈으로 바라보 는 하늘은 정말 아름다웠다. 유성이 밝은 빛을 발하며 길게 떨어졌 다. 전깃불 없는 시골 밤하늘은 별들의 세상이었다. 두 갈래 우윳빛 은하수가 하늘을 수놓았다. 혜경과 나는 북두칠성, 오리온, 삼태성 같은 익숙한 별들을 찾아보았다.

당나귀 울음소리, 개 짖는 소리가 고요한 시골 밤을 흔들며 들려왔 다. 이름 모를 풀벌레 우는 소리는 밤이 깊어갈수록 더 아름답게 들 려왔다.


어제 가이드했던 청년이 오늘 오후 3시경에 불 점핑 행사에 참가하 라고 권유했다. 웨이, 주현, 여울과 프랑스 청년은 걸어서 가겠다며 먼저 떠났다. 나와 혜경은 청년이 소개한 오토바이를 타고 불 점핑이 열리는 정글로 향했다.

가는 길이 울퉁불퉁한 산길이었다. 길이 있다가도 끊어져버린다. 때로는 모래에 바퀴가 빠지기 일쑤였다. 가이드 청년이 제일 앞장서고 가운데는 혜경이, 나는 제일 뒤에서 따라갔다.

내가 탄 오토바이 운전자가 모래 지역을 지나다가 전복되었다. 나는 길가 숲으로 내동댕이쳐지고 운전자는 오토바이와 함께 길에 쓰러졌다. 다리가 욱신거리고 허리와 목이 뻐근하게 아팠다. 발목이 오토바이 바퀴에 걸려 찰과상을 입었다. 앞서가던 오토바이가 되돌아왔다. 더 이상 오토바이를 탈 수 없게 되어 길바닥에 주저앉았다. 운전자는 미안해하며 자기도 다리를 절뚝거린다.

마침 불 점핑에 참가하기 위해 가던 픽업 차량이 우리 앞을 지나갔다. 차를 세우고 사정 이야기를 했더니 태워주었다. 두 오토바이는 마을로 돌아가고 우리는 불 점핑이 열리는 곳으로 갔다. 길이 없어 운전자가 여간 힘들어 하지 않았다.

겨우 불 점핑이 열리는 정글 속 마른 강가에 도착했다. 하메르 여인들이 무리를 지어 정글에서 강바닥으로 내려왔다. 그들과 합류하여 강어귀를 따라 한참 올라가니 하메르 부족들이 정글 속에 모여 있었다.

지금까지 마을에서 보았던 하메르 부족과는 모습이 달랐다. 이들은 모두 딸랑거리는 작은 방울을 종아리에 차고 있었고 은팔찌를 끼거나 구리 링을 20여 개 이상씩 차고 있었다. 어떤 여인은 나팔을 들고 있었고 머리는 형형색색의 구슬 머리띠를 두르고 목에도 구슬 목걸이를 착용하고 있었다. 여인들이 걸을 때 종아리에 찬 방울이 딸랑거리며 소리를 냈다. 산속의 사람들은 더 야성적이고 강인해보였다.

아프리카의 바람 소리

작년 불 점핑에 성공한 청년이 불 점핑 의식을 치르기 위해 화장을 하고 있었다. 물을 뿌려가며 붉은 돌을 갈아 흘러내리는 빨간 물감으로 얼굴에 여러 가지 선을 그려 화장했다. 눈과 입술 이마에 붉은 돌가루로 소의 눈처럼 그렸다. 이 청년의 여자 형제들도 청년과 비슷한 모습으로 화장을 하고 있었다.

정글 속에서 중년 여인들이 모여 불 점핑의 성공을 기원하는 위핑(Whipping) 세리머니를 했다. 위핑 세리머니는 소를 뛰어 넘을 청년이 무사히 뛰어넘기를 기원하면서 청년과 친척이거나 형제 관계에 있는 여인들이 이미 불 점핑에 성공했거나 덕망 있는 남성을 택하여 가능하면 상처가 많이 나도록 매를 맞는 의식이다. 불 점핑을 하는 청년의 고통을 들어주고 점핑이 성공하기를 기원했다. 상처가 많이 날수록 점핑하는 청년에게 이롭다는 믿음 때문에 더 많은 상처, 더 큰 상처가 나도록 매를 맞는다. 매를 맞을 때는 아픈 표정을 짓거나 소리를 하면 안 된다. 이것은 일종의 품앗이 형태로 서로 매를 맞아주는 의식이다.

이미 많은 여성들이 등에 매를 맞고 피를 줄줄 흘리고 있었다. 임신하여 배가 불룩한 여인이 가느다란 회초리를 선택하고는 잘생긴 청년을 끌고 나왔다. 마을 사람들이 지켜보는 가운데 여인은 이 청년에게 등과 어깨에 자기가 선택한 회초리로 때려 달라는 시늉을 했다. 청년은 망설이다가 매를 들고 때리기 시작했다.

회초리로 세차게 한 번 치니까 피가 확 튀었다. 살이 갈라지고 피가 튀어도 여인은 아무런 표정 없이 십여 차례 매를 맞았다. 여인의 등과 어깨에 피가 줄줄 흘러내렸지만, 피를 닦지 않고 그대로 뒀다.

자그마한 여인이 내 곁으로 다가와 내가 들고 있는 스마트 폰을 보고는 신기해하기에 동영상을 찍어 보여주었더니 자신의 모습을 본 여인은 좋아하며 웃음을 멈추지 못했다. 여인들에게 둘러싸여 나는 여인들의 사진과 동영상을 찍어 보여주었다. 서로 자기를 찍어달라고 부탁했다. 여인들과 나는 금세 신뢰가 쌓였고 부탁하면 포즈를 취해주었다.

나이가 든 여인이 나팔을 불며 춤을 추었다. 딸랑거리는 방울 소리와 여인의 춤사위가 아름다웠다. 다른 여인들도 나팔을 불며 노래를 불렀다. 알고 보니 부족의 여인들을 불러 모으는 춤과 노래였다. 여인의 나팔 소리를 듣고 정글 속에 앉아 있던 수십 명의 여인들이 강의 모래밭으로 모였다. 나이든 여인은 엉덩이를 흔들며 사뿐사뿐 나비같이 춤을 추었다.

나를 흥분시켰다. 혜경에게 카메라를 맡기고 나도 모르게 여인들 속으로 들어가 함께 춤을 추었다. 여인들과 함께 모래 바닥을 빙글빙글 돌기 시작했다. 사진을 찍었던 여인들이 내 곁으로 다가와 나팔을 불고 방울을 딸랑이며 격렬하게 춤을 추었다. 이해할 수 없는 노래였지만, 한 무리가 되어 한동안 신나는 춤을 추었다. 나도 부족의 일원이 된 느낌이었다.

나이든 여인의 통솔하에 불 점핑 성공을 기원하는 마을 사람들의 댄스가 시작되었다. 숲속에 앉아 있던 여인들이 모래 바닥에 모여 원을 그리며 나팔을 불고 방울을 격하게 딸랑거리며 몸을 흔들었다. 노래를 크게 합창하며 신들린 사람들처럼 격렬하게 몸을 움직이며 엉덩이를 흔들었다. 여인들이 춤을 추자 주변 원숭이들이 나뭇가지를 잡고 흔들며 자기들도 흥분하여 꽥꽥 소리를 지르며 움직이기 시작했다.

나도 흥분을 감추지 못하고 그들과 함께 몸을 흔들었다. 나팔 소

아프리카의 바람 소리

리, 방울 소리, 찍찍거리는 원숭이 떼들, 울부짖는 여인들의 몸동작, 닫집처럼 하늘을 뒤덮은 정글과 진한 숲 냄새, 이 신비스러운 정글 속에서 마약에 취한 사람처럼 몸을 흔들었다.

여인들은 가운데로 뭉쳤다가 썰물처럼 흩어지고 다시 밀물처럼 밀고 들어왔다. 그들도 신들린 사람처럼 발을 세차게 구르며 엉덩이와 허리를 좌우로 격렬하게 흔들었다. 노출된 여인들의 젖가슴이 엉덩이 리듬 따라 흔들리며 빳빳해졌다. 두 손을 모아 하늘을 향해 포효했고 나팔을 불어 영혼을 부르듯 울부짖었다.

이 댄스 의식이 끝나자 모든 사람들은 줄을 지어 강을 건너갔다. 나팔을 불며 불 점핑이 열리는 장소로 이동했다. 정글 숲길을 걸어가면서도 계속 나팔을 불며 엉덩이를 흔들고 노래를 불렀다. 그들을 따라갔다. 앞서가는 여인들이 날려 보내는 황토 향기가 코끝을 흠뻑 적셨다.

정글 숲을 지나 오늘의 행사장인 불 점핑 하는 곳에 닿았다. 남자들이 모여 의식을 준비하고 소떼들이 30마리 정도 모여 있었다. 오늘 불 점핑에 참가할 소를 고르고 있었다.

불 점핑 행사에는 하메르 마을 사람 모두가 참석한다고 했다. 100여 명 되어 보였다. 엄선된 소 8마리를 한 줄로 세우고 있었다. 청년들은 소의 돌출 행동을 막기 위해 미리 겁을 주는 의식을 했다. 청년이 소의 뿔을 잡고 목을 비틀면서 소를 땅바닥에 쓰러뜨렸다. 참으로 대단한 기술이며 괴력이었다. 이렇게 소를 제압해서 겁을 주고 불 점핑하는 중간에 뛰거나 도망가지 못하게 했다.

소들을 일렬로 세운 후 식전 행사가 시작되었다. 작년에 불 점핑에 성공한 마을 청년과 오늘 불 점핑을 시도하는 청년 사이에 나뭇가지를 주고받는 의식을 치렀다. 이 의식은 마을 촌장과 젊은 청년 몇 사람을 제외하고는 공개하지 않았다. 그리고 총을 멘 두 청년이 이 의식을 호위하고 있었다.

이 의식이 끝나자 다시 여인들이 매를 맞는 위핑 세리머니가 시작됐다. 제각기 오늘의 주인공과 관계되는 여인들이 나와 자기가 원하는 남자를 고르고 매를 맞았다. 어느 여인은 등에 맞은 매 자국이 1센티미터 이상 홈이 파일 정도로 세게 맞았다. 피가 흘러내려 쇠가죽 치마 안으로 흘러들어가도 아픈 표정을 짓지 않았다. 여섯 명의 여인들이 위핑 세리머니에 참가했다.

이 세리머니가 끝나자 여인들은 모두 몰려나와 다시 댄스 의식을 치렀다. 나팔을 불고 방울을 딸랑이며 함께 모여 소를 중심으로 원을 그리며 춤을 췄다. 하늘을 향해 소리를 지르고, 땅을 쿵쿵 밟으며 불점핑 성공을 기원하는 마지막 의식을 올렸다. 의식을 올리는 여인들의 모습은 진지하고 엄숙했다. 마을 구성원 모두가 진심어린 성원을 보냈다. 노랫소리가 점점 격해지더니 나이 지긋한 여인이 한 줄기 긴 나팔 소리를 내며 덕담 같은 짧은 몇 마디와 함께 댄스 의식이 끝났다.

소를 다루는 몇 사람을 제외하고는 모두 가장자리로 물러났다. 마을 처녀들은 불 점핑이 벌어지는 끝부분에 모였다. 마을 총각이 무사히 점핑에 성공하기를 바라며 초조한 눈빛으로 기다렸다.

오늘의 주인공이 나타났다. 머리는 로마 병정 같은 스타일이었다. 머리카락을 정수리 부분에만 조금 남겨 놓고 나머지는 깎아버렸다. 완전 알몸으로 흰 목걸이만 하나 걸었다. 마을 촌장의 신호에 따라 소를 뛰어넘기 시작했다. 마을 여인들은 노래를 부르며 무사히 뛰어넘기를 기원했다.

아프리카의 바람 소리

8마리의 소등을 왕복 4번 뛰어넘어 점핑에 성공했다. 청년이 점핑하는 동안 소들은 신기하게도 전혀 움직이지 않고 서 있었다. 이제 이 청년은 결혼도 할 수 있고 소와 집도 소유할 수 있게 되었다. 이 청년은 마을 처녀의 청혼을 받고 결혼할 수 있게 된 것이었다.

불 점핑이 성공하자 청년과 작년 불 점핑에 성공한 두 청년을 앞세우고 모든 마을 사람들이 노래를 부르며 점핑장을 두 바퀴 돌았다. 행사 후 잔치를 위해 소를 몰고 마을로 돌아갔다. 일주일간 음주와 가무를 즐기며 마을 잔치가 이어진다고 했다.


콘소로 가는 교통편을 알아보기 위해 중국인 웨이를 데리고 마을 중심지로 갔다. 이곳 투르미가 남쪽 오모 밸리 교통의 분기점이었다. 올 때는 북쪽을 거쳐 왔기 때문에 갈 때는 동쪽을 거쳐 가고 싶었다. 마을 카페에 모인 청년들에게 물어보니 동쪽은 길이 없다고 했다. 비가 와서 길이 씻겨 없어졌다고 했다. 왔던 길을 되돌아가는 수밖에 없었다.

카페에 앉아 있으려니 곡물을 싣고 오는 트럭이 들어왔다. 오늘 여기서 자고 내일 아침에 떠난다며 카페 옆에 있는 작은 호텔로 들어갔다. 나와 웨이는 그를 따라 들어갔다. 내일 아침에 우리를 콘소 (Konso)까지 좀 태워달라고 부탁했다. 운전자와 차장은 태워주겠다며 아침 7시까지 호텔 앞으로 오라고 했다. 트럭 운전자에게 내일 아침에 오겠노라 약속하고 카페에 앉아 마을 청년들과 이야기를 나눴다.

아침 7시가 조금 못 되어 우리 다섯 사람은 트럭 운전자가 묵고 있는 호텔로 갔다. 트럭 운전자가 호텔에서 나와 트럭을 손질하며 차장과 이야기를 나누고 있었다. 같이 갈 수 있겠느냐고 물어보니 곤란하다고 말했다. 어제 약속을 하지 않았느냐고 말했더니 상황이 좋지 않다며 명확한 답을 하지 않았다.

트럭 주변에는 동네 불량배들이 왔다갔다했다. 이곳 미니버스 운전자에게 매수되어 일반 승객들이 지나가는 트럭이나 일반 승용차의 히치하이킹을 방해하는 건달들이었다. 차장은 자기들도 우리를 태워주고 싶지만, 건달들과 마찰이 생기면 앞으로 자기들의 통행이 문제가 된다고 했다. 마을의 불량배들이 히치하이킹을 허락하는 트럭의 바퀴를 모두 터지게 만든다는 것이었다. 때로는 도로에 장애물을 설치하고 통행을 방해한다고 했다.

이곳에 파출소가 있기는 하지만 경찰도 동네 건달을 다스리지는 못하고 보고만 있는 상태였다. 이런 와중에 건달이 우리에게 다가와서 미니버스를 소개하겠다고 접근했다. 요금을 알아보니 케이 아페르까지 가는 데 터무니없는 가격을 불렀다.

큰 트럭이 곡물을 싣고 마을 길 앞으로 나타났다. 트럭을 세우고 사정 이야기를 하려던 참이었다. 동네 건달들이 트럭 운전자에게 우리를 태워주지 말라고 노골적으로 협박했다. 겁을 잔뜩 먹은 운전자는 처다보지도 않고 도망가듯 가버렸다.

또 건달들이 우리에게 다가온다. 아까보다는 가격을 조금 내리고는 미니버스를 타고 갈 것을 권했다. 내가 건달들을 달래가며 홍정을 하고 있는데 프랑스 청년이 너무 비싸고 불법이라며 건달들과 정면으로 대결했다. 서로 삿대질을 하며 고성이 오가더니, 프랑스 청년이 경찰에 신고하겠다고 했다. 청년들은 신고하려면 하라면서 파출소까지 가리키며 삿대질을 했다.

건달들은 우리들에게 어떠한 차도 탈 수 없도록 하겠다고 으름장

아프리카의 바람 소리

을 놓았다. "여기서 며칠간 묵어 봐라, 그러면 우리 차를 탈 것이다. 여기는 대중교통은 없다." 나는 건달들의 주먹이 이곳을 지배하고 있다고 판단했다.

이야기 도중 건달 한 명이 프랑스 청년에게 중지 손가락을 세우며 청년을 자극했다. 격분한 청년은 고성을 지르며 막대기를 땅에 던져버렸고, 건달과 격투가 벌어질 듯한 일촉즉발의 순간이었다. 모두 30대 초반의 혈기 왕성한 나이라 서로 화를 참지 못하고 웃통을 벗어던지고 격분했다. 나는 무조건 프랑스 청년을 말렸다.

로마에서는 로마법을 따를 수밖에 없다. 지금 상황으로서는 좋든 나쁘든 이 건달들의 도움 없이는 이곳을 빠져 나갈 수 없다는 것을 청년에게 인식시켰다. 웨이, 여울과 주현에게 이곳 상황이 좋지 못함을 알리고 이들이 소개하는 미니버스를 타고 비싼 가격이지만 빠져나가자고 말했다. 그리고 파출소를 찾아가서 우리의 어려운 사정을 이야기하고 교통편을 알아봐달라고 부탁했지만, 자기들은 어쩔 방법이 없다며 나 몰라라 했다.

아침 7시부터 오후 2시까지 아무도 아침과 점심을 먹지도 못하고 뜨거운 햇볕 아래서 기다리고 있었다. 지나가는 트럭이 있었지만 동네 사정을 잘 아는 듯했다. 건달들의 얼굴을 알고 있는 것 같았고 건달들이 도로에 나타나면 트럭들은 멈추려 하다가도 가버렸다.

다섯 시간 이상 지나가는 차량을 잡으려고 애쓰며 건달들과 실랑이를 벌였다. 모두 기진맥진하여 길거리에 누워버렸다. 동네 사람들이 구경거리가 생긴 것처럼 모여들었다. 건달과 정상 요금 1.5배 정도에서 타협하고 차를 타려고 하니 프랑스 청년이 비싸다며 가지 않겠다고 했다. 오늘 이곳을 빠져나가지 못하면 호텔 요금을 부담해야 하고, 내일이 되어도 별다른 방법이 없을 것 같았다. 오후 3시가 되어 건달을 통해 미니버스 운전자를 불러 정상 요금의 1.5배에 차를 타기로 했다.

가난한 나라에 여행세를 내는 셈 치고 등록증과 면허증을 확인하고 사진을 찍어두었다. 우리가 미니버스에 오르자 현지 주민들도 함께 가기를 원해 태워주었다. 운전자는 우리에게 돈을 받아 그 일부를 떼어 동네 건달들에게 건네주었다. 동네 건달, 운전자, 경찰 모두 한통속이었다.


## ❦

# 모얄레


늦은 밤 사람들이 하나둘씩 잠에서 깨어나고 차 안의 불이 밝아졌다. 피곤하고 허기진 밤에 국경 도시 모얄레(Moyale)가 나타났다.

오랫동안 에티오피아에 머물렀다. 저 국경을 넘으면 이제 에티오피아와는 이별을 해야 했다. 김동환의 「국경의 밤」이 생각났다. 이집트에서 수단으로, 수단에서 다시 에티오피아로 넘어올 때도 지금과 같은 기분을 느꼈다. 그때마다 김동환의 시 「국경의 밤」을 생각하며 아슬아슬한 스릴을 느꼈다. 국경이란 글자만으로도 스릴과 가슴 뛰는 감동을 느꼈다.

아하, 무사히 건넜을까?
이 한밤에 남편은
두만강을 탈없이 건넜을까?

아프리카의 바람 소리

저리 국경 강안(江岸)을 경비하는
외투 쓴 검은 순사가
왔다-갔다-
오르명내리명 분주히 하는데
발각도 안 되고 무사히 건넜을까?

—김동환, 「국경의 밤」 중에서

나는 이 서정적인 문장을 몇 번이고 머리에 되뇌며 국경으로 다가 갔다.

모얄레에 도착하자 사람들의 냄새가 확 쏟아졌다. 희미한 가로등이 파리하게 거리를 밝혔다. 사람들의 발자국 소리만 들어도 가슴이 뭉클해지고 정겨웠다. 손수레와 당나귀 수레가 함께 달렸다. 낙타들이 성큼성큼 마을을 가로질러갔다. 도로를 따라 작은 가게들이 갖가지 원색 옷들을 걸어 놓고 국경을 건너갈 사람들을 기다리고 있었다. 가로등 희미한 터미널로 들어섰다. 야바위꾼, 삐끼, 협잡꾼, 환전상, 호텔 호객꾼들이 소리를 질러댔다. 국경 도시의 밤은 활기로 넘쳐났다. 우리가 짐을 내리자 짐꾼들이 서로 실어가겠다고 아우성이었다.

툭툭이를 불러 타고 몇몇 호텔을 둘러봤지만 가격이 만만찮았다. 마지막 코켓보레나(Koket Borena) 호텔로 들어가 큰 방 하나를 잡아 주현, 중국인 청년 웨이와 함께 하룻밤을 같이 지내기로 했다.

두 개의 커다란 더블베드가 놓여 있었고 욕실과 화장실도 깨끗했다. 스페어 침대 하나를 더 받아 그곳에는 웨이가 자기로 했다. 모기가 많아 모기약을 뿌리고 나와 혜경은 침대 위에 텐트를 치고 플라이는 치지 않았다.

우리가 가지고 다니던 취사 도구를 꺼내고 쌀죽을 끓이고 감자를 삶았다. 오이, 토마토와 함께 죽을 쑤어 넷이서 선 채로 먹었다. 감자랑 같이 먹으니 꿀맛이 따로 없었다.

아침이 밝아오자 웨이가 먼저 일어나 부산하게 돌아다녔다. 모두 일어나 짐을 챙겼다. 어제 저녁처럼 아침도 쌀죽을 끓여 먹었다. 짐을 챙기고 차를 불러 국경으로 향했다. 국경으로 가는 길은 포장이 되어 있었다. 당나귀들이 수레 대신 물통을 양 옆구리에 달고 가는 모습이 새로웠다. 툭툭이들이 국경을 향해 현지인들의 짐을 싣고 달렸다. 화물을 실은 트럭 몇 대가 줄을 지어 국경을 향해 갔다.

국경을 건너가려는 외국인은 우리 일행 외에는 아무도 없었다. 소말리아 민병대들이 출몰하여 여행객들을 납치하는 일이 자주 발생하는 지역이었다. 길 왼쪽에 자리한 에티오피아 출입국 관리소로 갔다. 갑자기 어두워지더니 소나기가 쏟아졌다. 출입국 직원이 여권을 들추어 보며 에티오피아가 어땠는지 물었다. 이 세상에서 한 나라만 여행할 기회를 준다면 에티오피아를 선택할 것이라고 말했다. 직원은 매우 좋아하며 여권에 출국 스탬프를 찍어주었다.

남은 돈을 케냐 돈으로 환전하고 짐꾼을 불러 배낭을 들게 하고 국경을 향해 걸어갔다. 에티오피아 모얄레 국경 이민국과 세관이라 쓴 하늘색 간판 아래 서서 기념 사진 한 장을 찍고는 국경을 가로지르는 철 막대기를 들어 올려 국경을 넘었다.

국경을 넘어서니 만감이 교차했다. 한 푼이라도 벌기 위해 우리를 괴롭혔던 수많은 삐끼, 협잡꾼과 호객꾼 그리고 젖 비린 냄새가 찌든 미니버스 등 모든 것이 추억이 되었다. 이제 또 다른 미지의 세상을 만나기 위해 국경을 넘어갔다. 참으로 매력적이고 매혹적인 나라였다. 잘 있어라, 에티오피아여!

웰컴! 케냐 모얄레 이민국 간판이 우리를 기다리고 있었다.

아프리카의 바람 소리

# 04

# 케냐

# 모얄레

에티오피아 국경을 막은 가로대를 들어 올리고 국경을 넘었다. 우리 짐을 메고 가는 두 청년의 다리가 너무 가늘어 보기가 안쓰러웠다.

국경은 조용하고 한적했다. 오른쪽으로 '에티오피아-케냐 투 밀레니엄'이라고 쓴 간판이 쓰레기 더미 위에 서 있었다. 국경을 지나는 사람들의 모습이 무척 한가했다. 국경인지 이웃마을로 가는 길목인지 구분이 안 될 정도로 느슨했다. 푸른색과 노란색의 머리 수건을 쓴 여인이 당나귀 옆구리에 노란 물통을 달고 천천히 국경을 건너갔다.

케냐 이민국이 보이는 곳에 이르자 도로가 유실되고 지나가는 차량이 넘어질 듯 비틀거리며 파헤쳐진 도로 위를 조심스럽게 건너갔다. 한가하고 낭만적이기까지 했다. 국경 도로에 당나귀 새끼들이 껑충껑충 뛰어다니고 마을 아이들이 염소 떼를 몰고 다녔다. 곡식 자루를 이고 가는 여인들이 지나가는 여행자들을 곁눈질하며 걸어갔다.

케냐 국경 이민국과 세관에 도착했다. 흰색 터번을 쓴 무슬림들이 자루를 들고 세관 입구에 도착하자 세관원들이 잽싸게 낚아채어 자루 안을 샅샅이 뒤졌다. 세관을 통과하고 출입국 관리 사무소로 들어가자 직원이 케냐에 온 것을 환영한다는 인사를 했다. 여권에 스탬프를 받고 짐꾼에게 비용을 치렀다.

택시를 잡아타고 케냐 모얄레(Moyale)로 향했다. 케냐 모얄레는 에티오피아와는 많이 달랐다. 마을이 완전 쓰레기로 뒤덮여 있었다. 마을 길은 비포장 황톳길이었고 울퉁불퉁 파헤쳐져 있었다. 하릴없는 아이들이 도로를 배회하며 지나가는 택시를 향해 손짓을 하며 호텔

아프리카의 바람 소리

이라 소리를 질렀다. 에티오피아에서는 보이지 않던 이슬람 사원의 미너렛(Minaret)이 우뚝우뚝 서 있었다.

알 류스라(Al Yusra) 게스트하우스에 짐을 풀고 다시 마을로 나와 내일 아침에 나이로비(Nairobi)로 가는 버스표를 예매했다. 아침 6시에 출발한다고 했다. 호텔로 돌아와 내일 긴 여행을 대비해 감자와 계란을 삶고 오이와 토마토를 준비해서 비상식량 배낭에 챙겨두었다. 내일 아침 출발해서 마르사빗(Marsabit)까지 갈 계획이었다. 마르사빗은 나이로비로 가는 길목의 첫 도시 마르사빗 국립 공원과 동물 보호 구역이 있는 곳으로, 아프리카 여행 중 이 구간이 가장 치안이 불안한 지역이다.

새벽 5시 30분에 주차장에 도착했다. 이른 새벽이지만 사람들이 일찍 나와 웅크리고 앉아 있었다. 미국에서 온 처녀 둘이 자기 몸 크기만 한 배낭을 짊어지고 나무에 기대서서 버스를 기다렸다. 버스 운전자가 온 마을에 경적을 울리며 한 바퀴 돌았다. 새벽잠에 빠져 아직 일어나지 못하는 여행객을 깨우는 운전자의 지혜다. 한 바퀴 돌아와도 새롭게 나타나는 사람이 없었다. 또 다시 한 바퀴를 돌며 경적을 울렸다.

버스 검표원이 나와 여권과 버스표를 대조하며 떠날 준비를 했다. 아주 오래된 버스지만 튼튼하게 보였다. 오른쪽은 세 사람이 앉고 왼쪽은 두 사람이 앉도록 되어 있었다. 배낭을 버스 짐칸에 넣고 문을 잠그는 것을 확인하고 버스에 올랐다. 6시 30분이 되자 버스가 출발했다.

버스 안에서 풍기는 냄새가 에티오피아와는 달랐다. 비릿한 젖 냄새는 사라지고 마늘 양파 냄새가 버스 안에 가득했다. 남자들은 대부분 흰 터번이나 챙이 없는 베레모를 쓰고 있었다. 출발 후 채 10분이 지나지 않아 아카시아나무로 뒤덮인 관목 숲이 나타났다. 유목민들이 낙타를 몰고 다녔다. 하늘은 구름이 간간이 떠가고 미풍이 지나갈 뿐이었다.

사람들은 긴장한 듯 말이 없었다. 내 뒤에 앉은 미국인 처녀들이 어디까지 갈 것인지 물었다. 마르사빗까지 갈 것이라고 말했다. 자기들은 나이로비까지 간다고 했다. 힘들지 않겠느냐고 물어보았다. 중간에서 쉬는 것이 위험할 것 같아 바로 간다고 했다.

버스 앞쪽에 4명의 무장 군인이 탑승하여 버스를 호위하고 있었다. 악명 높은 곳이라 외국인은 중국인 웨이, 주현 그리고 미국인 처녀 두 사람과 우리 부부였다. 대부분의 현지인들은 에티오피아 사람들로 국경 무역을 하거나 나이로비로 가는 사람들이 많았다. 무장 군인들은 앉지 않고 중간에 서서 창문을 주시하고 있었다. 이곳은 소말리아 국경과 접해 있고 소말리아 유목민들이 많이 넘어와서 생활하는 곳이었다. 신발을 빼앗고 사람을 죽이거나 납치해 몸값을 받는다고 했다.

창밖을 내다보니 끝없는 초원이고 관목이 자라는 사바나였다. 총을 어깨에 걸친 목동들이 소나 낙타를 몰고 초원을 이동하는 모습이 간간이 보였다. 버스가 황토색의 먼지를 일으키며 울퉁불퉁한 길을 달렸다. 노면이 거칠게 파헤쳐져 심하게 튀어 올랐다. 가만히 앉아 있을 수가 없었다. 짐칸에 올려둔 짐들이 쏟아져 내리고 사람들이 좌석에서 튀어 올라 짐칸 선반에 머리가 부딪힐 때마다 비명 소리가 터져 나왔다.

총을 멘 낙타 유목민들이 버스를 향해 달려왔다가는 다시 메마른 초원으로 사라졌다. 낙타 유목민들이 나타날 때마다 경호하는 군인들은 총을 가슴 앞으로 끌어당기며 유목민들을 응시했다. 낙타 유목민들은 버스보다 훨씬 빠른 속도로 사라졌다. 그들이 소말리아에서 넘어온 유목민이 아닌지 불안했다. 다시 총을 멘 낙타 유목민 청년이 빠르게 낙타를 몰아 버스 가까이 접근했다. 빈 물병을 흔들며 물을 달라는 신호를 보냈다. 아무도 물을 주는 사람이 없었다. 나는 창문을 열고 물을 던져주었다. 무장 군인이 타고 있는지 확인하러 왔을까? 이런 생각을 하니 등골이 오싹해졌다.

초원은 사라지고 황량한 모래바람이 세차게 부는 곳을 지나갔다. 사람도 동물도 없다. 회오리바람이 거세게 일어나고 따가운 태양만 내리쬐었다. 길은 붉은 황토색이고 황토 가루가 날아 창문을 덮어버린다. 창밖을 볼 수가 없다. 붉은 황토 가루를 마시지 않으려고 옷으로 얼굴을 감았다. 사람들의 머리카락이 황토로 덮였다. 얼굴을 문지르면 손바닥이 온통 황토 가루였다.

검문소에 도착했다. 군인과 경찰이 올라와서 일일이 여권을 확인했다. 우리에게는 황열병 예방 접종 카드를 소지하고 있는지 점검했다. 유목민들만이 살고 있는 외딴 오지에 이슬람 사원이 있었다. 4개의 뾰족한 탑이 하늘을 향해 뻗어 있었고, 몇몇의 무슬림들이 예배를 보았다. 알라를 향해 기도하는 그들의 소리가 가슴을 섬뜩하게 했다.

세 번째 검문소에 도착해 검문이 끝나자 사람들은 버스에서 내려 용변을 보았다. 화산 지역이 나타나고 거대한 분화구가 여기저기 솟아 있었다.

마르사빗 국립 공원이었다. 마르사빗 국립 공원 입구에서 네 번째 검문소를 만났다. 검문이 끝나자 두 명의 무장 군인은 내려서 어디론가 가버리고 두 명만 남아 있었다. 이제 최고 위험 지역은 통과한 느낌이었다. 마르사빗 국립 공원 입구를 지나고 마을로 접어들자, 다섯 번째 검문소가 나타나고 총을 든 경찰과 군인들이 여권과 소지품을 검사했다.

검문소를 지나자 곧장 마을이 나타났다. 도로는 완전히 붉은 황토색이고 황토 가루가 마을을 덮었다. 온통 안개로 뒤덮여 지나가는 사람들이 유령처럼 보였다. 버스 정류소 근처 함석으로 지은 집들이 피난민 수용소처럼 옹기종기 모여 있었다. 파헤쳐진 황톳길에 쓰레기들이 휘날리고 금방이라도 쓰러질 것 같은 전봇대 전선줄에 부딪히는 바람 소리가 괴기스러웠다. 황토 먼지에 가려 태양은 숨어버렸다. 지나가는 행인들은 모두 두껍고 칙칙한 검은 옷을 입었고 수건으로 입을 가린 채 안개 속을 유령처럼 지나갔다.

버스에서 내려 배낭을 챙기고 길가에 있는 노메즈 트레일(Nomads Trail) 호텔로 갔다. 배낭이 붉은색으로 변해버렸다. 호텔에 들어갔더니 주인이 달려 나와 반갑게 맞아주었다. 더운물이 나오는 방과 화장실이 딸려 있는 방에 체크인했다. 작은 식당이 딸린 호텔이라 마음이 편안했다. 2층으로 올라가는 계단을 공사하고 있는 중이라 시끄러웠지만, 저녁이면 공사가 끝날 것이라고 알려주었다. 몸이 천근만근이라 시끄러운 것쯤은 문제가 되지 않았다.

샤워를 하니 몸 전체에서 황톳물이 흘러내리고 코에서는 코피가 터진 것처럼 붉은 황톳물이 흘러내린다. 열린 창문으로 윙윙거리며 지나가는 바람 소리가 들려왔으며 안개가 창문으로 날아들었다. 건물 옥상에 올라 바라보는 마을 풍경은 거센 바람 소리, 황토 가루와 안개뿐이었다.

침대에 누워 신발을 보았다. 새 신발을 신고 출발한 여행인데 온통

아프리카의 바람 소리

황토색으로 변해버렸고 낡고 찢어진 곳이 많았다. 배낭은 더 험악했다. 멜빵이며 등받이가 온통 황토빛으로 물들었다. 찜통 같은 짐칸에서 아니면 버스 지붕에서 강한 햇볕과 얼마나 힘들게 싸워왔던가? 색깔이 태양열에 퇴색되어 희끄무레하게 변해버렸다.

내 코고는 소리에 놀라 일어나보니 한밤중이었고 거센 바람이 계속 창문을 흔들었다.

## 이시올로

이시올로(Isiolo) 버스 정류장에 도착했다. 실버벨즈(Silver Bells) 호텔에 체크인했다. 3일 정도 쉬면서 빨래와 짐을 재정비하여 동아프리카 여행을 시작할 것이었다. 호텔에서 무한정 와이파이를 제공해주어 소식을 전할 수 있었다.

우리가 묵고 있는 호텔은 'ㅁ'자 모양으로 생긴 건물이었다. 건물 가운데가 사각형으로 텅 비어 있었다. 작은 소리도 건물 안에 울려 퍼질 뿐 아니라 건너편에 투숙한 사람들의 모습을 바라볼 수 있었다. 호텔이 무척 시끄럽고 분주했다. 지나가는 종업원에게 물어보니, 이시올로 근처 공무원들의 하계 연수가 이 호텔에서 3일간 열린다고 했다. 여자 남자 할 것 없이 커다란 가방을 들고 옥상 회의장으로 올라갔다. 양복 입은 사람도 있고 부족마다 다른 전통 복장이 화려했다. 여성의 복장은 다양한 색깔의 차도르였다.

이른 새벽 비몽사몽한 와중에 문을 두드리는 소리를 듣고 잠에서 깨어났다. 주현이가 떠난다고 인사차 들렀다. 커다란 배낭을 메고 또 작은 가방을 앞가슴에 메고 있다. 어둠 속에 떠나는 그를 전송했다.

정류장으로 나가 내일 아침에 떠나는 버스표를 샀다. 머리와 수염이 많이 길어 돌아오는 길에 이발관에 들렀다. 이발사는 흑인들의 곱슬머리만 깎다가 길고 빳빳한 머리를 자르는 것을 신기해했다. 빗질하는 모습이 달랐다. 흑인들의 곱슬머리를 빗어 올리는 습관이 되어 자꾸 머리를 빗어 올렸다. 가위질은 밑에서 위로 하는 것이 아니고 위에서 아래로 했다. 곱슬머리가 아닌 머리는 처음으로 깎아본다고 했다.

나도 웃고 이발사도 웃고 서로 신기해서 웃고 또 웃었다. 흑인들의 헤어스타일 모드가 벽에 붙어 있었지만 참고할 스타일은 없었다. 이발사에게 짧고 단정하게 깎아달라고 부탁했다.

그는 최선을 다해 처음으로 외국인의 머리를 잘랐다며 기념 사진을 촬영하자고 했다. 자기 핸드폰으로 몇 번씩이나 사진을 찍었다. 그리고 나는 헌옷 수선하는 집에 들러 오래 입어 엉덩이에 구멍 난 바지를 누볐다.

새벽 4시에 일어났다. 아침 6시 반에 버스가 나이로비를 향해 떠났다. 일어나 여러 가지 짐과 빨래를 정리하여 배낭에 챙겨 넣었다. 여행을 떠난 후 수십 번이나 짐을 싸고 풀고를 반복했지만 아직도 익숙하지 못했다. 어디에 무엇을 넣어야 할지 망설여지고 때로는 귀찮기 짝이 없었다.

6시 반이 되자 버스에 손님이 가득 찼다. 차장이 인원 점검을 하고 버스가 출발했다. 버스가 시내를 벗어나자 해가 뜨면서 아름다운 숲

아프리카의 바람 소리

으로 덮인 산과 잘 정리된 경작지가 나타났다. 지금까지 내려왔던 북쪽의 황량하고 황무지 같은 느낌은 완전히 사라지고 울창한 숲과 현대화된 농경지가 나타났다. 끝없이 펼쳐진 밀밭, 잘 다듬어진 울타리와 경계선, 목장에서 소들이 한가롭게 풀을 뜯었다. 유럽 같은 풍경이었다. 아마도 영국이 케냐 식민지를 통치할 때 만들어진 농경지와 목장으로 보였다. 거대한 트랙터가 농장을 누비고 물을 주는 트레일러가 쉼 없이 물을 뿜어냈다.

버스 오른쪽 저지대에는 사바나가 펼쳐졌다. 버스는 산을 향해 올라갔다. 아름다운 경치와 더불어 잘 정리된 농장들을 보며 한층 기쁘고 즐거운 마음으로 동아프리카의 심장부를 향해 들어갔다. 잘 포장된 도로와 신선한 공기, 울창한 숲, 유럽의 알프스 자락을 지나는 느낌이었다. 적도 부근을 지나고 있지만 고도가 높아 찬바람이 쌩쌩 들어왔다. 모두 창문을 꼭꼭 닫고 두꺼운 점퍼나 담요를 둘러쓰고 있었다.

케냐산의 주봉 바티안(Batian) 봉우리가 보였다. 케냐의 이름은 이 케냐산에서 따왔다고 한다. 케냐산은 화산으로 된 산이며 청록색의 작은 호수를 많이 품고 있다. 산의 높이도 5,199미터로 아프리카에서 두 번째 높은 산이다. 케냐산의 봉우리들이 하늘을 찌를 듯 뾰족했다.

정상으로 올라가는 산자락은 울창한 숲과 선인장으로 덮여 있었다. 정상은 암석으로 되어 있고 아래 부분은 흰 눈이 쌓여 있었다. 버스는 3,000미터 이상 중턱을 향해 올라갔다. 주봉이 아침 햇살을 받아 황금빛으로 변했다. 손에 잡힐 듯 가까이에 있었다. 산의 코 밑까지 갔을 때는 산의 형상을 정확히 볼 수 없었지만, 산과 멀어질수록 그 웅장함과 거대함이 드러났다. 케냐산 중턱을 돌며 서서히 내려가기 시작했다.

산허리마다 산림과 산림 사이 농촌 마을이 보였다. 아침을 짓는 연기가 모락모락 피어났다. 길가에 여인들이 이 지역에서 생산된 쌀을 늘어놓고 팔았다. 버스 운전자가 쌀가게가 늘어선 길가에 차를 세워주었다. 버스에 타고 있던 사람들이 내려 너도 나도 할 것 없이 한 포대씩 사서 들고 왔다. 이곳이 쌀의 유명한 산지라며 쌀 맛이 좋기로 유명하다고 했다.

버스가 난유키(Nanyuki) 시내를 접어들자, 이곳은 적도가 지나가는 도시임을 알리는 팻말이 여기저기 붙어 있었다. 내가 본 팻말은 "케냐산 전망대, 해발 2135m, 위도: 00° 00′, 동경: 37° 7′ E"라고 적혀 있었다. 버스가 막 위도 0도를 지났다. 기념관이 설치되어 있고 "Equator Curios"라고 적혀 있었다. 한 순간 내가 타고 있던 버스가 북반구와 남반구의 중간에 있다는 것을 느꼈다. 양팔을 벌려 남반구와 북반구에 걸쳐 보았다. 동시에 북반구와 남반구를 공유하는 짜릿한 찰나를 맛보며 남쪽으로 내려가기 시작했다.

나이로비에 가까워지자 삭막한 시멘트 건축물들이 죽순처럼 서 있었다. 버스 정류장은 질퍽이고 빈민굴 같이 쓰레기가 널려 있었다. 호객꾼들의 고함 소리만 들려왔다. 겨우 짐을 내려 택시를 잡아타고 인터넷으로 예약했던 노메드 펠리스(Nomad Palace) 호텔을 찾아갔다. 주변은 시끄럽고 정신없었지만 호텔은 깨끗하고 직원들도 친절했다. 호텔에 짐을 풀고 택시를 타고 나이로비 중심지로 나갔다.

아프리카의 바람 소리

# 암보셀리 국립 공원

영업용 택시를 1박 2일 동안 고용하여 암보셀리 국립 공원(Amboseli National Park)으로 떠났다. 운전자는 65세로 운전 겸 가이드가 가능하다고 자신을 소개했다. 연령은 65세였다. 1박 2일 동안 기름값은 우리가 부담하고 하루에 7,000실링에 운전자를 고용하기로 했다.

단, 식사와 잠자리는 운전자 자신이 해결하고 국립 공원 입장료는 우리가 부담하기로 했다. 나는 차량 등록증, 운전면허증, 보험증 등 필요한 여러 서류들을 점검하고 약식 서류에 사인했다. 암보셀리로 떠나기 전 배낭을 챙겨 택시 운전자와 함께 시내 시외버스 터미널 근처에 예약해 둔 프와니(Pwani) 게스트하우스로 향했다. 필요 없는 짐은 게스트하우스에 보관하였다.

차가 시내를 빠져나가 공항 앞을 지나갔다. 1998년 이곳을 방문했을 때 공항에서 버스를 타고 시내로 들어오는 길목에 동물을 보호하는 철조망 펜스가 있었고, 동물들이 돌아다니는 모습을 기억했다. 지금은 초원도 동물도 사라지고 자동차 관련 제조 공장들이 들어서고 도로는 아스팔트로 말끔히 포장되어 그때의 모습은 흔적도 없이 사라졌다.

암보셀리 국립 공원으로 가는 길목의 국경 도시 나망가(Namanga)를 향해 달렸다. 고속 국도 A104번을 따라 남쪽으로 달리다 나망가에 달하면 다시 C103번 도로를 따라 암보셀리 국립 공원으로 갈 것이었다.

한 시간가량 고속 도로를 달리자 시원한 초원이 나타났다. 나무가

자라지 않는 완전한 사바나 초원이었다. 하늘은 하얀 뭉게구름이 떠 갔다. 어느덧 도시의 시끄럽고 왁자지껄한 소음은 사라지고 하늘과 바람과 초원뿐이었다. 고속 도로 길 옆에 하얀 꽃들이 지천으로 피어 바람에 흔들렸다. 소떼를 몰고 가는 마사이들이 붉은 망토를 걸치고 긴 지팡이를 획획 돌리며 지나갔다.

운전자가 차를 세우고 나에게 운전을 하겠느냐고 물었다. 나는 오른쪽에 달려 있는 핸들이 익숙하지는 않았지만, 일본에서 운전을 해본 경험을 살려 하겠다고 말하고 운전석에 앉았다. 차량이 낡고 노후되어 엔진 소리가 그렁그렁했다. 나이가 65세이고 바짝 말라 뼈만 남은 운전자가 자꾸 눈을 감는 버릇이 마음에 걸렸는데 운전대를 내가 잡으니 훨씬 마음이 편안했다. 창문으로 상쾌한 바람이 들어왔다. 혜경과 나는 강원도 어느 산골을 달리는 기분으로 갔다. 운전자는 뒷좌석으로 가더니만 꾸벅꾸벅 졸고 있었다.

암보셀리 국립 공원에 도착했다. 마사이 여인들이 가죽으로 만든 조잡한 토산품을 들고 나와 사라고 졸라댔다. 암보셀리 국립 공원의 상징은 코끼리인 듯 공원 대문에 코끼리의 그림이 붙어 있었다.

공원 레인지가 다가와서 안내를 했다. 입장료는 일인당 70달러, 운전자의 입장료는 1,000실링, 차량 주차료 300실링 그리고 캠핑장 사용료 1인당 25달러였다. 그것도 24시간 내로 공원을 떠나야 한다고 했다. 세계에서 가장 비싼 공원 입장료임에 틀림없었다.

공원 입구를 통과하고 공원 안으로 진입하자 우리 운전자는 아무것도 몰랐다. 막상 와보니 어디가 어디인지 알 수 없다고 했다. 우물쭈물하는 우리 차를 보고 한 소년이 달려왔다. 이름은 만차라고 소개하고 자기는 마사이족으로 이곳에 살고 있기 때문에 공원 어디라

　　　　　　　　　　　　　　아프리카의 바람 소리

도 안내할 수 있다고 소개했다. 우선 영어 실력이 운전자보다는 훨씬 뛰어나고 쾌활한 소년이었다. 하루에 300실링을 주고 이틀을 고용하겠다고 말하고 차에 태웠다.

만차는 암보셀리 국립 공원 안 마사이 부락에 살고 있다고 했다. 자기 집에서 보면 이른 아침 킬리만자로(Kilimanjaro)산이 훤히 보인다고 했다. 그리고 무슨 동물이 어디에 살고 있는지, 킬리만자로는 몇 시에 구름에서 벗어나는지, 어디에 무슨 마사이 마을이 있는지 훤히 알고 있었다. 기름이 떨어지면 국립 공원 안에서 기름을 살 수 있는 곳까지 설명을 했다. 초등학교를 졸업하고 가이드 노릇을 한다고 했다.

소년의 눈은 빛나고 활기가 넘쳤다. 내일까지 일을 할 수 있는 기회를 주어서 기쁘다고 했다. 내가 영어 실력이 좋다고 칭찬하자 물어보지 않은 것도 계속 알려주었다. 소년은 지금 이 시간이면 동쪽 산기슭에 기린이 나와 있을 시간이라며 운전 기사에게 그곳으로 가자고 말했다. 운전기사는 소년이 시키는 대로 가는 것을 탐탁잖게 여겼다. 가이드 및 운전까지 할 수 있다고 장담했는데 막상 여기 와서는 아무것도 할 수 없는 처지에 소년을 질투하는 눈치였다.

드디어 소년이 말하던 산기슭에 도착했다. 옐로아카시아 나무들이 군락을 이루고 있었다. 소년은 운전자에게 어디쯤에 기린들이 있을 것이라며 그곳으로 가자고 방향을 제시했다. 아니나 다를까 15, 6마리의 엄청 키 큰 기린들이 목을 길게 빼고 아카시아 나뭇잎을 먹고 있었다. 몸통은 아카시아나무에 가려 잘 보이지 않고 긴 목만 나무 위로 나와 있었다. 차에서 내리면 안 된다는 규칙을 잘 알고 있었지만 운전자에게 차를 세우게 하고 내렸다.

혜경도 함께 내렸다. 다행히 지나가는 사람도, 차량도 없었다. 소년과 운전자는 차 안에 남겨두고 카메라를 들고 기린 곁으로 다가갔다. 녀석들의 키가 5미터는 넘어 보였다. 기둥 같은 다리에서 윤기가 흘렀다. 진하게 타버린 둥근 빵 무늬가 몸 전체에 흩어져 있었다. 큰 귀 사이에 뾰족이 나와 있는 뿔은 뿔이라기보다 하나의 액세서리 같았다. 우리가 접근하자 녀석들은 풀을 먹다 말고 전부 우리를 쳐다보았다. 이때를 놓치지 않고 몇 장의 사진을 찍었다. 녀석들은 우리가 접근하는 것을 신기하게 여기는 듯 계속 쳐다보았다.

마사이 소년이 "Come back, come back."이라고 하며 돌아오라고 소리를 질렀다. 나는 못 들은 척하며 셔터를 계속 눌렀다. 순하게 생긴 녀석들을 가까이에서 바라보며 아카시아 나뭇잎을 먹는 모습을 지켜봤다. 소년이 계속해서 불렀다. 소년이 화를 내며 국립 공원 레인지한테 들키면 많은 벌금을 내야 한다며 조심하라고 충고했다. 부끄러운 마음이 생겨 소년에게 등을 두드리고 윙크를 보내면서 "다음부터는 조심할게요, 꼬마 가이드님!"이라고 했다.

다시 차를 공원 안쪽으로 몰고 들어갔다. 저습지가 나타나고 풀이 파랗게 돋아 있는 초원으로 들어갔다. 집채 같이 큰 코끼리 두 마리가 상아를 서로 맞대고 애무를 하는 모습이었다. 나도 모르게 또 차를 세우고 내리려고 하니 이번에는 만차가 나의 허리춤을 잡으며 "Very dangerous, very dangerous."라고 소리를 질렀다. 알았다며 차를 최대한으로 가깝게 접근시켰다. 코끼리가 오줌을 누자 지린 냄새가 풍겼다. 그리고는 배설도 함께했다. 지린 냄새와 똥냄새가 심하게 풍겨왔다.

점심때가 되어 공원 안에 식당이 있는 곳으로 갔다. 마사이 부족들이 운영하는 현지 식당에 만차와 운전자를 내려주고 우리는 공원 숲

아프리카의 바람 소리

속에 있는 올 투카이 로지(Ol Tukai Lodge)로 갔다. 그날이 아내 혜경의 생일이었다. 나는 근사한 식당에서 혜경과 식사를 하고 싶었다.

로지에 도착하니 숲과 초원으로 싸여 있는 정말 멋진 곳이었다. 로지 식당에 앉으니 이미 독일인 노부부가 자리를 잡고 식사를 하고 있었다. 식당 종업원이 경치가 좋은 자리로 안내했다. 우리를 안내한 종업원은 마사이 청년이었다. 빨간 망토를 어깨에 걸쳤다. 동양인이 나타난 것을 신기하게 여기듯 우리에게서 눈을 떼지 못했다.

풀잎 하늘거리는 초원이 끝없이 펼쳐지고 킬리만자로의 만년설 봉우리가 구름 사이로 뾰족이 나와 있었다. 코끼리들이 푸른 초원을 어슬렁거리며 돌아다니고 로지 앞 잔디밭과 나뭇가지에 많은 원숭이 무리가 가지 속을 헤매고 다녔다. 끝없이 펼쳐진 초원 위에 동물들이 노니는 모습을 보고 있노라니 그 아름다움을 표현할 말이 없었다.

코끼리 로고가 그려진 케냐 산 맥주를 한 잔씩 들며 생일을 축하했다. 부드러운 티본스테이크를 주문했다. 집을 떠나 여행을 시작한지 3개월이었다. 두 사람 모두 새까맣게 타버렸고 많이 야위었다. 옆에 앉은 독일인 부인이 손수건으로 남편의 입술을 닦아주며 애정을 표현했다. 식사가 끝나자 마사이 청년은 우리에게 맛과 향이 빼어난 케냐산 커피를 달콤한 케이크와 함께 들어보라고 권했다. 마사이 청년에게 약간의 팁을 남기고 만차와 운전자가 기다리는 식당으로 가려고 하니 벌써 우리 있는 곳에 차를 대기시켜 놓았다.

해가 서산으로 기울었다. 먼지가 뽀얗게 일어나는 암보셀리 국립공원을 가로지르는 길가에 수많은 동물들이 몰려나와 밤을 기다렸다. 작은 임팔라에서부터 코끼리, 지브라, 누, 기린까지 다양한 동물들이 밤을 준비하고 있었다. 세상이 너무 평화롭고 조용했다. 석양을 받은 킬리만자로도 황금색으로 변하여 우아하고 근엄한 모습으로 초원을 굽어보고 있었다. 밤이 되자 운전자는 눈이 잘 보이지 않는다며 나에게 운전을 부탁하고 자기는 뒷자리로 갔다.

나는 운전대를 잡고 자동차의 새시를 상하게 하지 않으려고 울퉁불퉁한 공원 길을 조심하며 달렸다. 오늘 저녁 캠핑해야 하는 키마나(Kimana) 야영장까지는 한참 가야 했다.

야영장으로 가는 도중 갑자기 만차가 "Dangerous, dangerous, look at the right side!"라고 소리쳤다. 오른편의 어둠 속에 코끼리 떼들이 차 소리를 듣고 달려오고 있었다. "Hurry up, hurry up!" "speed up, speed up!" 다급하게 들려오는 만차의 고함 소리에 나도 모르게 액셀을 세게 밟았다. 차가 돌부리에 부딪히며 쿵쿵거렸지만 다급하게 들리는 만차의 소리에 속도를 내어 달렸다. 한참을 가다보니 코끼리 떼들이 보이지 않았다. 만차는 어느 날 저녁 이 부근에서 여행객이 코끼리에게 떠밀리고 밟혀서 죽었다는 이야기를 늘어놓으며 벌벌 떨고 있었다. 운전자 임마누엘도 벌벌 떨며 안절부절 못했다. "You goddamn sick babies, shut up."이라고 소리를 쳤다. 흑인들이 겁이 많다는 소리를 들었지만 이렇게 겁쟁이인 줄은 몰랐다.

창문을 열어 놓고 초원 가운데를 달렸다. 갖가지 풀벌레 소리가 들렸다. 만차는 코끼리가 길가에 서 있으면 큰일이라며 내내 걱정이었다. 밤에는 공원 안에서 운전하는 것이 아니란다. 밤에 들리는 차 엔진 소리는 동물들을 위협하는 소리로 공격성이 있는 코끼리나 물소들은 종종 차를 향해 돌진한다고 했다.

하늘에 별이 쏟아질 듯 나타났다. 나와 혜경은 밤하늘의 별을 보며 세상을 다 얻은 듯 행복감에 젖어 휘파람을 불며 차를 몰고 갔다. 달

아프리카의 바람 소리

빛과 별빛이 어우러진 킬리만자로의 땅, 어니스트 헤밍웨이(Ernest Miller Hemingway)도 이곳에서 저 코끼리 울음소리를 들었으리라. 그는 이곳을 배경으로 『Green Hills of Africa』와 『The Snows of Kilimanjaro』를 썼다.

캄캄한 밤길을 달려 10시가 되고 나서야 캠핑장 입구의 길을 찾아 들어갔다. 캠핑장으로 들어가는 아치 대문 아래 도착하자 차의 앞바퀴가 덜커덩하고 길 아래 구멍 난 곳으로 빠져버렸다. 양쪽 바퀴만 지나갈 수 있도록 길이 되어 있었고 가운데는 텅 비어 있는 다리였다. 캄캄한 밤이고 차 앞 라이트에 먼지와 죽은 풀벌레들로 덮여 있어 거의 앞이 보이지 않았다. 잠자던 운전자와 가이드 소년이 일어났다.

문을 열고 살펴보니 바퀴가 구멍에 빠진 채 돌고 있었다. 엔진을 끄고 모두 조심스레 문을 열고 밖으로 나왔다. 소년과 운전사와 함께 차의 앞쪽을 들어보지만 꼼짝도 하지 않았다. 공원 안 관리소를 찾아 숙소에 자고 있는 청년들을 불러 깨우고 도움을 청하니 기꺼이 도와주겠다며 따라왔다.

6명의 장정들이 차 앞쪽을 들고 나는 시동을 걸어 후진 기어를 넣고 액셀을 세게 밟았다. 엄청난 엔진 소리와 함께 빠져나왔다. 운전자는 차가 다 망가졌다며 화를 내며 소리를 질렀다. 난 모르는 척하고 태연히 차를 몰아 공원 안으로 들어갔다.

캠핑장에 도착하니 몸바사에서 온 학생들이 모닥불을 피워 놓고 밤을 보냈다. 인솔 교수 2명, 운전자 2명 그리고 학생들이 10여 명이었다. 그들이 없었다면 이 막막한 산중에 우리만 캠핑을 할 뻔했다. 나는 아름드리나무 밑에 텐트를 쳤다. 젊은 학생들이 있어 마음 든든했다. 운전자와 만차도 흑인들이 함께 캠핑하는 모습을 보고는 마음이 놓이는 모양이었다.

코끼리 때문에 너무 겁을 먹어서 얼굴이 새파래진 그들이 이제야 웃는 얼굴을 하며 말을 했다. 우리도 크림수프를 끓이고 감자, 달걀 오이와 비상식량으로 준비한 빵으로 저녁을 먹었다. 만차와 운전자는 감자와 빵을 차 안으로 보내주었다. 그들은 차 안에서 자겠다며 나오지도 않았다.

나와 혜경은 눅눅한 텐트 속으로 들어갔다. 하늘은 별이 쏟아질 듯 빤짝이고 달빛이 나무 그늘을 어렴풋이 밝힌다. 이름 모를 새들이 밤하늘을 끼끽하며 날아가고 짝을 찾는 동물의 울부짖는 소리가 정글을 울렸다.

몸바사 대학생들이 태우는 나무 타는 냄새가 텐트에 가득했다. 달빛에 보는 킬리만자로 영봉은 하얀 만년설을 반사하며 그 신비로움을 더했다. 나는 가수 조용필 씨가 불렀던 〈킬리만자로의 표범〉을 마음속으로 흥얼거렸다. 정글 숲 냄새, 나무 타는 냄새, 갖가지 풀벌레 소리가 텐트 속을 파고들었다.

혜경이 귓속말로 속삭였다.

"세상에서 가장 멋진 생일날 밤이에요."

"아름답고 행복한 생일 밤이 되길 바란다."라고 말했다.


한밤중에 들려오는 동물들의 울부짖는 소리에 잠에서 깼다. 캠핑장 펜스 밖으로 동물들이 부스럭거리는 소리가 들렸다. 야행성 동물들의 발자국 소리였다. 잠에서 깨어나 화장실 가는 길이 섬뜩했다. 사방이 어렴풋한 그늘에 싸여 음산했다. 금방이라도 아프리카 토인들의 혼령이 괴성을 지르며 나를 잡아먹을 듯이 나타날 것 같았다.

아프리카의 바람 소리

학생들의 아침 준비하는 소리에 잠을 깼다. 차 안에서 잠을 잔 운전자와 만차도 일어나서 인사를 했다. 우리는 통나무로 만든 야외 식탁에 앉아 아침 식사 준비를 했다. 킬리만자로는 구름에 가려버렸다. 만차는 정확히 시간까지 대면서 9시가 되면 햇빛 아래에서 볼 수 있을 것이라고 장담했다. 정말 그랬으면 좋겠다. 햇빛 아래에서 뚜렷이 킬리만자로를 보고 싶었다. 수프를 끓이고 감자와 달걀을 삶았다. 호밀빵과 밀가루 빵이 아직 많이 있었다. 운전자는 당뇨병이 있다며 잼과 밀가루 빵은 먹지 않고 달걀과 호밀빵만 먹었다. 아름드리나무가 캠핑장을 둘러싸고 있었다. 숲속에서 불어오는 바람에 향긋한 숲 냄새가 날아왔다. 사방이 열대 정글의 숲에 싸여 아침을 먹는 기분은 신비하고 신선했다.

만차가 말한 시간보다 10분 전인 8시 50분에 킬리만자로의 만년설 봉우리가 황금색으로 변한 채 고고하게 그 모습을 드러냈다. 구름은 어디론가 사라지고 산은 가까이에서 잡힐 듯 선명하게 보였다. 화산이 분출할 때 흘러내렸던 용암의 등줄기들이 선명히 보였다. 정상의 분화구인 킬리만자로의 눈은 볼 수 없었지만 눈 덮인 봉우리는 뚜렷이 그 위용을 보여주었다. 사진을 찍고 또 찍었다

서서히 짐을 챙기고 떠나려고 하니 운전자가 기름이 부족하다며 바깥으로 나가서 기름을 넣고 들어와야 한다고 했다. 기름통 계기를 살펴보니 공원 안을 구경하고 나가도 충분할 것 같았다. 그러나 계기의 바늘이 중간에 와 있으니 운전사는 불안해했다. 어제 이 공원에 들어 올 때가 12시 45분이었으니까 오늘 12시 45분까지는 이 공원을 빠져 나가야 추가 비용이 발생하지 않았다. 그런데 기름을 넣고 돌아오면 구경할 시간이 안 된다고 설명해도 운전사는 막무가내였다. 먼

저 기름부터 넣어야 한단다. 할 수 없이 기름을 먼저 넣으려 공원 바깥으로 나갔다. 기름을 넣기 위해서 나가는 공원길에 많은 동물들이 아침을 맞으며 들판으로 나왔다. 기름기가 번지르르한 얼룩말 몇 백 마리가 목 갈기를 세우고 초원을 질주했다.

기름을 넣고 만차와 헤어졌다. 공원으로 다시 돌아오는 길가에 마사이 마을이 있었다. 가장 크게 보이는 집을 방문해보고 싶어 그 집 앞으로 차를 몰고 갔다. 집 앞에 도착하니 몇 명의 남자들이 아카시아 나무 그늘에서 쉬고 있었다. 몇 마디 배운 스와힐리어로 구경을 좀 해도 괜찮겠느냐고 물어보니 허락했다.

마사이 집에서 보니 킬리만자로가 너무도 뚜렷하게 보였다. 하늘에 구름 한 점 없이 맑고 푸르렀다. 하얀 만년설로 덮인 정상이 아주 가까이에서 보였다. 마사이 소똥 집 지붕 위에 산의 정상이 얹혀 있는 듯했다. 소가죽을 깔고 앉아서 마사이 여인들이 여러 가지 수공예품을 만들고 있었다. 구슬을 실에 꿰고 가죽으로 팔찌 같은 물건을 만들기에 지켜보니 수줍어했다.

대문 안으로 들어서니 큰 마당이 나왔다. 마사이 소똥 집이 15채인데 모두 소똥으로 만들어졌다. 15채가 원형으로 나열되어 있고 집과 집 사이는 일정한 간격을 두고 배치되어 있었다.

우리를 안내한 마사이는 영어를 구사했다. 그는 자기를 소개하기를 3번째 가장이며 3형제 중에서 막내라고 소개했다. 이곳은 3형제가 모여 사는 집으로 제일 큰형은 아내를 8명을 두었고 작은형은 4명의 아내를 두었고 자기는 3명의 아내를 두었단다. 소를 더 많이 키워 큰 형만큼 아내를 두고 싶다고 했다. 그러면서 큰형이 살고 있는 집과 작은형이 살고 있는 집을 가리키며 자기 집도 알려주었다. 아내가 그렇게

아프리카의 바람 소리

많으면 질투를 하지 않느냐고 물어보니 절대 그렇지 않다고 했다. 그럼 누구랑 같이 지내느냐고 물어보자 제일 큰 아내가 오늘 저녁 남편이 머물러야 할 집을 정해준다고 했다. 가족의 수는 83명이며 자녀들의 사촌이 너무 많아 이름을 모두 기억하지 못한다며 껄껄 웃었다.

# 몸바사

동아프리카 최대 항구 도시인 몸바사(Mombasa)로 떠났다. 나는 1998년 이미 몸바사에 들린 경험이 있었다. 어느 흑인 가족과 몸바사 해변에서 사진을 찍으며 하루를 즐겁게 보냈던 기억이 있었다.

밤이 깊어 몸바사에 도착했다. 밤 9시 30분이었다. 비가 억수 같이 퍼부었다. 툭툭이를 타고 백패커(Backpacker) 게스트하우스로 갔다. 게스트하우스에 도착하니 밤 11시였다. 젊은이들이 술을 마시며 부산하게 떠들고 있었다.

6인용 침대가 놓여 있는 도미토리에 짐을 풀고 체크인했다. 영국 식민지 시절에 영국인이 살던 집을 게스트하우스로 만든 집이었다. 배낭 여행자들을 위한 숙소이지만 환경이 정말 좋았다. 지붕 위로 쭉쭉 뻗은 야자나무에 코코넛이 누렇게 익어 남국의 정취가 물씬 풍겼다. 현관 입구에 부겐빌레아꽃으로 아치를 만들었다. 잘 가꾸어진 잔디밭 정원에는 열대 꽃들이 만발했다.

풀장에서 젊은이들 축제가 벌어졌다. 영국에서 온 처녀의 생일이라고 했다. 맥주병을 들고 비를 맞으며 모두 풀 파티를 즐겼다. 젊은이들이 틀어 놓은 음악 소리가 시끄럽게 들려왔지만 피곤에 지친 우리에게는 문제가 되지 않았다. 6인용 도미토리 방이었지만 다른 여행객이 없어 독방이나 마찬가지였다. 젊은이들은 비를 맞으며 잔디밭에서 춤을 췄다. 도마뱀 여러 마리가 열린 창문으로 들어와 천정과 벽을 타고 기어 다녔다.

침대에 설치되어 있는 모기장을 치고 잠에 빠졌다. 모기떼가 앵앵거리는 소리가 계속해서 들려오고 몸이 가려워 눈을 떴다. 모기들이 마치 초상집처럼 울어댔다. 불을 켜보니 모기장에 구멍이 여러 개 뚫려 있었다. 구멍으로 모기들이 들어와 무차별 공격을 했다. 20마리는 넘어 보였다.

괘씸해서 모기 스프레이로 한 마리도 남기지 않고 잡았지만 이미 피를 먹고 배가 불러 움직이지도 못했다. 유심히 관찰해보니 말라리아 모기는 아닌 것 같았지만 왠지 기분이 찜찜했다. 모기 구멍을 전부 막고 자리에 다시 누웠다. 비는 그쳤지만 젊은이들의 웃음소리는 여전히 들려오고 천정에 달린 선풍기는 며칠을 굶은 사람처럼 힘없이 돌아갔다.


커다란 야자수 나무에 등을 기대고 바닷바람을 맞으며 아침 식사를 했다. 주변으로 원숭이 떼들이 몰려들어 빵 한 입을 던져주자 날쌘 동작으로 낚아챘다. 아침부터 서양에서 온 처녀들이 비키니 수영복을 갈아입고 늘씬한 몸매를 자랑하며 풀장으로 들어갔다. 열대의 아침은 참으로 싱그럽고 풍만하다.

오후까지 계속 비가 내렸다. 카페에 앉아서 쉬었다. 키가 엄청 큰 젊은이들이 픽업 트럭을 몰고 들어왔다. 지붕 위에 텐트가 장착되어 있는 전형적인 아프리카 여행용 차량이었다. 차량 옆에는 삽과 2미터가 넘는 구멍 뚫린 철판을 달고 다녔다. 독일에서 왔다고 했다. 여행을 시작한지 일 년이 넘었으며 모로코에서 출발하여 남아공까지 내려갔다가 이제 이집트 쪽으로 올라가는 중이라고 했다. 공학 박사 학위를 받고 회사에 입사했는데 상사들이 이래라 저래라 하는 것이 싫어서 사촌끼리 여행을 떠났다고 했다. 아직 30살도 안 된 젊은이들이었다. 일단 여행을 떠나 세상을 알고 싶었다고 했다. 여행 중 차가 모래 구덩이에 빠지고 현지인들의 습격을 받았다고 했다. 물이 불어 교량을 건너지 못하고 말라리아에 걸려 죽을 고비를 넘겼다며 독일로 돌아가서 다시 직장 생활을 할 것이라고 했다. 청년들에게 또 보자고 인사하고 우산을 들고 포르투갈인들이 만든 포트 지저스(Fort Jesus)를 향해 갔다. 버스를 타고 시내에 내려 성까지는 툭툭이를 타고 갔다.

올드 몸바사의 거리는 복잡했다. 좁고 차들이 몰려 있었다. 중세기 포르투갈풍의 집들이 빽빽이 들어차 포르투갈 도심과 비슷하다. 상가마다 중국인들과 인도인 또 아랍인들이 상권을 쥐고 장사를 하고 있었다. 요새 입구에 들어가려고 하니 1,200실링의 입장료를 내야 했다. 현지인들의 입장료는 200실링이었다. 6배나 비싼 입장료를 내고 들어갔다.

1593년 포르투갈인들이 이곳을 점령하고 세웠다고 했다. 유네스코가 세계 문화유산으로 등재한 케냐의 기념물로 지정되어 있었다. 요새의 옥상에 올라 인도양을 내려다보니 전략적 요충지에 요새가 자리잡고 있었다. 몸바사 항구로 들어오는 모든 배가 이곳 요새 앞을 통과해야 했다. 두꺼운 방벽에 총안(銃眼)이 있고 스코틀랜드에서 만들어 설치했다는 대포들이 육중한 모습으로 총구가 항구를 향하여 놓여 있었다. 어떤 배라도 이곳을 통과하려면 이 대포의 공격을 받지 않을 수 없게 되어 있었다. 옥상에 서서 인도양을 바라보니 망망대해가 펼쳐졌다.

감옥으로 사용했던 곳으로 들어갔더니 당시에 사용했던 쇠창살과 독방들이 그대로 보존되어 있었다. 어떤 독방은 들어가는 문만 있을 뿐 창문도 없는 토굴 같이 생긴 곳도 있다.

안에는 참으로 신기한 벽화가 그려져 있었다. 400여 년 전 작가 미상의 어느 무명 용사가 그린 프레스코화였다. 탄화 숯과 붉은 산화물을 이용하여 낙서 형식으로 그렸지만, 당시의 시대상과 이곳의 여러 상황을 알 수 있는 좋은 자료가 될 수 있는 그림이었다. 여러 가지 함선의 모습과 교회, 고기, 카멜레온 같은 동물과 괴상하게 생긴 인간의 형상을 그려 놓았다. 칼을 들고 싸우는 모습과 군인들의 복장을 엿볼 수 있는 그림이었다. 군함이 범선 모양으로 바람을 이용해서 움직일 수 있도록 만들어졌고 군 깃발이 펄럭였다. 고향을 떠나온 병사가 시름을 달래면서 틀림없이 벽에 낙서를 해 놓은 듯 보이지만 내용은 여러 가지를 암시하고 있었다. 아마 이 그림을 그린 사람이 탄 배의 이름이 'Sao Baoque'인 것 같았고 자신의 성은 'Lemos'인 듯했다. 그림을 그린 사람의 인적 사항을 알아볼 자료는 더 없었다. 400년이 지났지만 마치 어제 그린 것처럼 선명하게 남아 있었다.

다시 옥상으로 나와 인도양을 바라보니 안개에 싸여 지나가는 배도 보이지 않았다. 바람 소리와 파도 소리만이 거세게 들려왔다.


빗소리에 잠이 깨어 풀장 파라솔에 앉아서 신문을 뒤적이고 있었

아프리카의 바람 소리

다. 열대의 아침은 모든 것이 싱그러웠다. 부겐빌레아 꽃이 담장을 뒤덮고 피어 있었다. 코코넛이 주렁주렁 달린 야자수가 풀장을 에워싸고 있었다.

게스트하우스의 독일인 매니저가 찾아왔다. 오후에 범선을 타고 몸바사 내해를 항해하는 여행에 참여할지 물었다. 따분하던 차에 흔쾌히 참여하겠다고 했다. 이 독일인 매니저는 32살의 처녀로 여행하다 이곳이 좋아 매니저 자리를 구하고 석 달째 머물고 있다고 자신을 소개했다. 8등신 미인이었다. 영어를 잘 구사하고 현지 종업원들을 다루는 솜씨가 훌륭했다. 사근사근한 성격에 언제나 미소를 머금고 있었다.

오렌지 주스와 소시지가 들어간 바게트 샌드위치를 주문하여 점심을 먹고 있으려니 옆자리에 청년이 자리를 잡고 앉았다. 브라질 청년이며 컴퓨터 기술자라고 자신을 소개했다. 지금은 나이로비에서 어린이들에게 컴퓨터를 가르치며 돈을 모아 여행 중이라고 했다. 브라질 상파울루에 살고 있으며 집을 나온 지 일 년이 넘었다고 했다. 원래 영어를 배우기 위해 미국이나 영국으로 가려고 했지만, 물가가 너무 비싸 생활비가 싼 아프리카를 택했다고 했다. 나이로비에서 어린이들을 가르치며 틈틈이 영어를 배우며 생활하는 것이 재미있다고 했다.

오후 4시가 되자 차량이 게스트하우스 앞에 나타났다. 호텔 대문에서 기다리고 있던 우리는 배가 정박해 있는 항구로 가기 위해 차에 올랐다. 독일에서 사촌끼리 온 청년들이 내 옆으로 앉았다. 그들은 나의 정보가 필요했다. 앞으로 그들이 가야할 에티오피아, 수단 그리고 이집트를 나는 이미 여행하고 내려왔기에 그들이 궁금한 여러 가지 정보를 제공할 수 있었다. 그리고 미국인 처녀 두 사람도 내 곁으

로 다가왔다. 그녀들도 역시 내가 왔던 길을 거슬러 이집트 카이로가
최종 목표라고 했다.

이야기를 주고받는 사이 배들이 정박한 강가에 도착했다. 비가 많
이 와서 물이 완전히 붉은 흙탕물이었다. 우리가 타고 갈 배는 꽤 규
모가 큰 다우선이었다. 선착장 주변에 초가 지붕으로 된 카페에서 여
러 가지 음료를 팔고 있었다. 우리를 인솔하는 호텔 매니저는 음료수
를 사도록 알려주었고 음료수는 얼음 상자에 보관해 배에 실었다.

혜경과 나는 맥주 4병을 사서 얼음 상자에 넣고 카페에서 유리컵을
빌려서 배에 올랐다. 주변에 작은 요트들이 많이 정박되어 있었다. 몸
바사 외항에서 배가 들어오면 이곳 내륙 깊숙한 곳까지 들어올 수 있
도록 만들어진 작은 항구였다. 수십 척의 크고 작은 요트들이 정박
한 계류장에는 바다로 나아가려고 하는 사람들로 붐볐다.

배에 올라가니 편안히 앉아서 구경을 할 수 있는 안락 의자와 커다
란 통나무로 된 테이블이 놓여 있었다. 혜경과 나는 구명조끼를 입고
편안한 자리를 골라 앉았다. 우리 일행은 25명이었다. 배를 운행하는
선장과 조수 두 사람까지 28명이 다우선의 돛을 올리고 인도양을 향
해 나아갈 채비를 했다.

강의 양안에 울창한 열대 우림과 야자수 나무가 빽빽하여 남국의
정취가 물씬했다. 하늘은 맑고 강바람이 시원하게 불어 호텔에서 후
덥지근하던 기운을 씻어버렸다. 선장이 길게 뱃고동을 세 번 울렸다.
그 뱃고동 소리가 끝나자 수군의 복장을 한 선원이 소라 고동으로 출
항을 알렸다. 돛을 높이 올리고 순풍을 받으며 미끄러지듯 인도양을
향해 나아갔다.

한참을 항해하자 강의 양 기슭 정글 숲 사이에 커다란 별장들이 호

화스럽게 늘어서 있었다. 식민지 시절 영국 사람들이 살던 곳이라고
했다.

줄곧 나를 따라다니던 독일 청년들과 미국 처녀들은 한 팀이 되어
같은 테이블에 앉았다. 15개국의 다른 국적을 가진 사람들이 모여 있
었지만 동양인은 없었다. 그리고 나와 혜경이 가장 어른이었다. 청년
들은 우리에게 술을 권하기도 하고 예의 바르게 대했다.

시원한 인도양의 바람을 맞으며 맥주를 들며 매니저 아가씨가 건배
를 제의했다. 건배가 끝나자 선상은 갑자기 잔칫집처럼 어수선하게
돌아다니며 술을 마시기 시작했다. 6시가 넘어서자 석양은 강물을
붉게 물들이기 시작했다. 따갑던 햇살은 기운을 잃었고 인도양에서
시원한 바람이 불어왔다.

돛을 한층 높이 올린 다우선이 시원한 바람을 맞으며 미끄러지듯
나아갔다. 갈매기들이 돛대 위를 날며 따라왔다. 청년들이 던져주는
과자 부스러기를 날쌔게 낚아챘다. 청년들은 술을 마시며 남녀가 어
울려 갑판 위에서 몸을 흔들며 즐겼다. 우리는 지는 해를 바라보며
열대의 아름다운 정글과 인도양의 석양을 만끽하며 맥주 두 병을 비
웠다. 저녁 하늘에 하나둘씩 별이 나타났다. 맥주를 쉬지 않고 들이
키던 독일 청년이 미국 아가씨를 무릎 위에 앉히고 어슴푸레 지는 어
둠 속에서 진한 키스를 하며 애정을 쏟아냈다. 젊은이들이라 술에 취
하여 황홀해지는 마음을 추스르지 못하고 사랑을 나눴다. 다른 독일
청년과 미국 처녀는 계속 맥주를 마시며 각자 친구들의 모습을 물끄
러미 지켜보았다. 모두 취기가 올랐다. 취기와 어둠이 주는 황홀함을
억누르지 못하고 서로 짝을 맞춰 부둥켜안고 있었다.

젊은이들은 이 순간을 기다렸다는 듯이 야수처럼 눈을 뻔쩍이며

상대를 찾아서 빠른 몸놀림으로 뱃전을 휘젓고 다녔다. 아마도 이런 밤이 좋아 게스트하우스에 오랫동안 머무는 장기 투숙자가 많은지도 모를 일이었다. 어제 저녁에도 비를 맞으며 밤을 새워 풀장을 들락거렸던 친구들이 아닌가? 젊은이들에게 이성의 달콤함보다 더 좋은 것이 또 있으랴? 모두 비틀거리는 몸을 겨우 가누고 쌍쌍이 뱃전에 기대어 애무를 즐겼다.

구경하느라 정신을 팔고 있는 차에 맥주병을 들고 우리를 찾아오는 사람이 있다. 미국에서 온 30대 여성이었다. 서울 성동구에서 학원 강사를 지내 한국을 잘 아는 여성이었다. 지금은 케냐 나이로비의 보안 회사에 2년 계약으로 취직되어 있다고 했다. 그녀는 우리에게 한국에 관한 따뜻한 애정과 추억을 갖고 있다며 반쯤 취한 몸으로 술을 권했다.

이 여성이 지나가자 아침에 게스트하우스에서 생일 축하 풍선을 달고 사진 촬영을 했던 영국 데번에서 온 처녀들이 다가왔다. 어떻게 데번을 알게 되었는지 궁금해했다. 그리고 아프리카 여행을 마치고 왜 영국 데번으로 가려고 하는지 물었다. 자기들은 영국 데번 중에서도 타운 톤 근처에 살고 있다고 했다. 나는 처녀들에게 조지 기싱(George Robert Gissing)을 아는지 물었다. 모른단다. 그의 자서전 『The Private Papers of Henry Ryecroft』을 좋아한다고 말했다. 그가 말년에 살았던 곳이 데번이라고 알려주었다. 그가 항상 거닐며 명상에 젖었던 엑스터(Exeter)강을 트래킹하면서 조지 기싱을 생각해보고 싶다고 했다. 그제야 고개를 끄덕이며 데번 지역의 여러 곳을 소개했다. 그리고 솔즈베리와 스톤헨지도 방문할 것을 주문했다. 영국을 몇 번 들렀지만 남쪽 데번 지방은 처음이었다. 솔즈베리와 스톤헨

아프리카의 바람 소리

지를 꼭 방문하겠노라고 약속했다.

청년들은 상의를 벗어 버리고 시원한 바람을 맞으며 노래를 부르고 춤을 추기 시작했다. 소란스럽게 노는 모습을 목격한 경찰 순찰선이 다가와서 배를 세웠다. 배를 세우자 강가의 정글에서 새들이 퍼덕이며 울어댔다. 경찰은 선장에게 여러 가지 서류를 조사하고 조용히 배를 운행할 것을 촉구하며 떠나갔다. 경찰 순시선이 사라지자 청년들은 큰소리로 웃으며 일어서서 계속 춤을 추고 노래를 불렀다. 배는 완전 어둠 속에 잠기고 하늘에는 별들이 총총했다.

거울 같은 바닷물이 또 다른 하늘을 만들어 비췄다. 배가 물살을 가르고 지나가자 하늘의 별들이 뱃속으로 사라지며 부서졌다. 밤 갈매기들이 뱃전을 휙휙 소리를 내며 날아갔다. 뱃전에 가만히 누워서 하늘을 바라보았다. 수없는 별들이 각자의 빛을 발하며 보석처럼 박혔다. 간혹 정글 속을 날아다니는 밤새들이 커다란 날갯짓을 하며 퍼덕이는 소리가 들렸다. 폴란드에서 혼자 여행 온 처녀가 마스트에 올라가 밤하늘을 바라보며 노래를 불렀다. 노랫소리가 애절했다. 노래가 끝나자 박수치며 앙코르를 청했다. 처녀는 멋들어지게 한 곡 더 불렀다.

출발했던 항구로 돌아오자 정박한 요트에서 가느다란 불빛이 새어 나와 바다를 밝힌다. 밤 갈매기들만 항구를 날고 있을 뿐 지나가는 인적은 끊겼다. 툭툭이에 합승해 야자수가 출렁이는 해안 도로를 달려 밤 12시를 넘겨 호텔로 돌아왔다.

## 🜲
# 나이로비

　잠결에 주변에서 들려오는 꽝꽝거리는 음악 소리에 잠을 깼다. 해
는 이미 지고 저녁 7시였다. 몇 시간 동안 세상 돌아가는 줄 모르고
잠에 빠졌다. 초저녁이지만 벌써 나이트클럽에는 젊은이들이 삼삼오
오 떼를 지어 들락거렸다. 케냐에 들어와서 처음으로 도심의 밤을 맞
이했다. 나이로비(Nairobi)는 동아프리카 최대의 도시이자 아프리카
전체에서도 5대 도시 안에 들어갈 만큼 화려하고 발달된 도시이다.
호텔 건너편 2층, 나이트클럽에서 미니스커트와 가슴을 반쯤 드러낸
처녀들이 나이트클럽 앞에서 서성였다. 낮과 밤은 완전히 다른 색깔
을 가지고 있었다.

　저녁 9시였다. 호텔 문을 나서려고 하니 야간 경비가 위험하다며
나가는 것을 만류했다. 건전지를 사러 간다는 핑계를 댔지만, 지금쯤
모든 가게는 문을 닫았다고 했다. 그래도 난 밤의 나이로비는 어떨까
궁금했다. 쿵쾅거리는 나이트클럽이며 거리의 모습이 보고 싶었다.

　호텔 문을 나서자 거리는 가로등도 없고 모든 상점들은 문을 닫았
다. 간혹 식당에만 불을 밝히고 손님들이 들락거렸다. 낮 동안 전자
상가가 줄을 지어 성업하던 곳은 죽음의 도시처럼 조용했다. 삼성전
자와 삼성모바일 간판들이 거리를 도배하여 늘어서 있었지만 사람들
의 왕래는 없었다. 상가의 불이 꺼지고 철시한 거리의 모습은 으스스
했다. 귀가를 서두르는 사람들의 다급한 발자국 소리만 요란하게 들
릴 뿐이었다.

　방향을 돌려 나이트클럽이 있는 곳으로 갔다. 역시 이곳은 불이 훤

하게 켜져 거리를 밝히고 많은 젊은이들이 화려한 불빛 안으로 들어 갔다. 2층의 나이트클럽 안을 살짝 들여다보았다. 반라의 무희가 춤을 추며 허리를 비비 꼬았다. 담배 연기와 시끄러운 음악 소리로 숨이 막힐 듯했다.

다시 뒤돌아 나와 골목길을 걸어서 중심지로 나가 보려고 하는데 길모퉁이에서 두 젊은 아가씨가 나의 팔을 잡아끌었다. 얼굴과 입술에 짙은 화장을 한 창녀들이었다. 창녀는 나지막한 목소리로 나의 귀에 대고 조용히 속삭였다.

"Honey, come with me. I'll give you love, wonderful love, wonderful service, massage, honey, honey come with me. I'll give you some discount, honey please, come with me tonight."

나는 아가씨들에게 약간 흥분된 억양으로 "Never mind, leave me alone."이라고 말했다. 아가씨들은 애교를 부리며 호객 행위를 했다. 밤 골목은 어두워 길이 잘 보이지 않았다. 나는 이곳을 빨리 빠져나가지 않으면 낭패를 당할 수 있겠다는 생각을 하고 아가씨들이 잡은 팔을 강하게 뿌리쳤다. 앞쪽 골목에서 웅성거리던 남자들이 나를 향해 달려왔다. 골목 안쪽은 손님을 호객하는 40, 50여 명의 창녀들로 우글거리고 있었다.

나는 거의 뛰다시피 빠른 발걸음으로 처녀들에게서 떨어져 나왔다. 처녀들이 따라오는 발자국 소리가 들렸지만 뒤돌아보지 않고 밝은 식당이 있는 곳으로 나왔다. 등골에는 땀이 흘러내리고 모든 근육이 뻣뻣해졌다.

1998년 당시 나이로비 거리는 빈민들로 우글거렸고 시외버스 터미널 근처는 할 일 없는 청년들이 모여 소매치기, 협잡꾼, 사기꾼, 호객꾼, 강도 등의 오명으로 얼룩진 곳이었다. 도로는 비포장으로 비가 오는 날에는 흙탕물이 튀겨 신발이 흙투성이로 변했던 것을 기억한다. 도시 전체가 매연과 쓰레기, 자동차의 소음으로 뒤범벅이었다.

하릴없이 우글거리던 젊은이들은 말끔히 사라지고 사랑을 나누는 젊은이와 불빛 찬란한 나이트클럽이며 번들거리는 지동차들로 가득했다. 아프리카에 빠른 속도로 변화와 번영의 바람이 불고 있는 소리를 느꼈다.

<br>

# 나쿠루

나쿠루(Nakuru)를 향해 가는 도로변은 아름다운 초원으로 덮여 있었다. 초원마다 수많은 소떼들이 점점이 박혀 풀을 뜯었다. 마사이들이 소를 몰고 느릿느릿 이동하며 초원을 누볐다. 길가에 마사이 여인들이 감자, 옥수수 등 농산물을 진열해 놓고 팔고 있었다. 버스가 여인들 옆으로 다가가 섰다. 운전수도 감자를 사고 승객들도 감자와 옥수수를 사서 지붕 위에 실었다. 아름다운 보리밭과 밀밭이 펼쳐졌다. 조가비 같이 작은 마사이 집들이 사바나 초원에 여기저기 흩어져 있었다. 굽이치는 구릉마다 누런 소, 검정 소, 하얀 소, 소떼들이 초원을 메웠다.

나쿠루 시내에 도착할 때쯤 억수 같은 비가 쏟아졌다. 주차장에 도착하여 20분 이상 주차할 공간을 찾아 헤매고서야 겨우 손님들을 내

아프리카의 바람 소리

려놓기 시작했다. 지붕 위에 올려놓은 배낭이 흠뻑 젖어 제대로 들 수 없을 정도로 무거웠다. 작은 가방들도 비에 젖어 쇳덩이처럼 무거웠다.

혜경은 짐을 지키고 나는 호텔을 찾아 나섰다. 비를 맞아 생쥐 꼴이 되었다. 그래도 비를 맞고 걸으니 차 속에서 숨이 막혔던 것보다 훨씬 신선했다. 길가에 자리 잡고 있는 호텔에 들어가서 방이 있는지 물어보니 빈방이 있단다. 방을 들여다보니 괜찮았다. 짐을 가지고 오겠노라 말하고 다시 돌아와 흠뻑 젖은 배낭을 메고 호텔 계단으로 오를 때는 무거워 숨이 꽉 막혔다. 빌어먹을 여행! 뭐가 좋다고 이 고생이란 말인가? 혜경이 무겁다고 끙끙댔다.

거우 호텔 프런트에 도착하여 체크인했다. 호텔 방에 들어가 줄을 치고 물 묻은 옷들을 꺼내 줄에 널어 말렸다. 그런데 이게 웬일인가? 빨래를 널어놓고 앉아 있으려니 방 전체가 작은 바퀴벌레 소굴이었다. 바퀴벌레들이 개미처럼 기어 나오는데 소름이 끼쳤다. 침대 밑에도 천정에도 목욕탕에도 마치 벌집을 쑤셔 놓은 것 같았다.

빌어먹을 일진 더러운 날이었다. 물에 젖은 옷들을 다시 거두고 프런트로 달려가서 방을 바꾸어 달라고 하니 약을 뿌리라며 약을 주었다. 나도 모르게 "No!"라고 크게 소리치며 너나 약을 치고 자라고 소리를 질렀다. 직원을 데리고 올라와서 바퀴벌레가 기어 다니는 상황을 보여주었다. 그녀도 입을 벌리며 한 층 더 위에 있는 깨끗한 방을 같은 방값에 바꾸어주었다.

밤을 새며 몇 번이나 침대 밑을 들여다보며 바퀴벌레를 확인했다. 작은 바퀴벌레들이 이리저리 기어 다니는 것을 보며 신발 바닥으로 탁탁 쳐서 잡았다. 화장실 변기 아래 바퀴벌레들이 벌떼처럼 붙어 있었다. 아주 작은 새끼들이라 꼬물꼬물 기어 다니는 모습이 개미 같았다. 물을 뿌려 바퀴벌레 새끼들을 하수구 구멍으로 쓸어 넣었다. 녀석들이 물에 둥둥 떠서 구멍으로 들어가지 않으려고 안간힘을 썼다. 바퀴벌레를 소탕하느라 잠을 제대로 잘 수 없었다. 값싼 호텔이라 감수하는 수밖에 별 도리가 없었다.

어느 정치인의 말대로 "닭의 목을 비틀어도 새벽은 온다."라고 했다. 바퀴벌레들이 돌아다녀도, 빈대가 물어도 어김없이 밤은 지나가고 새벽은 오고 있었다. 비가 주룩주룩 내렸다. 우기가 한창이라 비를 피해 갈 수는 없는 모양이었다. 창문을 열고 길 아래를 내려다보니 수많은 사람들이 보따리를 들고 가방을 메고 시외버스 터미널로 모여들었다. 길 옆 배수로가 없는 도로는 금방 물이 넘쳐 사람들이 물속으로 걸어 다니고 차들이 물속을 달렸다.

호텔 경비원의 도움을 받아 오늘 나쿠루 국립 공원을 구경할 수 있도록 차량과 운전자를 소개받았다. 여행사에서 운행하는 픽업 차량은 너무 가격이 비쌌다. 일반 승용차로 가는 것이 경비를 절약할 수 있었다.

운전자가 자기 차를 몰고 호텔로 찾아왔다. 사람이 진솔하고 성실해 보였다. 적당한 가격에 흥정을 하고 9시에 출발하기로 하고 헤어졌다. 우리는 국립 공원 안에서 먹을 점심 도시락을 직접 준비했다.

비가 억수 같이 퍼부었다. 잘못하다간 오늘 구경을 망치는 것은 아닌지, 사뭇 걱정이 됐다. 호텔 아래 도로를 다니는 차량들의 바퀴가 반쯤 물에 잠긴 채 다녔다. 사람들이 다니는 인도에 커다란 파라솔을 세우고 구두 닦는 아이들이 늘어섰다. 비 오는 날에 무슨 구두닦이들이 아침부터 늘어선단 말인가. 의아해서 옆에 같이 구경하고 있던 경비원에게 물었다. 조금 있으면 비가 그칠 것이라고 했다. 비가 그치고 나면 젖은 신발을 말리기 위해서 구두닦이 소년들에게 몰려든다고 했다. 소년들은 가스 불을 피워 일단 신을 말리고 나서 구두를 닦는다고 했다. 11명의 구두닦이 소년들이 파라솔을 펼치고 앉아 비가 끝나기를 기다렸다.

경비원의 말대로 거짓말같이 비가 그쳤다. 도시를 휘감았던 구름이 비가 그침과 동시에 산 위로 빠르게 사라졌다. 수십 명의 사람들이 구두 닦는 소년들에게로 몰려들어 혼잡했다. 이내 구름이 몰려가고 해가 나오기 시작하니 날씨가 후덥지근해졌다. 준비한 도시락을 들고 9시에 운전자와 함께 나쿠루 국립 공원으로 향했다.

공원 입구에 도착하였다. 공원 입구 캠핑장에는 젊은이들이 야영하며 아침 식사 준비를 하느라 바쁘게 오고 갔다. 비에 흠뻑 젖은 텐트들이 즉 늘어져 있었다. 공원 입장료가 80달러였다. 24시간 체류 허가를 해주었다. 공원 밖으로 나오면 효력이 사라지니 구경을 다 하기 전에는 나올 수가 없다고 했다.

아카시아 나무가 우거진 숲속을 들어가니 정말 태초의 원시림 속으로 들어온 느낌이었다. 노란 임팔라들이 메뚜기처럼 톡톡 튀며 뛰는 모습이 신비스럽다. 20, 30미터 높이의 노란 아카시아 정글 아래로 푸른 초원이 부드러운 융단처럼 깔려 있었다. 초원 위에 동물들이 뛰노는 모습은 태고의 모습이었다.

햇살을 받은 노란 아카시아나무 줄기는 황금색을 띠었다. 뛰노는 가젤들도 황금빛이었다. 초록색과 황금색이 조화로웠다. 녹음 속에 울어대는 새소리가 신비함을 더해 주었다. 오케스트라 공연장을 방

붉게 하는 별별 새소리가 화음을 만들었다. 자연이 만든 경이로움 앞에 서서 소리의 미학에 흠뻑 빠졌다.

붉은 홍학을 잔뜩 기대하고 나쿠루호수에 도착했다. 1998년에 방문했을 때 호수를 뒤덮고 있었던 200여 만 마리의 홍학은 불과 몇 백 마리만 남아 물 위를 떠다녔다.

무슨 변화가 있었는지 운전자에게 물어보니 호수의 물이 불어나서 먹이를 구할 수 있는 면적이 줄어들자 이곳을 모두 떠났다는 것이다. 그러고 보니 옛날 초원이던 지역이 전부 물에 잠겨 있었다. 초원이 줄어들자 초식 동물들도 숫자가 많이 줄어들었다고 했다. 그중 가장 많이 줄어든 것은 얼룩말이었다.

그러나 반대로 들소는 개체 수가 엄청나게 불어나서 10여 년 전에 비해 2배 가까이 된다고 했다. 지구 온난화로 인하여 국지적 호우가 이곳에 많이 내려 수면이 상승했다는 것이다. 초원의 면적이 줄어들자 동물들이 산속으로 많이 이동했단다. 길가에 코뿔소 4마리가 꼼짝도 않고 누워서 일어나지 않았다. 30분을 기다려도 일어나지 않아 사진만 몇 장 찍고 곁을 떠났다.

호수 안에 죽은 나뭇가지들이 여기저기 물속에 잠겨 있었다. 호수 물이 불어나기 이전에 초원이었다는 증거였다. 초원에 수백 마리의 들소들이 육중한 몸을 서로 비비며 뒤얽혀 누워 있었다. 교미를 하는 녀석도 있고 암컷의 뒤를 따라다니며 이곳저곳을 헤매는 수컷들이 보였다. 멋지게 생긴 뿔을 흔들며 전력으로 초원을 질주하며 힘을 과시하는 녀석들이 많았다.

호숫가에 차를 멈추고 홍학들이 노는 모습을 바라보았다. 몸 전체가 분홍색을 띠고 있었지만, 특히 주둥이, 다리, 날개의 몸통 부분은 더 진한 분홍색이었다. 우아한 자세로 성큼성큼 호수의 낮은 수면을 걸어가며 먹이를 찾았다. 수십 마리가 동시에 하늘을 날아오르는 모습은 새의 귀족처럼 보였다.

한 무리의 들소들이 모여 있는 곳에 와서 창문을 열고 사진을 찍고 있노라니 성난 수컷 한 마리가 전력 질주로 차를 향해 달려왔다. 창문을 닫아버리자 거의 3미터 정도까지 다가와서는 멈췄다. 침을 줄줄 흘리며 화를 삭이지 못해 숨을 헐떡이며 머리를 허공에 흔들었다.

사진기 셔터를 마구 눌러대면서도 녀석을 예의주시했다. 운전자는 시동을 걸어 놓고 돌진해오면 도망갈 준비를 해두었지만, 차 엔진 소리가 녀석을 긴장시키는 것 같아 뒤로 물러섰다. 떠나는 우리를 향해 몇 발짝 더 따라오다 돌아섰다. 녀석이 공격하면 차를 뒤집을 수도 있다고 했다. 어마어마한 체중과 덩치를 가지고 있었다. 언제 야성이 발작할지 몰라 꽤 멀리 떨어져 갔다.

가젤, 임팔라, 얼룩말, 워터파크, 멧돼지들이 자기 몫을 챙기며 밀림을 오가는 모습을 바라보고 있노라니 나 자신도 원시인이 된 느낌이었다. 단연 압권은 정글 속을 메뚜기처럼 폴짝폴짝 뛰노는 황금빛 임팔라였다.

아카시아 정글을 빠져 나와 원숭이 언덕을 올라갔다. 영화 〈Out of Africa(1985)〉의 촬영지가 나타났다. 정글과 사바나가 조화를 이루고 멀리 호수를 내려다보는 장소였다. 원숭이 전망대에 올라서니 탁 트인 호수가 눈 아래 펼쳐지고 점점이 박힌 동물들이 초원을 어슬렁거리며 풀을 뜯었다. 지저귀는 새소리, 풀벌레 소리, 나뭇가지 부러지는 소리와 동물들이 퍼덕이는 소리가 끊이지 않고 들려왔다.

기린들이 서식하는 곳으로 왔다. 키가 5미터가 넘어 보이는 미끈미끈한 녀석들이 떼를 지어 정글 속에서 한가로이 먹이를 먹고 있었다. 임팔라, 가젤, 얼룩말 등 작은 동물들이 기린의 다리 아래서 마음 놓고 돌아다녔다. 차량이 2미터 정도 가까이에 접근해도 이 녀석은 사람을 내려다보며 눈만 껌뻑였다. 작은 귀, 작은 뿔, 오물거리는 입, 윤기 흐르는 기다란 목, 지체 높은 귀족 같았다. 손을 뻗어 다리를 만질 수 있을 정도로 가까이에서 그들을 지켜보았다. 기린과 내가 눈이 마주쳤다. 서로 눈을 피하지 않고 한참을 쳐다보았다. 눈동자는 정말 맑고 높은 곳에 있었다. 갑자기 서양인들을 태운 차량들이 몰려왔다. 기린을 보고 놀라워하며 할아버지, 할머니들이 소리를 지르며 연신 카메라 셔터를 눌렀다.

돼지 두 마리가 코를 힝힝대며 우리 곁으로 다가왔다. 참으로 이상하게 생긴 녀석들이었다. 머리에는 뿔이 나고 입에는 덧니가 양쪽으로 뻗어 있었다. 사람이 있다는 것도 아랑곳 하지 않고 둘이서 싸웠다. 싸우는 모습이 특이했다. 앞다리를 꿇고 주둥이로 밀어붙였다. 한 십분 정도 밀고 붙이고 하더니만 한 녀석이 숲속으로 줄행랑을 쳤다.

## 키수무

나쿠루를 떠나는 날이었다. 바퀴벌레와 싸우며 비몽사몽간에 일어났다. 몸이 근질근질했다. 일어나니 침대에서 바퀴벌레들이 기어 다니고 속옷에서 바퀴벌레가 기어 나왔다. 바퀴벌레 소굴에서 잠을 잤

아프리카의 바람 소리

다. 창문을 여니 주룩주룩 비가 내렸다. 여기에 도착한 이래 4일 동안 매일 오전에는 비가 내렸다.

케냐의 서단 빅토리아 호숫가의 도시 키수무(Kisumu)행 미니버스를 타고 떠났다. 해발 2,000미터가 넘는 곳을 계속 달렸다. 주변은 오랜만에 보는 침엽수림으로 가득했다. 고산지역 평원에 옥수수 밭이 가지런히 잘 정돈되어 뻗어 있었다. 옥수수밭 사이로 작은 농가들이 고즈넉하고 아름다웠다. 마을은 맑게 갠 하늘 아래 조용하고 평화로웠다. 침엽수림이 우거진 숲 사이로 이따금 거친 바람이 휩쓸고 갔다. 잘 익은 옥수수 붉은 수염이 바람결에 살랑살랑 나부끼고 광주리를 든 여인들이 옥수수를 따고 있었다. 한적한 시골 풍경은 언제나 마음을 편안하게 했다.

지구의 적도 근처를 지나지만 고산 지역이라 바람은 시원하고 상쾌했다. 버스는 계속해서 침엽수림이 우거진 산속을 올랐다. 냉기가 쏟아지고 상쾌한 숲 냄새가 폐부를 씻어내는 듯했다. 침엽수림을 지나자 이제 끝없이 펼쳐진 차밭이 나타났다. 잘 다듬어진 차밭이 줄을 지어 산등성이와 계곡을 따라 아름답게 펼쳐졌다.

케리초(Kericho)에 도착했다. 차 생산의 집산지였다. 도시를 중심으로 차를 재배하는 농장들이 사방으로 퍼져 있었다. 길거리에도 아낙네들이 마른 찻잎, 생 찻잎을 늘어 놓고 성시를 이뤘다. 도심 가운데 차를 가공하는 공장이 늘어섰고 차를 재배하는 농장에는 붉은 지붕을 가진 아름다운 집들이 녹차밭 안에 흩어져 있었다. 아마도 녹차밭에서 일하는 인부들이 거주하는 집 같았다.

영국인들이 케냐를 식민지로 다스릴 때 조성한 차밭으로, 유명한 영국의 홍차 회사들이 투자했다고 한다. 케냐에서 생산되는 검은 차는 맛이 고소하고 향이 좋다. 여기서 생산된 차들이 멋진 홍차로 가공되어 전 세계로 수출된다.

차밭에 세워진 노동자들의 숙소가 그림처럼 아름다웠다. 부드러운 여인의 허리 곡선처럼 능선을 따라 차밭이 등고선을 그리며 아름답게 펼쳐졌다. 버스가 케리초를 지나칠 때 도시 전체가 차 향기에 싸여 있었다. 대부분의 농민들이 차밭에서 일하는 사람들이었다. 차밭이 펼쳐진 케리초를 지나가자 고원 지대에서 사탕수수를 재배했다. 사탕수수 줄기를 실은 트럭들이 줄을 지어 지나갔다. 사탕수수 밭이 펼쳐진 고원을 지나자 강줄기가 보이고 벼농사를 짓는 들판이 나타났다.

빅토리아호수 연안 도시 키수무에 도착했다. 주차장은 비포장의 황토밭이었다. 많은 차들이 뽀얀 먼지를 둘러쓰고 있었다.


오토바이를 개조한 작은 툭툭이를 타고 시내에 있는 예멘(Yemen) 인이 운영하는 백패커 수퍼(Backpacker super) 게스트하우스에 짐을 풀었다. 호텔 입구에 도착하니 총을 든 경비가 철문을 잡고 서서 문을 열어주었다. 이곳은 몇 년 전 대통령 선거에서 부정 선거로 인하여 폭동이 일어난 진원지였다. 게스트하우스 주인은 예멘인이었다.

빅토리아호수가 보이는 방이었다. 호수를 보는 순간 감개가 무량했다. 지도상에서 아프리카의 눈알처럼 보였던 파란 호수가 손에 잡힐 듯 내 앞에 있었다.

약간 설레는 마음으로 빅토리아 호숫가로 나갔다. 호숫가에 판자촌 같은 가건물을 지어 놓고 허름한 의자와 탁자를 늘어놓고 선술집처럼 장사를 했다. 주변은 악취에 파리가 들끓고 여기저기 인분과 짐승의 오물들로 지저분하기 짝이 없었다.

아프리카의 바람 소리

얕은 곳에 차량을 주차하고 세차를 하고 있었다. 차량의 기름이 호수로 흘러들어가 호수 수면에 기름이 둥둥 떠다녔다. 야하게 화장한 여인들이 다가와 나를 끌고 집 안으로 들어가려고 했다. 식사를 하라는 등 마사지를 하라는 등 횡설수설 하며 사람을 유인하려 했다. 시원한 호수 바람이 불어왔지만 주변의 불결한 환경이 머물고 싶은 마음을 사라지게 만들었다. 녹슨 철로가 호숫가를 따라 길게 뻗어 있었다. 양철 지붕들이 녹슨 철로를 따라 나란히 길게 늘어져 있었다.

돌아오는 길에 인도인이 운영하는 슈퍼마켓에 들러 맥주와 저녁 식사 거리를 사서 게스트하우스로 돌아왔다. 게스트하우스 입구에서 예멘인 사장을 만났다. 내가 맥주를 한 잔 하겠냐고 물었다. 무슬림이라 술은 사양했다. 먼저 우간다로 가는 차편을 물어보니 친절하게 안내했다. 우간다로 가는 고급버스 이지 코치가 있단다. 내가 몇 번이고 "미니버스인가요?"라고 물어보니 아주 큰 대형 버스이고 에어컨이 있는 버스라고 했다. 그리고 내일 아침 버스 회사로 가서 표를 사겠다고 말했다. 치안이 불안한 곳이라며 저녁에는 가급적 외출을 자제하라고 했다. 이곳이 2007년 대통령 선거를 치른 후 일어난 폭동의 진원지라고 했다.

이지코치 버스 회사로 갔다. 생각했던 것 보다 훨씬 규모도 크고 현대화된 대합실이 마련되어 있었고 버스도 아주 안락하고 공간이 넓었다. 아프리카 여행이 시작되고 처음으로 만나보는 등받이에 목베개가 달려 있는 버스였다.

AFRICA

**05**

# 우간다

## 🜲
# 진자

국경을 넘어 우간다 진자(Jinja)로 가기 위해 게스트하우스를 나섰다. 예멘인 사장님이 따뜻하게 전송해주었다. 게스트하우스 앞에 주차하고 기다리던 툭툭이를 타고 이지코치 주차장으로 갔다. 차를 타는 방식이 비행기를 타는 방식과 꼭 같은 방법으로 운영되고 있어 손님들에게 참 편리했다. 대합실도 공항 못지않게 편한 의자를 배치해두었다. 특히 미리 짐을 체크인할 수 있어 편리했다. 배낭 4개를 미리 맡기고 짐 없는 자유의 몸이 되었다. 버스 터미널 뒤편에 있는 터스키즈(Tuskys) 대형 슈퍼마켓으로 들어가 오랜만에 짐 없이 자유로운 점심 식사를 즐길 수 있어 행복했다. 여행 출발 후 4개월 동안 짐에 눌려 한시도 자유롭지 못했다. 배낭을 벗어버리니 너무 편했다.

많은 사람들이 카트를 끌고 서양식의 슈퍼에서 쇼핑을 했다. 초원이 많은 관계로 소를 많이 사육하고, 그 덕에 육류의 가격이 일반 공산품이나 농산품에 비해 저렴했다.

케냐 흑인들의 체형은 비만형으로, 남성에 비해 여성의 비만이 심했다. 슈퍼마켓 안에서 숯불을 피우고 소고기를 바비큐하고 있었다. 옆으로 도저히 지나칠 수 없었다. 유행어처럼 몸이 바비큐 냄새를 기억하고 있었다. 매콤한 양념소스를 바른 넓적한 갈비 바비큐 두 조각을 사고 감자칩에 갓 구워 나온 구수한 빵과 콜라 한 병을 샀다.

행복하고 가슴이 벅찼다. 혜경과 나는 시원한 그늘에 자리를 잡고 앉았다. 이게 얼마만의 호사란 말인가? 나는 냄새를 차근차근 음미하며 그 부드럽고 구수한 갈빗살을 씹기 시작했다. 입안에 확 퍼지는

아프리카의 바람 소리

고소한 육즙이 혀 돌기에 부딪히는 순간 몸이 떨리는 전율을 느꼈다. 정말 행복했다. 한 입 한 입씩 씹으며 눈을 지긋하게 감은 채 살아있음을 감사하게 여겼다.

대형 몰 2층 여러 곳을 돌아보며 각 국에서 모여든 상품들을 구경하며 한가한 시간을 보냈다. 다시 옷을 진열한 곳으로 갔다. 입고 있는 바지가 18년을 입은 바지인데 이제는 더 이상 입을 수 없을 만큼 낡았다. 엉덩이와 무릎에 덧 베를 대고 여러 번 누벼 입었지만 이제 천이 삭아서 견디지 못하고 찢어졌다. 너무 정이 들어 버리지도 못하고 입었지만, 새로운 바지를 사고 헤어질 때가 되었다.

바지가 힘이 빠져 무릎이 너무 앞으로 튀어나왔다. 무릎이 나온 바지를 바라보면 고등학교 시절 교복이 생각났다. 고등학교 입학하던 때 어머니께서 교복 한 벌을 사주셨다. 그런데 어찌나 사이즈가 컸던지 일 년 내내 가랑이와 소매를 접어서 입고 다녔다. 그랬더니 2학년 때는 키가 많이 자라 1학년 때 접었던 부분을 풀고 다녔다. 접었던 부분에 하얀 선이 생겨있었다. 3학년이 되었다. 키가 더 많이 자라 바지가 짧아져 8부 바지를 입은 것처럼 보였다. 물론 소매도 짧아져서 언제나 팔목이 소매 밖으로 쑥 나와 있었다. 어머니의 요령대로 큰 치수 교복은 3년을 입을 수 있었다. 복숭아뼈가 훤히 내다보이는 짧은 바지를 입고 남녀 공학 학교를 다닐 때 바지 때문에 여학생들이 모여 있는 곳은 피해 다녔던 일이 기억났다.

가난이 싫었다. 밤을 틈타 남의 고구마 밭에 들어가 고구마 줄기를 뜯었던 일, 삭풍이 불던 겨울철 연료가 없어 벌벌 떨며 지냈던 일, 아침 거리가 없어 빈속으로 학교를 갔던 일, 감기에 걸려 냉방에 홀로 앉아 끙끙 앓아야 했던 일, 지금도 생생하게 기억하는 일 한 가지가 있다.

같은 동네에서 자란 친구와 자취 생활을 하며 학교를 다녔다. 그러던 어느 날 밤 친구의 어머니와 할머니가 오셔서 친구를 하숙시켜야겠다며 짐을 챙겨 밤중에 방을 나서는 모습을 바라보았을 때 나의 가슴은 얼어붙었다. 차가운 냉방에서 친구를 보내고 내일 아침 끼니조차 없이 밤을 지새우며 잠 못 이루었던 밤을 생각하면 이 바지를 마음 놓고 버릴 수가 없었다. 옷 가게를 아무리 살펴봐도 맞는 옷을 찾을 수 없어 다시 버스 터미널로 돌아왔다.

배낭을 버스 화물칸에 맡기고 수탁 화물 꼬리표를 받아 차에 올랐다. 공항 셔틀버스처럼 좌석이 넓고 편안했다. 아프리카 여행을 시작한지 4개월 만에 버스다운 버스를 처음 만났다. 정확히 2시가 되자 버스가 출발했다.

3시간 동안 이국의 농촌 풍경에 취해 시간 가는 줄 모르고 달렸다. 국경 마을 부시아(Busia)에 도착했다. 부룬디와 콩고, 우간다로 가는 많은 화물차들이 컨테이너를 싣고 국경을 통과하기 위해 국경선에 줄을 서서 기다렸다. 두 나라의 이민국은 불과 30미터 정도의 거리에 있었다. 지금까지 국경을 통과했던 나라 중에서 가장 편리하고 까다롭지 않게 출입국이 이루어지고 있었다. 국경을 넘나들 때 느끼는 긴장감이나 불안한 마음은 없었다.

사람들은 친절하고 절차는 간소하게 이루어졌다. 케냐 이민국에 출국 신고를 하자 바로 30미터 앞에 우간다 이민국이 있었다. 50달러의 입국 비자 비용을 지불하고 2개월짜리 체류 비자를 샀다. 지문을 채취하고 사진을 찍고 난 후, 이민국 직원은 입국을 환영한다는 인사와 함께 스탬프를 찍어주었다. 배낭은 버스에 둔 채로 아예 세관 검사 같은 것은 없었다.

아프리카의 바람 소리

입국 신고를 끝내고 밖으로 나오니 많은 환전상들이 호객을 했다. 1달러에 2,500우간다 실링의 환율로 100달러를 환전했다. 그리고 남은 케냐 화폐도 1실링에 25우간다 실링으로 환전했다. 타고 왔던 버스로 돌아오니 아직도 많은 사람들이 수속 중에 있었다. 국경을 넘는 차량 행렬이 1킬로미터 이상 늘어서 있었다. 대부분 화물차들로써, 케냐 몸바사에서 컨테이너를 실은 화물차들이 대부분이었다. 아프리카가 발전하고 있으며 발전 잠재력이 무한히 있다는 것을 실감케 했다.

버스 앞에 서 있으려니 할머니 한 분이 다가와 눈인사를 하며 어디서 왔는지 물었다. 자신은 영국에서 휴가차 왔다고 했다. 아예 케냐인 한 사람을 가이드로 고용하고 우간다의 캄팔라(Kampala)로 여행을 간다고 했다. 모든 수속 절차를 가이드가 대행해주고 있었고 할머니는 기다리고 있었다.

버스에 앉아 다른 사람들이 입국 수속을 끝내기를 기다리며 할머니랑 이야기를 나눴다. 영국 북동쪽 에든버러(Edinburgh)에서 왔다고 했다. 연세가 73세인데 혼자서 여행을 즐기는 모습이 멋졌다. 평생을 우체국 공무원으로 일하다가 지금은 연금 생활을 한다고 말했다. 남편은 취미가 달라 여행을 같이 떠나지 않았다고 하며 우리 내외가 함께 다니는 것을 보고 무척 부러워했다.

다시 출발하여 어둠이 찾아왔다. 먼 하늘에 하나둘씩 별이 나타났다. 밤은 저물어 가는데도 외국 땅을 달리는 긴장감도 없었다. 오늘 저녁 어디쯤에서 묵게 될 지도 모르지만 아무런 불안감도 없었다. 그저 차창으로 들어오는 시골의 향긋한 냄새에 취해 모든 것을 망각하고 그저 가고 있었다. 별도 가고, 나도 가고, 구름도 갔다. 별빛에 보이는 차창 밖의 모습은 펼쳐진 사탕수수밭뿐이었다. 에탄올을 생산해서 자동차 연료로 사용하기 위해 재배하는 사탕수수 농장이라고 영국 할머니를 가이드 하는 분이 알려주었다.

진자에 도착해 우리만 내리고 나머지 사람들은 수도 캄팔라를 향해 계속 갔다. 영국 할머니께 잘 가라는 인사를 하고 차에서 내렸다. 진자 로터리에 내리니 칠흑 같이 어둡고 비가 부슬부슬 내렸다.

갑자기 10대가 넘는 오토바이들이 우리를 에워쌌다. 나쁜 불량배들이 우리에게 위해를 가할 목적으로 둘러싸는 줄 알았지만 모두 택시들이었다. 버스에서 내리는 우리를 발견하고 앞 다투어 우리 곁으로 달려온 것이었다.

『lonely planet』 가이드북을 펴고 오늘 저녁 자야 할 곳을 핸드폰 전등을 비추어 찾았다. 빅토리아 호숫가의 트라이앵글(Triangle) 호텔로 정하고 택시를 타려고 시도했다. 오토바이 택시 운전사들은 이곳에는 자동차 택시가 없고 모두 오토바이 택시뿐이라고 말했다. 오토바이에 우리의 배낭 4개와 두 사람을 태울 수는 없었다. 오토바이 4대가 필요했다. 밤에 나타난 우리의 처지를 악용해 바가지 요금을 씌우려 했다.

갑자기 우리 주변으로 많은 사람들이 모여들었다. 심지어 미니버스를 타고 가던 승객들도 내려서 우리 곁으로 다가왔다. 벌써 20명이 넘는 사람들이 모여들었다. 지나가는 사람들이 보면 무슨 사건이라도 터진 줄 오해할 정도였다. 영어를 사용하는 한 젊은이가 내 곁으로 다가와 미니버스들이 많이 지나가는 길목에서 차를 잡아주겠다며 배낭까지 짊어지고 우리를 도와주었다. 청년이 우리를 돕자 택시 운전자들이 청년에게 야유를 보내며 항의를 했지만, 청년은 대꾸도 하지 않고 우리를 다른 곳으로 데리고 갔다.

아프리카의 바람 소리

길가에서 한참을 기다리며 청년은 지나가는 밴을 세워 우리의 사정 이야기를 하고 부탁하니 흔쾌히 허락하고 짐을 실어주었다. 청년의 도움으로 호텔을 찾아갈 수 있었다. 청년에게 작은 사례를 했지만 청년을 끝까지 사양했다. 아프리카에서 처음으로 양심과 친절을 만난 날이기도 했다.

빗줄기는 점점 굵어져 장대 같은 비로 변해버렸다. 어두운 골목길에서 운전자와 조수는 호텔을 찾아 헤맸다. 앞 유리를 닦는 브러시마저 고장이 나서 빗물을 닦을 수 없는, 그야말로 고물차였다. 길바닥은 파헤쳐져 덜컹거리고 비는 쏟아지고 운전자는 호텔을 찾지 못하고 가로등도 없는 빅토리아 호숫가를 몇 번이고 왔다갔다 애를 태웠다. 다시 GPS를 켜고 운전자에게 현재 우리의 위치를 파악하게 하고 호텔을 찾아가도록 했다. 1시간 여 동안 작은 도시를 샅샅이 찾아 결국 호텔을 찾아냈다. 시내와 아주 많이 떨어진 선박들이 드나드는 항구에 자리 잡고 있었다. 운전자에게 사례를 하고 그들을 보낸 후 호텔에 체크인하고 방을 배정받았다.

새벽 잠결에 갈매기 우는 소리와 사람들의 이야기 소리에 잠을 깼다. 여기가 도대체 어디쯤일까 비몽사몽간에 갈매기 울음소리가 계속 들려왔다.

창문을 열어젖히자, 눈앞에 펼쳐진 것은 열대의 정글과 정글 너머로 확 트인 빅토리아호수였다. 갈매기들이 수면 위를 날고 카누를 타는 서양인들의 모습이 보였다. 호텔 정원에 아름드리 고목나무들이 꽉 들어서 있었다. 잘 다듬어진 정원에 열대의 꽃들이 만발했다. 오른쪽으로 골프 코스가 잘 정돈되어 있었고 골프채를 든 배불뚝이 서양인들이 오갔다.

수면 위로 미끄러져 가는 그림 같은 카누를 보면서 이곳이 휴양지임을 알 수 있었다. 내가 묵은 방 바로 아래가 카누를 타러 내려가는 선착장이었다. 영어를 사용하는 백인 처녀들이 수영복으로 갈아입고 이른 아침부터 카누 선착장으로 내려갔다. 거울 같이 잔잔한 호수 위에 카누들이 오르락내리락 물살을 갈랐다.

호텔 앞 정원에 나일강 수원지로 가는 길이라고 팻말이 붙어 있었다. 팻말을 보는 순간 감개가 무량했다. 세계 최장의 나일강 하류 알렉산드리아에서 시작한 여행이라 이곳이 강의 최상류 점이라면 4개월에 걸쳐 강의 최상류 점에 닿았단 말인가? 지도를 내어 살펴보니 우리의 목적지인 남아공 최남단 희망봉의 반쯤에 와 있었다. 그렇다면 앞으로 4개월을 더 가야 희망봉에 닿을 수 있단 말인가?

체중은 벌써 10킬로그램 이상 빠졌고 기력은 많이 쇠진되었다. 그러나 그런 것은 안중에 없었다. 눈앞에 펼쳐진 열대의 싱싱한 정글과 아름다운 정원에 사로잡혀 마음은 날아갈 듯 즐겁고 가벼웠다. 호수와 열대림에서 날아드는 공기는 정말 상쾌하게 가슴 깊은 곳까지 스며들었다.

아침 식사를 하러 식당으로 내려갔다. 정글과 호수를 내려다보며 아침 식사를 즐길 수 있는 창 쪽으로 자리를 잡았다. 깨끗하고 깔끔하게 차려진 뷔페가 준비되어 있었다. 이미 먼저 온 미국인 그룹이 우리와 나란히 창 쪽에 앉아 즐겁게 담소하며 식사를 했다. 그들이 인사를 건넸다. 퇴직한 의료 봉사단이라고 소개했다. 여기서 일주일간의 휴가를 즐기고 오늘 캄팔라로 돌아간다고 했다. 이들은 미국 테네시에서 우간다로 의료 봉사 활동을 위해 의사와 간호사로 구성된 은

아프리카의 바람 소리

퇴한 의료진들이었다.

　호텔에서 나와 부자갈리(Bujagali) 야영장에 도착했다. 이미 각국에서 몰려온 많은 젊은 여행객들이 텐트를 치거나 도미토리 숙소에서 생활하며 카약이나 카누를 즐겼다. 우리는 일인당 5달러의 캠핑장 사용료를 내고 나일강이 내려다보이는 전망 좋은 곳에 텐트를 쳤다. 더운물로 샤워할 수 있고 전기를 마음대로 사용할 수도 있었다. 와이파이가 잘 되어 인터넷 사용이 가능했다.

　열대 정글이 우거져 있었고 각종 열대 꽃들이 피워 남국의 정취를 물씬 느끼게 하는 조용하고 아늑한 캠핑 휴양지였다. 잘 다음어진 잔디밭에 텐트를 치고 누워 있으니 텐트 위쪽은 아름드리나무가 그늘을 만들어주었다. 원숭이 새끼들이 나뭇가지를 타고 여기저기 돌아다녔다. 울창한 정글 숲속 언덕에 카페가 있었다. 카페 벤치에 앉으니 나일강 상류와 빅토리아호수가 만나는 천혜의 자연 경관이 눈앞에 펼쳐졌다. 커피 한 잔을 들며 석양이 드리운 아름다운 나일강을 바라보노라니 형언할 수 없는 감회에 젖었다. 세계에서 제일 긴 강 나일의 시작점을 보기 위해 그렇게도 힘들고 먼 길을 달려오지 않았던가?

　강의 끝점과 시작점의 모습이 너무나 달랐다. 여행을 시작할 무렵 지중해로 흘러드는 나일강 최하류의 강물과 삼각주를 보았다. 그곳은 거대한 사막으로 둘러싸인 곳이었다. 강이 시작하는 이곳은 사막과는 정반대로 열대 정글이고 거대한 호수였다. 이곳까지 오면서 중간중간 여러 번 나일강을 만났다. 이제 더 갈 곳 없는 최상류 강의 발원지에서 강물에 손을 담그고 발을 담갔다. 원시림에 새들만 퍼덕이고 울어댔다. 작은 나뭇가지 하나를 강물에 놓았다. 6,700킬로미터나 떨어져 있는 알렉산드리아에 닿으려면 얼마나 많은 시간이 걸릴까?

오후가 되니 많은 캠핑객들이 들어왔다. 제일 먼저 만난 차량은 스웨덴산 덤프트럭을 개조하여 버스처럼 만들었다. 그리고 트럭 앞 유리에 'Capetown ⇔ Cairo'라고 쓴 글씨를 붙였다. 영국에서 출발한 사람들로, 주로 부부이거나 가족이었다. 20명의 인원으로 구성되어 아프리카 남단 케이프타운을 출발하여 4개월에 걸쳐 이집트 카이로까지 간다고 했다. 그곳에서 다시 육로로 유럽을 거쳐 영국까지 가는 여행객들이었다. 식사 당번을 정해서 공동으로 취사 활동을 하고 있었다.

트럭 여행을 주관하는 회사에서 제공하는 꼭 같은 모양의 전천후 텐트를 설치했다. 비용이 얼마인지 물어보니 한 사람당 5,800파운드를 부담한다고 했다. 트럭 옆면에 사물함을 만들어 텐트를 비롯해서 개인 사물과 배낭을 넣을 수 있도록 차량이 개조되어 있었다. 바퀴가 큰 덤프트럭이라서 아프리카 험한 길 어디라도 갈 수 있었다. 특히 동물 사파리 여행에 편리하도록 창문을 마음대로 개폐할 수 있도록 설계되었다. 비상식량 저장고, 기름, 물 등 여러 가지 비상 상황에 대처할 수 있는 시설을 갖추고 있었다. 이곳 사람들에게는 일반화되어 있었고 이런 여행을 트럭킹(Trucking) 여행이라 불렀다.

저녁이 되자 이번에는 뉴질랜드 국적의 가족들과 주로 실버들로 구성된 트럭 한 대가 들어왔다. 여행객 중에는 81세의 노익장도 있었다.

밤이 저물어 갔다. 강에서 고기를 잡는 어부들이 밝히는 불빛이 깜빡이고 있었다. 맥주를 마시며 세계 각처에서 몰려든 여행객들 틈에 끼어 나일강 어부들이 밝히는 불빛을 바라보며 앉아 있었다.

뉴질랜드에서 온 81세의 노익장 영감님이 내 곁으로 다가왔다. 나도 머리가 허옇고 흰 수염이 자랐다. 서로 인사하고 맥주 한 잔을 권하니 흔쾌히 잔을 받았다. 뉴질랜드에서 공무원으로 일했으며 부인과 사별하고 더욱더 건강해지기 위해 여행을 다닌다고 했다. 트럭킹 여행이 힘들지 않느냐고 물었더니 팔을 걷어 올리고 이두박근, 삼두박근을 보여주며 허허 웃었다.

"히말라야 에베레스트 산도 올라가겠습니다."

"내가 100살이 되는 해에 생일 기념으로 에베레스트 산에 올라갈 거예요. 미스터 킴, 같이 가겠어요. 허허."

"예, 충분히 올라가실 수 있을 겁니다."

"부부끼리 여행 다니는 것 보니 정말 부럽소."

"새 장가가실 생각은 없습니까? 아까 보니 일행들 중 예쁜 숙녀들이 많이 계시던데."

"마음에 드는 여자들이 여럿 있어요. 그런데 힘이 들어요. 말을 잘 듣지 않아요. 이것저것 일만 시킨다오."

"내일은 뭐 하실 겁니까?"

"내일은 일행들이랑 래프팅(Rafting)을 갈 겁니다. 우리 조의 선두 조장을 맡았어요."

"내일은 래프팅 하면서 예쁜 여자분에게 데이트 약속을 받아오셔요."

영감님과 나는 맥주를 주거니 받거니 몇 잔을 들면서 차츰 취기가 올랐다. 영감님은 내 곁으로 다가와 지갑 속에 꼭꼭 숨겨진 것을 꺼내 보여주었다. 여행을 출발하기 전 이것을 꼭 사용하게 되기를 바라는 마음으로 준비했다며 귓속말로 나에게 속삭였다. 미국 제품 '비아그라' 두 알이었다. 나는 영감님의 준비성에 놀랐다. 그 두 알을 사용할 기회가 오기를 바란다며 하이파이브로 화답했다. 나는 웃음을 머금고 영감님의 성공을 위해 건배를 제의했다. 영감님의 얼굴은 환하게 밝아졌고 모험과 젊음을 갈구하는 노인의 눈빛에서 광채가 흘렀다.

갑자기 소나기가 쏟아지기 시작했다. 주변 사람들이 열린 텐트 문을 닫기 위해 텐트로 돌아가기 시작하고 영감님도 굿나잇 인사를 남기고 떠났다. 갑자기 비가 억수 같이 퍼부었다. 나일강에 명멸하던 어부들의 고기잡이 불빛도 하나둘씩 사라졌다. 빗속에 휩싸인 나일강은 온통 어둠뿐이었다.

취기가 올라 나도 모르게 노래를 흥얼거렸고 앞자리에서 술을 마시던 남아공 출신 중년 부부가 박수를 쳤다. 빗줄기는 더욱 거칠어졌다. 맥주잔을 기울일수록 밤의 정취는 더 깊어갔고 마음은 허공을 치닫고 있었다. 텐트를 단속하고 돌아온 여행객들이 밤의 흥취를 놓치지 않고 열기와 취기를 더해갔다.

흑인 바텐더는 빠른 템포의 노래를 흘러 보내고 대형 스크린에 야한 무희들이 등장하며 현란하게 춤을 췄다. 대형 스크린에서 무희들의 몸놀림이 사람들을 자극한 탓인지 맥주잔을 들고 자기 자리에서 일어섰다. 비는 장대 같이 퍼붓고 열대 정글 숲이 우거진 바에서 성도, 이름도 모르는 사람들이 스크린 무희를 따라 몸을 흔들었다. 스크린에 한국 가수 싸이의 〈강남스타일〉 노래가 흘러나오자 사람들의 흥은 절정에 달했다. 모두 스크린을 따라서 말 춤을 추며 '캥남 스타일, 캥남 스타일'하며 어설픈 우리말로 따라 불렀다. 사람들의 시끄러운 대화와 스크린 영상의 음악은 거의 소음에 가까울 정도로 혼탁했다. 바텐더까지 신바람이 나서 몸을 흔들었다. 50여 명의 남녀노소는 연령과 국적에 관계없이 그저 마시고 소리를 질렀다.

　　　　　　　　　　　　　　　　아프리카의 바람 소리

나는 주변 사람들과 눈인사를 하고 텐트로 돌아왔다. 억수 같이 퍼 붓는 빗속에서도 텐트 안은 포근하고 아늑했다. 나무에서 잠자던 새 들이 퍼덕이며 날갯짓하는 소리가 들렸다. 인간들이 떠들어대는 소리 에 녀석들이 숙면을 하지 못했다. 원숭이들이 찍찍거리며 왔다갔다 소리를 질렀다. 텐트 지붕을 두드리는 빗소리가 드럼 소리처럼 들렸 다. 취기에 몸과 머리를 제대로 가누지 못하고 침낭에 파묻혀버렸다.

이른 아침 오토바이 택시를 타고 빅토리아 언저리에 있는 나일강 발원지를 찾아갔다. 입장 티켓을 사서 안으로 들어갔다. 빅토리아호 수가 내려다보이는 언덕에 나일강의 공식 발원지임을 알리는 기념탑 이 있었다. 거기에는 2007년 11월에 공식적으로 나일강 발원지로 확 인하였음을 알리는 문구가 있었다.

선착장으로 내려가니 강 안을 크루즈하는 여러 척의 배가 손님을 기다리고 있었다. 오른쪽 언덕에 간디의 흉상이 세워져 있었다. 뜻하 지 않았던 간디의 흉상을 발견하고 그곳으로 가서 자세히 내용을 살 펴보니 그는 살아생전에 이곳에서 나일강을 따라 래프팅한 경험이 있었다. 흉상은 인도 정부가 헌정한 것이고 흉상 아래 그의 출생과 사망한 날이 기록되어 있었다. 흉상 옆에 바로다 은행(Bank of Baro- da)에서 기증한 간디의 일생을 간략하게 소개한 기념 표시판이 있었 다. 그의 유언에 따라 그의 유골을 이곳 나일강 상류 발원지에 뿌린 것이었다. 1948년 1월 기도회장으로 들어가다 암살되기 전까지 그가 부르짖던 사상이 간략하게 소개되어 있었다. 비폭력, 진실, 사랑과 동 포애로 일관하면서 민족의 독립과 부족 간의 화합, 빈곤 퇴치, 경제적 자립, 여성 권리 신장, 독립운동을 일관되게 비폭력 운동으로 저항했 던 그의 사상과 업적이 기재되어 있었다.

크루즈 선박의 선원이 달려와서 우리를 놓치지 않았다. 우리에게 빅토리아호수와 강이 만나는 곳에 진짜 발원지가 있다며 우리를 설득하며 꼬드겼다. 진짜 발원지라는 말이 황당하게 들렸지만, 빅토리아호수 안을 한번 돌아보고 싶었다.

가격을 흥정하고 배에 오르자 시원한 강바람에 기분이 상기되었다. 사공은 속도를 높이며 배를 최대한으로 강기슭에 근접해서 빅토리아호수로 거슬러 올라갔다. 강기슭의 나무들이 하얗게 새똥을 뒤집어쓰고 있었다. 수백 마리의 갈매기들이 떼를 지어 날아다니다 나무에 앉아서 배설물을 쏟아냈다. 금시라도 나무가 하얗게 변했다. 고기 잡는 어부들이 그물을 던지면서 손을 흔들었다.

시멘트 콘크리트에 둥글고 파란 철판으로 만든 발원지 표지판이 세워져 있었다. '나일강 발원지, 진자, 세계에서 제일 긴 강 나일'이라고 쓰여 있었다. 사공은 수원지 표지판을 지나고 이제 거세게 물결이 일어나는 빅토리아호수의 안쪽으로 배를 몰고 갔다. 호수에 들어서자 바다 같이 넓었다. 이제 점점 안으로 들어가니 진짜 항구가 나타났다. 탄자니아로 가는 배들과 화물을 선적하거나 하역하는 화물선 모습이 보였다.

뱃전에서 손을 뻗어 빅토리아호수의 물에 손을 담가보았다. 지도상에서 보았던 파란 눈동자 같이 생긴 호수, 동부 아프리카 한가운데 자리 잡은 세계 두 번째로 큰 호수에 손을 담갔다.

갑자기 강물에서 나일 악어처럼 생긴 커다란 도마뱀이 머리를 치켜들고 우리 배를 따라 함께 헤엄쳤다. 소름이 돋았다. 물속에서 괴물을 만난 것처럼 섬뜩했다. 나는 배의 속력을 좀 더 울려 보라고 사공에게 주문하지만, 배는 더 이상 속력을 내지 못했다. 사공은 이곳에

아프리카의 바람 소리

많은 위험한 동물들이 살고 있다고 말했다. 수영을 할 수 없는 강이라고 했다. 나일 악어, 나일 도마뱀 등이 먹잇감을 노리고 있다고 했다. 사공은 여기서 지금 출발한 물이 3개월 후면 이집트 지중해 알렉산드리아에 도착하는데, 중간에서 증발하거나 사라지고 5퍼센트 정도만 강의 하류 알렉산드리아에 도착한다고 했다.

<br>

# ✿ 캄팔라

미니버스를 타고 우간다의 수도 캄팔라(Kampala)에 도착했다. 낡은 승용차를 잡아타고 레드 칠리(Red Chilly) 캠핑장을 향해 출발했다. 승용차 트렁크 문이 열리지 않아 뒷좌석에 짐을 실었다. 도로에서 시동이 두 번이나 꺼졌지만, 운전자는 다시 시동을 걸었다.

레드 칠리 캠핑장에 도착하니 날이 저물기 시작했다. 유럽에서 온 백패커들과 트럭킹 하는 사람들이 캠핑장을 가득 채웠다. 우리는 잭 프루트(Jack fruit) 고목나무 아래 텐트를 쳤다. 풀장도 있고 숲과 잔디가 잘 다듬어져 있었다. 텐트를 치고 런치 테이블 하나를 텐트 앞에 놓으니 멋진 캠핑 준비 완료였다.

내 뒤편에는 이스라엘 청년이 혼자서 텐트를 치고 있었다. 이곳에서 벌써 2주일째라고 했다. 한국에서 왔다고 했더니 한국에 가고 싶다며 북한에 대해서 나쁜 감정을 털어놓았다. 나중에 알고 보니 이 이스라엘 청년은 카사노바였다. 잘생긴 미모에 털복숭이인 녀석은 핸

섬하고 잘생긴 미모를 앞세워 밤마다 파트너를 바꿨다. 낮에는 하루 종일 텐트 안에서 잠만 자고 밤이면 매일매일 흘러들어오는 유럽의 젊은 신출내기 처녀들을 꼬드겨서 같이 지내곤 했다. 파트너를 구할 걱정은 없었다. 여행하는 처녀들의 숫자가 남자들보다 월등히 많았다. 외로움에 지친 나 홀로 여행객들은 이 카사노바 청년이 작업을 걸면 십중팔구 걸려들었다.

별들이 거침없이 쏟아지고 시원한 저녁 바람이 불어왔다. 텐트마다 멋진 등불이나 조명을 밝혔다. 숲속에 어우러진 밤의 요정들이 사는 도시에 앉아 있는 듯했다. 카운터에서 맥주 두 병을 사서 혜경과 한 잔씩 캄팔라 입성 축배를 들었다.

한밤중이 되어서 옆 텐트의 주인이 나타났다. 여행을 떠난 후 처음으로 만나는 흑인 여성의 텐트라는 것을 알고는 놀랐다. 처녀의 텐트 옆에는 자전거 한 대가 나무에 매여 있었다. 그녀는 우리 곁으로 다가와 손을 내밀며 악수를 청했다. 30대 처녀였다. 내가 어느 나라에서 여행 온 사람인지 물었다. 처녀는 이웃 나라 르완다에서 왔다며 자기 이름을 덴세 텐시레라고 소개했다.

처녀는 슬프고 가슴 아픈 상처를 가지고 있었다.

"내가 가진 것은 이 텐트와 자전거 한 대가 전부예요. 흑인이 텐트에 살고 있어 놀랐지요. 저는 글을 쓰는 작가예요."

"무슨 글을 쓰시죠? 소설을 쓰나요? 아니면 여행기를 쓰나요?"

"둘 다 아니에요. 저는 저의 가족의 이야기와 저의 부족에 관한 이야기를 쓰고 있습니다. 저는 르완다의 대학살에서 살아남은 투치족 사람입니다. 저는 대학살 당시에 6살이었는데 그때 우리 가족은 모두 죽었어요. 후투족 민병대들이 집에 들어와서 칼과 곤봉으로 우리 가족을 죽이고 있었어요. 저는 밖에서 놀다가 민병대들이 우리 집으로 들어가는 모습을 보고 뒤에 따라 들어오다 아버지, 어머니가 처참하게 살해되는 모습을 담 뒤에 숨어서 보았어요. 민병대들이 4살짜리 제 동생을 돌담에 몇 번을 내동댕이쳐서 죽이는 것을 봤어요. 나는 울 수도 말을 할 수도 없었어요. 민병대들은 움직이는 엄마와 아버지를 마구 칼로 찌르고 몽둥이로 내려치며 죽음을 확인했어요. 마당은 피가 낭자하고 담 벽에는 죽은 동생의 시체가 붙어 있었어요."

"당시 부모님은 공무원이거나 아니면 경찰이나 군인이었나요?"

"아니에요. 우리 어머니와 아버지는 키갈리 근처의 농촌에서 농사를 지으며 살아가는 농부였어요. 정치적으로 아무런 관계가 없는 순수한 농민이었어요. 우리 가족을 죽인 사람들은 다른 동네에 사는 후투족 사람들이었어요."

"그럼 아는 사람들이었어요?"

"부모님을 죽인 사람들은 서로 아는 사람들이랍니다. 저는 그래서 이러한 사실을 글로 써서 세상에 알리고 싶어요. 그래서 낮에는 이곳에서 아르바이트를 하고 저녁에는 여기서 글을 쓴답니다. 지금까지는 르완다에서 난민촌과 고아원을 전전하면서 어린 시절을 보냈지만 작년 10월에 우간다로 와서 이곳에서 생활하고 있습니다."

나는 이 처녀의 순수한 꿈이 이루어지길 바랐다. 처녀는 가슴에 엄청난 비극을 간직하고 있었지만, 정부에 대한 비판이나 세상에 대한 원망은 일체 없었다. 그저 아픔의 상처를 딛고 덤덤히 받아들이고 있었다. 선진국이나 유엔의 부실한 대응에 대한 불만도 없었다. 그저 역사적 사실로 간주하고 아픔을 세상에 알려야겠다는 사명감으로 글을 쓰고 있었다.

우리가 르완다를 거쳐서 부룬디, 탄자니아로 내려가는 여행을 계속할 것이라는 이야기를 듣고 수도 키갈리에 가면 꼭 '제노사이드 메모리얼(Kigali Genocide Memorial)'에 들려달라고 부탁했다. 나는 그녀가 부탁하지 않아도 키갈리에 가면 제노사이드 메모리얼에 들러서 어린이 기념관에 있는 '네이비드(David)' 소년 코너를 찾아볼 계획이라고 말했다.

여행을 떠나기 전 '테드(Ted)' 홈페이지의 영국 전 수상 고든 브라운(James Gordon Brown)의 강연에서 르완다 대학살 이야기를 들었다. 당시에 유엔이 개입하지 않아 엄청난 인명 피해가 발생한 것을 설명하는 과정에서 데이비드 소년의 일화가 소개되어 꼭 방문하리라는 생각을 가지고 있었다.

르완다 고등 판무관 사무실로 가서 비자 신청을 해야 했다. 시내까지 버스로 가서 다시 오토바이 택시를 타고 조용한 주택가에 자리 잡은 고등 판무관 사무실로 갔다.

이미 중국인 여자가 먼저 와서 대기하고 있었다. 그녀는 중국 사람들에게 비자를 잘 발급해주지 않는다며 불만이 많았다. 비자 신청을 위해 몇 가지를 질문하는 과정에 여자 직원이 너무 무례했다. 서류를 던져버리는 것은 예사고, 견본 양식을 슬쩍 보이고는 가지고 가버렸다. 비자 신청 서류와 르완다 초청 서류를 요구했다. 비자 신청 서류는 양식이 있어 문제될 것이 없었지만 방문을 초청한 사람의 초대장이 있어야 한다고 우겼다.

우리는 초청장을 보내줄 사람이 없었다. 단순 여행객인데 누가 초청을 해준단 말인가? 하여튼 초청장을 만들어 오라고 했다. 초청장의

　　　　　　　　　　　　　　아프리카의 바람 소리

양식에 관해 묻자, 답하는 과정이 너무나 불성실하고 불친절했다. '너 지금 우리나라에 무엇하러 가려고 하느냐? 귀찮아 죽겠다. 나 가만히 있어도 월급 주는데 너 왜 나를 괴롭히느냐?'라는 식의 태도였다.

"양식이 있으면 보여달라. 아니면 내가 서술 형식으로 써서 신청 서류에 첨부해도 되느냐?"

그녀는 내 말에 서류를 창문 너머로 밀어버렸다. 이제 나도 더 이상 참을 수 없었다. 소리를 질렀다. "아주 어린 사람이 외국인에게 좀 상냥하고 친절하면 안 되겠어?"라고 하면서 그녀가 집어 던진 서류에 적혀 있는 글자와 종이를 사진기로 촬영했다. 그리고 여직원의 얼굴도 사진을 찍었다.

그리고 다른 나라 청년과 이야기를 하는 과정에서 여직원은 화를 내며 문을 쾅 닫고 나가버렸다. 나는 이러한 사실을 목격하고 이제 이 무례한 여직원의 행동을 간과해서는 안 되겠다고 생각했다. 다시 문을 쾅 닫고 들어오기에 고등 판무관을 만나야겠다고 소리를 쳤다. 그리고 이것이 너희 나라의 초청장 양식이라면 양식을 시정해달라는 민원을 르완다 외무부 장관 앞으로 메일을 보낼 것이며, 그리고 직원 교육을 해서 친절한 서비스를 제공할 것을 부탁하는 내용도 보내겠다고 했다. 그러나 지금은 당장 당신의 상관인 고등 판무관을 만나고 따지겠다며 언성을 높였다.

뒤도 쳐다보지 않고 2층에 있는 고등 판무관 사무실로 올라갔다. 고등 판무관을 만나서 자초지종을 이야기했다. 그리고 여러 가지 민원 사항을 제기하겠다고 말을 했다. 고등판무관은 A4 용지 몇 장을 들고 아래층으로 내려와서 여자 직원을 불렀다. 설명을 듣고는 자기가 직접 초청장을 써서 서명하고 여직원에게 서류 접수를 지시하고는 나에게 미안하다는 말을 하며 악수를 청했다.

30대 후반의 아주 젊은 고등 판무관은 차를 준비시키고 차를 들면서 자기 나라에 방문하게 된 것을 환영한다며 나라의 어려운 여건을 낱낱이 말하고 편안한 여행이 되길 바란다며 무척이나 공손하게 대했다. 내가 젊은 나이에 어떻게 빨리 대사님이 되었느냐고 묻자 자기 나라의 대사들 대부분이 3, 40대 초반이란다. 에이즈로 인하여 나이 많은 사람들이 거의 사망하고 고급 관료나 외교관 대부분이 연령이 아주 어리다고 설명했다.

젊은 여직원의 관료주의에 젖은 목에 힘을 주며 불친절하고 불성한 태도에 황당하고 실망스러웠지만 젊은 고등 판무관의 공손한 설명에 마음을 진정시키고 서류를 작성하여 접수시켰다. 1인당 비자 수수료 30달러씩을 시내에 있는 은행에서 납부하고 돌아와 납부 영수증을 제출했다. 대사와 헤어질 때 그는 한 사람의 행동을 보고 전 국민을 판단하지 말기를 바란다며 웃었다. 나도 웃음으로 답했다.

나오는 길에 여직원은 태도를 바꾸어 친절하게 전송해주었고 72시간 내에 비자를 발급해야 하는 원칙을 지키겠다고 말을 건넸다. 나도 소리를 질러 미안하다고 사과했다.


전기스토브에 연결할 긴 전선과 전기 장판에 연결하는 전기 코드를 사러 시장 안으로 들어갔다. 전선을 사고 돌아오는 길 아래쪽 철로를 따라 빈민촌이 늘어서 있는 것을 보았다. 철길을 따라 들어가는 나를 보고 길 가던 사람들이 빈민촌으로 들어가는 것을 만류했다. 치안이 극도로 불안하여 낮에도 살인 사건이 일어나기도 하고 경찰도 그곳에는 가지 않는다고 했다.

아프리카의 바람 소리

철로가 마을 가운데 길게 뻗어 있었고 양쪽으로 양철 집들이 수없이 늘어서 있었다. 나는 언덕길을 내려가 철로가 있는 곳으로 걸어갔다. 어느 도시나 마찬가지로 음산한 도시의 뒷골목은 들개들이 돌아다니듯이 이곳도 예외는 아니었다. 들개, 도둑 고양이, 쥐들이 우글거리는 골목이었다.

철로를 따라 마을 길에 접어들었다. 쾨쾨한 악취가 코를 진동하며 풍겨왔다. 사람과 동물의 변이 여기저기 널브러져 있었고 그곳을 뒤지는 들개들이 이빨을 드러내고 돌아다녔다. 마을 안으로 들어가니 길게 뻗는 철로를 따라 잡상인들이 늘어서 있었다. 바나나 잎이나 신문지 종이를 땅바닥에 펴고 헌옷, 신발, 사탕수수, 채소, 과일 등 잡다한 물건들을 팔고 있었다. 특히 세계 각처에서 몰려온 구호물자들을 펼쳐 놓고 자기들끼리 사고팔았다. 한국말로 적혀 있는 옷도 있고 심지어 어느 야구단의 유니폼도 걸려 있었다. 주로 한국과 일본 등지에서 들어온 옷이 많이 보였다. 특히 세계 각처에서 몰려든 헌 신발들을 산더미처럼 쌓아 놓고 팔고 있었다.

참 웃기는 장면을 목격했다. 어떤 여인이 아들을 데리고 와서 신발을 골라 사는데 신발 더미 속에서 꼬마가 마음에 드는 오른쪽 한 짝을 골랐는데 왼쪽 신발 한 짝은 찾을 수가 없다. 아무리 뒤적거려도 어디쯤에 왼쪽이 있는지 찾지 못하자 꼬마는 다른 왼쪽을 하나 골라서 사겠다고 했다. 왼발, 오른발의 신발이 모양도 크기도 색깔도 달랐지만, 신발을 사서 아이가 신고 갔다. 한편으로는 마음이 아팠지만 다른 한편으로는 한 번에 두 종류의 신발을 동시에 신어보는 즐거움도 있으리라. 아이와 엄마는 짝짝이 신발을 신고 철로를 따라 어디론가 사라졌다. 신기한 나머지 신발 가게에 들려 여러 가지 신발의 짝을 한 번 맞추어보니 대부분의 신발이 짝이 없었다.

철로를 따라 마을 길로 더 들어가니 카사바, 바나나를 구워서 팔았다. 구운 바나나 하나를 사서 먹어보니 밤처럼 맛이 좋았다.

이제 철로를 벗어나서 마을 한가운데로 들어갔다. 양철로 벽과 지붕을 만들고 창문도 없는 집들이 집과 집 사이에 조그만 틈도 없이 다닥다닥 붙어 한없이 이어져 있었다. 길바닥은 질벅질벅한 황톳길이었다. 하수구에 생활 하수나 오물들이 고여 푸른 이끼랑 얽혀서 악취를 뿜어내고 있었다.

마을에 들어서자 나를 에워싸고 사람들이 졸졸 따랐다. 이 마을이 캄팔라에서도 가장 빈곤한 마을이라고 했다. 나도 몰래 호기심에 이끌리어 마을 안으로 자꾸 들어갔다. 내 뒤에는 많은 아이들이 꼬리를 물고 따라왔다. 길을 지나가는 사람들이 힐끗힐끗 쳐다보며 지나갔다.

젊은 두 청년이 옥수수 가루로 전병을 부쳐 팔고 있었다. 멕시코 사람들이 즐겨먹는 토르티야(Tortilla)처럼 생긴 부꾸미였다. 무쇠솥 뚜껑을 뒤집어 기름을 치고 옥수수 반죽을 얇게 펴서 아주 고소한 냄새가 나도록 굽고 있었다. 구운 부꾸미에 고기와 야채를 곁들인 속을 넣고 둘둘 말아주었다.

두 청년은 손발이 척척 맞았다. 한 청년이 반죽을 하고 다른 청년은 구워서 속을 넣고 둘둘 말아 진열대에 걸쳐 놓으면 사람들이 동전을 넣고 하나씩 들고 갔다. 곁에 서서 한참을 지켜보니 구워내기 바쁘게 팔려나갔다. 내가 좋은 사업이라며 관심을 보이자, 공짜로 하나 주겠다며 정성들여 구워주었다. 기름기 묻은 청년의 손으로 구워낸 부꾸미 하나를 먹고 나니 시장기가 싹 사라졌다. 돈을 받지 않겠다는 청년을 만류하고 억지로 돈을 돈 통에 던져 넣고 안으로 들어갔다.

아프리카의 바람 소리

다음에 만난 곳은 마을 사람들이 이용하는 이용원이었다. 할 일 없는 사람들과 이발하는 사람들이 모여 한가한 시간을 보냈다. 내가 안을 들여다보자 이발사는 들어오라며 문 앞쪽까지 나왔다. 10여 명의 사람들이 기다란 나무 의자에 앉아 차례를 기다리며 한담하고 있었다. 갑자기 나타난 외국인에 모두 눈이 둥그레져 쳐다보았다. 머리는 주로 면도날로 깎고 있었다. 면도날을 가죽 줄에 설설 문질러 날을 세우고 머리에 비누칠을 하고는 대머리처럼 면도를 해버렸다.

가난한 사람들이 모여 사는 모습을 보러 온 것이 아니냐고 물었다. 얼마 전에도 유럽 사람들이 이곳을 찾아왔다며 요즈음 들어 이곳을 찾는 외국인들이 점점 많아지고 있다고 말했다. 케냐 나이로비 키베라(Kibera)처럼 빈민촌이 외국인의 관광지가 되어간다며 넋두리를 했다. 그러면서 이곳을 흉보지 말라며 모두 고향을 등지고 도시로 몰려와 잘 살아보겠다는 사람들이 모여 사는 곳이라고 말했다. 이런 곳이 없으면 처음 도시로 오는 사람들이 갈 곳이 없다고 했다. 이야기를 듣고 보니 너무나 맞는 말 같아서 가슴이 뭉클했다. 꾸며진 외관만 보고서는 쉽게 판단하고 넘어갈 뻔했지만 정말 시골에서 올라온 사람들과 도시 절대 빈민들의 보금자리였다.

김이 무럭무럭 나는 솥뚜껑에 바나나 잎사귀를 잔뜩 얹어 놓았다. 푸른 바나나를 찧어서 만든 밥을 콩가루와 함께 바나나 잎에 싸서 팔았다. 하얀 쌀밥처럼 맛있어 보였다. 청년들에게 옥수수 부꾸미를 얻어먹지 않았다면 한 그릇 먹어보고 싶은 충동이 일었지만, 구경만 하고 돌아섰다. 여기서 일하는 모든 사람들이 30대 후반을 넘어보이는 사람은 거의 보이지 않고 젊은이들뿐이었다.

다시 철로가로 나왔다. 가도 가도 끝이 보이지 않는 가난한 사람들이 모여 사는 철로에는 신발 가게를 비롯해서 허기를 달래주는 음식점이 늘어서 있었다. 어찌 보면 개집보다도 초라하고 외양간보다 허름한 집을 집이라 부르며 살아가는 사람들이지만, 마음씨는 너무도 착하고 유순한 사람들이었다.

사람들은 가난한 사람들이 모여 사는 동네를 무서운 동네라 한다. 무섭고 더럽고 범죄가 우글거리는 동네라고 이름 지어버렸다. 그러나 살기 위해 발버둥치는 아름다운 사람들이 모여 사는 곳이었다.

철로변에 앉아 낡아빠진 재봉틀 한 대를 놓고 헌옷을 수선하고 있었다. 여인의 얼굴 표정은 너무나 맑았고 세상에 걱정 없는 사람처럼 보였다. 손님들이 옷을 맡길 때마다 웃는 얼굴로 손님을 맞이했다. 가던 길을 멈추고 이 여인의 웃는 얼굴을 가만히 지켜보았다. 계속 웃으면서 일을 하기에 살짝 다가가서 여인에게 무슨 기쁘고 즐거운 일이 있는지 물어보았다. 여인은 깜짝 놀라며 수줍어했다. 자기는 시골에서 올라왔는데, 열심히 일해서 이 재봉틀을 사서 일주일째 여기서 일을 한다고 했다. 넝마와 폐지를 주워 모아 이 재봉틀을 샀다고 했다. 이제 넝마를 줍기 위해 길거리를 헤매고 다닐 필요가 없게 되었고 집도 생겼다며 손가락으로 판잣집을 가리켰다.

헌 옷 몇 벌을 걸어 놓고 부티크(Boutique) 살롱이란 간판을 걸어 놓은 가게며, 사탕이 든 병과 몇 개의 과일을 늘어 놓고 '카렌 슈퍼마켓'이라고 써 붙인 간판들이 늘어섰다. 옥수수를 쌓아 놓고 소리 지르며 파는 사람, 양고기 꼬치를 숯불에 올려놓고 파는 사람, 바나나 밥을 만들어 파는 사람, 파파야 2개와 토마토 몇 개를 올려놓고 '언제나 베스트 샵'이라는 간판을 달아 놓은 구멍 가게, 가도 가도 끝이 없는 철로가의 빈민촌 가게들이었다.

아프리카의 바람 소리

돌아오는 길에 르완다 대사관에 비자를 찾으러 갔다. 한 달간 유효한 스탬프가 찍혀 있었다. 내일은 우간다의 서쪽 도시 포트포털(Fort Portal)을 향해 갈 것이었다.

✿

# 포트포털

골프코스 뷰(Golf Course View) 게스트하우스로 체크인했다. 게스트하우스에 딸린 아담하고 조용한 잔디밭 야영장에 텐트를 쳤다. 야영장에는 다른 손님은 없었다. 영국인 청년이 유일한 손님이었다. 콩고와 접경을 이루는 새믈리키(Semuliki) 국립 공원 안에 살고 있는 피그미 종족을 만나기 위해 포트포털(Fort Portal) 버스 터미널로 갔다. 미니버스 한 대가 그곳으로 간다며 우리를 불렀다.

나와 혜경이 유일한 손님이었다. 아주 오래된 미니버스였다. 의자에 여기저기 담배 구멍이 있었고 스프링이 드러나 보였다. 운전자와 차장이 삶은 바나나를 아침으로 먹었다. 바나나가 고구마처럼 붉은 색을 띠고 크기도 고구마만큼 컸다. 운전자와 차장이 아침 식사가 끝나갈 무렵 두 명의 청년이 버스에 탔다.

나에게 어느 나라에서 왔는지 어디로 가는지 여러 가지를 물어봤다. 그리고 신문을 보면서 여러 가지 현실 이야기를 나눴다. 이곳에서 영어 신문을 들고 다니는 사람을 처음 만났다. 신문을 슬쩍 훔쳐보니 에이즈에 관한 기사와 세계 보건 기구의 협력을 받고 있는

'PMTCT(산모의 애기 에이즈 전염 예방 기구)'에 관한 이야기 기사가 실려 있었다.

우간다의 에이즈에 관해 몇 가지를 물어보고 싶었다. 아프리카에서 보통 사람들은 에이즈 이야기가 나오면 모두 입을 다물고 쉬쉬하는 경향이 있기 때문에 이야기를 할 수 없었다. 이 청년들은 대화가 될 것도 같았다. 그리고 이곳에는 여자 손님이 없어 내가 청년에게 기사를 손짓하며 우간다의 HIV 보균율이 얼마나 되는지 물어보았다. 청년은 서슴없이 70퍼센트 정도 될 거라고 대답했다. 청년은 말하기를, 이 미니버스에 손님이 가득 타면 10명 이상은 에이즈 바이러스를 가지고 있을 것이라고 했다.

"정부에서 성교육을 전 국민에게 시키는 프로그램이 있나요? 콘돔은 무료로 배급되나요?"

"콘돔 사용을 장려하는 방송이나 교육이 학교나 사회단체에서 많이 시행되고 있지만, 남성들의 비협조로 잘 사용되지 않아요. 여성들이 콘돔을 사용하자고 하면 못 믿느냐며 폭력을 휘두르기도 하고, 강제적으로 성관계가 이루어지는 경우가 많아요."

"문제네요. 우간다도 동성연애자들이 있나요?"

"예, 있어요. 동성연애자들의 감염이 높아져서 '동성연애 금지 법안'을 만들었어요."

"중요한 것은 빨리 전 국민들이 에이즈 바이러스 테스트를 받고 치료를 받는 것일 거예요."

청년은 캄팔라에서 대학을 졸업하고 고등학교에서 영어를 가르치는 영어 선생님이라고 소개했다. 이야기를 나누며 시간을 보내는 동안 손님들이 모여들어 빈자리가 없게 되자 버스가 출발했다.

세믈리키 국립 공원 안 번디부교(Bundibugyo) 쪽으로 들어가는 길목에 우리를 내려주었다. 이곳에 내려서 피그미족 마을까지 걸어 들어가라고 했다. 우리가 내린 곳은 정글 숲이 우거진 도로변이었다. 벌써 관광객을 태우고 들어가려는 오토바이 택시들이 손님을 기다리고 있었다. 오토바이 운전자들의 성화를 뿌리치고 천천히 걸어갔다.

마을로 들어가는 입구에 카카오 농장이 나타났다. 카카오들이 익어 갔다. 노랗게 익은 것도 있고 대부분은 아직 푸른색을 띠고 있었다. 카카오 잎이 떨어져 있는 나무 아래 오리들이 떼로 줄지어 다녔다.

농장에서 나와 피그미 마을로 걸어 들어갔다. 정착해서 농사를 지으며 살아가는 흑인들 마을에 피그미들이 함께 살고 있었다. 흙집과 억새풀로 집을 지은 피그미 마을이 전체 마을의 오른쪽에 자리를 잡고 흑인과 공생하고 있었다.

마을 입구에 들어서자 피그미들은 이미 상업화되어 있음을 알 수 있었다. 아주 작은 피그미 남자가 나를 데리고 자기 마을로 갔다. 내가 처음 만난 피그미는 30대로 보였다. 그가 살고 있는 집은 흙집 옆에 자기의 전통 방식을 고수하는 나뭇가지 집이었다. 자기 키 높이 정도의 나뭇가지와 억새풀을 적당히 엮어서 물이 새지 않도록 만들었다. 집 안을 들여다보니 몇 벌의 옷과 그릇이 있었다.

피그미들은 4, 50명 정도가 부계를 중심으로 흙집을 지어 놓고 정착하며 산다. 내가 만난 피그미 부부는 키가 남자는 155센티미터, 아내는 145센티미터 정도 되어 보이는 피그미였다. 상의는 입지 않고 하의는 청바지를 입고 돌아다녔다. 몇 살쯤 되는지 물어보니 자기 나이를 정확히 몰랐다. 이들은 나이 개념이 없어 소년, 청년, 장년, 노년과 같은 식으로 구분한다고 했다. 수명이 평균 45세 정도 된다고 하니

30대 중반이면 벌써 노년으로 들어가는 나이였다. 몇 살 때 결혼했는지 물어보니 손가락으로 숫자를 헤아리며 가리키는데 13살 정도에 결혼을 했다는 이야기였다.

나를 데리고 온 피그미가 그의 형제들을 모두 불러 모았다. 남자 형제들이 4명이고 여사 형제가 3명이었다. 그리고 아이들 모두 합치면 20명이 넘었다. 모두 악기를 가지도 있었다. 하프 같은 악기, 아주 작은 북, 그리고 이름을 모르는 현악기를 들고 있었다. 나와 혜경을 가운데 세우고 20여 명의 형제들이 악기로 연주를 하고 세 사람은 춤을 추는 의식을 했다. 악기는 붉은색, 검은색으로 무늬를 넣어서 장식하고 하프 같은 악기는 천연색의 천으로 칭칭 감아 장식을 했다. 딸랑이 같은 악기를 흔들기도 하고 표주박으로 만든 악기를 세차게 흔들며 무당 같은 몸동작으로 주술을 외웠다. 그리고 끝날 무렵 함께 구호를 외치며 기압을 넣는 말을 하며 끝냈다.

이제 내가 할 일은 이들에게 돈을 내는 일만 남았다. 얼마 되지 않는 돈을 건네자 피그미는 너무 적은 돈이라며 더 달라고 졸졸 따라다녔다. 나는 웃으며 조금 더 건네주었지만, 피그미는 많은 식솔을 가리키며 자꾸 더 달라고 손을 내밀었다. 가슴에 자기들 곱슬머리 같은 털이 듬성듬성 나 있었고 작은 얼굴에 다부진 체격을 가지고 있었다.

나를 데리고 온 피그미가 나에게 자기들의 음식을 먹겠느냐는 시늉을 했다. 보여준 것은 커다란 야생 쥐였다. 큰 토끼 같이 생긴 야생 쥐를 사냥한 것이었다. 불에 그을려 털은 이미 타버렸다. 새까맣게 그을린 쥐를 나에게 보여주며 특식인 듯 자랑했다. 다른 곳으로 갈 시간이 되었다고 핑계를 대고 왔던 길을 되돌아 한 길로 나와 정글 숲속에서 준비해 간 감자와 삶은 계란으로 점심으로 먹었다.

땀이 비 오듯 흘렀다. 정글 속에 앉아서 버스를 기다리고 있는데 갑자기 어디서 픽업 차량이 나타나서는 포트포털로 갈 것인지 물었다. 이들은 한국을 잘 알고 있는 사람들이었다. 한국의 전자 산업, 모바일 산업에 관해서 잘 알고 있었으며 계속해서 한국은 잘사는 부자 나라라며 치켜세우는데, 차비를 많이 내라는 소리로 들려왔다. 운전자는 정글 숲속에 온천이 솟아오르는 노천 온천이 있다며 가서 구경을 하겠느냐고 물었다. 너무 덥고 습기에 지쳐 무조건 돌아가서 시원한 곳에 쉬고 싶은 마음뿐이었다.

지나가는 도로에 갖가지 농산물을 길가에 내다 놓고 팔고 있었다. 우리를 태워준 운전자와 또 다른 손님은 옥수수와 감자를 한 자루씩 사서 차에 실었다. 태양이 이글거리는 열대 우림의 정글 여러 곳에서 화전민들이 태우는 연기가 피어올랐다. 산허리를 따라 계속 올라갔다. 작은 마을 앞길에 이르자 여인들이 잘 익은 노란 망고를 플라스틱 통에 가득 이고 나와 팔고 있었다. 운전자와 동승한 손님은 잘 익은 망고를 또 한 통씩 샀다. 망고 먹는 방법이 특이했다. 옆에 앉은 손님은 노란 망고를 계속 주물렀다. 처음에는 망고를 가지고 장난하며 노는 줄 알았다. 그런데 한참 후 망고가 홍시처럼 물렁물렁하게 되고 망고 속이 주스가 되었다. 망고의 한쪽 끝에 이빨로 구멍을 내고는 쭉쭉 빨아 먹었다. 다 빨아 먹고 나면 안에 들어 있는 씨와 껍데기만 남았다. 그러자 이번에는 껍질을 자르고 뒤집어 핥아먹었다. 결국에는 씨만 남았다. 창문을 열고 길가에 휙 날려버렸다.

옆 손님이 건네준 망고 하나를 나도 손바닥으로 주물렀다. 조금 후에 망고는 홍시가 되었고 옆 사람과 똑같이 구멍을 내고 빨아 먹었다. 잘 익은 노란 망고의 맛은 달콤한 향기가 났고 설탕에 가까운 단

맛이었다.

차량이 산언덕을 올라갈수록 기온이 낮아지고 시원해졌다. 숯을 마대에 넣어 수십 자루씩 길가에 세워두고 팔았다. 광주리를 파는 사람, 땔감을 내다 파는 사람, 다채로운 농산물이나 임산물을 길가에 내놓고 팔고 있었다.

# 카발레

카발레(Kabale)에 도착하여 택시를 타고 번연이(Bunyonyi)호수 캠핑장에 도착했다. 텐트를 치고 여기에서 사흘 정도 쉬다 르완다로 가려고 왔다. 프런트에 체크인하려니 캠핑장 사용료가 꽤 비쌌다. 많은 여행자들이 텐트를 치고 캠핑장을 점령하고 있었다.

남아공이나 유럽에서 여행 온 젊은 여행객들이었다. 조용한 호수의 분위기와는 크게 다르다. 비키니 수영복 차림으로 카페를 들락거리고 남녀가 잔디밭에서 부둥켜안고 애무하는 장면이 여기저기 보였다.

카페에서 저녁 식사 한 끼의 값이 웬만한 호텔 식사비와 맞먹을 정도로 비쌌다. 방갈로의 값은 호텔 비용보다 높았다. 아름다운 자연 환경이 그만 싫어졌다. 전기 시설, 취사 시설은 전혀 없었다. 오르지 이곳에 들리는 사람들은 카페에서 식사를 해야 하고, 텐트만 설치할 수 있는 공간이 호수를 따라 만들어져 있었다.

아무래도 우리가 집을 잘못 선택한 것 같았다. 주변에도 많은 리조

아프리카의 바람 소리

트가 있고 캠핑장이 있었지만 모두 비슷한 환경인 것 같았다. 오늘은 이곳에 왔으니 여기서 묵고 내일 아침 일찍 르완다로 넘어갈 계획이었다. 캠핑장으로 내려가 서양 젊은이들 사이에 텐트를 쳤다.

영국에서 왔다고 소개하는 아가씨가 우리를 도와줄 일이 없는지 물었다. 나는 아가씨의 말만 들어도 고맙다고 인사했다. 우리가 짊어지고 내려온 배낭을 보고 모두 놀란 표정이었다. 큰 배낭을 하나 메고, 앞가슴에 또 하나를 메고 양손에 작은 가방을 들었으니 사지에 가방을 한 개씩은 걸친 꼴이 된 셈이었다.

오늘은 저녁을 카페에서 주문하기로 했다. 깨끗한 옷으로 갈아입고 식당으로 갔다. 이미 유럽 여행객들이 자리를 잡고 있었다. 맥주와 함께 스파게티와 피자를 주문했다. 카페에 어둠이 찾아오자 캠핑장 한가운데 장작을 쌓고 모닥불을 피우기 시작했다. 주변 사람들 옷차림을 보니 전부 겨울용 파카를 입고 있었다. 해가 떨어지니 온도가 내려갔다. 우리도 점퍼를 꺼내 입었다.

오늘 저녁은 무척 고생할 것 같은 느낌이 들었다. 벌써 호수에서 불어오는 바람이 냉기를 머금고 있다. 이럴 때는 맥주에 취해 술기운으로 잠을 자는 것도 좋겠다는 생각이 들었다. 갑자기 카페 안이 소란스러웠다. 독일 여행객들이랑 카운터 종업원 사이에 오해가 생겨 옥신각신했다. 저녁 식사 요금 계산이 잘못되었다며 항의하는 독일인과 모든 것이 바르게 되었다는 종업원은 한 치의 양보도 없이 팽팽하게 맞섰다. 드디어 독일인들이 의자를 차버리고 욕을 하기 시작했다. 주변은 어수선해지고 한 사람 두 사람 자리를 떠서 모닥불 타는 곳으로 옮겨갔다.

하늘에 별이 나오기 시작하고 저녁 뱃놀이를 나가는 사람들도 있었다. 희미한 달빛 아래 카누를 타는 사람들이 꽤 많았다. 발갛게 타오르는 모닥불을 가운데 두고 삼삼오오 둘러앉아 조용히 저녁을 즐겼다. 낮의 호수와 밤의 호수는 확연히 달랐다. 밤의 호수는 너무도 서정적이었다. 하늘에 나타나는 것들을 그대로 수면에 반사했다. 별과 은하수, 그리고 달과 구름까지 거울 같은 호수에 비쳐 그림 같았다.

호숫가 선창은 연인들의 장소였다. 트럭을 타고 여행 온 젊은이들이 쌍쌍이 앉아 밤바람을 즐기며 낭만의 사랑을 나눴다. 호숫가에서 기타를 치며 노래 부르고 흥에 겨운 젊은이들이 몸을 흔들며 밤을 만끽했다. 마치 유럽의 어느 관광 도시 해변에 앉아 있는 듯했다.

보기 흉했던 주변의 황톳길도 달빛을 받아 고운 색채를 띠며 야영장을 감싸고 있었다. 비키니 입은 아가씨들의 야한 노출도 밤의 냉기 앞에서 어디론가 모두 자취를 감추었다. 정숙할 정도로 두툼한 옷으로 갈아입었다. 밤은 깊어 가고 술을 마시는 취객들의 소리는 높아갔지만, 훨훨 타오르던 모닥불은 기운을 잃어갔다.

텐트 안으로 들어갔다. 침낭을 펴고 따뜻한 겨울 스웨터와 파카를 입고 침낭 안으로 들어가 지프를 머리까지 끌어올렸다. 아직은 포근했다. 선창가에 모인 젊은이들의 기타 소리가 들렸다. 밤이 깊어지자 파도 소리가 거세지고, 텐트 지붕이 심하게 흔들렸다.

파도 소리를 들으며 지난 5개월 동안 지나온 곳들의 이름을 떠올려 보았다. 혜경이 곁에 있어 외롭지는 않았다. 만약 오늘 같이 휘영청 달이 밝은 날 파도 소리, 귀뚜라미 우는 소리를 혼자 듣노라면 얼마나 쓸쓸하고 외로웠을까? 지나간 옛 여행에서 눈물 흘리며 밤을 보낸 날들이 머리에 떠올랐다.

페루 안데스산맥의 고원 지대 어느 농가에서 보낸 밤이었다. 오늘처럼 달이 훤하게 밝은 밤이었다. 눈 덮인 호숫가의 작은 농가에서 치자 술을 빚으며 통곡하는 인디오 여인의 슬픈 노래 가락에 잠을 이루지 못했다. 침낭 속에서 얼마나 울었는지 모른다. 결코 감상적이지 않으려 해도 통제할 수 없는 감상에 사로잡히는 경우가 있었다.

내일은 국경을 넘어 또 다른 나라로 들어갈 예정이었다. 르완다는 대량 학살의 땅, 부족끼리 살육하며 전쟁을 치렀던 나라였다. 어떤 얼굴을 하고 있는 나라일까?

밤이 깊어지자 냉기가 찾아들었다. 호수에서 불어오는 세찬 바람이 텐트 지붕을 날려 보냈다. 자다 말고 일어나 텐트 지붕을 고쳐 매고 다시 잠을 청했지만, 추워서 잠이 오지 않았다. 혼자 호수의 선창가로 나가니 세찬 바람과 함께 파도가 거세게 일어났다. 달빛이 너무 고와 선창가에 앉아 밀려오는 파도를 바라보며 마냥 앉아 있었다.

AFRICA

**06**

# 르완다

# 키갈리

카발레에서 르완다 키갈리(Kigali)로 가는 국제 버스를 탔다. 케냐의 나이로비에서 출발하여 오는 국제 버스였다. 25명의 승객이 탈 수 있는 안락한 버스였다. 중간쯤에 자리를 잡고 침대처럼 의자를 뒤로 젖혔다. 어제 저녁 설친 잠을 보충하려 하지만, 아름다운 풍경을 사진기에 담느라 잠을 잘 수 없었다.

르완다에 가까워질수록 산야가 황무지로 변하고 습지대는 파피루스 나무로 가득했다. 농부들이 파피루스를 잘라서 말리거나 껍질을 벗겼다. 대부분의 집들이 파피루스를 말려 울타리를 만들었다.

르완다 국경에 도착했다. 버스 운전자는 우리를 우간다 이민국 사무실 앞에 내려주고 두 나라 완충 지역에서 기다렸다. 우간다 이민국으로 먼저 들어가서 출국 신고를 하고 스탬프를 받았다. 그리고 100미터 남짓 걸어서 반대편에 있는 르완다 이민국까지 걸어서 입국 심사를 받았다. 직원들이 컴퓨터 작업 속도가 느려 꽤 시간이 걸렸다. 아주 오래된 컴퓨터 모니터에 나타난 글씨를 보며 오른쪽 손가락 하나만으로 컴퓨터 자판을 두드렸다. 햇볕이 뜨거워 기다리기 힘들었지만, 그의 손가락 놀림을 쳐다보며 묵묵히 10여 분을 기다리니 여권에 입국 허가 스탬프를 찍어주었다.

힘이 빠진 상태로 버스에 도착했다. 르완다 세관 직원들이 우리의 배낭 지퍼를 열고 짐을 꺼내 시멘트 바닥에 늘어놓고 검열하고 있었다. 나는 세관 직원에게 소리를 치며 이게 뭐하는 짓이며 주인도 없는 짐을 허락 없이 이렇게 할 수 있느냐고 따졌다. 검열하고 있던 직

아프리카의 바람 소리

원은 외국인임을 알고는 당황하는 눈치였지만, 비닐에 싸여 있는 모든 짐은 비닐을 제거했다. 그러면서 자기 나라는 환경 문제로 비닐봉지를 사용할 수 없다며 모든 비닐봉지를 수거해갔다. 밀수품이나 총기류, 마약류를 색출해내는 것이 아니고 오르지 비닐봉지를 찾아내는 희한한 세관 검사를 하고 있었다. 세관 직원들은 우리의 짐을 싸두었던 여러 종류의 비닐봉지를 손으로 찢어버렸다.

시멘트 바닥에 펼쳐진 짐을 구경하기 위해 사람들이 몰려들었다. 나는 속으로 잘 된 일이라 생각했다. 그동안 담요, 침낭, 옷 등 제대로 햇볕에 말릴 기회가 없었는데 세관 직원들 손으로 꺼내서 뜨거운 시멘트 바닥에 진열하니 금방 일광욕이 되고 있었다. 구경꾼들이 우습다며 끽끽거리고 웃었다. 짐을 다시 담아줄 때까지 꼼짝도 않고 앉아 있었다. 일부러 천천히 담아주기를 바랐다. 햇볕이 너무 좋았다. 10분이면 어떤 습기도 곰팡이도 사라질 것 같은 햇볕이었다. 직원들은 구질구질한 짐들을 다시 배낭 속으로 밀어 넣었다. 햇볕에 달구어진 옷들이 손이 뜨거울 정도로 말라버렸다. 우리를 태우고 온 국제버스 운전사도 텐트를 비롯해 각종 취사 도구와 담요, 배낭 같은 짐을 보고는 혀를 내두르며 엄지손가락을 치켜세웠다.

배낭 5개의 짐이 모두 챙겨지는 순간 주변 사람들은 박수를 쳤다. 우리를 지켜보고 있던 세관 직원들은 멋쩍은 듯 자리를 옮겨갔다. 세관 직원들은 검사 도중 외국 물건이 보이면 무조건 압수한다고 옆 사람이 알려주었다. 그들은 비닐봉지 운운하며 압수할 물건을 철저히 수색하고 있었다.

이번에는 경찰 검문소가 나타났다. 미처 세관원들이 검사하지 못한 버스 구석구석을 수색하고 내려갔다. 경찰이나 세관원이나 외제 물건을 찾아내려고 혈안이 되어 있었다.

버스 터미널에 내리니 오토바이 택시들이 밀려왔다. 택시 4대를 잡고 헬멧을 쓰고 짐을 나누어 실었다. 산언덕에 위치한 이심비(Isimbi) 호텔을 향해 4대의 오토바이 택시는 우리와 짐을 싣고 곡예를 하듯 올라갔다. 우간다에서 헬멧을 주지 않았는데 이곳은 손님용 헬멧을 운전자가 가지고 다니며 손님에게 헬멧을 씌웠다.

이심비 호텔에 체크인했다. 15일 이상의 우간다 텐트 생활은 끝나고 따뜻한 물이 흐르고 푹신한 침대가 놓인 호텔에 들어오니 천국이 따로 없었다.


키갈리 중심부는 고깔처럼 생긴 산을 중심으로 도시가 발달했다. 아침 공기는 참으로 신선하고 사람들도 친절했다. 오랜만에 호텔에서 제공하는 식사를 했다. 흑인들뿐이었다.

식사가 끝나고 키갈리 대학살 기념관으로 가기 위해 호텔을 나섰다. 우리가 묵고 있는 시내 중심가에서 기념관까지는 걸어서 갈 수 있는 거리였다. 도시의 중심은 계획 도시 같이 깨끗했다. 피비린내 나는 부족 간의 대학살이 있었다고 보이는 흔적은 없었다. 외견상 사람들은 아픔에서 치유되어 10년 전의 아픔을 모두 잊은 것처럼 살아갔다. 현대적 건물이 많이 들어섰고 도심 한가운데는 대형 마트가 자리 잡고 있었다.

각종 구호 단체와 의료 봉사 활동을 하는 외국인들이 많았다. 유엔 봉사단이라 글을 쓴 차량들이 오르락내리락했다. 각국에서 모여든 각종의 NGO단체들도 활발히 움직였다. 시내를 오가는 외국인들은 거의 이런 봉사 단체에서 일하는 사람들이었다. 아픔을 딛고 국가

아프리카의 바람 소리

를 재건하려는 의지가 시내 곳곳에 보였다. 가는 곳마다 국가 재건을 외치는 플랜카드가 걸려 있었다.

르완다 대학살 기념관 입구에 도착했다. 하얀 철 구조물로 만들어진 아치에 '키갈리 제노사이드 메모리얼(Kigali Genocide Memorial)'이라고 쓰여 있었다.

건물 안으로 들어서자 전국 각지에서 몰려든 추모객들이 기념관에 들어가기 전 묵념을 올렸다. 묵념이 끝나자 안내자는 실내에서 엄숙할 것과 기타 여러 가지 주의 사항을 설명했다. 종교 단체, 학생, 공무원, 민간인 그리고 유럽에서 온 사람들이 많았다. 특히 나이가 지긋한 유럽인들이 많았다.

아이들이 살인 도구를 지참하고 살인 행위에 가담하기 전 훈련 받고 있는 장면은 끔찍했다. 몽둥이를 들고 옆구리에 낫, 손도끼, 망치 등으로 무장했다. 이렇게 무장하고 투치족 가정을 찾아가서 무조건 몽둥이나 낫으로 잔인하게 죽였다. 머세티(Machete)라고 불리는 커다란 칼을 가지고 다니며 살육을 했다. 그때 살육한 무기들이 녹슬고 피 묻은 채 고스란히 기념관에 전시되어 있었다.

억울하게 죽어간 유골들이 전시장에 진열되어 있었다. 수많은 다리뼈와 팔뼈는 이름도 성도 모른 채 억울함을 머금고 장작처럼 뒤섞여 놓여 있었다. 벽면에 사라져간 사람들의 생전 모습들이 가감 없이 그대로 붙어 있었다. 어떤 이는 앞치마를 입고 저녁을 짓는 모습, 어떤 이는 양복을 말쑥하게 차려입고 환하게 웃는 모습, 가방을 든 학생, 촌로, 남녀노소의 희생자들이 생전의 모습 그대로 전시되어 있었다.

마침 이곳에서 사진을 들고 울고 있는 존이란 청년을 만났다. 전시된 사진과 청년이 가진 사진은 똑같은 것이었다. 청년이 가진 사진은 흰색 스커트에 검은색 블라우스를 입고 환하게 웃는 누님의 사진이었다. 손가락에 낀 금반지와 팔목에 차고 있는 시계가 유난히도 반짝였다. 청년은 누나가 낫으로 난도 당해 죽은 날, 자기는 다른 곳에 있었다고 했다. 집으로 돌아와보니 전 가족이 무참히 살해되었다고 했다. 자신은 그 후에 콩고로 피난길에 올랐다 다시 르완다로 돌아왔다고 했다. 지금은 학교에서 아이들을 가르치는 선생님이라고 했다. 일 년에 한두 번 이곳을 찾아온다며 울먹였다. 지금은 후투족을 어떻게 생각하느냐고 묻자, 역사일 뿐이라며 이제 우리는 이 비극을 되풀이하지 않겠다고 용서와 다짐을 새롭게 했다고 했다. 피 묻은 옷들이 전시되어 그 당시의 참혹했던 모습을 생생히 전했다.

어린이 기념관으로 갔다. 어린아이들의 눈망울이 초롱초롱 예뻤다. 아이들은 손도끼에 맞아 죽었다고는 상상할 수 없는 모습으로 웃고 있었다. 어딘가에서 자기 아빠, 엄마를 찾아 달려 나올 듯한 모습이었다. 수많은 어린이들의 이름이 사진 위에 적혀 있었다. 'Ariane, David, Fidele, Chanelle…' 전 영국 브라운 수상이 '테드(Ted)' 강연에서 말한, 가슴을 찡하게 만든 데이비드 소년의 영정 앞에 섰다. 흑백사진이었다. 흰색 셔츠를 입고 눈웃음을 간직하고 있었다. 손가락을 반쯤 입가에 물고 아주 편안한 얼굴로 정면을 응시했다. 머리는 곱슬머리에 눈썹이 아주 진하고 눈동자는 새까맣고 큰 눈을 가지고 있었다. 그의 영정 옆에는 이렇게 쓰여 있다.

David
10살
좋아하는 스포츠: 축구
좋아하는 하는 것: 사람들을 웃기는 일

아프리카의 바람 소리

꿈: 의사
마지막 말: 유엔군은 우리를 구하러 올까요?
사망 원인: 맞아 죽음


가슴이 찡했다. 유엔군은 결코 오지 않았다. 서방의 지도자들은 살육 대상이 투치족이라는 것을 알면서도 알려고 하지 않았고, 아무런 조치를 취하지 않았다. 데이비드를 비롯한 많은 어린이들 앞에서 묵념을 올리고 멋진 세상에서 영면하기를 빌었다. 그는 엄마와 함께 몽둥이에 맞아 죽었다. 그가 엄마에게 마지막 남긴 말이 유언이 되었다.

"엄마, 유엔군은 우리를 구하러 올까요?"

80만 명 이상의 목숨을 앗아간 참혹한 현장의 기념관을 돌아보았다.


걸어서 시내로 들어오는 길에 끈질기게 오토바이 택시들이 따라붙었다. 아무리 택시를 타지 않겠다고 말해도 막무가내였다. 10,000프랑, 계속 따라오면서 7,000프랑, 조금 더 따라오면서 5,000, 4,000, 결국에는 3,000프랑까지 내려왔다. 이제 오토바이 택시 두 대가 우리 앞을 막아섰다. 아주 어린아이들이었다. 몇 살이냐고 물어보니 19살이라고 했다. 아무래도 나이를 속이는 것 같았다. "진짜 몇 살이냐?" "17살이다." 이 나라에서 17세라면 충분히 성년이고 일할 수 있는 나이였다.

혜경과 나는 헬멧을 깊게 눌러쓰고 아이들의 성화에 못 이겨 오토바이 택시를 타고 밀레 콜리네스 호텔을 향해 갔다. 길거리와 산언덕을 따라 양철 집들이 끝없이 펼쳐져 있었다. 길거리에 버려진 생활 쓰레기와 오수가 흐르는 시궁창 악취에 코가 아팠다.

밀레 콜리네스 호텔 정문에 내렸다. 어린 운전자들이 불렀던 요금의 두 배를 지불하자 아이들이 고맙다며 싱글벙글했다.

밀레 콜리네스 호텔은 르완다 대학살이 일어났을 때 호텔의 한 지배인이 호텔에 몰려드는 수많은 난민들을 보호하고 구해낸 역사적인 호텔이다. 그 이후 할리우드에서 〈호텔 르완다(Hotel Rwanda, 2004)〉라는 이름으로 영화를 만들었다. 이 영화는 아카데미의 여러 부문에서 수상 대상에 선정되었고 2005년 베를린, 토론토 영화제에서 수상한 바 있다. 검정색 대리석 판에 1994년 대학살에 맞섰던 호텔 밀레 콜리네스 직원들의 기념비가 서 있었다.

시원한 풀장에 몇 명의 서양인들이 비대한 몸을 풀장에 담그고 깔깔거렸다. 잘 다듬어진 잔디밭, 바나나 나무, 부겐빌레아꽃들이 아름답게 피어 있었다. 영화를 촬영했다는 표지판이 있었고 호텔 내부에 영화와 관련된 상품들이 진열되어 있었다.

아프리카의 바람 소리

AFRICA

**07**

# 부룬디

# 부줌부라

키갈리 터미널에서 미니버스를 타고 부룬디를 향해 출발했다. 꼬불
꼬불한 언덕길을 오를 때 빈민촌들이 끝없이 줄지어 있었다. 아이들
이 버스를 따라 언덕길을 한참 동안 달려오다 숨이 차면 돌멩이를 던
지고 돌아갔다. 길거리에서 만나는 아이들마다 차량이 지나가면 차
량을 향해 질주했다.

버스가 몇 개의 언덕을 넘어서 산악 지역으로 들어섰다. 산악 지대
를 따라 한참을 내려가자 르완다 이민국이 나왔다. 어디를 보아도 마
을은 보이지 않고 관목 숲들만 펼쳐진 구릉지였다. 푸른 함석으로 지
붕을 이은 학교 건물처럼 생긴 두 채의 집이 나란히 붙어 있었다. 르
완다의 국기만 나부끼고 오가는 사람은 없었다. 우리가 타고 온 버스
가 국경을 넘는 유일한 차량이었다. 짐을 싣고 가는 컨테이너도, 여행
객도 없었다.

르완다 이민국에 출국 신고를 했다. 스탬프를 찍고 바로 건너편에
앉아 있는 책상으로 여권을 넘겼다. 그곳이 부룬디 이민국이었다. 세
상에 이렇게 가깝고 친한 나라가 지구상에 또 있을까? 두 나라가 옆
에 붙어서 출입국 업무를 담당했다.

부룬디 이민국 관리는 우리를 환영했다. 특히 한국을 좋아한다고
했다. 왜냐고 물어보니 한국의 드라마를 많이 보고 있다고 했다. 드
라마 속의 한국은 너무 잘살고 한 집에 자동차가 2, 3대가 있고 아름
다운 나라라고 침을 삼킬 시간도 없이 칭찬을 늘어놓았다. 집은 크
고 정원은 나무들이 많이 자라고 사람들은 모두 깨끗하단다. 좋은

음식을 먹고 멋지게 사는 나라라며 꼭 가보고 싶다고 했다. 드라마하고 실제하고는 많이 다를 수 있다고 이야기를 해도 그런 말은 들리지 않는 듯 한국을 치켜세웠다. 그러면서 북한의 사정도 잘 알고 있다며 못사는 나라가 원자 폭탄을 만들고 총 싸움질만 한다면서 인상을 찌푸렸다.

3일간 72시간짜리 통과 비자를 팔면서 한 사람당 40달러를 내라고 했다. 내가 너무 비싸다고 말하자 잘사는 나라 사람들이니 그 정도는 내야 한단다. 그러면서 체류를 연장하고 싶으면 부줌부라(Bujumbura)에 가서 연장 신청을 할 수 있다고 말했다. 부줌부라에 도착하면 꼭 경찰에 신고하라고 했다. 외국인이 신고하지 않고 72시간 규정을 위반했을 경우에 벌금이 부과된다며 신고 의무를 환기시켰다.

반대편에 있는 회계과에 가서 두 사람 80불을 지불했다. 독수리 타법의 회계원은 영수증 두 개를 만드는 데 30분이 걸렸다. 외국인은 혜경과 나, 두 사람뿐이라 다른 사람들은 수속 업무를 마치고 우리를 기다리고 있었다. 비자 수속비를 지불한 영수증을 제출하자 여권에 72시간짜리 스탬프를 찍어줬다.

버스로 돌아왔다. 우리의 배낭은 차에서 내려져 있었고 다른 사람들은 길거리에서 기다리고 있었다. 부룬디 세관 직원이 르완다에 입국할 때처럼 우리의 짐을 사람들이 보는 앞에서 해부하듯 하나씩 풀기 시작했다. 내가 밀수품이나 마약 총기류 아무것도 없으니 생략하면 안 되겠냐고 말하자 두 직원은 자기들의 임무니 꼭 해야 된다고 했다. 사람들이 오랫동안 우리를 기다리고 있었지만 배낭을 아스팔트 바닥에 풀기 시작했다. 순진한 부룬디 사람들은 가방을 다섯 개나 들었으니 틀림없이 중요한 것들이 많이 들어 있을 것이라고 생각하는 듯했다. 때 묻은 바지, 취사 도구, 식량, 책, 텐트, 담요… 모두 꺼냈다.

사람들은 빙그레 웃으며 무엇이 나오는지 궁금한 듯 보고 있었다. 세관원들은 많은 사람들 앞에서 뭔가 위반 품목을 하나 찾아내려고 안간힘을 썼다. 스위스 군용 다목적 나이프를 찾아내고는 이것이 위반 품목이라며 트집을 잡았다. 짐이 아스팔트 도로 위에 모두 펼쳐졌다.

결국 세관원들은 짐을 챙겨 넣기 시작했다. 위반 품목이라 지칭했던 칼도 함께 챙겨 넣었다. 1시간 이상 소요되었다. 우리로 인하여 1시간 30분 이상 지연했지만 아무도 불평하는 사람도 없고 운전자도 웃고만 있었다. 세관 검색이 끝나자 버스는 출발했다.

부룬디 국경을 넘어 깊숙이 들어가자 붉은 황토색 길이었다. 주민들은 원색의 알록달록한 의복에 두건을 쓰고 지팡이를 소지하고 다녔다. 작은 마을 앞을 지나갈 때마다 사람들이 버스를 향해 달려 나오거나 손을 흔들었다. 도로변에 유칼립투스 나무가 가로수처럼 늘어섰다. 붉은 벽돌을 구워서 길가에 쌓아 놓고 팔았다. 마을마다 웬만한 곳은 벽돌 만드는 작은 가내 공장이 있었고 소달구지 등을 이용하여 벽돌을 날랐다.

어두운 밤에 부줌부라 버스 터미널에 도착했다. 짐을 내리고 먼지를 털고 있으려니 경찰이 다가와 외국인 체류 신고를 하라고 졸랐다. 혜경은 짐을 지키고 나는 작은 파출소로 가서 외국인 도착 신고를 했다. 몇 시에 도착했다는 신고서를 볼펜으로 작성하고 나에게 건네주었다. 출국할 때까지 잘 보관하라는 말을 했다.

캄캄한 밤에 시장 한구석에 남겨진 기분이 묘했다. 어떻게 호텔을 찾아갈지, 어떻게 택시를 잡아야 할지 막막하기만 했다. 주변 사람들은 모두 떠나고 우리만 덩그러니 남아 있었다. 가로등도 없었다. 어찌

할 바를 몰라 궁리를 하고 있는데 우리를 태우고 온 버스 운전자가 다가왔다. 호텔이 어딘지 물어보면서 데려다주겠다고 했다. 그러면서 우리의 배낭을 버스에 실어주었다. 우리가 묵고 싶은 호텔을 알려주니 버스 운전자는 호수의 선창가를 돌아 호텔이 있는 곳으로 데려다주었다. 호텔은 도로 공사를 위해서 길이 파헤쳐진 비포장 도로변에 있었다. 직원은 들어서자마자 체크인도 하지 않았는데 언제 떠날 것인지 물어보았다. 단층짜리 나지막한 호텔은 넓게 자리 잡고 있었지만 사람들이 없어 썰렁했다.

호숫가의 도시인지라 습도가 높았다. 가만히 앉아 있어도 땀이 흘러내렸다. 조금만 움직이면 짜증이 나고 몸이 찐득찐득해졌다. 샤워기에서 나오는 물은 녹물이 반쯤 섞여 나왔다. 방 안에 켜진 전깃불은 촛불 정도 밝기였다. 녹 냄새가 나는 물에 샤워를 했다. 그래도 차가운 물로 샤워를 하니 정신이 맑아졌다.

모기가 얼마나 많은지 공포의 분위기였다. 잠을 수도 없고 어떻게 퇴치할 방법을 몰라 방 안에 텐트를 치기로 했다. 텐트를 치고 텐트 안에 누워 잠시 쉬는 동안 전깃불이 정전이 됐다. 돌아가던 선풍기마저 멈췄다. 바깥으로 나가 호텔 정원에 마련된 식당으로 갔다. 정전이 된 깜깜한 식당에 작은 촛불 하나가 깜빡이고 있었다.

있으나 마나 한 촛불을 앞에 두고 기다렸다. 우리가 주문했던 요리가 나왔다. 감자 프라이에 닭다리 구이를 시키고 홍차를 주문했지만, 어두운 불빛이라 요리가 제대로 된 것인지 알 수 없었다. 그저 배가 고프니 먹었다. 쟁반이 깨끗하게 씻겼는지 알 수도 없었다.

모기가 극성을 부렸다. 모기들이 말라리아를 전념시킬 수 있을 것이라 생각하니 저녁을 먹고 싶은 마음이 사라졌다. 진한 기름에 튀겨진 감자를 대충 먹고 직원에게 시장이 어딘지 물어 시장을 향해 어두운 밤길을 걸어갔다. 내일 탄자니아 서쪽 도시 키고마(Kigoma)까지 가기 위해 아침, 점심을 준비해야 했다.

가로등이 없어 길이 너무 어두웠다. 도로 공사를 하느라 파헤쳐진 길을 조심조심 걸어가는데 들개들이 길을 따라오며 격렬히 짖어댔다. 도로변 난장 시장으로 찾아갔으나 시장이 거의 끝나가고 있었다.

할머니가 흙바닥에 자루를 펼쳐 놓고 바나나, 감자, 토마토, 파인애플을 팔고 있었다. 감자, 바나나, 토마토, 파인애플을 몽땅 샀다. 할머니가 가지고 있던 작은 자루에 그것들을 넣고 어두운 밤길을 걸어 나와 달걀을 사기 위해 이곳저곳을 찾아 헤맸다.

이 골목 저 골목을 헤매다 구멍가게를 발견하고 들어갔다. 구멍가게 주인은 갑자기 외국인이 나타나자 화들짝 놀라며 뒤로 물러섰다. 달걀, 빵, 음료수를 사겠다고 하자 물건들이 진열되어 있는 곳을 가리키며 나더러 골라 가라는 시늉을 했다.

돌아오는 길은 캄캄했다. 이곳저곳을 찾아다니느라 방향 감각을 잃어버리고 호텔이 어디 있는지 알 수 없었다. 주변 사람들에게 물어보려고 해도 지나다니는 사람도 없었다. 밤은 깊었고 설상가상 주변의 들개 한두 마리가 격렬하게 짖어대며 따라왔다. 지나가는 차량도 없고 울퉁불퉁한 흙길만 이어져 있었다. 전깃불도, 가로등도, 심지어 불이 밝혀진 집도 보이지 않았다. 이제 4마리의 들개들이 흰 이빨을 드러내고 따라왔다. 별빛을 받은 녀석들의 이빨이 유난히 어둠 속에 날카롭고 희게 보였다. 저 녀석들에게 물리면 광견병에 걸리기도 전에 내 몸의 살점이 갈기갈기 찢겨 나가리라. 나는 잭나이프를 꺼내 들었다. 그리고 어깨를 펴고 당당하게 걸었다. 내가 들고 있는 비닐봉지에서 냄새를 맡은 것일까? 아니면 외국인에게서 별난 냄새가 나는 것일까? 알 수 없었지만 격렬하게 짖으면서 계속 따라왔다.

언제 따라 붙었는지 한 마리가 더 늘어났다. 다섯 마리가 이빨을 드러내고 따라오는데 혼비백산할 것 같았다. 등골에서 계속 식은땀이 흘러내리고 다리 근육이 굳어져갔다. 광견병이란 단어가 머리에 떠오를 때마다 마음을 추스르고 개들에게 당당하게 보이려고 했다. 이 녀석들도 자기보다 몇 배 큰 사람을 공격한다는 것은 쉬운 일이 아닐 것이라고 생각하면서 열린 대문이 있는 집 쪽으로 천천히 걸어갔다.

손에 땀이 났다. 계란이 들어 있는 봉지가 찢어져 계란 두 개가 땅바닥에 떨어져버렸다. 깨진 계란을 발로 밟아 개들의 후각을 교란시켰다. 아니나 다를까 3마리가 깨진 계란에 코를 박고 냄새를 맡을 때 골목으로 달려 대문이 열린 집으로 들어갔다. 다급한 소리로 도움을 청하니 아버지와 아들이 달려 나왔다. 아버지는 나를 진정시키고 들개들은 사람을 물지 않는다고 말했다. 아들과 함께 밖으로 나왔다. 아들이 개들을 쫓아버렸다. 그리고는 호텔이 있는 방향과 길 안내를 해주었다.

아들이 가르쳐주는 골목으로 들어서니 멀리서 호텔 건물이 보였다. 개들도 나를 따라오지 않았다. 밤은 깊어 호텔 문이 닫혀버렸다. 잠에 찌들려 있는 경비원을 겨우 깨워 문을 열고 들어섰다.

방 안은 찜통이나 다름없었다. 쾨쾨한 곰팡이 냄새와 윙윙거리는 모기들뿐이었다. 정전되어 깜깜하고 찜통 같은 방 안의 텐트에 갇혀 있으니 가만히 누워 있어도 땀이 흘러내렸다.

새벽 5시가 되자 택시 운전자가 나타났다. 우리의 짐을 싣고 어둠이 깔린 시내를 달려 터미널에 도착했다. 8시가 되어서 미니버스에 어린아이까지 합쳐서 22명이 탔다. 차가 시내를 빠져나갔다. 왕복 2차선의 간선 도로가 부줌부라 남북을 가르면서 남쪽 탄자니아 쪽으로 뻗어 있었다.

도시를 빠져나가는 길목에서 버스가 속도를 늦췄다. 길가의 나무 그늘 아래 경찰 두 명이 정복을 입고 앉아 있었다. 버스 운전자는 내려서 뭔가를 손에 쥐어주고 다시 돌아왔다. 옆 사람들에게 무엇을 주고 오는지 물어보니 씩 웃고 넘어갔다. 참으로 멋진 경찰이었다. 아무런 검문이나 검색은 하지 않고 운전자가 건네주는 것만 덥석 받았다.

바다처럼 넓고 끝이 보이지 않는 탕가니카(Tanganyika)호수가 미니버스 오른쪽으로 나타났다. 아프리카에서 두 번째로 크며, 콩고, 탄자니아, 부룬디, 잠비아 4개국이 국경을 같이 하는 호수다. 호수의 수면이 바다처럼 파도가 출렁였다. 불어오는 바람을 따라 갈매기들이 날아오르고 어부들이 고기를 잡았다. 육지 속에 갇혀 있는 바다 같았다. 커다란 화물선이 느릿느릿 호수를 가로 질러 남쪽으로 향했다.

버스가 호숫가에 바짝 붙어서 달렸다. 오염되지 않은 물이 깨끗하여 마시고 싶은 충동이 일어났다. 열린 창문으로 호수에서 상쾌한 바람이 계속 불어왔다. 차 안에 타고 있는 대부분의 승객들은 쥐 죽은 듯 잠자고 있었다. 자리가 좁아 다리는 펼 수 없어도 아름다운 경치와 상쾌한 바람에 취해 아픈 줄 모르고 갔다.

사람들이 아침을 먹기 위해 작은 마을 앞에 밈췄다. 부룬디 남쪽 지방 사람들이었다. 여인들이 머리에 터번을 쓰고 있었다. 피부가 숯 검정처럼 유달리 검었다. 바나나 잎에 싼 바나나 가루로 찐 하얀 백

설기 같은 떡이었다. 차 안에 탄 승객들이 하나씩 사서는 먹지 않고 가방 속에 챙겨 넣었다.

차에서 내려 나무 그늘에 앉아 어제 저녁에 준비한 달걀, 감자, 파인애플 자른 것과 빵으로 아침을 먹었다. 아이들이 아침을 먹는 우리 주변으로 몰려들었지만, 어느 누구도 음식을 달라고 손을 내밀지는 않았다.

다시 호숫가를 달렸다. 조금 전과는 달리 호수에 거친 파도가 몰아쳤다. 안개가 호수에 자욱했다. 철근을 가득 실은 배가 부줌부라 항구를 향해서 북으로 가고 있었다. 세찬 파도에 휩싸여 배가 물속에 잠겼다가 다시 솟아올랐다. 버스 바퀴가 호수 물에 잠길 듯 호숫가로 붙어갔다. 통나무 속을 파낸 카누를 타고 고기를 잡고 있었다. 카누가 물속에 잠겼다가 오뚝이처럼 다시 솟구쳐 올랐다. 호수의 상큼한 물보라가 계속 열린 창문으로 날아들었다.

호수에서 방향을 바꾸어 산악 지대로 올라갔다. 척박한 땅에 성장이 멈추어버린 옥수수, 카사바 나무들이 땅딸막하게 자라고 있었다. 염소들이 느릿느릿 마을 길을 돌아다니고 아이들은 하릴없이 관목 숲속으로 돌아다녔다. 길가의 여인들이 핸드폰으로 통화하며 어딘가에 소리를 질렀다. 전기도 들어오지 않는 산골 마을에서 개인 통신 시설을 갖고 있어 신기한 나머지 옆에 앉아 있는 사람에게 물었다.

"전기 시설이 없는데 핸드폰 배터리 충전은 어떻게 하지요?"

이동 통신사 직원이 2, 3일마다 배터리를 수거해가서 충전해온다고 했다. 나뭇짐을 이고 가는 여인의 허리춤에도, 물 항아리를 이고 가는 여인도 모두 핸드폰을 가지고 있었다.

버스가 해발 2,200미터 이상 올라갔다. 창문으로 들어오는 바람이 싸늘했다. 부룬디 최남단 산악 국경 도시 마반다(Mabanda)에 도착했다.

도시 입구는 온통 붉은 황톳길이었다. 염소들이 도로 위를 돌아다니고 먼지가 풀쑥풀쑥 일어나는 마을 골목에 가설 시장이 섰다. 싱싱하게 익은 과일들이 뽀얀 먼지를 둘러쓰고 가판대에 진열되어 있었다. 특히 눈에 띄는 것은 산더미처럼 쌓여 있는 노랗게 익은 파인애플이었다. 가축들은 시장 말뚝에 묶여 새 주인을 기다렸다. 닭, 소, 염소 등 가축들이 먼지가 일어나는 흙바닥에 눈을 감고 되새김질을 하며 서 있었다.

시장을 지나자 부룬디 출입국 관리 사무소가 나타났다. 아직도 국경까지는 20킬로미터 이상 남아 있는데 출입국 사무소가 있어 의아스러웠다. 운전자는 승객을 이민국 앞에 내려놓고 출국 신고를 하고 했다. 초라한 건물에 부룬디 국기가 나부꼈다. 고산 지대라 하늘은 맑고 청명했다. 가을 날처럼 습기 없는 상쾌한 날씨였다. 구름이 높게 떠서 움직이지 않았다.

아무 소리도 들리지 않는 한적한 산악 지대였다. 부룬디 사람들과 탄자니아 사람들은 아무것도 보지 않고 스탬프를 찍어줬다. 나와 혜경이 여권을 내밀자 비자 대금 지불 영수증을 내놓으라고 했다. 내가 "스탬프가 영수증이나 마찬가지가 아닌가?"라고 반문하자 무조건 내놓으라고 했다. 참으로 어이가 없었다. 여권 스탬프에 입국 날짜와 시간까지 기재가 되어 있는데 손으로 쓴 영수증을 내놓으라니 이건 무슨 트집인지 모를 일이었다. "영수증 없이 어떻게 이 스탬프를 찍어주었겠어요?"라고 반문하자 막무가내로 내놓으라고 했다. 귀찮지만 혜경이 모든 영수증 모음을 꺼냈다. 한쪽 구석에 구겨져 박혀 있는 영수증을 찾아 건네자 얼굴색이 변하면서 억지로 출국 도장을 찍는 듯했다. 72시간 통과 비자를 살 때 영수증을 출국할 때 보여주어야 한다고 말한 적도 없었다. 영수증이 없었다면 비자 시비에 걸려 벌금을 낼 수도 있겠다는 생각이 들었다.

출국 신고를 끝내고 비포장 산길을 따라 산악 도로를 따라 계속 올라갔다. 서늘한 기운이 차창으로 들어왔다. 민간인들이 거의 보이지 않는 숲속이었다. 아름드리 유칼리 나무들이 빽빽하게 들어서 있었다. 군인 초소들이 천막을 치고 여기저기 흩어져 국경을 수비했다.

마지막 국경 초소에 도착했다. 승객들이 모두 내려 초소에서 출국 신고를 할 때 직원은 여권과 맞추어가며 한 사람 한 사람 일일이 인적 사항을 기재했다. 원시림 숲을 한참 지나자 포장 도로가 나타나고 탄자니아 국경을 넘어섰다. 탄자니아 국경 마을에 이민국이 있었다.

# 08

# 탄자니아

# 키고마

탄자니아의 국경 마을에는 출입국자들을 상대로 장사하는 식당 건물들이 몇 채가 옹기종기 모여 있었다. 부룬디와는 달리 도로가 포장되어 있었다. 우리가 지나왔던 부룬디 쪽의 산길들이 빨간 타래실을 풀어 놓은 듯이 산허리를 감고 구불구불 연결되어 있었다. 탄자니아 이민국 마을에는 과일 장사꾼들과 기념품 가게가 붉은 황톳길에 늘어서 있었다. 고산 지역의 황토에서 생산된 파인애플을 맛보기로 잘라서 주었다. 설탕 같이 달았다. 잘 익은 파인애플 두 개를 사서 비닐봉지에 담았다.

탄자니아 이민국으로 들어가니 관리가 우리를 기다리고 있었다. 그들에게 다른 사람들은 안중에 없었다. 관리는 우리의 여권과 돈 100달러를 조르듯이 내놓으라고 했다. 한 사람당 50달러에 비자를 파는 것이었다. 100달러와 여권을 건네자 사무실 안으로 가지고 들어가서 채 5분도 걸리지 않고 2개월짜리 체류 비자 스탬프를 찍어주었다. 관리는 100달러짜리 지폐를 몇 번씩이나 냄새를 맡으며 소중히 다뤘다. 몇 달치 월급이나 맞먹는 돈이었다. 탄자니아 사람들이 100달러짜리 지폐를 신기하게 쳐다봤다. 옆에 앉은 탄자니아 사람이 염소 10마리를 살 수 있는 돈이라며 무척이나 부러워했다. 하루종일 같은 버스를 타고 온 사람들이라 친근해졌다.

다시 버스가 출발하자 이제 산길을 한없이 내려갔다. 산 하나를 가운데 두고 두 나라가 갈라져 있는데, 살아가는 모습과 가옥 형태가 달랐다. 부룬디는 황토 벽돌을 구워 집을 짓고 지붕도 역시 황토로

아프리카의 바람 소리

구운 기와로 집을 만들었지만, 탄자니아는 흙을 시멘트 블록처럼 뭉쳐서 집을 짓고 함석을 지붕에 덮었다. 길거리에 놀고 있는 탄자니아 아이들의 모습이 너무 헐벗고 말랐다. 소, 염소, 닭, 돼지 등 동물이라고는 보이지 않고 척박한 땅에 자라는 옥수수와 바나나뿐이었다.

검문을 위해 멈추어 설 때 마다 운전수는 경찰에게 무엇을 가져다주었다. 경찰은 검문이나 검색은 전혀 하지 않았다. 승객들과 거리를 두고 운전수만 만났다.

드디어 키고마(Kigoma)에 도착했다. 탕가니카 호숫가에 자리 잡은 아담한 항구 도시였다. 버스에서 내리자 아주 젊은 택시 운전수가 달려와 우리 짐을 실었다. 그에게 맡기고 호텔을 찾아 몇 군데를 다니다 깨끗하고 아침 식사를 제공하는 곰베(Gombe)게스트하우스에 체크인했다.

게스트하우스에서 하루 저녁을 쉬고 어제 우리를 태워 주었던 운전사를 고용해 시내 구경에 나섰다. 그의 이름은 망가였다. 탕가니카 호수의 항구로 갔다. 말이 부두였지 선창도 없는 부두였다. 많은 인부들이 건축용 철근을 배에 싣고 있었다. 배가 바가지처럼 생겼다. 앞뒤 길이나 좌우 길이가 별 차이가 나지 않는 모양의 평저선이었다. 어제 내려올 때 철근을 싣고 부줌부라 항구를 향해서 가던 배와 비슷했다.

선원들이 철근을 한 번에 몇 가닥씩 어깨에 메고 물속으로 들어가서 배에 실었다. 배가 정박하고 있는 곳에 이르자 선원들의 목까지 물이 차올랐다. 배 위에서 기다리던 선원들이 철근을 받아 배에 실었다. 선원들은 물속에서 나오면서도 얼굴에 땀을 흘렸다. 옥수수 자루도 작은 배에 먼저 싣고 나가 큰 배에 다시 옮겨 실었다. 나는 이 물건들이 어디로 가는지 궁금해서 물어보았다. 철근 옥수수 모두 부룬디 부줌부라 항구로 간다고 했다. 철근을 옮기는 인부들이 물이 흐르는 바지를 입은 채 바나나 가루로 만든 주먹밥을 먹었다.

탕가니카호수 물이 수정처럼 맑고 깨끗했다. 호수 바닥에 밀려온 조약돌이 햇빛에 반사되어 반짝였다. 파도가 거침없이 밀려 들어왔다.

아이들이 몰려와서 수영했다. 발가벗은 아이들이 재잘거리며 뱃전으로 기어 올라 다시 호수로 뛰어내렸다. 떼를 지어 한 무리가 뱃전으로 기어 올라갔다. 손으로 코를 막고 뱃머리에 서서 몸을 날렸다. 어떤 녀석을 거꾸로 물속에 꽂히고 어떤 녀석을 엉덩이부터 물속으로 들어갔다. 마냥 즐거워하며 여러 차례 배를 오르내리며 뛰어내렸다. 혜경과 나도 반바지 차림으로 아이들이랑 같이 물속에서 수영하며 즐겼다. 시원하게 불어오는 호수 바람을 맞으며 이 열대의 탕가니카호수에 수영하며 아이들과 즐거운 시간을 보냈다. 아이들이 수영하는 곳에서 여인들은 빨래를 했다. 비누를 사용하지 않고 물에 젖은 빨래를 뱃전이나 큰 돌에 두들겼다. 몇 번을 두들기고 다시 물속에 넣고, 두들기고 물속에 넣고, 자연적으로 빨래가 됐다. 세제를 쓰지 않고 하는 빨래라 호수를 오염시키지는 않았다. 아이들은 지칠 줄 모르고 수없이 뱃전을 들락거리며 햇볕에 그을려 반질반질한 몸을 솟구쳐 호수로 뛰어들었다.

140여 년 전 리빙스턴 박사가 양식을 구하러 이 마을에 들어왔을 때도 이 선창으로 들어왔다고 한다. 운전사 망가가 이제 돌아가자고 했다.

망가는 리빙스턴 박사(David Livingstone)의 박물관이자 기념관으로

아프리카의 바람 소리

우리를 데리고 갔다. 나지막한 건물에 현관 추녀에 닥터 리빙스턴이라 쓴 글씨가 걸려 있었다. 주변은 풀이 쑤석쑤석 자라고 심한 가뭄에 풀이 말라 죽어갔다. 박물관 주변의 나무들이 생기를 잃었다.

입장료가 현지인의 10배였다. 이곳이 리빙스턴과 미국의 헨리 모턴 스탠리(Henry Morton Stanley)가 만난 장소였다. 정원 안에 두 탐험가의 역사적인 만남을 기념하는 조각상이 있었다. 미국 신문『헤럴드』의 기자였던 스탠리가 1년여 고생 끝에 리빙스턴을 찾아낸 곳이었다. 스탠리는『나는 어떻게 리빙스턴을 찾아냈는가(How I Found Livingstone)』라는 책을 펴냈다. 이 책으로 그는 베스트셀러 작가가 되었다.

우지지 리빙스턴 박물관을 나와 식민지 시절 영국 사람들이 조성한 망고 농장으로 갔다. 농장으로 가는 길이 모랫길이라 여간 조심스럽지가 않았다. 이제 모래에 빠지면 아무도 밀어줄 사람도 없었다. 난 몇 번이고 망가에게 모래를 조심하라고 환기시켰다.

요리조리 피해가며 농장에 들어섰다. 가는 길은 온통 망고 나무와 대추야자 나무가 심어져 있었다. 탕가니카호수를 내려다볼 수 있는 아름다운 곳이었다. 큰 나무는 두 아름 정도 되고, 작은 것도 모두 한 아름 이상 됐다. 영국 식민지 시절 노예들이 고생하여 만들어 놓은 농장이었다. 독립하면서 농장 소유는 탄자니아 원주민으로 넘어갔다. 농원에 앉아 호수를 바라보니 유럽에서 온 사람들이 요트를 타고 호수를 돌아다녔다. 돌아오는 길에 키고마 시장에 내렸다. 망가와 헤어지기 전 내일 아침 우리를 태우러 호텔로 와줄 것을 부탁했다.

내일 새벽 6시에 아루샤(Arusha)행 버스를 탈 것이라고 말하며 5시 30분에 호텔에서 만나자고 약속했다. 시간이 늦으면 우리가 갈 수 없으니 약속을 꼭 지켜줄 것을 부탁하고 헤어졌다.

새벽 4시에 일어났다. 오늘은 20시간 이상 버스를 타고 탄자니아의 동북부 아루샤까지 가야 했다. 어제 망가와 헤어지면서 몇 번이나 다짐을 했는데 그가 아침 5시 30분까지 와줄지 궁금했다.

하늘을 올려다보니 별이 총총 손에 잡힐 듯 가까이 있었다. 구름 한 점이 없이 쾌청했다. 낮과 밤의 일교차가 컸다. 낮에는 햇볕이 따가워서 거리를 돌아다니기가 힘들지만, 새벽은 서늘했다. 게스트하우스 야간 경비를 깨워 대문을 열어달라고 부탁하여 짐을 대문 밖에 내놓고 기다렸다. 야간 경비가 우리를 따라 나와 밖에서 같이 기다렸다. 들어가라고 몇 번 말해도 우리가 떠나는 것을 보고 가겠다고 했다. 새벽의 고요함 속에 멀리서 개 짓는 소리, 새벽을 알리는 수탉 울음소리가 계속 들려왔다.

5시 30분이 지나도 그가 오지 않았다. 표를 파는 매표원이 6시까지 오지 않으면 출발한다고 몇 번이나 우리에게 다짐한 터라, 망가가 오지 않아 조바심이 나기 시작했다. 야간 경비가 그에게 전화를 걸어도 전화를 받지 않았다. 20분 전이었다. 그래도 그가 오지 않았다. 택시를 부를 곳도 없었고 야간 경비는 택시를 어떻게 부르는지도 몰랐다. 값싼 게스트하우스에 머물면 이럴 때가 힘들었다.

그가 10분 전에 나타났다. 짐을 번개처럼 싣고 경비와 악수도 할 시간도 없이 출발했다. 떠나면서 차창으로 손을 흔들었다. 망가는 깜빡 잠이 들었다고 했다. 그러면서 5분 만에 갈 수 있다며 울퉁불퉁한 비포장도로를 세게 밟고 달렸다. 캄캄한 밤인데도 뽀얀 먼지가 얼마나 많이 일어나는지 알 수 있을 정도로 세게 달렸다. 차 밑바닥이 돌부리에 부딪쳐 깨지는 소리를 냈다.

5분 내로 터미널에 도착했다. 입구에서 우리를 보자마자 버스 차장

아프리카의 바람 소리

이 택시 쪽으로 뛰어왔다. 짐칸은 더 이상 짐을 실을 공간이 없어 사람들이 다니는 버스 통로에 내동댕이쳤다. 망가에게 인사도 못하고 창문으로 돈을 던지고 그와 헤어졌다.

차장은 제일 뒤 구석 자리 두 개를 남겨두었다. 배낭 4개를 끌고 제일 뒤쪽으로 들어갔다. 뒷자리로 들어가니 5명이 앉아야 할 자리에 이미 6명이 앉아 있었다. 우리가 들어가니 8명이 앉게 되었다. 앉자마자 가슴과 어깨가 압박되었다.

버스가 출발하여 시내를 빠져나갔다. 빅토리아호수 쪽으로 한없이 올라갔다. 카술루(Kasulu), 키본도(Kibondo), 카콘코(Kakonko), 우시롬보(Ushirombo), 신기다(Singida)를 거쳐서 아루샤로 가는 길이었다.

버스는 쿠션이 없었다. 작은 냄비 구멍에도 심하게 튀어 올랐다. 버스 통로는 빈틈없이 짐들이 놓여 있었고 자리를 잡지 못한 승객들이 짐 위에 걸터앉거나 의자의 팔걸이에 겨우 몸을 의지해 갔다. 짐칸에 병아리, 닭, 염소 새끼들이 들어 있는 광주리가 놓여 있었고 버스가 덜컹거릴 때마다 병아리들이 삐약거리고 염소 새끼가 울부짖었다.

버스가 달리는 탄자니아 중서부의 토양은 사바나 적토 지역이었다. 가뭄이 극심하여 나무들이 성냥불만 던지면 단숨에 타버릴 정도로 말랐다. 덜컹거리는 버스 안은 숨 쉬기 힘들 정도로 먼지가 일어났다. 닭이 떨어져 퍼덕이고 염소 새끼가 머리 위에 떨어져도 말이 없었다. 불편하고 힘들어도 아무도 말하지 않았다. 이 버스에 탔다는 것만도 다행으로 생각했다.

괴물 같은 버스가 카술루에 도착했다. 사바나 지역의 도시였다. 버스가 들어가는 길목에 뼈만 남은 소들이 돌아다니고 염소 수십 마리를 끌고 가는 목동이 버스를 막고 천천히 건너갔다.

내리는 사람은 적고 차에 오르는 사람은 많았다. 열린 창문으로 짐을 밀어 넣고 창문으로 기어 올랐다. 하루에 한 번 가는 버스를 놓칠 수 없었다. 앉아 있는 사람들의 무릎에도 짐이 날아들었다. 엉덩이를 밀고 들어오고 다리를 다른 사람의 가랑이 사이에 밀어 넣었다. 여자와 남자가 따로 없고 체면도, 예의도 없었다. 오르지 타야 했고 먼 길을 가야 했다. 버스 안 사람들은 좌석 등받이를 타고 다녔다. 통로는 갈 수 없어 완전히 막혀버렸다. 머리를 잔뜩 숙이고 터널을 통과하듯 좌석 등받이를 밟고 사람들의 어깨를 넘어 안으로 들어왔다.

열린 창문으로 막대기에 바구니를 매달고 옥수수, 바나나, 염소 꼬치, 각종 음료수, 빵, 땅콩을 팔고 있었다. 혜경과 나는 물을 마시고 싶어도 소변을 염려해 참고 갔다.

영화 속의 사건이 펼쳐지듯 시시각각으로 차 안과 차창 밖에서 변화무쌍한 일들이 전개됐다. 불이 붙어버릴 것 같은 황량한 벌판이 나타나기도 하고, 험악한 산과 밀림이 우거진 계곡이 지나가기도 했다. 사바나 지역 도시 카콘코를 지나고 우간다에서 내려오는 삼거리에 닿았다.

사람이 살기에는 너무도 척박한 땅에 사람들이 내렸다. 집이라기보다는 나뭇가지를 걸쳐 놓고 붉은 황토를 발랐다. 지붕이래야 나뭇가지를 몇 개 걸쳐 놓고 억새풀을 덮은 것이 고작이었다. 주변의 산에 불을 지르고 옥수수를 심었다. 척박한 땅에 옥수수가 어쩌다 열려 있었다. 전형적인 화전민들로, 여기저기 돌아다니며 불을 지르고 옥수수를 뿌려 놓고 수확되기를 기다리는 사람들이었다. 이들은 주변의 나무를 베어 숯을 만들어 길거리에 내놓고 팔고 있었다.

출발한 지 8시간이 지나 우시롬보에 도착했다. 너무나 힘들어 이곳에 내려 하루 정도 쉬어 가고 싶었다. 내려보려고 해도 방법이 없었다. 창문으로는 우리의 배낭이 빠져나가지 않고 통로로 나가는 것은 불가능했다. 화장실도 가야 하고 물도 마시고 싶고 배도 고팠다. 8시간 동안 좁은 공간에서 다리를 펴지 못하고 앉아 있었다. 인내에 한계가 왔다. 헛소리가 나왔다. 기지개를 펴고 싶어도 움직일 수 없었다. 다리는 피가 통하지 않아 쥐가 나기 시작했고, 그렇다고 일어설 수도 없었다.

13시간을 참고 달려 중부 도시 신기다에 도착했다. 혜경과 나도 창문으로 뛰어내렸다. 내가 먼저 내려 혜경을 받쳐 잡아주었다. 내리면서 옆 승객들에게 우리가 올 때까지 버스가 떠나지 못하도록 부탁했다.

창으로 뛰어내리니 우리 버스의 차장과 운전사가 화장실로 달려갔다. 우리도 차창과 운전사를 따라서 달렸다. 13시간 동안 참아왔던 일이라 비움이 이렇게 시원할 줄 몰랐다. 나의 눈동자를 운전사와 차장에게 집중했다. 나도 모르게 "아이고 시원하다." 하고 소리를 질렀다. 옆에서 같이 볼 일을 보고 있던 사람들이 말은 알아듣지 못했지만, 뉘앙스로 눈치를 챘다. 자기들도 참는 것이 너무 힘들었다고 털어놓았다.

남자들은 문제가 안 되는데 여자들이 문제였다. 화장실이 한 칸밖에 없었다. 혜경은 아직 기다리고 있었다. 혜경을 데리고 남자 칸으로 왔다. 사람들을 제치고 들어가 화장실을 사용하게 했다. 코를 막지 않고서는 눈을 뜨고 일을 보기에 힘들 정도로 불결한 환경이었지만 어쩔 수 없는 일이었다.

운전사를 따라 뛰었다. 운전사는 먼 곳을 가기에 무조건 달렸다. 차에 올라 좌석의 등받이를 잡고 남의 어깨를 타고 넘어갔다. 이건

군사 훈련이나 마찬가지였다.

이제 주변은 완전히 어둠에 잠겨버렸다. 덜컹거리는 차 속에서 사람들은 지쳐버렸고, 머리를 곧추세우고 있는 사람은 없었다. 좌석의 등받이에 기대고 서로의 어깨에 기대고 남녀가 유별이 없었다. 그저 지친 몸을 놓아버렸다. 어디든 기대고 있으면 다행이었다. 아무도 먹지 않았다. 물을 마시려고 해도 소변 공포에 걸려 물을 먹을 수도 없었다.

버스는 산악 지역을 올라갔다. 달이 훤하게 떠올랐다. 별빛이 차창으로 스며들었다. 그래도 밤은 아름다웠다. 낮의 더운 열기는 사라지고 해발 2,000미터의 냉한 바람이 차창으로 마구 쏟아져 들어왔다. 깊은 산골 나무들이 뿜어내는 향긋한 냄새와 자연의 흙 냄새가 머리를 식혀줬다. 나는 별빛이 어찌나 고운지 사진기를 내어 셔터를 눌렀다. 계곡을 지나가자 물 흐르는 소리가 들려왔다. 야생 동물이 퍼덕이며 지나갔다.

밤 10시가 넘어갔다. 만야라(Manyara) 국립 공원과 타랑기레(Tarangire) 국립 공원 사이로 버스가 지나갔다. 달빛 아래 마사이 부족들이 밤에도 소를 몰고 어디론가 가고 있었다. 마사이 소똥집들이 여기저기 옹기종기 모여 전설 속 오두막처럼 흩어져 있었다. 보통 소똥 집 10채 정도가 한 울타리 안에 모여 있다. 소 치는 마사이들이 초원에서 불을 피우며 야영하는 모습도 보였다.

버스가 언덕길을 힘들게 올라갔다. 사람들이 차를 세워달라고 아우성쳤다. 버스가 출발한 이후 용변을 보기 위해 두 번째로 멈췄다. 달이 훤하게 밝았다. 산중의 공기는 냉랭하고 청량했다. 모든 사람들이 다 내렸다. 100명은 넘어보였다. 화장실 없는 야산에서 용변을 보기 시작했다. 여자도 남자도 가릴 것도 없었다. 전부 엉덩이를 내놓고 달빛 아래 쏟아내는 소리가 거칠게 들려왔다.

산중에서 보는 별들은 정말 가까이에 있었다. 송송하게 박힌 별들을 올려다보며 시원한 국립 공원의 공기를 마음껏 들이마셨다. 몇 시쯤에 도착할 수 있을지 운전사에게 물어보았다. 그는 고개를 갸우뚱거리며 새벽 4, 5시경이라고 말했다. 그럼 아직도 7, 8시간을 더 가야 한단 말인가? 이 먼 길을 한 번에 가야겠다고 생각한 것을 후회하며 혜경에게 조금만 더 가면 되니 잠을 자라고 했다. 차가 여기서 고장이 나면 좋겠다는 생각을 했다. 차라리 바깥에서 하룻밤 노숙하며 쉬어 가고 싶었다.

가방을 더듬어 건빵을 꺼냈다. 소리를 내지 않고 혜경에게 몇 알 건넸다. 배가 고파 민감한 사람들은 건빵 냄새를 순식간에 알아차리고 눈을 뜨고 쳐다보았다. 주변 사람들에게 건빵 몇 알씩을 나누어주었다. 이것이 얼마나 에너지가 되었는지 모른다. 심한 허기를 모면하게 했다.

파헤쳐진 도로에서 일어나는 먼지가 회오리를 일으키며 차 안으로 들어왔다. 돌부리에 걸린 차 밑바닥이 부딪히며 쿵하는 소리를 내면서 튀어 올랐다. 오프로드 경기에 참가한 차처럼 달렸다. 밤은 참으로 길고 멀었다. 견디고, 견디고, 또 견디고 새벽 4시 25분에 아루사 터미널에 도착했다.

나는 운전사에게로 찾아갔다. "당신 오늘 정말 고생했소, 그리고 운전 솜씨 대단했다."라고 감사를 표시했다. 23시간 동안 건빵 몇 알을 먹고 여기까지 왔다.

아루샤 고산 도시의 새벽은 화창하고 맑았다. 별들이 반짝이고 달은 서산으로 넘어갔다. 해발 4,565미터의 메루(Meru)산이 우뚝 서 있었다.

터미널 앞에 있는 호텔에 들어가 샤워를 하니 온몸에서 황톳물이 흘러내렸다. 23시간 동안 고군분투하며 동서를 횡단하여 이 한적하고 시원한 고산 도시에 여장을 내려놓았다. 고진감래라는 고사성어는 누가 말했던가?

⚜️

## 아루샤

아침 9시에 사파리 차가 호텔에 도착했다. 들뜬 마음에 얼른 배낭을 메고 대문 밖으로 나갔다. 12인승짜리 사파리 투어 전문 차량이 대문 앞에 주차되어 있었다. 순간 가슴이 찌릿해졌다.

우리를 태워갈 운전사와 조리사, 같이 떠날 여행자 두 사람이 타고 있었다. 스페인에서 온 젊은 커플이라고 소개했다. 운전자는 우리의 짐을 지붕 위에 싣고 우리를 상석이라며 앞쪽 자리에 앉혀주었다. 조리사는 젊은 청년이었다. 아주 예의가 바르고 건강해보였다. 운전자는 사파리 경력 10년이라고 했다.

게스트하우스의 지배인이 따라 나와 환송해주었다. 운전사는 두 사람을 더 태우기 위해 시내 호텔을 방문했다. 이곳에서 두 사람의 여자들이 기다리고 있었다. 큰 배낭을 각각 하나씩 메고 나타났다. 미국인 처녀들이었다. 텍사스 샌안토니오에서 여름 휴가차 3주간 이곳으로 왔다고 했다. 사파리가 끝나면 곧장 모시로 달려가서 킬리만자로산으로 갈 것이라고 했다. 고등학교 동기생으로 한 사람은 변호사고 한 사람은 고등학교 교사였다.

성원이 되어 출발하기 전 여행사 사장이 나를 불러냈다. 여행 일정이 약간 변경되었음을 알렸다. 스페인에서 온 커플이 시간을 낼 수 없어 1박 2일간 만야라 국립 공원만 둘러보고 내일 오후에 스페인으로 간다고 했다. 다른 사람들은 4박 5일 일정이라고 했다. 우리는 원래 3박 4일 여행 일정이었는데 3박 4일 여행 비용으로 만야라 국립 공원 1박이 추가된 4박 5일 여행이 괜찮겠느냐고 물었다. 나는 같은 비용으로 하루가 더 늘어난 것을 고맙게 생각하고 혜경에게 알리니 혜경도 좋다고 했다. 산뜻하고 기분 좋은 출발이었다.

운전사는 우리를 데리고 대형 쇼핑몰 '샵 라이트(Shop rite)'가 있는 곳으로 갔다. 이른 아침인데도 동물 사파리를 떠나는 손님들로 붐볐다. 벌써 20대가 넘는 사파리 차량들이 주차하고 몇백 명의 사람들이 쇼핑몰에 붐볐다. 유럽에서 온 가족 단위의 여행객들이 많았다. 사파리 차량들은 줄지어 차를 주차시켜 놓고 여러 가지 정보를 주고받았다. 탄자니아 정부 수입 3분의 1이 관광 수입에 의존한다고 했다. 우리는 초콜릿 1박스, 와인 4병, 사과 20개, 사탕, 비스킷을 사서 작은 배낭에 넣고 떠났다.

시내를 빠져나가자 커피 농장들이 펼쳐졌다. 커피나무들이 적당한 높이로 열을 지어 잘 가꾸어져 있었다. 길거리마다 커피 체험 농장이라 써 붙인 간판들이 보였다. 마사이들이 살고 있는 마을이 나왔다. 수백 마리의 소떼들을 마사이 소년이 몰고 갔다. 시원하게 펼쳐진 초원에 여기저기 마사이 마을이 보이고 소들이 몰려다녔다. 하늘에는 가끔 독수리들이 긴 날개를 펼치고 공중을 맴돌았다.

아내 16명을 거느린 마사이 집을 지나갔다. 개인 저수지를 가지고 있었고 수천 마리 소를 가진 집이었다. 어마어마한 넓이의 초원에 소떼들이 양떼처럼 몰려다니고 있었다. 마사이 남자들이 들판에서 소를 돌보고 있었는데 모두 한 아버지 밑에서 태어난 자식들이라고 했다.

이들이 살고 있는 초원은 어디가 끝인지 알 수가 없었다. 초원의 끝은 구름과 맞닿았고 멀리서 가끔 회오리바람이 하늘을 향해 용오름하고 있었다. 거대한 초원이 마사이 가족에 의해 지배받고 있었다. 이 마사이가 소유한 저수지는 어느 시골 마을 저수지 크기만 했다. 가옥의 수는 20채가 넘었다.

우리는 음토와 음부(Mto wa Mbu)라고 하는 마을의 파나카(Fanaka) 호텔에 짐을 풀었다. 아주 조용한 숙소였다. 잘 다듬어진 정원에 열대 정원수와 열대 꽃들이 만발하게 피어 있었다. 캠핑장은 잔디를 심어 잘 다듬어져 있었고 호텔 건물이 신축되어 깨끗하게 페인팅 되어 있었다. 우리는 깨끗한 방을 배정받아 짐을 내리고 다시 구내 카페에 모여 차를 마시며 잠시 휴식을 취한 후 만야라 국립 공원으로 향했다.

공원 입구에서 내려 입장권을 사고 가이드의 설명을 들었다. 공원 안에서 내릴 수 없으니 화장실이 필요한 사람은 이곳에서 해결하라고 했다. 만야라호수는 헤밍웨이가 가장 아름다운 호수라 극찬한 바 있어 아루샤(Arusha)에서 하루 코스로 이곳을 많은 사람들이 다녀간다고 했다.

공원 입구 알림판에 "마음의 영감만 가져가세요. 어떠한 자연물도 훼손하거나 가지고 가지 마세요."라고 써 놓았다. 차량이 공원 안으로 진입하자 우기 때 유실된 도로가 그대로 방치되어 있었고 정글의 나

　　　　　　　　　　　　　　　아프리카의 바람 소리

무 뿌리가 도로에 드러나 있었다. 나무가 빽빽하게 들어선 정글 안을 차가 들어가자 서늘한 냉기가 확 쏟아져 들어왔다. 하늘이 보이지 않았다. 아름드리 나무들이 각종 덩굴을 덮어쓰고 갖가지 새들이 퍼덕이며 울어댔다.

약간은 으스스한 느낌마저 들었다. 원숭이들이 여기저기서 머리를 내밀고 차가 진행하는 속도에 맞추어 메뚜기 뛰듯 따라왔다. 천 년 수령의 바오바브 나무들이 잎은 떨어지고 여기저기 괴기스럽게 서 있었다. 정글 속으로 들어오기 전에는 땀이 계속 흘렀지만 이제 땀은 말라버리고 서늘했다.

아카시아 고목나무들이 드문드문 서 있는 초원에 임팔라 무리들이 수컷을 앞세우고 어디론가 달렸다. 기름기가 번들거리고 황금빛 털을 가지고 있었다. 엉덩이 쪽 두 줄의 검은 선이 화려하고 멋졌다. 정글 속으로 들어갈수록 덩치 큰 녀석들이 나타났다. 코끼리 무리들이 숲을 짓밟고 지나갔다. 덩치들이 집채만 했다. 코끼리들이 지나간 자리는 차바퀴가 굴러간 것처럼 작은 나무나 풀들이 쓰러져 넘어졌다.

호수가 보이는 초원이 나타났다. 기린들이 우아한 자세로 천천히 걸어가고 그 뒤를 얼룩말 무리들이 줄을 지어 따라갔다. 버펄로 무리들이 뿔을 맞대고 밀고 당기고 힘 겨루기를 했다. 뿔이 부딪히는 소리가 야구 방망이에 공이 맞는 소리 같았다.

얼룩말들의 흰색, 검은색 줄무늬 방향이 동물마다 일정하게 생긴 것이 특이했다. 머리에서 몸통까지는 둥글게 무늬가 그려졌고 몸통에서 꼬리까지는 가로로 무늬가 그려져 있었다. 호수 위로 붉은색 플라밍고 무리가 다리를 뒤로 뻗은 채 날아갔다.

높은 언덕 위로 멋진 호텔이 호수를 내려다보고 서 있었다. 헤밍웨이가 쉬었다는 언덕에 올라 아름다운 만야라호수를 내려다보았다. 몽구스들이 머리를 쫑긋쫑긋 내밀며 길가에 서서 엔진 소리를 주시하며 동그란 눈으로 지켜보았다. 석양이 내리는 순간까지도 우리의 가이드는 나무 타는 호랑이를 찾아서 숲속을 두리번거렸다.

돌아오는 길가에 버번 원숭이들이 어깨를 딱 벌리고 차량을 막아섰다. 마치 로마 병사들이 행진하는 것처럼 천천히 어둑어둑해지는 밀림 속으로 걸어갔다. 녀석들은 차량이 지나가도 얼굴을 돌리지 않았다.

호텔 대문 위에 망루가 있었다. 올라서니 편안한 안락 의자가 여기저기 놓여 있었고 차를 마시고 쉬면서 만야라호수의 뒷산을 조망하도록 되어 있었다. 호텔 안 캠핑장이 내려다보였다. 프랑스에서 온 젊은 부부가 텐트를 치고 저녁을 준비했다. 아주 작은 산악용 텐트였다. 몸이 햇볕에 그을려 구릿빛을 띤 젊은 부부는 저녁을 준비했다. 그들은 스파게티에 소시지로 저녁을 먹으며 나에게 같이 먹자는 인사를 건넸다. 파르스름한 불빛 아래 젊은 연인이 식사하는 모습은 참 아름답고 낭만적이었다.

우리 일행도 식당에 모였다. 만야라호수에서 잡은 생선 튀김과 감자칩, 샐러드가 저녁 메뉴였다. 저녁 식사가 진행되는 동안 캐나다 출신 여행자 3명이 합류했다. 한 커플과 그들의 남자 친구를 포함해서 세 사람이 방금 아루샤에서 도착했단다. 커플 중 남자는 회사원이고 여자는 대학 교수라고 소개했다. 또 다른 남자는 이 여자 교수와 직장 동료인데 커플과 함께 동행한다고 했다.

내일 아침이면 스페인 커플이 떠나고 그 자리를 대신할 사람들이었다. 3주간 휴가를 얻어 여행왔는데 벌써 일주일은 킬로만자로 등반을

아프리카의 바람 소리

하며 보냈단다. 사파리가 끝나면 잔지바르(Zanzibar)로 가서 일주일간 바닷가에서 지내고 캐나다로 돌아갈 것이라고 했다.

내가 소개할 차례가 되어 소개를 했다. 5개월 전 이집트 알렉산드리아를 출발하여 육로로 여기까지 왔으며 일 년 동안 아프리카를 여행하고 다음은 유럽으로 갈 것이라고 했다. 젊은 청년들은 우리 부부의 여행을 빌어주는 뜻으로 캐나다 청년이 가지고 온 와인으로 건배를 제의했다. 밤은 저물어갔지만 시원하게 불어오는 바람과 수목 냄새를 맡으며 야외 식당에서 서로 이야기꽃을 피웠다. 호텔에서 피워 준 모닥불이 훨훨 타올랐다. 와인 잔을 기울이며 나이를 넘어서, 국경을 넘어서, 똑같은 배를 탄 사람들로서 여러 가지 여행 체험담을 늘어놓았다.

남국의 별들이 쏟아질 듯 빛나고 하얀 은하수가 하늘을 곱게 덮고 있었다. 모닥불 빛을 받은 레드 와인 잔 색깔이 더욱 붉게 보였다.


동물 사파리 둘째 날이었다. 상쾌한 아침이었다. 맑은 공기와 싱그러운 햇살로 가득했다. 모든 것이 푸르고 싱싱했다. 운전사의 차 시동 거는 소리가 들렸다. 미리 짐을 싣고 있었다. 식사를 위해 식당에 모였다. 어제 저녁 술을 많이 마셔 꾀죄죄한 모습이었다.

스페인 커플은 오늘 떠나게 되어 섭섭하다며 아쉬워했다. 식사가 끝나고 우리 9명은 사파리 차를 배경으로 기념 촬영을 했다. 여행사 사장이 몰고 온 차로 스페인 커플은 떠났다. 모두 섭섭해하며 젊은 커플을 보내고 우리도 짐을 챙겨 사파리 차에 탔다.

포장도로와 비포장도로를 반복해가며 마사이들의 도시 카라투(Karatu)를 지나갔다. 옥수수밭이 펼쳐지고 마사이들이 농사를 지으며 살고 있었다. 마사이 여인들이 조잡한 공예품을 만들어 도로변에 진열하여 팔고 있었다. 마사이 마을과 초원을 뒤로 하고 사파리 차량은 가파른 언덕길을 올라갔다.

열대 정글이 나타났다. 아름드리 고목들이 빽빽하게 들어찼다. 덩굴 식물들이 고목나무를 휘감고 하늘을 덮었다. 이끼류들이 나무에 붙어 공생하고 푸른 지의류들이 고목나무에 붙어 더욱 짙은 숲을 만들었다.

원숭이 무리들이 괴성을 지르며 이 나무 저 나무로 점프하며 다녔다. 차창 밖의 공기가 차가울 정도로 서늘했다. 야생 멧돼지들이 코뿔을 달고 무리를 지어 정글 속을 돌아다녔다. 서늘한 공기와 함께 울창한 정글 숲 냄새가 진했다.

해발 2,000미터가 넘는 웅고롱고로(Ngorongoro) 분화구를 볼 수 있는 전망대에 도착했다. 전망대를 촬영하려고 셔터를 맞추어보지만 분화구 안이 구름에 가려 형태를 알아보기 힘들었다. 둘레가 26킬로미터나 되는 분화구였다. 분화구 경사면에 마사이 마을이 산기슭을 따라 옹기종기 모여 있었다.

마사이 아이들이 얼굴에 얼룩말 무늬 페인트칠을 하고 차량 앞에 갑자기 나타났다가는 언덕 아래로 쏜살 같이 달아났다. 괴성을 지르면서 마치 여우가 사람을 홀리듯 이리저리 달리면서 차에 탄 사람을 현혹시켰다.

세력을 가진 마사이는 원형으로 된 '크랄'이라 불리는 작은 마을을 이루고 20여 채의 집을 짓고 마당 가운데 소떼를 가두는 우리를 갖추고 있었다. 끝을 헤아릴 수 없는 초원에 소떼들이 점점이 박혀 풀을 뜯고 붉은 망토를 걸친 마사이들이 성큼성큼 걸어 다니며 소를 관리했다.

우리도 점심을 먹기 위해 마사이 가족이 모여 사는 마을 앞 아카시아 나무 그늘을 찾아갔다. 아름드리 아카시아나무 아래 차를 멈추고 점심을 먹으려고 하니 마사이들이 몰려나와 우리를 지켜보았다.

나는 점심을 들고 그들에게 다가가서 인사를 건넸다. 1998년 케냐의 마사이마라(Masai Mara)에서 그들과 일주일 동안 함께 생활해본 경험이 있기에 친밀감이 있었다. 먼저 점심을 함께하자며 권하니 사양했다. 점심을 먹고 난 후 집 안 구경을 할 수 있는지 물어보았더니 대환영이었다. 내가 이야기를 하고 있는 동안 일행들도 식사를 끝내고 나랑 합류했다.

마사이 마을 앞 넓은 공터로 들어갔다. 마사이들이 모두 모여들었다. 남녀가 모두 4, 50명 정도 되었다. 자기를 마사이 학교 교장이라고 소개하는 사람이 우리 일행을 모아 놓고 자기 집안을 소개했다. 자기 할아버지는 부인이 15명이며 자기 집의 전 가족이 121명이라고 했다. 자기 가족 중 어린이들을 가르치기 위해서 집안에 작은 학교가 있다고 설명을 했다. 집은 모두 20여 채가 있고 각각 어머니를 중심으로 생활한다고 했다.

우리를 환영하는 노래와 춤을 추겠다며 대열을 갖췄다. 교장 선생님은 여자들을 왼쪽에, 남자들을 오른쪽에 세우고 여자들은 노래를 부르고 남자들은 지팡이를 가슴 앞에 들고 점프를 했다. 점프하는 것이 마사이들의 춤이었다. 전쟁에 나가기 전에 전의를 다지기 위해 추는 춤이라고 설명했다. 여자들이 큰 목소리로 노래를 부르자 남자들이 점핑을 했다.

교장 선생님이 나에게 함께 춤을 춰보라고 권하기에 배낭을 내려놓고 그들 가운데에서 같이 점핑을 했다. 점핑을 하면서 그들을 살펴보니 옷과 장신구들이 화려했다. 여인들은 주로 붉은 색의 망토를 걸치고 갖가지 화려한 구슬 목걸이를 몇 겹으로 엮어서 목에 걸었다. 귀에 구멍을 뚫고 여러 가지 색깔의 귀걸이를 하고 있었다.

부인이 15명이라고 소개했는데 손녀들이 많았다. 여인들이 30여 녕이나 되었다. 남자들은 원색의 망토를 걸치고 지팡이를 반질반질하게 다듬어 모두 하나씩 가지고 있었고 신발은 재생 타이어로 만들어 신고 있었다. 가운데가 좀 도톰하게 만들어진 신발이라 걸을 때 보면 성큼성큼 걷는 것처럼 보였다. 발목에 구슬을 달고 귀걸이를 하여 점핑할 때 찰랑거리는 소리가 들렸다.

나는 그들과 20여 차례를 뛰고 나서 마당에 주저앉아버렸다. 그들은 스프링처럼 뛰어올랐다. 마당에 주저앉은 나를 보고 마사이들이 껄껄 웃으며 일어나라고 더 큰 소리로 박수와 노래를 불러주었지만 나는 끝내 더 점핑을 할 수 없었다.

춤이 끝나자 교장 선생님은 우리를 마을 뒤편에 있는 학교로 데리고 갔다. 학생들은 28명이며 5살부터 11살까지 하루에 4시간 수업을 받는다고 했다. 우리 일행이 들어가니 선생님 한 분이 수업을 하고 있었다. 누가 원조해주는 공식적인 학교가 아닌 가족들이 자체적으로 아이들에게 글을 가르치기 위해서 세운 가족 학교였다.

나무로 발을 엮어 울타리를 만들었다. 지붕은 없고 긴 나무판자에 다리를 달아 책상을 만들었다. 앞면에 걸린 작은 칠판에는 영어와 스와힐리어로 인사하는 법과 50까지 세는 법을 적어 놓았다. 아이들은 우리가 들어가자마자 카랑카랑한 목소리로 까만 눈망울을 빤짝이며 환영의 노래를 불러주었다. 아무도 신발을 신지 않았다. 공책이나 책을 가진 아이들도 없었다. 걸상에 앉지 못한 아이들은 흙바닥에 앉아 노래를 불렀다.

견학이 끝나자 교장 선생님은 나를 데리고 자기 할머니가 살고 있는 집을 방문했다. 집 앞에 도착하니 마사이 여인들이 신기한 듯 쳐다보며 미소를 지었다. 소똥으로 지은 집인데 소똥이 말라 거북등처럼 갈라져 여기저기 금이 가고 떨어지기도 했다. 들어가는 문은 좁고 작은 나뭇가지로 엮어서 만든 사립문이 달려 있었다. 겨우 사립문을 열고 들어가니 칠흑 같이 어두웠다. 스마트폰에 받아둔 플래시 어플을 켜서 불을 밝혔다.

분부가 좋은 할머니가 눈을 감은 듯 소가죽 침상에 누워 있다가 우리를 보고 일어났다. 갈라진 벽 틈으로 햇빛이 들어오고 눈이 어둠에 적응되었다. 할머니는 몸이 뚱뚱하고 여러 가지 장신구로 몸을 치장하고 있었다. 팔찌, 발걸이, 목걸이, 귀걸이 등 다양한 장신구가 할머니가 움직일 때마다 치렁치렁 소리를 냈다.

바깥은 햇볕이 따가워 땀이 줄줄 흘러내렸지만 소똥 집 안은 시원했다. 아이들이 나를 졸졸 따라다녔다. 까만 눈동자와 까칠까칠한 머리카락이 유난히도 반짝였다. 수십 마리의 병아리를 거느린 어미 닭들이 소똥 가루가 쌓여 있는 모래밭을 파헤치며 부지런히 먹이를 찾았다. 마사이 여인들을 모아 놓고 사진을 찍어 보여주었다.

회오리바람이 강하게 불어왔다. 그들이 만들어둔 장신구들이 바람을 타고 날아오르고 닭털, 소똥 가루, 모래 가루가 회오리바람을 따라 높이 날아올랐다.

우리의 운전사는 갈 길이 멀다며 우리를 재촉했다.

건기의 사바나 초원은 모든 것을 태웠다. 모든 것이 누렇게 변해버렸다. 날아오르는 먼지와 작열하는 태양열뿐이었다. 길가의 풀들도 뽀얀 흙먼지를 둘러쓰고 말라버렸고, 우산 같이 생긴 아카시아나무도 죽어갔다. 초원을 어슬렁거렸을 동물들도 목마름을 견디지 못해 여기저기 시체로 널브러져 있었다. 길가의 아카시아 그늘 아래는 마사이 아이들이 모여앉아 더위를 피하며 지나가는 자량을 향해 "물, 물"이라고 소리를 치며 달려 나왔다.

해질 무렵 오늘 야영할 장소인 세로네라(Seronera) 캠프 사이트 간판이 보였다. 들어가는 길이 심하게 파여 여기저기 냄비 구멍이 생겼다. 주변은 융단을 깔아 놓은 듯 부드러운 초원이었다. 차가 진입하자 새하얀 먼지가 일어났다. 주변에 사파리 차들이 하나둘씩 모여들었다.

야영장에 들어서니 군인 막사처럼 생긴 시멘트 불록 건물 두 동과 화장실과 샤워실이 붙어 있는 건물 두 동이 있었다. 하나는 요리사들이 공동으로 취사를 할 수 있도록 된 취사장이었고 또 하나는 사파리 여행을 온 사람들이 식사를 하고 차를 마실 수 있도록 만들어진 건물이었다.

전기는 태양열 발전 시설로 충전했다가 불을 밝히거나 여러가지 전열 기구들을 충전할 수 있도록 했다. 전기 사용 시간이 엄격히 제한이 되어 있었고 저녁 10시가 넘으면 전기 공급이 차단되도록 되어 있었다. 샤워장도 저녁 9시가 되면 물이 공급되지 않는다는 안내판이 보였다. 모든 것이 최소한의 자원으로 생활하도록 되어 있었다. 야영장 한가운데 커다란 물탱크가 두 개 설치되어 있는데, 하나는 취사용이고 하나는 설거지용으로 사용할 수 있게 해 놓았다.

텐트를 칠 수 있는 공간이 넓게 마련되어 있었다. 초원의 풀을 깎아 평평하게 만들었다. 먼저 온 다른 사파리 차량들의 텐트가 여기저기 세워지고 계속해서 차량들이 밀려왔다. 우리 차량도 텐트를 치고 저녁을 맞을 준비를 했다. 나는 우리가 가지고 다니는 텐트를 치고 사파리 여행사로부터 매트리스만 받아서 두 겹으로 깔았다. 우리의 가이드는 일일이 텐트 치는 것을 도와주기도 하고 저녁에 기온이 많이 내려간다며 매트를 두껍게 깔아서 땅에서 올라오는 냉기를 막아야 한다고 알려주었다. 사파리 여행사별로 모닥불을 피우기 시작했고 타는 연기 냄새와 초원의 풀 냄새가 캠핑장에 가득했다.

우리 팀도 식당으로 모여 자리를 잡고 앉았다. 요리사는 토마토수프와 스파게티를 저녁으로 내놓았다. 모닥불에 구운 토스트가 곁들여지고 각자 준비한 와인과 함께 희미한 전등불 밑에서 저녁을 먹기 시작했다. 넓은 식당에 20여 개 사파리 여행사가 참여했다. 국제 행사가 끝나고 연회가 시작되는 분위기였다.

우리 옆에는 러시아에서 온 여행자들이 보드카를 마시며 왁자지껄하게 소리를 질렀다. 식사 시간은 즐거웠다. 식사를 하면서 자기 나라를 소개하고 주법을 이야기하고 문화를 이야기했다.

나는 뜻밖에도 캐나다 남자 교수의 질문을 받았다. 그는 캐나다에서 한국 연속극을 통해서 한국의 문화를 접할 기회가 많았다고 했다. 그러면서 술을 마실 때 사용하는 용어가 왜 그렇게 많은지 물었다. 그러면서 하나를 소개해달라고 했다. 직접 술을 한 잔씩 따르고 나에게 건배사를 제의했다. 캐나다인, 미국인 변호사와 선생님 모두 한국의 술 문화를 연속극을 통해서 어느 정도 알고 있었다.

나는 술잔을 들고 우리말로 먼저 건배를 제의했다. 다음은 영어로 제의했다. "우리의 만남을 위하여! 멋진 여행을 위하여!"라고 건배를 제의하자 그들이 우리말로 따라했다. 한국 사람들은 우정을 위해 3

잔까지는 원샷을 한다고 말했다. 와인 잔을 3잔까지 원샷을 제의하니 이들은 너무 좋아했다. 우리는 술잔을 비우고 머리 위에서 잔을 거꾸로 들어 원샷을 증명했다. 모두 웃으며 한국말로 "위하여"라고 외쳤다.

역시 일본에서 오랫동안 살았다는 미국인 변호사는 한국말을 금방 익혔다. 그녀는 우리말로 "우리의 만남을 위하여! 멋진 여행을 위하여!"라며 두 번째 잔의 건배를 제의하고 우리는 원샷으로 마무리했다. 세 번째 잔은 나에게 질문을 했던 캐나다 교수가 건배를 제의했다. 세 번째 잔도 원샷으로 마무리했다. 3잔의 와인을 마실 때쯤 여기저기서 술잔을 들어 올리며 건배하는 소리가 사파리 여행사마다 터져 나왔다.

우리 일행들의 목소리가 높아지고 이제 누가 시키지 않아도 와인 잔은 자동으로 원샷으로 끝나고 있었다. 혜경은 4잔의 와인 잔을 비우고 취기를 이기지 못하고 술자리를 떠났다. 캐나다 사람들과 미국인 처녀들이 와인 잔을 기울이며 취기를 더해 갔다.

빈 술병들이 테이블 위에 늘어섰다. 여기저기 노랫소리가 들려오고 모두들 발그스레한 얼굴로 서로의 손을 잡고 갖가지 알아듣지 못하는 언어들이 오갔다. 낮의 여행도 좋았지만 고요한 사바나 초원의 밤은 낭만과 사랑이 넘쳤다. 쏟아질 듯 흐르는 별빛 아래에서 타는 모닥불 냄새를 맡으며 와인 잔을 기울이는 멋은 무엇과도 비교할 수 없는 낭만이었다.

나는 잠깐 바람을 쐬러 바깥으로 나갔다. 살랑거리는 풀잎들의 사근거리는 소리와 간간이 들려오는 야수의 울부짖는 소리가 나에게 잠재된 야성을 일깨워주었다. 취기에 보는 하늘의 별은 더욱 아름다

아프리카의 바람 소리

위 눈이 부셨다. 나는 살랑거리는 초원의 마른 풀 속으로 걸어 들어 갔다. 풀 속에서 잠자던 작은 동물들이 놀라 달아났다. 한참 동안 초원을 걸어 들어가 마른 풀 위에 누웠다. 나의 가슴에서 취기로 인하여 심하게 쿵쾅거리는 소리가 들려왔다. 세상의 시끄러운 소리는 없었다. 초원의 풀잎 위로 지나가는 바람 소리만 들렸다. 진공 같은 공간에 누웠다. 취기로 인해 혼미해져가는 의식을 바로 세우고 자연의 소리를 들어보려고 안간힘을 썼다.

누워 있으려니 갑자기 거대한 발자국 소리가 땅을 진동하며 들려왔다. 희미해져가는 의식을 추스르고 몸을 일으켜 간신히 머리를 들어 소리가 나는 방향을 응시했다. 구름이 몰려오듯 거대한 무리들이 지나가며 땅이 흔들리는 느낌이었다. 아직은 무엇인지 정확히 파악할수 없어 최대한 정신을 집중하고 그것들을 응시하였다. 바로 수십 마리의 들소 무리들이 북쪽을 향해 이동하고 있었다. 다행히 소리는 크게 들려왔지만 내가 있는 곳에서 꽤 떨어진 곳에서 이동했다. 칠흑같이 어두운 밤이지만, 밤하늘의 별빛은 그들이 휩쓸고 지나가는 위용을 보기에는 충분했다.

갑자기 나의 가슴이 얼어붙은 듯 서늘해졌다. 몽롱해졌던 머리가 순식간에 초롱초롱해지며 다시 감각을 찾은 듯 눈이 밝아졌다. 와인의 취기는 어디로 가고 땅바닥에서 올라오는 냉기가 느껴졌다. 초원의 작은 새들이 가느다란 풀잎을 타고 건너뛰는 모습이 보였고 밤의 움직임이 천천히 나의 눈 속으로 집중되기 시작했다. 들소들의 발자국 소리가 멀어져가고 초롱초롱해진 귓가에 갖가지 풀벌레들이 울어 댔다. 다시 마른 풀잎에 누워 하늘을 올려다보았다. 약간은 싸늘하지만 향긋한 풀 냄새가 풍기는 이 아름다운 초원을 떠나고 싶지 않았다.

귀뚜라미들이 사바나의 밤을 자축하듯 노래를 불렀고 나를 고향의 밤으로 데리고 갔다. 하늘의 별도 어린 시절 고향의 별과 꼭 같았다. 이국의 초원에 누워 있지만 마음은 고향에 있었다. 그리운 사람들이 생각났다. 친구들, 이미 다른 세상으로 갔을 마을 어른들, 뿔뿔이 흩어져 살고 있는 형제들, 내 아이들, 그리고 유명을 달리하신 어머니….

나는 팔과 다리를 길게 뻗고 이 아름다운 대지의 기운을 느끼려고 가슴을 땅에 대고 누웠다. 흙 냄새와 풀 냄새가 강하게 묻어났다. 맑아졌던 정신이 다시 취기에 휩싸이기 시작하고 아무런 소리가 들려오지 않았다. 희미해져가는 의식을 일깨우고 서서히 뒷걸음치며 텐트로 돌아왔다. 타오르는 모닥불에 둘러앉은 요리사들이 내일 아침을 준비하며 감자를 깎고 있었다. 나는 그들에게 손을 흔들며 "굿 나이트."라고 속삭이며 텐트 안으로 들어왔다.

동물 사파리 셋째 날이었다. 오늘은 초식 동물들이 대이동하는 모습을 보러 갔다. 아침 6시에 식사하고 7시에 출발했다. 찬물로 샤워를 했다. 샤워 시설을 제대로 갖추지 못해 물통에 물을 받아 바가지로 물을 떠서 머리부터 발끝까지 끼얹었다. 샤워장 입구에 원숭이들이 한참 동안 나를 따라다녔다. 줄 것이 아무것도 없어 미안했다.

요리사들이 아침을 준비하기 위해서 숯불을 피우기 시작했다. 요리사에게로 다가가서 인사를 건넸다. 서투른 영어로 어디서 왔는지 물었다. 한국에서 왔다고 말해도 한국이 어디에 있는지 잘 몰랐다.

아직도 하늘에는 별들이 가득했다. 숯불 화롯가에 앉으니 샤워에 떨었던 몸이 이내 녹아내렸다. 캠핑용 티타늄 컵에 물을 붓고 숯불

아프리카의 바람 소리

위에 얹었다. 끓어오른 물에 홍차 티백으로 차를 만들었다. 요리사가 토스트 한 조각을 건네주었다. 이제 하늘의 별들이 사라지고 아카시아나무들이 모습을 드러내기 시작했다. 아침 식사가 시작됐다. 모닝빵과 숯불에 구워낸 토스트, 그리고 계란부침이었다.

7시에 사파리 차량이 캠핑장 정문에서 기다리고 있었다. 일행은 가이드의 주의 사항을 경청하고 물을 한 병씩 받았다. 가이드는 동물들을 놀라게 하는 행동, 큰 소리, 먹이를 주지 말라고 당부했다. 그리고 구경하는 동안 차량에서 내리지 말라고 했다.

초원 여기저기 산불이 대지를 새까맣게 만들었다. 새까만 흙더미를 멧돼지들이 떼를 지어 나무뿌리를 파헤쳤다. 사파리 차량은 울퉁불퉁한 비포장도로를 시속 80킬로미터 이상 속도로 달렸다. 150킬로미터 이상을 달려 케냐 국경 지역에 흐르는 마사이마라강까지 가야 한다고 했다.

우리 일행은 자리에서 일어나 사파리 차 지붕 밖으로 머리를 내밀고 광활하게 펼쳐진 초원의 풍광을 즐겼다. 국립 공원을 가로질러 케냐의 국경을 연결하는 B144번 비포장 국도를 1시간가량 달리다 작은 강줄기를 만났다.

강을 지나는 콘크리트 다리 밑 웅덩이에 수십 마리의 하마들이 떼를 지어 모여 있었다. 물 반 하마 반이라는 표현이 맞을 것 같았다. 좁은 공간에 녀석들의 몸이 서로 부딪히며 등을 물 밖으로 내밀고 있었다. 그 모습이 마치 바가지를 물 위에 띄워 놓은 것처럼 보였다. 배설물이 웅덩이 주변으로 떠밀려 쌓여 있었다. 저마다 하늘을 쳐다보며 입을 벌리고 아우성을 쳤다. 물 밖으로 나온 하마 두 마리가 어슬렁어슬렁 초원을 향해 걸어갔다. 몸집에 비해 다리가 유달리 짧고 약하게 보였다.

1시간가량 더 달려가자 공원 한가운데 마사이 마을이 나타났다. 전통적인 마사이 소똥 집도 있었지만, 대부분 가옥이 양철 가옥으로 개량되었다. 국립 공원 초원 지대에 불을 질러 화전을 일구고 옥수수, 수수, 감자와 호박 등을 재배하고 있었다. 그들의 전통 옷차림은 사라지고 대부분 청바지와 티셔츠를 입었다. 마사이들의 주식은 우유, 소고기, 염소 고기, 양고기이고 특별한 의식을 치르거나 명절이 되면 소의 정맥에서 피를 뽑아 마시기도 한단다. 그리고 야생 동물은 가젤을 제외하고는 먹지 않았다. 생활의 모든 것을 소에서 얻었다. 소똥으로 지붕과 벽을 바르고, 소가죽으로 옷과 신발 그리고 잠자리를 만들고 바람을 막기도 했다. 마사이들은 신에게 기도할 때 소와 자식을 달라고 기도한다고 했다.

마사이 마을을 벗어나자 더 넓은 초원이 나타났다. 풀을 뜯는 얼룩말의 등과 귀가 간신히 보일 정도로 무성하게 자란 초원이었다.

붉은 황토 비포장길을 한참 달렸다. 아카시아 나무와 새파란 초원이 끝없이 펼쳐졌다. 수천 마리의 누 무리와 얼룩말들이 뒤섞여 10킬로미터가 넘는 긴 행렬을 이루어 북쪽으로 이동했다. 우리는 차량을 멈췄다. 길을 가로질러 초원으로 들어가는 거대한 무리의 동물들을 지켜보며 동물 세계의 신비함을 지켜보았다. 수만 마리의 동물들이 뿜어내는 발굽 소리와 울음소리가 초원을 진동했다. 신비함이요, 아름다움이요, 장관이었다. 먼지가 사파리 차량을 덮어버렸다. 수만 마리의 발굽이 붉은 황톳길을 가로지르면서 일으키는 먼지가 구름처럼 일어났다. 이들이 지나간 초원은 불도저로 밀어버린 듯 풀들이 쓰러져버렸다.

아프리카의 바람 소리

일행들은 1시간여 동안 숨을 죽여가며 이 거대한 장관을 구경하며 셔터를 누르느라 말이 없었다. 무질서하게 달리는 것 같아도 질서와 규율이 있었다. 거대한 무리 속에 작은 무리들이 그룹을 만들어 수컷을 선두로 달리는 모습을 볼 수 있었다. 달리다 수컷이 멈추면 일단의 2, 30마리의 무리들이 멈추어서 잠깐 풀을 뜯었다. 수컷이 달리면 또 거대한 무리 속에 합류되어 달리는 모습을 볼 수 있었다. 새끼들이 어미들 사이에서 질주하는 모습은 안쓰럽기까지했다. 누 새끼들은 출산 후 5분이면 일어서서 달릴 수 있다고 했다.

우리가 탄 사파리 차량이 국립 공원을 벗어나 마사이 마을을 계속 달리고 있었다. 운전자가 길을 잃은 듯했다. 광활한 초원에 비포장도로가 초원 여기저기 얽혀 있어 자칫 잘못하면 엉뚱한 길로 들어서기 십상이었다. GPS를 켜보니 차량이 국립 공원을 한참 벗어나 엉뚱한 곳으로 달리고 있었다.

GPS를 운전자에게 보여주며 차량이 국립 공원을 벗어나 엉뚱한 곳으로 달리고 있음을 상기시켰다. 어떤 방향으로 차를 몰아야 하는지 말해주어도 얼른 이해하지 못했다. 그는 자기 방식대로 주변 마을 사람들에게 물어서 길을 찾으려고 했지만, 차량은 점점 공원에서 멀어져 서쪽으로 달리고 있었다. 내 옆 좌석에 앉은 캐나다인도 스마트폰 GPS를 켜고 방향이 잘못되었음을 지적해주었다. 그러나 운전자는 듣는 척도 하지 않고 자기 방식대로 마을 사람들에게 의존하여 길을 찾았다. 구경해야 할 시간에 길을 찾으며 시간을 낭비하자 미국인들이 불만을 터트렸다.

사람들이 웅성거리고 소리가 높아지자 운전자는 우리 이야기에 귀 기울이며 GPS가 가리키는 방향으로 차를 몰기 시작했다. 벌써 2시간 동안 길을 찾아 헤맨 것이었다. 특히 미국인 교사는 이 방대한 초원에서 길을 잃으면 어떻게 하느냐고 불안, 초조해했다. 사막에서 길을 잃고 죽어간 사람들의 이야기를 나누며 몹시 불안해했다.

세상 만사 새옹지마라고 했던가? 동물의 대이동은 많이 놓쳤지만 공원 최오지의 마사이 마을 깊숙한 곳에서 그들이 살아가는 모습을 볼 수 있었다. 마사이들 부락이었다. 소를 치고 농사를 지으며 살아가고 있었다. 가옥은 둥글게 담을 쌓아 올리고 지붕은 갈대로 덮었다. 집집마다 곡식을 보관하는 곡식 저장소가 대문간에 자리 잡고 있었다. 여인들이 수확한 옥수수를 줄에 매달아 말렸다. 학교도, 전기도, 수돗물도 없는 케냐와 국경을 맞대고 있는 탄자니아 최북단의 오지에 살고 있는 마사이족이었다.

사파리 차량이 다시 공원 입구에 들어서자마자 말라버린 초원에서 불길이 활활 솟아올랐다. 마사이들이 초원에 불을 지른 것이었다. 말라버린 풀이 타버리고 새로운 풀이 빨리 자라 소를 방목할 수 있도록 하기 위해 일부러 불을 지른다고 했다.

사파리 차량의 창문을 모두 닫고 타고 있는 불길 속으로 차를 몰고 들어갔다. 불이 붙으면 동물이 근처에 있을 리 없었다. 본능적으로 불 냄새를 피해 어디론가 도망을 갔을 것이었다. 운전자에게 항의를 하고 싶은 마음이 생겼지만, 좀 더 기다려보았다. 동물은 아무리 돌아봐도 없었다. 운전자는 공원 깊숙이 마사이마라강 쪽으로 빠르게 차를 몰고 들어갔다. 또 세찬 불길을 만났다. 동물 구경 왔다가 세찬 불길만 구경하게 되었다며 일행들은 별난 사파리 여행이라며 한바탕 웃었다.

운전자는 땀을 뻘뻘 흘려가며 동물을 찾아 헤맸다. 참으로 딱한 일

아프리카의 바람 소리

이었다. 동물들을 찾지 못한 운전자는 마사이마라 강변에 도착하여 점심을 먹자고 했다. 하마들이 강줄기를 따라 머리를 내밀며 오르락 내리락했다.

악어들이 바위에 넓적 드러누워 일광욕을 즐겼다. 정말 이 녀석들은 흉물스럽게 생겼다. 미동도 없이 눈을 지그시 감고 이빨을 드러내고 누워 있었다. 영락없이 바위와 비슷한 모습이었다. 위장술로 어리석은 초식 동물을 유인하고 있었다.

마시아마라강을 가로질러 놓여 있는 잠수교에 사파리 차량 한 대가 간신히 난간에 걸려 매달려 있었다. 악어와 하마가 우글거리는 강물의 난간에 사파리 차량은 위험스럽게 매달려 있었다.

점심 후 30분쯤 차를 몰고 공원 깊숙이 들어갔다. 관목이 자라는 초원과 작은 강이 나타났다. 수많은 누 떼들이 종대를 이루어 강기슭을 따라 북상하고 있었다. 운전자는 1만 마리 이상 된다고 했다. 마치 로마 병정이 일렬로 서서 전쟁터로 나아가는 모습이었다. 공원이 제공하는 통계에 의하면 대이동에 참여하는 동물의 개체 수가 추산 누가 150만 마리 이상, 얼룩말이 20만 마리, 톰슨가젤이 30만 마리 이상, 다른 동물을 합치면 250만 마리 이상이 세렝게티 초원에서 마사이마라 초원을 시계 방향으로 돌아서 이동한다고 했다.

관목이 우거진 숲속마다 사자 가족들이 몸을 숨기고 누 떼들이 움직이는 모습을 지켜보고 있었다. 숲속에는 수십 마리의 독수리 떼들이 날아다녔다. 사자가 누 한 마리를 사냥해서 숲속으로 끌고 들어갔다. 앞 이빨로 누의 목을 물고 질질 끌고 갔다. 숨이 차면 한참 하늘을 쳐다보고 혀를 내밀고 숨을 골랐다. 몇 번을 끌고 쉬고를 반복하며 숲속으로 사라졌다. 참으로 살벌한 현장이었다. 먹고 먹히는 생태

계의 한가운데 서 있음을 느꼈다.

사자가 사라진 숲에 독수리들이 나뭇가지에 앉아 피 냄새를 맡고 있었다. 돌아오는 길에 수많은 누 떼와 얼룩말들이 떼를 지어 이동하는 모습을 보았다. 장관이었다. 생명의 위험을 느끼면서도 대이동하는 동물들의 모습이 신비스럽기도 했지만, 피할 수 없는 운명인 것처럼 보였다.

기린들이 고고한 자세로 초원 위에 우뚝 서서 아카시아 나뭇잎을 오물거렸다. 코끼리, 버펄로 무리, 멧돼지, 영양, 임팔라, 톰슨가젤 모두가 저무는 해를 따라 보금자리를 찾아 어디론가 흩어져 갔다.

해가 넘어가고 광활한 초원에 어둠이 찾아왔다. 차 엔진 소리를 듣고 놀란 동물들이 갑자기 길 가운데로 달려나왔다. 운전자는 속도를 늦추고 숙소를 향해 달렸다. 우리 일행도 하루의 긴 여정에 지쳐 모두 조용하게 앉아서 갔다. 별들이 하나둘 나타나고 길섶의 귀뚜라미들이 울어댔다. 운전자는 쇼핑몰이 있는 곳에 내려주었다. 레드 와인 2병을 샀다. 우리 일행들도 다른 사파리 여행객들도 이곳에서 와인을 구입했다. 아마도 지친 하루의 몸을 와인으로 씻어버리려고 하는 것 같았다.

저녁 식사 후 운전자는 우리를 모아 놓고 내일 아침 사파리에 대해서 설명했다. 내일 아침은 커피 한 잔과 토스트 한 조각으로 간단히 아침을 먹고 아침 사파리를 다녀온 후 텐트를 철거하고 브런치를 먹는다고 했다. 특히 오늘 저녁은 일찍 자고 내일 아침 5시 30분까지는 식당에 모이라고 당부했다.

오늘은 피곤한 탓에 모두 헤어져 각자의 텐트로 갔다. 우리나라 늦가을과 흡사한 밤이었다. 주변의 나뭇가지들이 부딪히는 소리가 들

아프리카의 바람 소리

리고 낙엽이 뒹굴었다. 게다가 귀뚜라미가 갖은 힘을 다해 울어댔다. 산새들이 가지를 옮겨 다니는 소리가 들렸다.

동물 사파리 넷째 날이었다. 이른 아침 캠핑장을 나와 2킬로미터 정도 달렸을까 싶은 곳에서 차량의 엔진이 멈추어 섰다. 길가에 차를 세우고 운전자가 여러 번 시동을 걸어보지만 소용이 없었다. 멈춰 선 차량 옆은 새까맣게 타버린 초원이 흉물스럽게 펼쳐져 있었다. 아직 불씨가 남아 타고 있는 곳도 있었다. 햇볕이 강하게 내리쬐지만 내려서 나무 그늘 밑으로 피할 수 없었다. 국립 공원 규정상 일체의 사파리 여행객들은 차량에서 내릴 수 없다. 계속해서 차 엔진 뚜껑을 열어 놓고 이것저것 만져보지만 좀처럼 시동이 걸리지 않았다.

3시간 동안 차 안에서 머물렀다. 아침 사파리를 마치고 캠핑장으로 돌아가는 차량이 있어 편승하여 캠핑장으로 되돌아왔다. 운전자도 함께 돌아와 우리를 캠핑장에 남겨 놓고 정비소에 연락했다.

일행은 차량이 정비될 때까지 텐트를 정리하고 짐을 꾸리고 캠핑장 정문에서 기다리지만 우리의 사파리 차량은 좀처럼 나타나지 않았다. 12시가 넘어서 차량을 정비하여 캠핑장으로 돌아왔다. 다른 사파리 여행객들은 모두 떠나고 우리만 남아 있었다.

6시간 동안 아무것도 하지 못하고 시간을 낭비하자 미국인, 캐나다인들은 6시간 낭비에 대해 보상을 요구하자고 했지만 나는 동의하지 않았다. 운전자에게 고의성이 없었고, 그동안 성실하게 우리를 대해 주었던 그에게 박절하게 말할 용기도 없었다. 젊은이들에게 우리의 여행 운으로 생각하고 조금 늦었지만 우리 일정을 서둘러 진행하는 것이 좋겠다고 설득했다.

요리사가 식당으로 우리를 불러 모으고 점심을 차려 놓았다. 18살짜리 요리사는 정성을 다해 닭고기 튀김과 감자프라이 그리고 스파게티를 정성스럽게 차렸고 후식으로 오렌지를 내놓았다. 짜증났던 일행들은 푸짐한 음식 차림에 금방 찡그린 얼굴들을 날려버리고 웃고 떠들며 음식을 먹었다. 어린 요리사는 음식이 맛있다고 칭찬허자 미소를 잃지 않고 부탁하면 척척 내놓았다.

2시가 넘어서 짐을 차량에 싣고 동물 사파리를 떠났다. 아침에 보지 못한 사자를 보기 위해 사자가 있는 곳으로 향했다. 넓은 초원 위에 한 그루 커다란 옐로아카시아 나무가 둥그렇게 서 있었다. 나무 그늘 밑에 10마리 정도의 사자 가족이 서로 몸을 기대고 오수를 즐기고 있었다.

차량 엔진 소리도 아랑곳하지 않고 풀 속에 몸을 숨긴 채 자고 있었다. 기린이 옐로아카시아 나무 쪽으로 접근하다 사자를 발견하고는 주변에서 서성거리더니 성큼성큼 걸어서 반대편으로 사라졌다. 아카시나무를 배경으로 초원 위로 사라지는 기린과 잠자는 사자의 모습은 아프리카 동물 세계의 환상적인 모습이었다.

다시 차량이 움직였다. 길가에서 수십 마리의 독수리들이 갈비뼈만 나뒹굴고 있는 동물 사체에 주둥이를 들이박고 살점을 뜯고 있었다. 독수리 주둥이가 붉게 물들어 있었다.

다음 도착한 곳은 하마와 악어가 서식하는 저습 지대였다. 웅덩이가 여러 곳에 흩어져 있고 여기저기 악어와 하마들이 끙끙거리는 소리를 내며 다녔다. 육중한 하마 세 마리가 뭍으로 걸어 나왔다. 붉은색의 피부가 유난히도 반짝거렸다. 눈알이 주먹만 했다. 하늘을 향해 입을 벌릴 때 뾰족한 이빨이 염소 뿔을 심어 놓은 듯했다. 풀 속으로 달리는 속도가 사람이 따라갈 수 없을 정도로 빨랐다. 입을 벌리는 모습이 사람을 통째로 삼킬 수 있을 것 같았다.

관목 숲이 우거진 습지대에 코끼리 무리들이 풀을 뜯고 있었다. 그들이 방출한 배설물이 여기저기 무더기를 이루고 있었다. 어린 새끼들을 가운데 두고 원형으로 풀을 뜯어 코로 말아서 입으로 가져가는 장면이 참으로 신기했다. 무슨 풀이든 마구 뜯어서 코로 뭉쳐 입으로 가져갔다. 덩치에 비해 작은 눈이지만 풀을 뜯으면서 주변을 항상 경계했다. 어린 새끼들이 풀을 뜯어 말아서 입으로 가져가는 모습이 앙증맞고 귀여웠다.

코끼리 무리들과 이웃하여 많은 기린들이 아카시아 숲속에 떼를 지어 있었다. 어떤 녀석들이 사랑을 나누려고 시도하는데 다리가 너무 길어 정말 성사가 되지 않았다. 일행은 차량을 멈추고 애정이 성공하기를 바라며 끈기 있게 바라보지만 결국 성공하지 못하고 멋쩍게 흩어졌다. 기린의 검은 점들이 유난히 빛났다. 목을 길게 치켜세우고 아카시아 잎을 먹는 모습이 귀족처럼 우아했다. 목을 쭉 빼고 아카시아 잎을 먹을 때 키가 5미터가 넘는다고 했다.

운전자는 옹고롱고로(Ngorongoro) 야영장을 향해 차를 세차게 몰아갔다. 마사이 마을 이곳저곳에서도 저녁을 짓는 연기가 뭉게뭉게 피어올랐다. 옹고롱고로 분화구의 언저리에 있는 심바 캠프 사이트(Simba Campsite)에 도착했다. 식사를 할 수 있는 식당, 요리사들이 요리할 수 있는 취사실과 간단히 샤워할 수 있는 샤워실과 화장실이 갖춰져 있었다. 널따란 잔디밭에 텐트를 칠 수 있고 잔디밭에서 옹고롱고로 분화구 안을 훤히 볼 수 있는 좋은 위치였다. 야생 동물들의 분비물이 잔디밭에 마구 흩어져 있어 텐트 치는 장소를 물색하느라 모두 분주했다.

나는 웅고롱고로 분화구를 한눈에 내려다 볼 수 있는 아름드리나무 밑에 텐트를 쳤다. 옆에는 호주에서 온 노부부가 열심히 텐트를 치고 있었고 그 뒤로는 러시아에서 온 사파리 팀들이 보드카에 취해 콧노래를 흥얼거리며 보금자리를 꾸몄다.

우리 일행은 식당 안에 자리를 잡지 못하고 식당 밖 잔디밭에 식탁을 마련했다. 주변에 3,500미터가 넘는 봉우리들이 캠프 그라운드를 감싸고 있었다. 캠핑장도 해발 2,500미터가 넘는 곳이라 굉장히 쌀쌀했다. 식탁에 앉아 요리사의 식사 준비를 기다리는 동안 추워서 몸이 떨렸다.

모두 두꺼운 점퍼를 꺼내 입고 웅크린 채 저녁을 기다렸다. 수백 명의 사파리 여행객이 북적대는 식당 안은 세계 각국에서 모여든 여행객들로 가득 찼다. 이곳저곳에서 건배와 생일을 축하하는 노래가 흘러나온다. 우리 운전자는 아침부터 차량 고장으로 늦게 출발하여 식당 안에 자리를 잡지 못한 것을 미안해하며 요리사의 식사 준비를 채근하고 있었다. 어린 요리사의 식사 준비하는 모습을 보기 위해 취사실로 가보니 화로에 숯불을 피워 놓고 쉴 사이 없이 프라이팬에 감자를 볶고 있었다. 나를 힐끗 쳐다보고는 씩 웃으며 곧 간다는 시늉을 했다.

미국인 처녀들은 비스킷을 먹으며 허기를 달래고 있었다. 운전자가 따뜻한 물에 홍차를 타서 건네주었다. 추위에 떨고 있던 일행들은 홍차를 마시며 마냥 기다렸다. 우리보다 늦게 도착한 독일 사파리 일행들이 고함을 지르며 식사 독촉을 했다. 그들도 우리와 함께 잔디밭 위에 식탁을 만들어 놓고 우두커니 앉아 허기를 달랬다. 식당 안에

아프리카의 바람 소리

설치된 태양열 전깃불이 반으로 줄어들고 사람들은 하나둘씩 텐트로 돌아갔다.

드디어 우리의 요리사가 요리 접시와 음식 통을 들고 왔다. 우리 일행은 머리에 전등을 달고 어둠 속에서 식사를 시작했다. 그래도 마지막 날을 기념하기 위해 가지고 온 와인을 잔에 채웠다. 나는 4일 간 동고동락했던 우정을 잊지 말자며 인사말을 하고 한국어로 건배를 제의했다. 캐나다의 교수는 한 번 더 한국말로 건배를 제창했고 원샷을 권했다.

추위에 떨고 있던 사람들은 거뜬하게 와인 한 잔씩을 비우고 또 한 잔씩을 받아 들었다. 나는 술을 한 번 마시면 3잔은 원샷을 해야 한다고 말했다. 2잔이 3잔이 되고, 3잔이 4잔이 되어 모두 취기로 추위를 몰아냈다.

와인도 떨어지고 밤이 더욱 깊어지자 운전자는 텐트로 돌아갈 것을 권하며 내일 아침 6시에 기상하고 6시 30분에 식사를 마친 후 7시에 사파리 여행을 떠나야 한다고 했다.

텐트 안으로 돌아와 누웠다. 얼음 바닥처럼 싸늘했다. 방한 옷을 꺼내 입고 침낭 안으로 들어가 지프를 채우고 코만 간신히 내놓았다. 분화구 안에서 불어오는 세찬 바람이 텐트를 흔들어댔다. 커다란 고목나무 나뭇잎들이 몹시도 살랑거렸다. 귀뚜라미 울어대는 남국 하늘의 달밤은 너무도 아름다웠다.


동물 사파리 다섯 째 날이었다. 옹고롱고로 분화구 속 동물을 만나는 날이었다. 고요한 마사이 마을에서 새벽을 알리는 수탉의 긴 울음소리가 낭랑하게 들려왔다.

텐트 밖은 깜깜했다. 2,500미터 고도에서 올려다보는 밤하늘의 별들은 참으로 가까이에 있었다. 텐트 밖으로 나와 아름다운 하늘에 이끌려 분화구 전망대로 갔다.

분화구 안에서 들려오는 야생 동물들의 끙끙대는 소리가 바로 코앞에서 들려오는 듯했다. 목청을 길고 높게 가다듬어 주변을 경악케 하는 수컷 사자의 포효하는 소리가 등골을 오싹하게 했다. 갑자기 숲속에서 불쑥 나타날 것 같은 예감이었다. 숲속에서 동물들의 부스럭거리는 소리가 들려왔다.

6시가 되어도 우리 일행들이 일어나지 않아 주변을 돌며 일행들을 깨웠다. 모두 잠에서 깨어 있었지만 선뜻 텐트 밖으로 나오지 못하고 웅크리고 있었다.

식사를 끝낸 후 우리 일행은 사파리 차를 배경으로 운전자, 요리사를 포함해서 함께 기념 사진 촬영을 했다. 혜경과 함께 사파리 차량의 앞자리에 서서 지붕을 열어젖히고 기념 촬영을 했다.

둘레가 26킬로미터에 달하는 세계최고의 분화구였다. 분화구 언저리 높이가 해발 고도 2,300에서 2,600미터에 이르는 분화구였다. 분화구 안으로 들어가기 위해 마사이 마을 앞을 지났다. 울긋불긋한 옷을 걸친 마사이들이 긴 막대기를 들고 집 안에 가두었던 소를 초원으로 몰고 나갔다.

분화구 서쪽 언저리에 도착했다. 분화구로 내려가기 전 모든 사파리 차량들이 전망대 입구에 멈춰 섰다. 차량에서 내려 분호구 안의 소금 호수를 내려다보며 카메라에 담느라 분주했다. 분화구 안으로 내려가는 길은 울퉁불퉁한 비포장도로였다.

선인장이 많이 자라고 있었다. 덜컹거리는 차량의 안전 지지대를 꼭 붙잡고 멀리서 이동하는 동물들의 모습과 분화구 경사면에 흘러내리는 아름다운 구름을 사진기에 담았다. 분화구 안 염호인 마가디(Magadi)호수가 구름으로 덮였다.

분화구 사면이 거의 정글로 뒤덮인 아름다운 칼데라(Caldera)호수였다. 분화구 바닥의 해발 고도가 2,300미터가 넘고 바닥에서 400에서 600미터 높이의 분화구 사면을 가지고 있었다. 차량이 분화구 바닥으로 내려갈수록 선인장이 군락을 이뤘다.

분화구의 북서쪽 사면은 평원의 초지가 거대하게 형성되어 있었다. 마가디호수가 염호인 반면, 작은 호수는 담수호라 많은 동물들이 물을 먹을 수 있었다.

분화구 바닥에 사파리 차량이 도착했다. 나지막하게 보였던 경사면이 외부 세계를 차단시키고 분화구 안을 난공불락의 성곽처럼 둘러싸고 있었다. 경사면으로 하얀 구름이 흘러내리고 완전히 잃어버린 세계에 갇혀버린 느낌이었다.

마가디호수에 홍학 무리들이 저공으로 비행하며 호수 위를 미끄러졌다. 마가디호수는 조류들의 천국 같았다. 수백 마리의 홍학들이 호수 바닥을 가득 매운 모습은 장관이었다. 차량이 호수의 오른쪽으로 돌아서 분화구 경사면에 닿았다.

흘러내린 용암이 부드러운 곡선을 그리며 분화구 바닥에 닿아 있었다.

수많은 누, 얼룩말, 버펄로, 가젤, 톰슨가젤, 코끼리, 원숭이, 타조들이 어울려 다녔다. 마치 거대한 울타리 속 천연 동물원 같았다. 사자들이 하늘을 향해 다리를 벌리고 잠에 빠졌다. 운전자는 사자들이 사냥을 끝내고 많은 먹이를 먹었을 경우 하늘을 쳐다보며 잠을 잔다고 말했다. 누 수컷 두 마리가 격렬하게 싸웠다. 뿔이 부딪히는 소리가 나무 망치끼리 부딪히는 소리 같았다. 한껏 달아오른 두 녀석은 금방이라도 터질 것 같은 근육을 뻗으며 허공을 뛰어올랐다가 땅에 떨어졌다. 앞발로 땅을 파고 뒷발로 버티며 앞으로 뒤로 서로 몇 번이고 밀어붙였다. 한 녀석의 뿔이 부러지고는 줄행랑을 쳤다. 운전자 말은 부러진 뿔은 빠지고 다시 새 뿔이 돋아난다고 했다.

분화구 꼭대기에 걸린 구름이 계속해서 분화구 바닥으로 흘러내렸다. 마치 거대한 폭포가 떨어지는 형상이었다. 담수호가 펼쳐진 곳에 수십 마리의 하마들이 뭍에서 육중한 몸을 드러내고 이리저리 오갔다. 등 부분만 짙은 회색이고 몸 전체가 분홍빛을 띠고 있었다. 얼룩말들이 하마 새끼들이 있는 곳으로 다가가자 어미 하마가 달려와 얼룩말을 쫓았다. 코끼리를 비롯해서 멧돼지까지 모두가 물 주변을 어슬렁거리며 풀을 뜯었다. 사자들이 살아가기에는 천국이었다. 적당히 관목들이 호수 주변에 우거져 몸을 숨기기에 안성맞춤이었고 물을 먹으러 오는 동물들이 끊이지 않았다. 운전자 말에 의하면 이곳에 서식하는 동물 수가 3만 마리가 넘는다고 했다. 그에 비해 사자의 개체 수는 50여 마리라고 했다.

운전자는 분화구 안을 시계 반대 방향으로 돌면서 동물들의 서식지를 찾아다녔다. 이번에는 차를 몰고 북쪽의 평원으로 이동했다. 이곳에 코뿔소가 있다는 것이었다. 분화구 안에 코뿔소가 4마리가 서식한다는데 숲이나 초원에 엎드려 자고 있으면 잘 볼 수가 없다고 했다. 예전에 코뿔소를 보았다는 장소를 찾아 사파리 차를 몰고 몇 번이고 오르락내리락하건만 코뿔소는 보이지 않았다. 아프리카 전 지역에서 코뿔소가 가장 희귀한 동물로 대접받았다. 밀렵꾼들이 포획을 많이 한 것이 그 원인이라고 했다. 결국 우리는 코뿔소를 찾지 못하고 아카시아 숲속 어딘가에 있으리라는 이야기만 듣고 점심을 먹기 위해 담수호 주변으로 자리를 옮겼다.

호수 주변에서 우리는 점심 도시락을 받았다. 미국 여선생님이 도시락을 받아 펼치는 순간, 독수리 한 마리가 잽싸게 날아내려 선생님의 도시락을 낚아채 갔다. 미국인 선생님은 어어 하는 소리만 냈지 어떻게 손을 써 볼 수 없이 순간적으로 도시락을 날치기 당했다.

사람들이 호수 주변에서 점심을 먹고 이야기 나눌 때 갑자기 바로 앞에서 커다란 하마 두 마리가 머리를 내밀고 물속에서 솟구쳐 올랐다. 우리 일행은 혼비백산하여 채 도시락 통도 챙기지 못하고 도망을 쳤다. 운전자는 놀란 모습으로 우리 곁으로 다가와서 호숫가에 앉아서 점심을 먹지 못하도록 일러주었다. 괴물 같은 하마는 물기둥을 몇 번 쏴 올리고는 물속으로 사라졌다. 호수 안은 악어와 하마들이 서식하며 4, 5미터 정도 되는 악어들이 사람 소리를 듣고 몸을 숨긴 채 다가오는 모습을 쉽게 볼 수 있었다.

호수에 우거진 갈대들이 바람에 흔들렸다. 하늘 높이 떠가는 구름들이 거울 같이 맑은 호수에 비쳤다. 또 다른 세계가 물 위에 떠갔다. 호숫가 잔디밭에 누워 출렁이는 갈대밭 물결을 바라보며 점심 후 노곤함을 잊으려 했다. 잠들면 하마나 악어가 올라오지 않을까 긴장하며 누웠다. 태양과 구름 그리고 날아다니는 새들이 한 폭의 그림처럼 수면 위에 반사됐다.

분화구 안 동물 구경을 끝내고 차를 몰아 분화구 동쪽 사면을 따라 올라갔다. 흙먼지를 잔뜩 둘러쓴 나무들 위로 크고 작은 버번 원숭이 무리들이 몰려다니며 찍찍거렸다.

공원 입구 휴게실에 도착하여 휴식하며 간식을 꺼냈다. 가지에서 뛰어내린 원숭이 녀석들이 간식 봉지를 낚아채고 나뭇가지로 올라가 버렸다. 다시 미국인 처녀들이 차 안으로 들어가 음식을 꺼내려고 하자, 원숭이 3마리가 따라 들어와 미국 처녀를 할퀴고 음식을 빼앗으려 하자 처녀들이 소리를 질렀다. 차 안으로 들어가 보니 처녀들이 겁에 질려 꼼짝도 못하고 있다. 나와 캐나다 청년 두 사람이 힘을 모아 원숭이를 몰아내려고 했지만 사납게 이빨을 드러내고 으르렁거렸다. 운전자가 올라와서 막대기로 후려칠 때까지 녀석들은 날카로운 이빨을 드러내고 무섭게 저항하다 지붕 위로 달아났다. 원숭이들이 뒤지고 간 음식 통은 난장판이 되었고 그들이 만지작거린 간식은 먹지 못하고 버렸다. 녀석들은 높은 나뭇가지 위에서 또 다른 공격 대상을 찾고 있는 듯 머리를 조아리고 아래를 응시했다. 우리는 허탈과 웃음, 그리고 약간의 공포를 느끼며 4박 5일 동안 사파리 여행의 대미를 원숭이들에게 간식을 날치기 당하는 것으로 끝을 냈다.

이메일, 페이스북, 스마트폰 등 연락처를 주고받으며 힘들고 즐거웠던 4박 5일 여행의 막을 내리면서 조그만 팁을 마련하여 운전자와 요리사에게 전달했다. 아마 다시는 못 만나게 되겠지만 함께했던 그들 모두가 한동안 그리울 것이다.


호텔 지배인의 소개로 커피 농장 체험 가이드 찬바를 만났다. 이 마을은 그의 고향이기도 했다. 그는 나이로비에서 경영학을 공부했으며 영어를 유창하게 구사했다. 그를 만나 기뻤다. 훤칠한 키에 잘생긴 미남이었다.

그가 우리를 데리고 간 곳은 자기 마을에서 운영하는 커피집이었

아프리카의 바람 소리

다. 마을 입구까지 차를 타고 갔지만 마을 안쪽은 차량이 진입할 수 없는 좁은 골목이었다. 마을 전체가 바나나 나무로 숲을 이루고 있었다. 그는 바나나 나무를 가리키며 여러 가지 바나나 종류를 설명했다. 지금까지 바나나가 비슷하게 보여 정확한 종류와 용도를 잘 알수 없었는데 그는 설명을 잘 해주었다.

길목마다 커피나무, 파파야, 옥수수, 망고, 바나나 나무가 재배되고 있었다. 바나나 나무가 우거진 골목길을 지나자 커피 농장이 나타났다. 자기 아버지가 재배하는 농장이라고 소개했다. 사람 키 높이만한 커피나무들이 줄을 지어 심어져 있었다. 영화 〈아웃 오브 아프리카(Out of Africa, 1985)〉에서 봤던 열매와 흡사했다. 열매가 익어가는 밭고랑에 들어서자 붉은 색을 띤 커피들이 알알이 박혀 있었다. 나와 혜경은 찬바가 준비한 자루에 커피 열매를 따서 모았다.

우리가 딴 커피는 알갱이가 좀 작은 아라비카(Arabica) 품종이라고 했다. 잘 익은 커피 열매를 손으로 문질렀다. 열매 속에 과육이 있고, 과육 안에 두 개의 작은 커피 빈이 껍질 속에 들어 있었다. 이 작은 커피 빈은 햇볕에 1주일 정도 말린 다음 찧는다. 그리고 껍질을 제거한 다음 볶아서 커피 가루로 만든다.

우리가 딴 커피를 들고 커피 체험하는 그의 친척집으로 갔다. 집안에 들어서자 열대 정글 속으로 들어가는 기분이었다. 잘 가꾸어진 잔디 마당에 깨끗한 식탁보를 씌운 테이블이 놓여 있었다. 울타리는 야자수와 바나나 나무들이 둘러싸고 있었다.

축 늘어진 바나나들이 보기만 해도 소담스러웠다. 남국의 흥취를 마음껏 즐길 수 있는 그런 집이었다. 새들이 나뭇가지를 날아다니며 시끄러울 정도로 지저귀었다. 검붉은 자주색 바나나 꽃들이 활짝 피어 벌과 나비를 불러들였다.

마른 커피 빈을 절구통에 넣고 절굿공이로 찧었다. 껍질이 와작와
작 소리를 내며 깨졌다. 한참 찧고 나서 키질로 껍질을 가려냈다. 커
피콩을 커다란 토기 항아리에 넣고 숯불에 30분 정도 볶았다. 커피
콩 색깔이 검은 노란색으로 바뀌며 향긋한 거피 냄새가 감돌기 시작
했다. 볶은 커피콩을 다시 깨끗한 절구통에 넣고 빻았다. 부드럽게
빻은 가루를 정교한 체로 쳐서 가루를 걸러냈다. 화롯불 위에서 물
을 끓였다. 몽글몽글한 불로 느긋하게 물을 끓이다 물이 끓기 시작하
면 볶은 커피 가루를 넣고 계속 끓였다. 커피 가루가 뭉쳐졌다 풀어
졌다하면서 거품을 내기도 했다. 이때 긴 나무 숟가락으로 잘 저어주
었다. 적당하게 끓인 커피를 촘촘한 베를 펴고 커피를 걸러주었다.
이 커피를 보온병에 담아 잔디밭 테이블로 가져갔다.

진하게 배어나는 커피향이 녹음 우거진 정원에 가득했다. 대문 한
편에 마대 자루에 흙을 담고 구멍을 뚫어 각종 채소를 심었다. 배추
가 자라고 고추가 주렁주렁 열려 있었다. 아름다운 정원에서 지저귀
는 새소리, 풀벌레 소리를 들으며 토속적으로 빚은 커피를 마시는 즐
거움은 여행의 또 다른 매력이었다.

잘 가꾸어진 정원으로 염소, 토끼 그리고 닭들이 돌아다녔다. 한적
한 이국땅 시골 농가의 잘 꾸며진 정원에서 향긋한 커피를 마시며 그
들이 살아가는 모습을 직접 관찰하는 체험이었다.

주인 아주머니는 잘 마른 아라비카 커피콩을 봉지에 넣어 우리에
게 선물했다. 커피 향에 취하고 순박한 사람들의 인정에 취했다. 돌
아올 때는 부겐빌레아가 만발한 시골 농가의 길을 걸었다.

# 잔지바르

어제 밤늦게 다르에스살람(Dar es Salaam)에 도착했지만, 아침 일찍 일어나 택시를 타고 잔지바르(Zanzibar)로 가는 부두에 도착했다. 호객꾼들이 택시를 에워싸고 앞으로 진전할 수 없었다. 나의 배낭을 빼앗듯 짊어진 젊은이들은 선창가 허름한 사무실로 들어갔다. 얼마나 빠르고 잽싸게 움직이는지 짐을 내려놓으라고 말할 겨를도 없었다. 그들을 무심코 따라가는 수밖에 별도리가 없었다.

사무실 안은 좁고 답답했다. 사무실 매표원 인도 청년은 우리를 안심시키려 했다.

짐을 메고 온 아이들이 팁을 요구했다. 겨우 15세 정도 되어 보이는 어린 아이들이라 머리를 쓰다듬으며 팁을 건네주었다. 모두 하얀 이빨을 드러내며 또 다른 손님을 찾아 맨발로 달려 나갔다.

12시에 잔지바르로 향하는 쾌속선 표 두 장을 샀다. 선박 회사에서 제공하는 휴게실로 사무실 직원이 배낭을 옮겨주었다. 선창에서 바나나를 구워 파는 아주머니가 맛이 좋다며 사라고 권했다. 마침 아침도 먹지 않은 탓에 식욕이 당겼다. 아이들 팔뚝 크기의 바나나를 꼬챙이에 꽂아서 숯불에 노릇노릇 잘 구웠다. 사탕수수 잼을 발라주었다. 바나나 두 개를 단숨에 먹어치웠다. 사탕수수 잼 향기가 좋았다. 인도양에서 불어오는 시원한 무역풍을 맞으며 선창가 나무 기둥에 기대어 섰다. 크고 작은 선박들이 분주히 움직이며 아름다운 항구를 들락거렸다. 선창가 해안선을 따라 야자수가 잘 심어져 있고 노랗게 익어가는 코코넛이 주렁주렁 달려 있었다.

컨테이너를 가득 실은 무역선이며, 손님을 태운 다우선(Dhow Ship), 고기 잡는 어선들 모두 뱃고동을 울리며 분주히 움직였다. 그중에서도 으뜸은 삼각돛을 높이 세운 다우선이었다.

아이들이 헤엄치며 뱃전을 돌아다녔다. 수영하며 노는 것이 아니라 배를 탄 손님들을 상대로 구걸을 하고 있었다. 어떤 녀석은 작은 배의 밑바닥을 한 바퀴 돌아서 물 위로 솟구쳤다. 승객들이 던져주는 동전을 물속에서 낚아챘다.

11시 40분이 되자 잔지바르로 떠나는 쾌속선에 손님들을 승선시켰다. 이곳저곳 매표소에서 표를 구한 승객들이 모여들었다. 대부분 외국에서 모여든 여행객이었다. 특히 중국에서 몰려온 단체 여행객이 눈에 띄었다. 왁자지껄하게 떠들었다. 차양이 긴 모자를 쓰고 팔소매를 하고 멋을 한껏 부렸지만 어딘가 어색했다. 가슴에 여행사 로고가 새겨진 이름표를 달고 가이드를 졸졸 따라다녔다. 배낭 멘 젊은 서양 여행자들은 낡고 찢어진 청바지에 슬리퍼를 질질 끌며 삼삼오오 무리를 지어 올랐다. 잔지바르는 이슬람 국가이기에 현지 여인들은 살갗을 드러내지 않는 옷을 입었다. 서양 처녀들이 거의 몸매를 드러낸 것과는 대조적이었다. 내 앞 좌석에 앉은 유럽 처녀들은 지나친 노출을 하고 있어 현지 이슬람들은 아예 눈을 다른 곳에 뒀다.

12시가 되자 쾌속선은 긴 뱃고동을 세 번 울렸다. 가족을 보내는 여인들이 갑판을 향해 손을 흔들다 배가 점점 멀어지자 손수건을 꺼내 흔들었다. 하얀 물거품을 일으키며 높은 건물들이 밀집한 도시 중심을 뒤로 하고 다르에스살람 항구를 빠져나갔다. 도심이 멀어지고 인도양을 향해 나아가자 파도가 거셌다. 강한 바다 냄새가 코를 자극했다. 바람은 상쾌하고 느릿느릿 구름이 떠갔다. 하얀 갈매기들이 수

아프리카의 바람 소리

십 마리씩 떼를 지어 배 갑판 위로 날아들었다. 누군가 던져주는 과자 부스러기를 낚아챘다. 옥색 비췻빛 인도양이 넓게 펼쳐졌다.

이층 갑판에 기대어 망망한 인도양을 바라보니 가슴은 요동치고 바닷바람이 나를 흥분시켰다. 배의 고물 쪽은 두 줄기 하얀 물보라가 분사되어 허공으로 치솟았다. 바닷가재를 잡는 작은 통나무 배들이 큰 파도를 넘으며 그물을 당겼다. 쾌속선의 파도에 휘말려 어디론가 사라졌다 다시 나타났다. 어부들이 당기는 그물 위로 갈매기들이 솟구치다 내려앉고 쉴 새 없이 날갯짓을 했다.

쾌속선은 나뭇잎처럼 공중으로 솟구쳤다가는 철썩하는 소리를 내며 바다 수면에 부딪혔다. 갑판 기둥을 잡고 균형을 잡으려고 애를 써도 몸이 이리저리 흔들렸다. 사람들이 배 갑판에 구토를 하기 시작했다. 어떤 아이는 구토를 참지 못하고 물총 쏘듯 토해냈다. 하늘에 시꺼먼 구름이 잔뜩 끼어 금방이라도 비가 쏟아질 것 같았다. 이 노선에서 배가 침몰하여 전원 사망했던 기사를 읽은 탓에 마음이 사뭇 불안했다. 선채에 부딪히는 파도 소리 때문에 엔진 소리마저도 잘 들리지 않았다. 배가 항해하는 것이 아니라 표류하는 느낌이었다. 낙엽처럼 떠밀려 갔다. 강한 바람과 파도는 배를 집어삼킬 듯 배를 흔들었다. 갑판 위는 사람들이 토해버린 이물질로 질퍽했다.

쾌속선이 잔지바르 항구를 향해 서서히 진입했다. 크고 작은 다우선이 멋진 삼각 돛대를 비스듬히 눕힌 채 은익을 흔들며 항구를 드나드는 모습이 이국적이었다. 항구 오른쪽 해변에 비키니 차림의 여인들이 구릿빛으로 그을린 몸을 해변에 드러내고 있었다. 요트와 다우선이 항구를 들락거리며 시끄러운 노래를 흘려보냈다.

부두에 내리자마자 짐꾼들이 확 쏟아져 들어왔다. 키가 훤칠한 청년이 다가와 외국인은 이민국을 통과하고 여권에 입국 도장을 받아야 한다며 우리의 짐을 낚아채어 갔다. 나는 이민국이란 말에 청년의 말을 의아해하며 주변을 살펴보니 정말 이민국이 있고 입국 도장을 받아야 하는 곳이었다. 잔지바르를 탄자니아의 한 섬으로 생각했지만, 엄연한 잔지바르가 한 나라였다. 탄자니아와는 내적으로 독립을 유지하는 연합국이었다.

입국 카드를 작성해 입국 신고를 하고 여권에 입국 허가 스탬프를 받았다. 택시를 타고 올드타운(Oldtown) 만치 로지(Manch lodge)로 향했다. 포르투갈 점령 당시 만들어진 집들이 대부분인 올드타운은 유럽의 중세 도시를 연상케 했다. 조용한 주택가에 자리 잡은 만치 로지에 체크인했다.

만치 로지 정원 카페에서 누군가 부르는 소리를 듣고 돌아보았다. 세렝게티 여행을 함께 했던 캐나다인 세 사람이 묵고 있었다. 반갑게 인사하자마자 자기들은 내일 떠나야 한다고 했다. 15일 간의 여름 휴가를 다 써버리고 캐나다로 돌아가는 발길이 무겁다고 했다.


어제 잔지바르 1일 여행을 예약했던 운전자가 8시에 로지에 도착했다. 택시 운전자는 우리를 데리고 먼저 탄자니아 혁명 정부 청사를 방문했다. 잔지바르시를 벗어날 경우에는 이곳에서 여행 신고를 하고 허가서를 받는 것 같았다.

올드타운 지역을 빠져나가자 이내 인도양 옥색 바다가 나타났다. 도로 양편은 코코넛이 주렁주렁 달린 야자수 정글이었다. 바나나, 파파야 나무들도 함께 우거져 열대의 풍광을 더했다. 탄자니아 본토와 잔지바르 섬 사이로 흐르는 해협에 크고 작은 다우선이 그림처럼 미

아프리카의 바람 소리

끄러져 갔다. 하얀 돛을 올렸다 내렸다 방향을 잡아 헤쳐 나가는 다우선이 나비처럼 펄럭였다.

해안에 위치한 향신료 농장에 도착했다. 잔지바르 서쪽 해안 도로를 따라 많은 향신료 농장이 점점이 흩어져 있었다. 인도인과 아랍인들이 들여온 양념과 향신료들을 집중적으로 재배하고 있어 잔지바르의 여행 상품으로 빼놓을 수 없는 명승지였다. 농장에 도착하자마자 기다리고 있던 가이드와 조수가 우리를 반갑게 맞아주었다.

그들은 앵무새처럼 농장에 자라고 있는 향신료와 농장의 재원에 관해 설명했다. 향긋한 향신료 나무 냄새가 머리를 시원하게 했다. 아직 햇살이 강하지 않은 아침이라 각종 향신료 나무에서 뿜어내는 향기가 더욱 상큼했다.

바닐라 향나무, 카레의 원료가 되는 튜메릭(Tumeric), 시나몬(Cinnamon) 향신료 나무 등이 무성히 자랐다. 튜메릭 가지를 잘라서 문지르니 노란 카레향이 묻어났다.

이곳에서 특히 많이 재배되는 향신료는 정향으로, 한때 세계 생산의 80퍼센트를 차지했다고 했다. 검은 고추, 레몬그라스 등 많은 향신료가 같은 농장에서 재배했다. 레몬그라스(Lemongrass)는 모기약을 만드는 향으로 꼭 억새풀과 비슷한 모습이었다.

이번에는 님(Nim tree)이란 나무를 찾았다. 말라리아 예방약으로 먹거나 치료약으로 쓰인다고 했다. 바닐라 빈은 그 향기가 참으로 그윽하고 립스틱 대용으로 사용했다. 청년이 열매를 따서 자기 입술에 빨갛게 발라 시범을 보였다. 빨간 앵두 같은 입술로 변했다.

코코넛 농장으로 데리고 갔다. 우리가 나타나자 야자나무 잎사귀로 왕관 모양의 모자와 넥타이, 핸드백을 만들었다. 손놀림이 눈이 따라가지 못할 정도로 빨랐다. 순식간에 왕관을 만들어 나의 머리에 씌우고 넥타이를 만들어 목에 걸어주었다. 혜경에게는 왕관과 목걸이, 핸드백을 만들어 걸어주었다.

아이들과 함께 새들이 지저귀는 야자수 정글에서 사진을 찍었다. 가이드는 새끼줄을 발바닥에 묶고 코코넛을 따러 올라갔다. 아찔하게 높은 곳으로 올라가 코코넛을 땅으로 던졌다. 열매를 잘라 코코넛 안의 물을 권했다. 달콤하고 상큼했다. 코코넛 안 하얀 속을 파서 먹어보니 달콤했다. 아이들이 좋아하며 더 따주겠다고 나뭇가지 위로 올라가려고 했다. 아이들에게 팁을 주었다.

아이들과 헤어지고 운전자와 함께 섬의 북쪽에 있는 휴양지 눙위(Nungwi) 해변으로 향했다. 마을마다 교통경찰이 차량을 세웠다. 차량의 안전에 관한 지도나 통제 같은 것은 하지 않았다. 트집을 잡아 운전자에게서 돈을 받아내는 일이 전부였다.

아름다운 시골 풍광에 취해 시간가는 줄 모르고 달려 눙위 해변에 도착했다. 해변이 천연의 모습으로 보존되어 있었다. 석회질 해변이라 하얀 밀가루를 뿌려 놓은 듯 부드럽고 눈이 부시도록 흰 모래가 펼쳐져 있었다. 해변을 따라 아름다운 리조트 건물들이 해변을 따라 늘어섰다. 호텔, 식당, 카페, 오락실 등 휴양지로 손색이 없었다. 서양의 배불뚝이들이 어슬렁어슬렁 해변을 거닐며 비키니 차림의 아름다운 여인들을 곁눈질했다.

점심시간이 되어 깨끗한 리조트의 식당으로 들어갔다. 우리 운전자는 라마단 기간이라 아침 6시 이전에 음식을 먹고 저녁 6시 이전에는 일체 음식을 먹지 않는다고 했다. 식당은 넓고 아늑했다. 점심을 먹으려는 사람들로 자리를 꽉 채우고 있었다. 식당 지붕은 나무로 서

까래를 만들었고 바나나 잎으로 천정을 장식하여 시원했다. 종업원은 혜경과 나를 바다가 훤히 내다보이는 창가에 자리를 마련해주었다. 넘실거리는 인도양의 옥색 바다가 시원한 바람을 몰고 왔다.

독일어를 사용하는 노인 관광객들이 식당 가운데 자리 잡고 누군가의 생일을 축하하는 노래를 불러주었다. 주인공은 이마에 주름이 곱게 잡힌 할머니였다. 앞쪽은 중국 여행객 가족 4명이 자리를 잡고 앉았다. 네 사람 모두 작은 키에 뚱뚱하여 폭넓은 의자가 좁을 지경이었다. 커다란 바닷가재 네 마리가 먹음직스러운 모습으로 그들의 식탁으로 나왔다. 이 식당에서 최고 비싼 요리였다. 비단이 장수 왕서방 가족들 같았다.

두 명의 흑인 웨이터가 그들 곁을 지키고 서 있었다. 턱받이를 가져다주기도 하고 바닷가재 껍데기 담을 그릇을 가지고 오기도 했다. 두 아이들이 불룩 나온 배를 테이블에 턱 걸쳐 놓고 마구 먹어댔다. 그릇 부딪치는 소리를 시끄럽게 내기도 하고 주변을 아랑곳 하지 않고 떠들며 식사했다. 광경을 지켜보던 독일인 노부부가 나에게 눈살을 찡그리며 윙크했다.

중국인 남자도 한 쪽 다리를 다른 의자에 올려놓고 윗도리를 벗어 던지고 게걸스럽게 먹었다. 테이블 위는 바닷가재 껍데기들이 보기 흉하게 늘어섰고 음식 찌꺼기들이 테이블 아래로 떨어져 흩어졌다. 시끄럽게 거들먹거리며 식사하는 모습에 많은 사람들이 눈살을 찌푸렸다.

향신료 농장 아이들이 만들어준 넥타이와 왕관을 착용하고 해변을 걸었다. 지나가는 사람들이 사진을 찍자며 불러 세웠다. 어떤 여인은 팔짱을 끼고 걸으면서 사진 찍기를 원했다. 갈매기들이 너울너울 날아다녔다. 강한 햇볕이 내려 쬐는 해변이지만 출렁이는 파도와 들뜬 기분에 얼굴이 발개지도록 해변을 걸었다.

운전자가 동남쪽에 위치한 파제 해변으로 가자고 했다. 달리는 길가에 아름다운 열대 정글 숲이 펼쳐질 때마다 구수한 숲 냄새가 날아들었다. 시골길 도로마다 야자나무가 온통 가로수가 되어 한없이 뻗어 있었다. 바람이 불 때마다 머리를 풀고 달리는 여인처럼 가느다란 목을 흔들었다.

파제 해변에 도착했다. 운전자는 우리를 해변에 내려놓고 친구를 만나고 오겠다며 떠났다. 가지각색 리조트 숙박 시설이 자리 잡았고 젊은이들이 커다란 연을 띄우고 바다 위를 미끄러져 달리는 카이트 서핑(kite surfing)을 즐겼다. 인도양의 거칠 줄 모르고 불어오는 바람을 타고 커다란 연줄에 매달린 보드를 타고 미끄러져 갔다. 뚱뚱한 여인이 연줄에 매달려 보드를 타려고 허우적거리는 모습이 재밌었다. 참 멋진 바다 스포츠라 생각되었다.

바다 한편에 사람들이 몰려들었다. 나막신 같이 생긴 작은 배를 타고 바닷가재를 잡아온 어부였다. 주변 호텔에서 나온 사람들이 어부가 배에서 내리기도 전에 바닷가재를 끌어당겼다. 싱싱한 바닷가재가 나무통에 가득했다. 돌아오는 길에 수령 200년이 넘는 망고 나무 가로수 길이 이어졌다. 고목나무로 변한 망고 나무에 망고 열매가 매달려 늘어져 있었다. 하루종일 바나나와 야자수 길을 달렸지만 하늘거리는 야자수 나뭇잎은 언제나 낭만적이고 정겨웠다.

돌아오는 길에 어시장에 들러 포동포동한 바닷가재 두 마리를 사서 호텔로 돌아와 소금으로 간하고 전기스토브에 바닷가재를 삶았다. 졸깃졸깃한 바다가재 살에 매콤한 소스를 바르고 와인과 함께 즐겼다.

아프리카의 바람 소리

어제는 하루종일 호텔에서 조용히 쉬며 빨래하고 일기도 썼다. 이른 아침 잔지바르 항구로 나갔다. 부두에 작은 유람선들이 오늘의 손님을 찾아 호객했다. 서로 경쟁이 치열했다. 팔를 잡고 끌기도 하고 멋진 해산물 바비큐 점심을 주겠다며 유인했다. 잘생긴 청년을 불러 흥정을 했다.

프리즌 아일랜드(Prison Island)와 화이트 뱅크(White Bank) 모래섬을 둘러보기로 하고 배에 올랐다. 항구 입구에 다다르자 컨테이너를 가득 실은 무역선이 뱃길을 막았다. 청년은 6만 톤이 넘는 배라고 했다. 항구를 빠져나오자 인도양 파도 위에 프리즌 아일랜드가 눈에 들어왔다. 많은 유람선들이 서로 경쟁하듯 이 섬을 향해서 달리고 있었다. 이 섬은 노예들이 외국으로 팔려나거나 경매 시장에서 매매되기 전 말썽을 부리던 노예를 가두어 두었던 감옥이 있던 곳이었다. 그후 영국 보호령이 되고서는 감옥으로 개조하여 상습범이나 반동자들을 가두었다. 그래서 붙여진 이름이 프리즌 아일랜드였다. 프리즌 아일랜드에는 배를 접안하는 특별한 부두는 없었다. 섬의 오른쪽으로 부드럽고 하얀 모래톱이 뻗어 있었다. 청년은 배를 모래톱에 정박시키고 우리의 손을 잡아 내려주었다.

섬에 상륙하자마자 나무 난간에 걸터앉아 멸치 떼를 지켜보았다. 바다를 새까맣게 덮어버린 멸치 떼들이 모였다 흩어졌다 수면에 그림을 그렸다. 구름이 바람에 흩날리는 모습과 흡사했다.

섬 안으로 들어가서 관리 사무소를 통과하자 거북 사육장이 있었다.

손톱 크기만 한 것에서 가마솥 뚜껑보다 더 큰 거북들이 엉금엉금 기어 다녔다. 사람들이 접근해도 무표정이었다. 작은 입으로 배춧잎을 갈아 먹었다. 거북이 등에 자기 나이를 흰 페인트로 적어두었다.

40살, 50살, 60살 어떤 녀석은 214살이라 적어 두었다. 사람들이 접근하여 사진을 찍으려 하자 발과 목을 등껍질 속으로 감추어버렸다.

잘 만들어진 안내 표지판을 따라 감옥으로 갔다. 견고하게 돌담으로 만들어졌고 창문과 마당이 그대로 보존되어 있었다. 감옥 바닥에 죄수들의 발목을 묶어 감금했던 쇠사슬이 녹슨 채 놓여 있었다. 감옥의 문에 설치된 쇠창살 사이로 인도양의 옥색 바다가 너울거렸다. 그때 심은 나무들이 고목이 되어 가지를 늘어뜨리고 서 있었다. 이곳에서 생을 마감했거나 다른 곳으로 팔려갔을 흑인 노예들을 생각해보았다. 싸늘한 감옥에 갇혀 무엇을 생각했을까? 고향? 가족? 친구?

다시 배를 타고 멸치 떼를 헤치고 화이트 뱅크를 향해 갔다. 멀리서 보면 화이트 뱅크 섬이 하얀 접시가 물 위에 떠 있는 것처럼 보였다. 망망대해 한가운데 나무 한 그루 풀 한 포기 자라지 않는 새하얀 모래섬이었다.

배가 모래톱에 닿자 사공은 멈출 생각 없이 하얀 모래톱으로 계속 나아갔다. 배의 앞부분이 모래 바닥을 따라 한참 올라가더니 모래톱에 걸려 멈췄다. 신발을 벗어 던지고 새하얀 모래밭으로 뛰어내렸다.

옥색 바다와 하얀 모래가 반사되어 눈 뜨기가 힘들었다. 정박한 뱃전에 크고 작은 고기들이 모여들어 바다 바닥이 보이지 않았다. 손으로 고기를 잡으려고 시도했지만 손끝에 잡혔다가 미끄러져 나갔다. 모래톱 길이가 1킬로미터이고 폭이 평균 300미터였다. 인도양 한가운데 어떻게 이런 모래톱이 만들어졌을까 신기하기만 했다. 작열하는 태양 열기로 모래 바닥이 화끈 달아올랐다. 누구도 걸어가지 않은 모래톱 위에 누웠다. 천연의 찜질방이었다. 머리에서 발끝까지 몸이 녹아내렸다. 바람에 부딪히는 모래알 구르는 소리만 들려왔다.

아프리카의 바람 소리

다시 몸을 일으켜 세우고 바닷물 속에 발을 담갔다. 부드러운 모래 알갱이가 발바닥을 빠져나가는 간지러운 촉감을 느꼈다. 물을 첨벙이며 야생마처럼 바다를 달려보았다.

모래톱 한편에 이탈리아 여행객이 도착해 그늘막 텐트를 치고 있었다. 비키니 수영복으로 아랫도리만 겨우 가린 모습으로 하얀 모래 위를 마구 달리며 소리를 질렀다. 가슴을 드러내고 달리는 여자들을 따라 남자들이 달려갔다. 파도 속으로 젊은 남녀들이 짝을 지어 물속으로 사라졌다. 인간 태초의 모습을 보는 듯했다. 이탈리아 남녀들이 몰려온 모래톱은 순식간에 어느 유원지 해변으로 변해버렸다.

그늘막 텐트 안에서 흑인 요리사와 사공들이 각종 해산물 바비큐를 했다. 바닷가재, 문어, 생선, 조개를 화롯불에 굽는 냄새가 모래톱에 짝 퍼졌다. 이탈리아 관광객들은 일광욕을 즐기며 식욕을 채웠다. 젖가슴을 드러내고 바비큐를 즐기는 여인들 모습은 참으로 이국적이었다.

나는 모래 깊숙이 발을 파묻고 발찜질을 했다. 여행을 시작한 지 5개월 동안 혹사시킨 발이 안쓰러웠다. 10분쯤 지나자 화상을 입을 것처럼 발이 뜨거웠다. 한증막에 앉아 있는 느낌이었다. 머리, 등골, 옆구리에서 땀이 줄줄 흘러내리며 얼굴이 후끈 달아올랐다. 이탈리아 남녀는 모래 바닥에서 뜨겁게 사랑을 나눴다. 구름 한 점 없는 파란 하늘은 눈이 부실 정도로 맑았고 간간이 갈매기들이 날아갔다.

모래톱에 정박한 배로 돌아오니 사공은 곤한 잠에 빠져 있었다. 흔들어 깨워 잔지바르 항구로 돌아갔다.

호텔 골목 안은 깡통 두드리는 소리로 잠을 잘 수 없었다. 창문 밖에 젊은이 5, 6명 모여 노래를 부르고 양철통을 두들기며 골목을 돌아다녔다. 골목 아래로 내려가 왜 시끄럽게 하는지 물었다. 청년들은 이구동성으로 사람들을 잠에서 깨어나게 한단다. 라마단 기간 동안 아침 6시 이전에 일어나 음식을 먹을 수 있도록 하기 위해서라고 했다. 새벽 5시쯤에 깨우면 되지 않느냐고 물었다. 자기들은 잠이 한번 들면 새벽 5시에 일어날 수 없다고 했다. 한 달 동안 낮에는 자고 밤에는 골목을 돌면서 사람들을 일깨운다고 했다. 주변 무슬림들은 이 소리를 아무렇지도 않게 여기며 모두 잘 자고 있었다. 호텔로 돌아와서 주인장한테 말했더니 라마단이 한 달 동안인데 좀 참아야 된다고 했다. 젊은이들이 봉사하는 일이라고 말했다. 종교적 관습이라니 더할 말은 없었지만 참으로 잠을 청하기 힘든 노릇이었다.

새벽이 되자 도심 전체가 이슬람 독경 소리에 빠져들었다. 무예진의 독경 소리가 낭랑했다. 울부짖듯 읊조리는 기도 소리가 가슴 속을 파고들었다.

시내를 둘러보기 위해 호텔에서 나와 노예 경매 시장으로 사용했던 건물로 갔다. 지금은 지하 감옥만 남아 있고 성당으로 변해 있었다. 이른 아침이지만 많은 관광객이 모였다. 리빙스턴 박사와 아프리카 노예 무역의 실상을 소개하는 기념관 코너가 있었다.

나는 리빙스턴의 여러 가지 활약상을 눈여겨보았다. 노예 무역의 트라이앵글 노선과 노예선의 역사적 항해 루트가 소개되어 있었다. 리빙스턴은 최초로 아프리카 전역을 탐험했고 노예 무역의 실상을 알렸다. 그리고 영국으로 돌아와 노예 무역 중단과 폐지를 부르짖었다. 그는 빅토리아 폭포를 최초로 발견하기도 했지만 결국 아프리카 정글에서 생을 마감했다.

아프리카의 바람 소리

이어 노예들이 갇혀 있었던 지하 감옥으로 내려갔다. 머리를 들 수 없을 정도로 낮고 컴컴한 지하 감옥은 작은 창문이 몇 개 있을 뿐 빛이 들어오는 곳은 없었다. 1m 높이의 돌과 시멘트로 만들어진 차가운 침상에 그들의 목을 묶었던 쇠고리들이 침상 윗부분에 그대로 놓여 있었다. 쾨쾨한 냄새가 코를 찔렀다. 이곳에서 포획된 많은 노예들이 질병과 굶주림으로 죽어갔다.

노예 매매 시장을 빠져나오니 바로 시장 골목으로 연결됐다. 호객하며 아우성치는 소리, 당나귀 우는 소리, 행상하는 소리, 쾨쾨한 냄새, 비릿한 냄새 뭐라 형용할 수 없이 질퍽하고 바쁘게 움직이는 곳이었다. 도로를 따라 만들어진 노천 장바닥에 과일들이 지천으로 널려 있었다. 사려는 사람과 파는 사람들의 흥정하는 소리가 끊임이 없었다. 물엿을 바른 대추야자 열매가 이곳저곳에 산더미처럼 쌓여 있었다. 파리 떼가 대추야자에 새까맣게 앉았다.

어시장 안으로 들어가 싱싱하고 커다란 문어를 한 마리 샀다. 호텔로 돌아와 초고추장을 만들고 문어를 코펠에 삶았다. 쫄깃쫄깃한 문어와 감자를 점심으로 포식했다.

내일은 이 섬을 떠날 예정이었다. 다르에스살람으로 가는 킬리만자로 페리호의 배표를 사고 올드스톤 골목길을 거쳐 호텔로 향했다. 수백 년이 지난 고색창연한 유럽 중세의 건물들이 빼곡하게 들어선 골목길은 옛 유럽인들의 삶의 모습을 그대로 간직하고 있었다.

대부분 관리가 소홀하여 건물이 낡았지만 유네스코에서 지정한 세계 문화유산이라 복원이 진행되고 있었다. 작은 승용차 한 대가 지나다닐 정도로 좁은 골목이 미로처럼 연결되어 있어 길을 잃기 쉬웠다.

어느 골목에 들어서자 울긋불긋한 차도르를 걸친 여인 셋이 코코넛 가루와 쌀가루를 반죽을 하여 화롯불에 굽고 있었다. 호떡 모양의 빵이었고 표면에 노릇노릇한 공기구멍이 생겨 있었다. 혜경과 나는 길을 가다 말고 여인들 옆에 쪼그리고 앉아 따끈한 빵떡을 3개나 먹었다. 여인들과 화덕가에 앉아 시간가는 줄 모르고 어둠이 올 때까지 이야기를 나누었다. 골목에 쭉 늘어선 포장마차에서 사탕수수 주스 한 컵을 사서 마시고 호텔로 돌아왔다.

# 다르에스살람

다르에스살람(Dar es Salaam)으로 돌아와 시내 한가운데 자리 잡은 에코노 로지(Econo Lodge)에 여장을 풀었다. 시내 한복판 리비아 거리에 위치한 인도인이 경영하는 값싼 호텔이었다. 이곳에서 며칠간 쉬면서 말라위 입국 비자를 받아야 했다.

식사가 끝나고 택시를 타고 로즈가든 거리에 있는 말라위 고등 판무관 사무실로 말라위 입국 비자를 신청하기 위해 갔다. 사무실에 도착해 비자 신청을 하려고 하자 비자용 스티커가 부족하여 국경 지역 이민국으로 보내는 비자 발행 편지를 써준다고 했다. 그러면서 비자 편지 작성 비용으로 30달러를 지불하라고 했다. 30달러를 지불하자 4일 후에 편지를 받으러 오라고 했다.

휴게실로 나오니 중국인 처녀가 우리에게 달려와 비자를 받았는지 물어봤다. 비자 편지 신청을 해 놓고 가는 길이라고 말하자 자기는 4

번이나 비자 신청을 했지만 거절당하고 오늘 다섯 번째 비자 신청을 하기 위해서 왔단다.

대문을 나가려고 수위가 문을 열어주려 할 때 한국인으로 보이는 신사분이 우리를 힐긋힐긋 쳐다보며 무슨 말을 하려고 제스처를 썼다. 나도 문을 통과하지 못하고 문을 잡고 어정쩡한 자세로 서 있으려니 신사분이 물었다.

"한국분이 아니신가요?"

"예, 한국 사람이 맞습니다. 이곳에 사시는 분인가요?"

"예, 다르에스살람에 삽니다. 여행 중이신가요?"

"예, 여행 중 말라위 비자 신청을 하고 가는 중입니다."

그렇게 말하자 이분은 잠깐 우리더러 자기랑 같이 사무실로 함께 가자고 말하며 이곳은 교통이 좋지 않으니 일을 끝내고 시내 호텔까지 우리를 데려다주겠다고 했다. 오랜만에 들어보는 우리말이 참으로 반가웠다.

이분도 말리위로 들어가는 비자 편지를 신청하기 위해서 왔다고 했다. 현지에서 20여 년 가까이 광산업을 하시는 윤영수 사장님이었다. 윤 사장님은 비자 편지 신청을 끝내고 자기 차로 우리를 데리고 인도양이 보이는 해안 도로를 따라 우리가 묵고 있는 호텔로 데려다주었다. 그러면서 자기 집 주소와 전화번호를 주면서 집으로 와서 쉬어가기를 희망하고 말라위로 갈 때 동행하기를 바랐다. 우리는 윤 사장님 전화번호와 주소를 받아들고 댁으로 찾아갈 것을 약속했다.

호텔로 돌아와 예약을 연장하고 택시를 타고 부두로 나갔다. 시내를 통과하는 차량이 너무 많아 체증이 심하게 일어나자 운전자는 짜증내며 혼자 알아듣지 못하는 말로 언성을 높이며 불평을 했다.

도심은 현대화된 건물들이 밀집해 있었고 상가들이 잘 조성되어 있었다. 시내를 오가는 외국인들이 많이 눈에 띄었고, 특히 영어를 사용하는 백인들이 대부분이었다. 부두에 내려 항구를 한 바퀴 둘러보고 해안가를 따라 항구의 입구에 있는 음지지마 어시장(Mzizima Fish Market)으로 향했다.

달구어진 아스팔트 바닥은 금시라도 녹아내릴 듯 뜨거워 발바닥이 화끈거렸다. 어시장 입구에서부터 비릿한 냄새가 코끝을 짜릿하게 만들었다. 제일 먼저 눈에 띄는 것이 붉은 소스를 발라 구워 놓은 문어 다리였다. 꼴뚜기와 각종 조개구이가 구수한 냄새를 풍기면서 손님을 기다렸다. 땀을 뻘뻘 흘려가며 숯불에서 조개를 구워내는 흑인 청년의 손놀림이 쉴 사이가 없었다. 고기잡이에서 막 돌아온 선원들이 포장마차마다 자리를 차지하고 허기진 배를 채웠다.

고기 파는 시장으로 갔다. 참치, 문어, 갈치를 비롯하여 이름 모를 크고 작은 고기들이 넓은 판자 위에 가지런히 정돈되어 있었다. 이곳에서 팔리는 고기들은 인도양에서 잡은 자연산이었다. 바닷가재와 새우를 파는 곳으로 갔다. 갓 잡은 싱싱한 새우들이 판장 여기저기에 무더기로 쌓여 있었다. 바닷가재는 살아 있는 것은 물속 탱크에, 죽은 가재는 따로 무더기로 쌓여 있었다. 싱싱한 새우 30마리를 샀다.

키 작은 청년이 졸졸 따라다니며 자기 집에 좋은 고기가 있다며 비린내 나는 손으로 끌어당겼다. 청년에 이끌려 간 집은 정말 고기 종류가 다양했다. 크고 작은 고기들을 잘 정돈하여 진열해 놓았다. 푸른빛이 감도는 전갱이 두 마리를 샀다.

버스 정류장으로 나왔다. 새우와 전갱이가 든 비닐봉지를 들고 차에 올랐다. 비린 냄새가 차 안에 확 퍼졌다. 호텔로 돌아와 코펠에 새

아프리카의 바람 소리

우 30마리를 두 번에 나누어 삶고 식초와 고추장으로 소스를 만들었다. 와인 한 잔을 들고 호텔 베란다에 앉았다. 다르에스살람 항구를 바라보며 먹는 새우 맛이 꿀맛이었다.

저녁은 전갱이 두 마리를 캠핑용 프라이팬에 소금을 뿌려 구웠다. 베란다 너머로 고기 굽는 냄새가 확 퍼져나갔지만 5층이라 아직 투숙한 손님은 없었다. 베란다에 앉아 작은 코펠에 밥을 짓고 간장에 마늘과 고추를 다져 넣고 소스를 만들어 잘 구워진 전갱이로 밥 한 그릇을 먹었다. 오랜만에 허리띠가 빵빵해지는 느낌이었다. 베란다에 앉아 하나둘씩 켜지는 항구의 불빛을 바라보며 와인 한 병을 비웠다.

호텔 아래 골목 포장마차 상인들도 불을 밝히고 저녁 손님을 맞기 시작했다. 열기에 찌든 사람들이 해가 지자 길거리 노천 식당으로 모여들고 숯불에 구워내는 통닭과 맥주로 배를 채웠다. 밤의 도시는 활기찼다. 라마단 기간이라 해지기 전에는 사람들이 먹지 않아 죽은 도시처럼 조용하던 골목이 밤이 되자 너 나 할 것 없이 먹을 것을 찾아 모여들어 와자지껄했다.

어제 만났던 윤영수 사장을 만나기 위해 호텔에서 나와 오렌지 몇 개를 사고 택시를 불러 알려주었던 주소를 찾아갔다. 집으로 들어가는 길목이 비가 내린 탓에 질퍽했다. 운전사가 요리조리 물이 고인 웅덩이를 피해 집 앞에 내려주었다.

조용한 주택이었다. 벨을 누르니 흑인 처녀 가정부가 문을 열어주었다. 윤 사장이 우리를 반갑게 맞아주었다. 박 선생님이라는 분도 계셨다. 이분은 한국에서 중고 핸드폰을 수집하여 탄자니아에 수출하는 무역상이라고 했다. 지금까지 고등학교 체육 선생님으로 계시다가 퇴직 후 이사업을 시작하면서 윤 사장님을 만나 함께 기거하는 분이었다.

윤 사장님은 일등 항해사로 외국 상선을 오랫동안 탔다고 했다. 항해사 일을 그만두고 보석상 일에 관계하다 이곳으로 오게 되어 희토류 암석이나 탄광을 찾아 개발하거나 희귀 암석을 사서 수출하는 광산업자였다.

윤 사장님과 박 선생님, 우리 부부 네 사람이 앉아 맥주를 들며 한국의 사정들을 이야기하며 시간을 보냈다. 윤 사장님은 한국을 떠난지 20년이 되었다고 했다. 탄자니아 교포 사회의 여러 문제점, 사람을 만나고 헤어지는 대인 관계에서 겪었던 여러 가지 고충을 늘어놓았다. 외국에서 오래 사는 동안 겪었던 재미난 이야기를 쉴 새 없이 털어놓았다. 어떤 영화를 보는 것보다 실감나고 홍미로웠다.

가족은 한국에 남겨 두고 혼자 외국에서 자기 일을 하며 살아가는 것이 무척 힘들어 보이기도 했지만 나름대로 인생관이나 주관이 뚜렷한 분이었다. 무엇보다 인정이 많아 남의 어려움을 보고 넘어가지 못하는 성격으로 처음 보는 우리에게도 스스럼없이 자기 집에 머물 것을 청하기도 했다.

혼자서 된장, 고추장, 간장, 막걸리도 담그고 여러 가지 건강 식품을 직접 개발해 건강을 지킨다고 했다. 특히 기공을 연마하여 교포 사회에 봉사하기도 하고 탄자니아 대사 부인을 기공으로 낫게 했다고 했다. 또 항상 자기를 그림자처럼 따라다니며 일을 돕는 현지인 비서가 있었다. 로지라 불리는 흑인인데 성실한 사람처럼 보였다.

이야기를 나누고 윤 사장님은 우리를 구경시켜주겠다며 차를 몰고 요트 클럽이 있는 마사키(Masaki) 지역의 더블트리 힐턴 호텔이 있는

아프리카의 바람 소리

항구로 데리고 갔다. 아름다운 항구에 요트들이 정박해 있고 잘 가꾸어진 열대정원수와 호텔 풀장이 아름다웠다. 호텔 앞 바다 한 가운데 정자가 있었다. 정자가 있는 곳까지 나무 기둥을 세우고 길을 냈다. 푸른 바다위로 걸어 나가니 마사키 지역의 아름다운 집들이 그림처럼 해변을 따라 늘어섰다. 갈매기들이 바다 위를 날아다니고 간간히 떠가는 구름이 바다에 그림자를 드리웠다. 갯냄새가 코끝을 스칠 때 마다 짠맛 나는 바닷바람이 얼굴을 스쳐갔다. 아름다운 바닷길 난간에 서서 윤 사장님과 기념 촬영을 했다. 힐턴 호텔 풀장이 맑고 아름다웠다. 은 빛깔 나는 부채꼴 모양의 나무들이 이국적이었다.

다시 차에 올라 씨클리프(Sea Cliff)에 있는 클리프(Cliff) 호텔로 갔다. 클리프 호텔은 인도양을 맞대고 절벽 위에 서 있었다. 파란 잔디, 출렁이는 야자수와 갈대로 만든 지붕이 푸른 인도양과 조화로웠다. 20여 년 전 이탈리아인이 아주 싼 값에 이곳을 매입하여 호텔을 지었다고 했다. 최고의 위치에 바다와 어울리는 호텔이었다. 우리는 호텔 바닷가 낭떠러지에 있는 카람베지 카페(Karambezi Cafe)로 갔다. 하얀 파라솔이 놓여 있었고 절벽을 따라 두꺼운 유리를 설치하여 날려오는 파도와 물보라를 막았다. 자리를 잡고 앉으니 하얀 파도가 끝없이 밀려왔다. 철썩이는 파도 소리가 더위를 몰아갔고 눈앞에 끝을 알 수 없는 인도양이 펼쳐졌다. 상큼한 인도양 바람이 폐부를 씻어낼 듯 깊숙이 파고들었다.

이곳을 찾는 흑인은 보이지 않았다. 이 나라를 백인의 나라로 착각할 정도로 백인들만 찾아왔다. 크고 작은 배들이 지나갔다. 파도가 몰려와 절벽에 부딪힐 때마다 하얀 물거품이 카페 유리 방파제에 날아들었다. 집을 떠나 6개월 동안 아프리카를 떠돌며 이렇게 깨끗하고 아름다운 바다와 갯 냄새를 맡아보기는 처음이었다. 끝을 알 수 없는 인도양 저편에서 불어오는 편서풍은 거칠고 억세지만 포근하고 향긋한 내 고향 바다 냄새를 가지고 있었다. 동아프리카 탄자니아! 이 한적한 곳이 마치 고향 같구나!

차를 몰아 해안 관광도로를 딜러 코코비치 해변을 지나 시내로 들어오는 길은 영국 식민지 시절 영국인들 주택이 즐비하게 늘어섰고, 집집마다 아름다운 정원이 정비되어 있었다.

시내에 우리를 내려주었다. 내일 다시 만나 함께 말라위 국경을 넘어가자고 약속을 하고 윤 사장님 일행과 헤어졌다.

돌아오는 길에 아랍 식당에 들러 오랜만에 해산물이 가득 들어 있는 매콤한 볶음밥으로 저녁을 먹었다. 라마단으로 인하여 일몰 전에 금식했던 이슬람들이 몰려들었다. 시내 곳곳에 자리 잡은 이슬람 사원에서 무예진의 독경 소리가 울러 퍼지고 하루 일과를 마친 샐러리맨들이 허기진 배를 채우기 위해 식당으로 몰려왔다. 호텔 앞에 나열한 숯불구이 통닭집이 성시를 이뤘다. 해가 지고 시원해진 골목은 시장기를 달래는 사람들의 왁자지껄한 소리로 가득했다. 재래시장에 들러 과일을 사고 내일 말라위 국경을 넘기 위한 준비를 했다.

아프리카의 바람 소리

# ✿
# A7, A104 국도

아침 윤 사장님 댁까지 택시로 갔다. 윤 사장님과 그의 개인 비서 말라위 청년 로지를 대동하고 혜경과 나는 윤 사장님 지프차에 올랐다. 윤 사장은 라면과 물 그리고 취사 도구를 실었다. 권총과 실탄을 챙겨 차량 조수석 앞 호주머니에 보관했다. 언제나 호신용으로 권총과 잭나이프를 가지고 다닌다고 했다. 우리도 쌀, 김 등 식량과 취사 도구를 차량 트렁크에 싣고 집에 남아 있는 박 선생과 흑인 가정부의 전송을 받으며 윤 사장님 댁을 떠났다.

말라위로 가는 방법이 여러 가지가 있지만 우리는 국도 A7과 A104번을 이용하여 가려고 했다. 1,000킬로미터를 넘게 달려야 하는데 운전을 도와줄 수 없어 미안했다. 중간에서 하룻밤 쉬고 내일 오후쯤 말라위 국경을 넘어갈 예정이었다. 가는 길이 비포장도로도 있고 산 고개를 넘어갈 때 도적들이 출몰하는 지역이 많다고 윤 사장님은 우리에게 주의를 환기시켰다.

도심을 벗어나자 경찰들이 정복 차림으로 도로변에 서서 차량을 세웠다. 우리를 멈추게 했다. 흰 모자와 흰 셔츠 그리고 검은 치마를 입은 여자 교통 경찰 2명이 다가와서 차량에 비치한 소화기를 점검하겠다고 했다. 소화기를 들고 자세히 살펴보더니 유효 기간이 지난 소화기라고 트집을 잡았다. 윤 사장님은 바쁜 나머지 새 소화기 구입하는 것을 잊었다며 오늘 당장 구입하겠다고 했다. 새 소화기를 구입하지 않았기 때문에 벌금 스티커를 발부해야 한다고 했다. 그러면서 벌금 스티커는 발부하지 않고 시간을 끌며 뇌물 주기를 은근히 바랐다. 윤 사장님은 시간이 없으니 스티커를 발부 해달라고 말했지만 자기들은 현장에서 스티커를 발부할 수 없고 시내에 있는 경찰서로 가야 한다고 했다.

우리는 여자 경찰 2명과 함께 왔던 길을 되돌아 경찰서로 갔다. 경찰서에 도착하자 여자 경찰의 상관으로 보이는 사람이 스티커 북을 내놓고 일일이 차량과 운전자의 인적 사항을 적었다. 스티커에 범칙금 3만 실링을 기재하고 운전자에게 사인하라고 강요했다. 스티커를 들고 은행에 가서 우리가 범칙금을 납부하는 것이 아니고 자기에게 3만 실링을 납부하라고 했다. 그러면 3만 실링을 자기가 은행에 납부하겠단다. 참으로 이상한 제도였지만 윤 사장님은 3만 실링을 경찰에 납부하고 영수증을 발부해달라고 했다. 영수증은 은행에서 발부 받는다며 자기는 영수증을 발부 할 수 없다고 했다. 참으로 이해가 되지 않았다. 나는 경찰이 발부한 스티커를 사진기에 담고 영수증을 받으러 다시 오겠다는 한마디를 남기고 경찰서를 나섰다.

탄자니아 동서를 연결하는 최고의 국도라고 일컬어지는 A7 국도 연변은 뜨거운 열대의 열기를 이기기 못하고 풀과 나무들이 발갛게 말라버렸다.

미쿠미(Mikumi) 국립 공원을 통과했다. 야생으로 자라는 사이잘삼이 말라버린 꽃대를 장대 같이 세우고 앙상한 모습으로 여기저기 흩어져 있었다. 미쿠미 국립 공원을 빠져 나와 이링가(Iringa)를 향해 달렸다. 길은 울퉁불퉁하고 산새는 험악했다. 잠비아나 말라위로 들어가는 트럭이 가끔 지나갈 뿐 민간인 차량은 거의 보이지 않았다. 산으로 접어들수록 바오바브나무가 산 전체를 뒤덮고 있었다. 말라위 청년 로지는 세계 최대의 바오바브나무 군락지라고 했다.

아프리카의 바람 소리

산악 지대로 더 깊이 들어갔다. 윤 사장님은 이곳 어디에선가 혼자서 운전해오다 강도를 만난 적이 있다고 했다. 강도들이 캄캄한 밤에 차를 세우고 갑자기 유리창을 깨며 강도로 돌변할 때 권총을 쏘며 그들에게 겁을 주어 위기를 모면했다고 했다. 다르에스살람 어느 나이트클럽에서도 위기를 당해 권총을 발사한 적이 있다고 했다. 지금은 도로가 포장이 되고 지나가는 차량도 제법 있지만 당시는 포장도 안 되고 지나가는 차량이 없는 곳이라 종종 강도들이 출몰했다고 했다.

해가 서서히 서산으로 넘어가고 어둠이 깔렸다. 윤 사장님은 하루 종일 운전하면서 힘든 내색을 하지 않았다. 언제나 낙천적이고 욕심이 없는 사람 같았다. 돈을 벌어 이 나라 어딘가에 나무를 심고 노후를 산 속에서 나무를 키우며 살고 싶다고 했다. 배를 타다 그만 두고 광산 일에 뛰어 들어 20년 세월을 이곳에서 보냈다니 아프리카 사람이나 마찬가지였다. 아프리카 음식을 우리 음식처럼 먹었다. 배를 타고 대양을 누비며 구소련, 브라질, 칠레, 미국, 페루 여성들과 사랑에 빠지기도 했단다. 배가 닿는 항구마다 수많은 외국 여성들과 사랑을 나누었던 애정 편력을 가지고 있었다. 운전하면서도 지나간 세월의 추억을 어찌나 구수하게 이야기하던지 듣는 사람도 신이 나고 몸이 달아올랐다. 고등학교 시절은 정말 공부를 게을리했던 주먹잡이였지만 정신을 차려 열심히 공부하여 대학을 졸업하고 항해사가 되었단다. 보석을 찾아 러시아의 우랄산맥에서도 살았고 아프리카에 처음 와서 사기를 당해 힘든 세월을 보낸 이야기, 희토류 금속을 찾아 아프리카 전역을 누비는 그의 열정 속에 기업가 정신을 느낄 수 있었다.

이제 산악지대 이링가를 지나 고원 지역에 접어들었다. 캄캄한 밤이 되어 차창으로 지나가는 깊은 산골 마을 호롱불이 도깨비불처럼 깜빡였다. 해발 2,000미터가 넘는 곳이라 차창으로 들어오는 바람이 차가웠다. 밤의 어둠이 깊어질수록 차량 엔진 소리가 더 크게 들렸다. 하늘의 별빛이 손에 와 닿을 듯 가까이에서 빛났다. 어둠 속에 마을이 나타났다. 마캄바코(Makambako)라는 마을이었다.

희미한 가로 등이 켜진 길가에 허름한 호텔이 보였다. 우리는 차를 세우고 이것저것 따질 것 없이 호텔로 들어갔다. 호텔은 침대만 있을 뿐 온방 시설이 없었다. 짐을 내려놓고 식당으로 달려가 허기진 배를 대충 채우고 모두 잠자리에 들었다.

이른 아침 마을의 수탉들이 울어댔다. 시계를 보니 5시였다. 준비한 라면을 끓이고 삶은 계란으로 아침을 먹었다. 말라위 청년은 라면이 모자라 국물까지 핥아 먹었다. 넉넉하게 끓이지 못한 것이 미안했다. 삶은 계란 하나를 더 건네니 통째로 입안에 넣고 우물거려 삼켰다.

짐을 싣고 다시 떠났다. 끝없이 펼쳐진 구릉지에 인공으로 잘 조림한 소나무, 유칼리나무 숲이 펼쳐졌다. 이제 국도도 A7에서 A104로 바뀌었다.

음베야(Mbeya)에 도착하니 잠비아 국경으로 들어가는 화물차들이 도로변에 도열해 있었다. 기름을 넣고 국경을 넘을 준비를 했다. 우리도 그들 틈에 끼어 잠깐 휴식을 취했다. 동양인들이 차를 운전하며 가는 모습이 신기한지 여러 가지 관심을 보였다. 잠비아 트럭 운전사는 말라위에 도둑이 많다며 조심하라고 당부했다.

우리는 식당으로 들어가서 점심을 주문했다. 말라위 호수에서 잡아온 커다란 생선 구이가 먹음직스러웠다. 생선에 매운 고추를 다져 넣은 간장 소스를 뿌리고 야외 식당 원형 테이블에 둘러앉아 생선을 뜯기 시작했다. 생선이 너무 커서 밥은 먹을 엄두도 못 내고 생선만 먹었다. 식사를 마치고 시원한 그늘에서 차를 마시고 잠깐 눈을 감고 휴식을 취했다.

해가 지고 어둑어둑해질 무렵 탄자니아와 말라위 국경 이민국 통제소에 도착했다. 우리가 국경 지역 이민국 사무소에서 잠깐 휴식을 취할 동안 말라위 청년과 윤 사장님은 권총을 소지하고는 말라위에 입국할 수 없어 탄자니아 쪽 경찰서에 권총을 한 달간 보관시켜 놓고 돌아왔다. 또 탄자니아 자동차가 말라위로 들어가기 위해서 자동차 보험을 샀다.

출국 신고서를 작성하여 탄자니아 이민국에 출국 신고를 하고 말라위 입국 신고를 위해 말라위 이민국 사무소로 갔다. 우중충한 건물에 들어서자 말라위 이민국 직원들이 웅크리고 앉아 우리를 맞이했다. 우리를 제외한 다른 사람은 아무도 없었다.

정복을 입은 책임자가 우리를 캄캄한 사무실로 데리고 가더니 여행 목적이며 어느 나라에서 왔는지 여러 가지를 물었다. 입국 절차가 까다롭고 시간이 많이 걸렸다. 윤 사장은 말라위 비즈니스 케이스로 입국 신고를 하고 우리는 여행 목적으로 입국 신고를 했다.

오늘 저녁 체류할 호텔을 기입하고 1인당 비자 대금 70불을 지불하라고 했다. 다르에스살람 영사의 편지를 보여주며 이미 비용을 지불했다고 하자 비용은 따로 지불해야 한단다. 입국 업무와 필요 없는 일로 트집을 잡기 시작했다. 윤 사장님이 직원에게 5달러씩 호주머니에 넣어주자 입국 업무가 일사천리로 진행되고 비자 대금을 지불한 후 한 달 간 체류 비자를 주었다.

# 말라위

‖‖‖‖‖‖‖‖‖‖‖‖‖‖‖‖‖‖‖‖‖‖‖‖‖‖‖

# 카롱가

지난 저녁은 말라위 카롱가(Karonga)에 도착해 로열 포춘 호텔(Royal Fortune Hotel)에서 보냈다. 해가 떠올랐는데도 모기들이 잉잉거리며 떨어지지 않았다. 문을 열고 나가니 말라위 청년이 윤 사장님 차를 세차하고 있었다. 밤새 모기가 문 자국이 간지럽고 피부가 발갛게 부어 있었다. 호텔에서 아침을 주었다. 새까맣게 타서 말라버린 토스트에 계란 프라이와 주스 한 잔이었다.

말라위 청년은 말라위 호수 구경을 가자고 했다. 윤 사장도 호수 구경을 하고 4시경에 치티파(Chitipa)로 가겠다고 했다.

호숫가 백사장에 도착했다. 호수라기보다 바다처럼 넓었다. 빅토리아호수, 탕가니카호수보다 맑고 깨끗하다. 통나무 카누들이 호수 한가운데로 나가 고기를 잡았다. 호수 저편은 탄자니아와 국경을 이루는 산맥이 희미하게 보였다. 전혀 사람들의 손때가 묻지 않은 천연의 호수였다. 우리는 이구동성으로 이곳에 며칠 머물자고 말했다. 벌가벗은 마을 아이들이 호수 물가에서 물장구를 치기도 하고 잔잔한 파도를 헤치며 헤엄쳐 나가기도 했다. 갈매기들이 호수의 수면을 날고 호수에서 불어오는 시원한 바람을 맞으며 나무 그늘에서 낮잠을 청하는 마을 사람들도 보였다. 어느 것 하나 평화롭지 않은 것은 없었다. 인간이 만든 문명의 이기 없이 오르지 자연의 모습으로 살아간다. 해맑은 아이들의 웃음소리가 차라리 소음처럼 들렸다.

나는 말라위 호수에서 텐트를 치고 3일을 보내고 다시 윤 사장을 만나 함께 음주주(Mzuzu)로 가겠노라고 말했다. 우리는 헤어지기 전 점심을 같이하자며 호숫가의 TAJ 호텔로 갔다.

역시 오늘도 어제처럼 말라위 호수에서 잡은 커다란 생선구이로 점심을 먹었다. 시원한 호수 바람이 불어오는 식당에서 넘실거리는 파도를 바라보며 먹는 생선 맛은 어제와는 사뭇 달랐다. 식사가 끝나자 윤 사장과 말라위 청년 로이지는 광산을 찾아 청년의 고향 치티파를 향해 떠났다.

골든 샌드 비치(Golden Sand Beach) 캠핑장에 텐트를 쳤다. 주변에 민가는 없고 앞은 망망대해와 같은 말라위 호수가 남북으로 뻗어 있었다. 잔디밭에 캠핑장이 설치되어 있었고 정자도 만들어져 있었다. 식당, 깨끗한 샤워실, 화장실이 갖춰져 있었다. 나무로 만든 정자에 안락한 의자와 테이블이 있어 하루종일 시원한 호수 바람을 맞으며 휴식과 독서를 즐길 수 있었다. 잔디밭 가운데 우뚝 우뚝 서 있는 야자수들이 노란 코코넛을 주렁주렁 달고 있었다. 물보라를 머금은 파도가 끝없이 밀려왔다. 넓은 캠핑장 뜰에 칠면조와 공작새가 돌아다녔다. 이따금 갈매기들이 쉬어가는 작은 선창가는 통나무 카누들이 파도에 출렁이며 매여 있었다. 바다처럼 거센 파도가 밀려왔다가 모래를 쓸어 내려갔다.

한낮의 햇빛은 강렬했다. 모래사장으로 마을 아이들이 몰려나와 알몸으로 멱을 감았다. 나는 카메라를 챙겨들고 모래사장으로 나갔다. 올망졸망한 아이들이 나를 쳐다보며 태권도 품세를 취하며 '태권'이라 외쳤다. 이곳까지도 한국의 태권도가 보급되었다니 참으로 신기하고 놀라웠다. 아이들에게 엉성한 태권도 폼을 취하자 한 꼬마가 돌려차기로 나를 공격해왔다. 내가 녀석의 다리를 잡아 모래바닥에 쓰러뜨리니 녀석은 일어서자마자 다시 맹공격 자세를 취했다. 모래사장에 걸어가는 나를 아이들이 졸졸 따라다녔다.

　스무 살이 넘어 보이는 청년 3명이 발가벗은 몸으로 여인들 빨래터에서 얼마 떨어지지 않은 곳에서 수영했다. 내가 다가가자 청년들은 모래바닥으로 걸어 나와 나에게 손을 흔들며 다가섰다. 내가 카메라를 들고 사진을 찍어도 괜찮겠느냐고 묻자, 그들은 잔뜩 포즈를 취하며 사진 촬영을 허락했다. 청년들의 검은 몸은 강한 햇빛에 반사되어 윤기가 흐르고 야성의 근육이 울퉁불퉁 멋진 남성미를 가지고 있었다. 짓궂게도 한 청년이 유난히도 성기가 큰 녀석의 성기를 잡으며 사진을 찍어달라고 했다. 나는 장난기 어린 녀석들과 함께 사진을 여러 장 찍었다.

　찍은 사진을 보여주자 녀석들은 좋아하며 물기 묻은 손으로 사진기를 자꾸 만지작거리더니 결국에는 사진기를 달라고 했다. 성기가 엄청 큰 녀석을 가리키며 성기와 바꾸자고 시늉을 하니 녀석들은 깔깔거리며 모래바닥에 뒹굴었다. 사진기를 달라는 녀석이 친구의 성기를 잡아당기며 나에게 주라는 시늉을 하자 녀석은 커다란 성기를 덜렁거리며 물속으로 달아난다. 친구의 성기를 잡고 흔들어도 아무렇지 않게 생각하는 순진한 녀석들이 귀여웠다. 저 산 너머에 어떤 세상이 있는지 아무것도 모르는 청년들이지만, 행복하기만 했다.

　열기로 데워진 모래바닥이 조금씩 식어가고 고기 잡는 그물을 놓으러 호수로 나가는 뱃사공들이 하나둘 모래사장으로 모여들어 그물을 손질했다. 일몰과 함께 그물을 호수에 놓아두었다가 밤사이에 걸린 고기를 이른 아침 일출과 함께 그물을 걷어오는 일이 어부들의 일과였다.

　해가 서산에 걸려 있었고 호수는 온통 붉은 빛으로 물들고 어부들이 타고 가는 통나무 카누도 붉은 파도에 하늘거렸다. 구름에 가려져 있던 탄자니아산들도 웅장한 모습을 드러내고 하늘과 땅 그리고 산들이 말라위 호수에 비쳤다. 밤으로 변해가는 말라위 호수의 경이로운 모습은 인간의 언어로는 묘사할 방법이 없을 만큼 아름다웠다. 붉은 기운이 점점 사라지자 호수는 금시라도 괴물이 나타날 것 같이 무섭게 출렁였다. 탄자니아 쪽 높은 산들도 완전히 어둠 속으로 자취를 감추어버렸다.

출렁이는 파도 소리를 들으며 캠핑장으로 돌아왔다. 캠핑장 식당에서 통닭과 감자튀김, 맥주 2병 그리고 아보가도 샐러드를 주문하고 정자에 앉았다. 구름에 가려져 있던 달이 나타나자 은빛 찬란한 월광을 호수 위로 마구 쏟아냈다. 혜경과 나는 쏴쏴 밀려오는 파도 소리를 들으며 이 경이로운 자연 속에 몸을 숨긴 채 어떤 환영을 보는 듯했다. 호수에 쏟아 내리는 월광이 주변을 훤히 밝혀주었다. 일생에 몇 번 오지 않을 이 아름답고 신비한 자연에 헌주를 했다.

"이 아름다운 대지, 이 아름다운 호수는 당신의 것입니다. 이 잔을 드립니다."

달이 구름에 가리자 호수는 다시 괴기스러운 모습으로 변하고 바람과 파도는 이성을 잃은 것처럼 우리를 향해 몰려왔다. 텐트 안으로 들어갔다. 호수의 부는 바람은 우리를 그냥 잠들게 하지는 않았다. 세찬 호수 바람은 이미 호수의 바람이 아니라 태풍 같았다. 텐트 밖으로 나가 바람에 날려가지 않도록 튼튼한 줄로 주변의 나무에 꽁꽁 묶었다. 바람이 세게 불수록 파도는 더욱 거세졌고 텐트는 말할 수 없이 흔들렸다.

잠을 청할수록 정신은 맑아졌고 바람 소리와 파도 소리를 듣지 않으려고 귀를 막을수록 바람과 파도 소리는 크게 들렸다. 호숫가에는 아무도 없이 우리만 남겨졌다. 불빛 하나 없는 호숫가에 인적도 없었다. 캠핑장 종업원도 식당의 종업원도 자기 집으로 가버렸다. 주변이 유령의 집처럼 느껴진다. 물보라를 잔뜩 맞으며 졸고 있는 칠면조 무리와 바람에 몸을 피해 정자 밑에 몸을 낮춘 공작새뿐이었다. 내가 정자 위로 올라가자 칠면조와 공작새가 꼬꼬 소리를 내며 몸을 흔들었다. 거세게 밀려오는 파도와 바람 소리를 들으며 정자에 몸을 기대고 시커멓게 변해버린 괴기스러운 호수를 바라보며 앉았다.

금방이라도 괴물이 나타날 듯 호수는 미친 듯이 바람과 파도를 몰고 왔다. 주변 나뭇가지 부러지는 소리가 들려왔다. 어디서 몰려왔는지 고양이 두 마리가 바람을 피해 정자 한 구석에 똬리를 틀고 나를 응시했다. 한 쌍이었다. 새까만 고양이 눈에서 섬광이 쏟아져 나온다.

어떻게 이 밤을 넘기나? 잠든 사이 저 호수에서 몹쓸 괴물이라도 나타나 텐트를 덮치면 어떻게 하나? 하늘을 뒤덮은 구름이 세찬 바람을 타고 휙휙 날려간다. 어쩌면 밤과 낮이 이렇게 다를 수 있을까? 혜경의 코 고는 소리가 들린다. 오르지 나만을 믿고 텐트 속에 곤이 자고 있는 그녀가 부러웠다. 오늘 저녁 헌주가 부족했나?

나는 텐트로 내려가 가지고 다니던 작은 위스키 병을 들고 올라왔다. 컵에 위스키 한잔을 따라 다시 헌주를 했다.

"천지신명이시여, 이 바람과 파도 모두 당신의 것입니다. 구름과 별과 달도 모두 당신의 것입니다. 호수가 너무 아름다워 달빛이 너무 청명하여 잠깐 욕심내어 구경했을 뿐입니다. 당신은 위대합니다. 이 술잔을 드립니다."

나는 한 번 더 머리를 조아리며 되뇌었다.

아프리카의 바람 소리

"당신은 위대합니다. 이 술잔을 드립니다."

구름사이로 한 줄기 달빛이 호수에 비쳤다. 거세게 몰아치는 파도가 텐트를 날려버릴 기세로 물보라를 뿌리고 갔다. 이미 텐트가 흠뻑 젖어 물이 흘러내렸다. 나는 위스키 한 잔을 머금고 땅과 호수와 하늘이 시커멓게 변해가는 모습을 지켜보며 앉아 있었다. 이제 나로서는 어떻게 할 수 있는 일이 없었다. 텐트 안으로 들어가 자리에 누워 긴 호흡을 하며 눈을 감았다.

텐트에 햇살이 비쳤다. 어제 저녁 거세게 불었던 바람도 파도도 모두 조용했다. 호수 건너편 탄자니아 산들이 능선을 선명하게 드러내며 호수에 그림자를 남겼다. 동쪽 하늘이 온통 발갰다. 산꼭대기가 점점 발갛게 달아오르고 산위로 이글거리는 태양이 솟아올랐다. 호수가 붉어지자 그물을 거두러 나갔던 어부들이 수평선을 따라 들어온다. 마을 사람들이 호숫가에 몰려나와 고기 배를 기다렸다.

나도 사진기를 들고 모래사장으로 나가 작은 통나무 카누들이 들어오는 모습을 사진에 담았다. 카누 한척이 모래사장에 닿자 작은 광주리를 든 아낙네들이 우르르 몰려가 어부를 에워쌌다. 통나무 카누에 타고 있던 두 사람 어부가 그물을 들고 내렸다. 아버지와 아들이었다. 동네 여인들을 뒤로 물러서게 하고 아버지와 아들은 준비한 두 개의 막대기를 모래에 꽂아 세우고 그물 양쪽 끝을 막대기에 걸쳤다.

늘어진 그물에 밤새 걸렸던 고기들이 과일 마냥 주렁주렁 걸려 있었다. 입가에 담배를 문 아버지는 오른쪽에서, 아들은 왼쪽에서 고기를 그물에서 조심스레 빼내어 갈대 광주리에 담았다. 고기가 소복소복 광주리에 차오르자 아버지와 아들은 환한 웃음을 지었다.

잡은 고기는 시내 식당에서 몰려든 여인들에게 순식간에 팔려나가고 아버지와 아들은 모래밭에 앉아 돈을 세며 어구를 정리했다. 아버지는 아들과 이마를 맞대고 아들에게 그물코 잇는 법을 가르쳤다. 이 어부야말로 자식에게 고기 잡는 법을 가르쳐 주고 있지 않는가? 다정한 친구 같은 아버지와 아들의 모습을 사진에 담았다.

캠핑장 사장님과 기념 사진 촬영을 하고 캠핑장 차량으로 첫 날 카롱가에서 머물렀던 로열 포춘 호텔로 돌아와 윤 사장 일행을 기다렸다.

저녁 늦게 윤 사장은 말라위 청년과 함께 돌아왔다. 윤 사장은 실망감에 짜증이 난 얼굴이었다. 광산을 찾았느냐고 물어보니 말라위 청년 로이지가 거짓말쟁이라며 우리말로 녀석에게 욕을 퍼부었다. 갖은 고생을 하며 고개 3개를 넘어 광산이라고 데리고 간곳은 광산은 커녕 쓸데없는 바위산이더란다. 그래도 돌아오는 길에 파헤쳐진 개울가에서 사금 조각 몇 개를 봤다고 했다. 윤 사장은 말라위 청년에게 무척 실망했는지 계속 성토했다.

## 음주주

호텔에서 주는 아침을 먹고 음주주(Mzuzu)를 향해서 출발했다. 인간의 때가 묻지 않은 자연 상태로 남은 호숫가를 지나갔다. 로이지는 노천 유황 온천이 있다며 산골짜기 마을로 안내했다. 카사바 밭고랑을 따라 온천수가 나온다는 개울로 갔다. 개울에 도착하니 여기 저기 뜨거운 김이 뿜어나고 진한 유황 냄새가 코를 찔렀다. 흐르는 개

아프리카의 바람 소리

울물에 손을 담그니 뜨거워 오랫동안 담그고 있을 수 없었다.

온천 수원지를 찾아 거슬러 올라갔다. 몇 개의 파르스름한 색깔을 한 간헐천 수원지에서 뜨거운 온천수가 퐁퐁 쏟아져 솟구쳤다. 온천물이 나오는 곳에 쪼그리고 앉으니 이내 땀이 나고 열기가 얼굴을 화끈거리게 했다.

오후 늦게 음주주에 도착했다. 도시라기보다는 아늑하게 생긴 고산 마을이었다. 마을 한 바퀴를 돌며 그나마 깨끗하고 집 모양새를 갖춘 호텔을 찾았다. 아침을 제공하는 작은 호텔이었다. 남향으로 난 창에 따스한 햇볕이 들어오는 밝은 방이었다.

윤영수 사장님과 다르에스살람에서부터 며칠 간 같이 지냈다. 뭔가 특별한 음식을 만들어 술 한 잔을 하며 대접하고 싶었다. 윤 사장에게 무엇을 들고 싶은지 물어보니 돼지고기를 먹고 싶다며 말이 채 끝나기도 전에 호텔 종업원과 로이지를 데리고 돼지고기를 사러 나갔다.

나와 혜경은 호텔 부엌을 빌리고 돼지고기 두루치기를 할 소스를 만들었다. 가지고 다니던 매운 고추장, 간장, 설탕, 마늘, 고추 그리고 양파를 다져 넣고 양념 소스를 만들고 호텔에서 큰 프라이팬까지 빌려서 준비했다. 한 시간쯤 후 윤 사장은 돼지고기를 사서 돌아왔다. 돼지고기를 잘게 썰고 양념에 버물어서 숙성이 되는 동안 탄자니아 음베야에서 사온 쌀로 밥을 짓고 된장국을 끓였다.

돼지 두루치기와 저녁상이 차려지고 넷은 모여 앉았다. 내일 아침이면 작별을 해야 하지만, 또 만나게 될 것 같은 예감으로 맥주 한 잔씩을 들었다. 여행길에서 만났다 헤어지기를 수없이 했지만 아프리카에서 20년을 혼자 살아온 윤 사장과의 헤어짐은 무척 서운했다.

돼지고기 맛이 우리 것과는 사뭇 달랐다. 그래도 윤 사장은 맛있게 잘 먹었다. 물론 말라위 청년 로이지는 뭐든지 잘 먹었다. 호텔에 부엌 사용료를 지불하고 남은 돼지고기 두루치기를 주인에게 권하니 좋아했다.

하루종일 운전하며 피곤할 것 같은 윤 사장을 먼저 보내고 맥주 한 잔을 더 마시며 깊어가는 고산 도시의 냉랭한 기운을 즐겼다. 별이 쏟아질 듯 가까이에 있었다.


## 릴롱궤


6시가 되어 윤 사장이 두툼한 점퍼를 입고 우리 방으로 왔다. 오랫동안 시내 구경이며 국경을 넘고 밤을 같이 지냈던 일들이 주마등처럼 스쳐지나갔다. 로이지도 정이 들었다. 못사는 나라에 태어나 제대로 교육을 받지 못했지만 거리에서 배운 지식으로 무장되어 있는 착한 청년이었다.

로이지가 우리 배낭을 메고 차에 싣기 시작했다. 윤 사장은 우리의 손을 잡고 이별을 아쉬워했다. 앞으로 가는 곳이 위험한 곳이 많다며 안전을 당부하면서 잭나이프 칼을 주겠다고 했다. 배낭을 싣고 어둠이 깔린 호텔 문을 나섰다. 가로등이 개똥벌레 불빛처럼 희미했다. 여기 저기 수탉 우는 소리가 계속 들려왔다.

주차장에 도착했다. 사람들이 추위에 웅크리고 앉아 있었다. 짐을 내리자마자 짐꾼들이 달려와서 버스 짐칸에 실었다. 나는 버스에 오르기 전에 다시 윤 사장과 포옹하며 작별했다. 꼭 멋진 광산을 찾아내어 '아프리칸 드림'이 이루어지길 간절히 빌었다. 로이지도 포옹하며 열심히 윤 사장을 도와 동반 성공하기를 빈다고 말하자, 그는 고맙다며 머리 숙여 인사했다. 버스에 올라앉아 윤 사장의 차가 터미널을 빠져나가는 모습을 보며 가슴 한 구석이 찡하며 달아올랐다. 윤 사장의 차가 완전히 모습을 감추자 우리는 예전의 모습으로 돌아와 알아들을 수 없는 말을 쏟아내는 검은 사람들 속에 자리를 잡고 앉았다.

행복했던 며칠은 지나가버리고 이제 배낭을 지고 예전대로 거리를 걸어야 하고 때로는 장거리 버스에서 새우잠을 자야 했다. 모든 것을 생각하니 윤 사장과 보냈던 시간들이 행복했었다.

말라위 수도 릴롱궤(Lilongwe)에 접어들자 도시는 지금까지 모습과는 많이 달랐다. 아름다운 숲속에 계획된 신흥 도시였다. 울창한 숲을 잘라내고 길을 반듯반듯하게 사방으로 쭉쭉 뻗어가게 만들었다.

신흥 도시의 집들은 아름다운 숲속에 멋지게 지어졌고 현대식 빌딩에 쇼핑 센터가 말끔하게 들어서 있었다. 지금까지 보았던 말라위와는 너무 대조적이라 여기가 말라위가 맞는지 의심스러웠다. 버스가 정차하는 곳은 신흥 도시를 지나 구도시의 중심에 있었다. 수많은 행상들이 시끄러운 소리를 내며 리어카를 끌고 당나귀를 몰고 먼지가 뽀얗게 일어나는 비포장도로에 열을 지어 있었다.

버스에서 내리자마자 택시 운전자들이 달려왔다. 청년 운전자와 2,500말라위 콰차에 크라운 로지(Crown Lodge)까지 가기로 했다.

택시가 출발하자 운전자는 우리의 짐이 많다고도 하고 로지까지 가는 길은 차가 많이 밀리는 길이라며 딴전을 부렸다. 아니나 다를까 로지 앞마당에 택시가 도착하자 돈을 두 배로 내라며 때를 썼다.

1,000콰차를 팁으로 보태어 3,500콰차를 건네자 돈을 호텔 마당에 던지고 큰 소리를 지르며 가버렸다. 로지에 근무하는 직원들이 우리의 모습을 지켜보고 지배인이 달려 나와 우리 사정을 묻기에 사실대로 이야기 하니 운전자를 경찰에 고발하겠다고 노발대발했다.

로지에 체크인하고 로지 휴게실에 앉아 쉬고 있는데 돈을 던지고 갔던 청년이 울먹이며 다가섰다. 돈을 받아가지 못하면 택시 회사에 그 시간 동안 운행한 차의 택시 요금을 자기가 변상해야 한다며 돈을 돌려달라고 했다. 나는 청년에게 화를 가라앉히게 하고 등을 두드리며 3,500콰차를 건네주니 청년은 고맙다는 인사를 하고 받아갔다.

로지 식당에서 늦은 점심을 먹고 로지 지배인에게 나미비아 대사관이 있는지 물어보았다. 신도시 어딘가에 대사관이 있고 4시가 되면 문을 닫는다고 했다. 우리는 이곳에서 나미비아 입국 비자를 받아 두는 것이 좋을 것 같아 나미비아 대사관을 찾고 있던 중이라 매니저의 말이 너무 고마웠다.

매니저는 택시를 불러주었다. 운전자와 11,000콰차를 나미비아 대사관까지 왕복요금으로 정하고 종이 쪽지에 요금을 적고 운전자에게 사인을 받았다. 잠시 전 택시 운전자와 말썽이 생긴 것을 생각하고 확실하게 해두고 싶었다.

택시에 타자마자 운전자에게 나미비아 대사관을 아는지 물었다. 잘 알고 있다며 염려하지 말라고 우리를 안심시켰다. 지금이 3시니 4시 전까지는 꼭 가야 한다고 말했다. 그는 자신 있다며 우리를 다시 한 번 안심시켰다.

택시 운전자는 숲으로 덮여 있는 아름다운 신도시에 들어서자 갈팡질팡하며 전화기를 꺼내 어디론가 전화를 했다. 알아듣지 못하는

아프리카의 바람 소리

말이지만 누군가에게 나미비아 대사관의 위치를 묻고 있었다. 제일 처음 우리를 데리고 간 곳이 프랑스 대사관이고 다음은 영국대사관, 그리고는 대사관이 모여 있는 거리로 들어가서 나미비아 대사관이 어딘지 묻고 있었다.

4시가 넘어서 설사 나미비아 대사관을 찾는다 해도 비자 신청을 할 수 없을 것이었다. 운전자에게 로지로 돌아가자고 했다. 대사관 위치를 알지 못하면서 왜 알고 있다고 말했는지 물어보았다. 그는 분명히 알고 있었는데 대사관이 없어졌다고 했다. 그러면 나미비아 대사관이 있었던 장소가 어디냐고 다시 물어보니 이제야 모르겠단다. 로지로 돌아와 요금을 반만 주겠다고 하니 운전자는 택시가 돌아다닌 시간만큼 더 요금을 내놓으라고 했다. 그러면서 15,000 콰차를 내놓으라고 억지를 썼다. 그렇지 않으면 택시 회사에 자기가 돈을 변상해야 한다고 했다. 녀석은 도로에서 교통 정리를 하는 경찰에 알려 모두 함께 경찰서로 갔다.

링롱궤 경찰서에 들어가니 어떤 서양인 친구가 현금과 여권이 든 가방을 날치기 당했다며 경찰에 신고했다. 어두컴컴한 사무실에 모여 앉은 경찰관들은 사건 접수조차 하지 않고 어떻게 찾겠느냐며 청년에게 되물어 왔다.

나도 내가 놓인 처지를 설명하고 운전자가 대사관을 찾아가지도 못했는데 요금은 처음보다 4,000콰차를 더 내놓으라고 하니 어떻게 하면 좋겠느냐고 물었다. 경찰은 대사관을 못 찾았을 뿐 택시를 운행했기 때문에 돈을 주어야 한다고 했다. 그리고는 잘 사는 나라 사람이니 돈을 주면 되지 않겠느냐며 나를 설득했다. 나는 경찰관들에게 이 운전자가 대사관을 모른다고 말했으면 택시를 타지 않을 것이라고 말하자 그건 자기들이 알바가 아니랬다. 나와 경찰은 고성이 오가고 경찰에 모인 사람들이 구경거리인양 모여들었다. 경찰은 급기야 경찰서 안에서 고성을 지르며 업무를 방해했다며 나를 체포해야겠다며 엄포를 놓았다.

"체포하려면 해라."

경찰과 나는 서로 소리를 지르며 악을 쓰고 있었다. 운전자와 사소한 시비가 이제 운전자를 편드는 경찰과 나의 싸움이 되고 있었다. 운전자는 눈물을 질근 거리며 추잡한 짓을 했다. 경찰과 나 사이에 고성이 오가며 분위기가 심상찮게 돌아가자 겁을 먹은 녀석은 경찰에게 8,000콰차만 받겠다고 했다. 그러자 다른 경찰이 다가와서 8,000콰차를 주고 가라고 했다. 난 화가 나서 한 푼도 줄 수가 없다며 맞섰다.

이른 상황에서 옳고 그름을 따지는 내가 한심하다는 생각이 들었다. 혜경이 옆에 서 있다 6,000콰차를 운전자 앞에 내던지고 뒤도 돌아보지 않고 나를 끌고 나갔다. 나도 분을 삭이지 못하고 경찰관을 향해 소리를 지르다가 또 운전자를 향해 소리를 질렀다. 운전자가 2,000콰차를 더 달라고 울먹이면서 따라오기에 운전자에게 "you, goddamn son of bitch. go to hell."이라고 소리를 질렀다.

처음에 마음먹었던 것과 일이 너무 다르게 꼬여버리자 나 자신이 너무 부끄러웠다. 두 번이나 운전자들한테 당하고 나니 이곳에 더 이상 머무르고 싶지 않았다. 아름다운 숲속에 자리 잡은 조용한 릴롱궤였지만 정나미가 떨어졌다.

내일 아침 떠나리라. 버스 터미널로 당장 달려가 잠비아 루사카로 가는 표를 알아보니 화요일, 금요일 두 번 밖에 없다고 했다. 오늘이 토요일이었다. 며칠을 기다려야 했다. 그러나 이곳에서 단 10분도 머

아프리카의 바람 소리

물고 싶은 마음이 없었다. 할 수 없이 이른 새벽 6시에 출발하는 잠비아 국경까지 가는 미니버스를 타고 국경을 넘어 잠비아 쪽에서 루사카로 가는 교통편을 알아보는 수밖에 없었다. 미니버스를 확인하고 내일 아침 출발하겠다고 말하니 아침 5시 30분까지 오라고 했다.

　택시만 보면 머리끝이 쭈뼛쭈뼛했다. 그렇지만 내일 아침 또 새벽부터 택시를 타야했다. 로지로 돌아오니 주변이 캄캄한 밤이었다. 로지 식당에 들려 치킨 튀김과 맥주한 잔을 주문했다. 오늘은 참으로 긴 하루였다.

# 10

# 잠비아

# 🜉
# 루사카

말라위 국경에 도착하여 출국 신고를 하고 곧장 잠비아 국경으로 갔다. 잠비아 이민국은 참으로 친절했다. 젊은 처녀가 잠비아에 온 것을 환영한다며 웃는 얼굴로 인사했다. 여권과 비자 대금 50달러씩을 내자 이것저것 묻지 않고 한 달 체류 스탬프를 찍어주었다.

국경도시 치파타(Chipata)에서 하루를 지내고 루사카(Lusaka)행 아침 7시 버스를 탔다. 아프리카에서는 보기 드문 크고 좋은 버스였다. 어제 아침까지도 미니버스에서 숨 쉬기조차 힘들게 버스를 탔다.

넓은 좌석에 두 사람씩 앉아서 편안히 갈 수 있고 버스가 높아 멀리까지 바라볼 수 있는 시야가 확보됐다. 좌석도 쿠션이 좋고 등받이도 하얀 커브를 씌어 지금까지 버스와는 완전히 달랐다. 영어가 공식 언어로 되어 있어 의사소통도 편했다.

버스가 치파타를 빠져나가자 끝없는 사바나 같은 고원지대가 나타났다. 자연환경은 말라위와 별 다를 바 없이 관목 숲이 우거졌다. 상투 고깔 모양의 흙집들이 옹기종기 모여 부락을 만들고 있었다.

오후 4시가 되어 루사카 외곽에 도착했다. 멀리서 바라보는 루사카는 현대화된 도시였다. 시내로 들어서자 잘 꾸며진 도로와 가로수가 산뜻했다. 우리나라 핸드폰 회사의 간판이 여기저기 높게 서 있었고 지나가는 차량들이 깨끗했다. 서구의 대형 쇼핑몰이 보이고 길거리에 걸어 다니는 사람들 모습도 버스를 타고 오면서 보았던 시골사람들과는 달랐다. 햄버거, 피자, 콜라, 청바지를 선전하는 광고탑이 즐비하고 거리를 걷는 사람들은 핸드폰을 귀에 대고 소리를 지르며 걸었다.

아프리카의 바람 소리

버스에서 짐을 내리고 칼루루 백패커스(Kalulu backpackers hostel) 호스텔을 찾아갔다. 택시에서 내려 집 안으로 들어가니 먼저 온 백패 커들이 모여 앉아 맥주를 마시거나 당구를 치고 있었다. 시끄러운 음 악이 흘러나오고 대부분 투숙자들은 세계 여러 곳에서 몰려온 가난 한 여행자들이었다. 1300 미터가 넘는 고산 도시라 쌀쌀했다.

우리도 캠핑사이트를 배정받고 오랜만에 텐트를 쳤다. 옆자리는 칠 레에서 온 중년 부부가 자전거로 여행하며 텐트를 치고 있었다. 60이 넘은 부부가 남아공에서 출발하여 3달 동안 여행하며 이곳으로 왔다 고 했다. 이곳에서 우리가 왔던 길을 되돌아 말라위를 거쳐 탄자니아 로 가서 킬리만자로를 오르고 다시 케냐까지 가서 마사이마라 여행 을 끝으로 칠레로 돌아간다고 했다. 대단한 체력을 가진 사람들이었 다. 텐트는 아주 작은 것으로 부부가 각자 자기 개인용 텐트를 가지 고 있었다.

캠핑장 근처에 하얀 토끼 한 쌍이 빨간 눈을 껌벅이며 돌아다녔다. 이 집의 마스코트였다. 배추 한 닢을 뜯어주니 오물오물 먹었다.

해가 지자 밤의 공기가 차가워지기 시작했다. 나는 전선을 꺼내어 텐트 안으로 선을 끌어들였다. 텐트 바닥의 보온을 위해서 풀장에 놓 여 있는 방석 6개를 가져와 텐트 바닥에 깔고 롤 매트를 그 위에 폈 다. 버너를 켜고 프라이팬에 감자를 볶고 밥을 짓고 김을 구워 저녁 을 먹었다.

텐트 플라이를 반쯤 열어젖히고 텐트 안에 누워 별이 쏟아지는 하 늘을 보았다.

밤을 지새우며 흔들던 젊은이들이 자취를 감추고 쌀쌀한 아침이 찾아왔다. 혜경은 풀장 방석을 깔고 잔 것이 미안하다며 남들이 보지 않는 이른 새벽에 깔았던 방석을 다시 제자리에 돌려놓자며 방석을 챙겼다. 먹다 남은 밥으로 누룽지를 만들어 아침을 먹었다.

나미비아 입국 비자 신청을 하기 위해 고등 판무관 사무소를 찾아갔다. 시내를 운행하는 버스는 대부분 미니버스였다. 깨끗하고 한자리에 한 사람씩 앉을 수 있어 편안했다. 내 곁에 앉은 처녀가 나에게 말을 걸어왔다.

"어느 나라에서 왔느냐? 중국 사람이냐?"

"한국에서 왔다. 한국을 잘 알고 있어요?"

"삼성 스마트 폰, 엘지 에어컨을 사용하고 있다."

이번에는 내가 궁금한 것이 있어 처녀에게 물어보았다.

"왜 잠비아 사람들 모습이 조금씩 다르냐?"

처녀는 자기 나라에는 72개의 부족이 함께 살고 있다고 말했다. 자기는 맘베 지역에서 온 쿤다족이랬다. 그래서 나라도 부족과 언어의 종류에 따라 72개 행정 구역으로 나누어져 있다고 했다. 언어가 너무 다양해서 어려운 점이 있지만, 영어를 국가 공용어로 사용하기 때문에 공식적으로는 별문제가 없댔다. 72개 부족이 모여 살면 서로 갈등이 일어나지 않느냐고 물어보았다. 부족 간에 갈등이 빈번하여 사회적 문제가 발생하기도 한다고 했다.

센트럴 로터리에 도착하여 내렸다. 마텐데 거리로 방향을 바꾸어 고등 판무관 사무소를 찾아갔다. 마텐데 거리에 접어들자 가로 세로 100미터가 넘는 집들이 정원을 갖추고 사각형으로 넓게 터를 잡고 있었다. 집집마다 무장한 사설 경비원들이 대문과 집 둘레를 철통같이 지켰다. 하늘을 덮어버린 고목나무들이 정원수로 꽉 채워져 있었다.

아프리카의 바람 소리

도로의 가로수도 아름드리나무로 줄지어 있었다.

중국, 일본 대사관도 보이고 서구의 대사관들이 나무숲이 우거진 주택가에 멋지게 자리 잡고 있었다. 영국 식민지 시절 대부분 영국인들이 살던 곳으로, 집터가 500에서 1,000평은 족히 되어 보였다. 경비원들에게 다가가서 집값이 얼마나 되는지 물어보고 우리 돈으로 계산해보니 큰 집은 3억, 조금 작은 집은 2억 정도 했다. 서울의 아주 작은 아파트 한 채를 팔면 커다란 저택을 사고 경비병을 거느리고 살겠다는 생각이 들었다.

나미비아 국기가 나부끼는 고등 판무관 사무소에 도착해 사무실 안으로 들어섰다. 아담한 정원과 깨끗한 사무실이 갖추어져 있었다. 사무실 안에서 첫눈에 보이는 것이 나미비아 해변을 따라 남북으로 뻗어있는 나미비아 붉은 사막 사진이었다. 비자 발급에 필요한 서류를 작성하고 사진 2장, 비자대금 1인 당 50달러를 지불하고 몇 가지 인터뷰가 끝나자 3일 후에 비자를 찾으러 오라고 했다. 예상외로 단기간에 비자를 발급해주어 다행이었다.

나미비아 여행에 필요한 여러 가지 정보들을 얻고 고등판무관사무소를 나와 센트럴 로터리까지 걸어갔다. 다시 다른 버스로 바꿔 타고 시내 중심에 있는 만다힐 쇼핑몰(Manda Hill Shopping Mall)로 갔다. 이용하는 사람들은 내국인에 비해 외국인들이 더 많았다. 날씨가 추워져 스파 쇼핑몰(Spa shopping mall)에서 겨울용 점프와 따뜻한 바지를 구입했다. 쇼핑몰 식품점에서 상치와 베이컨을 구입하여 캠핑장으로 돌아왔다.

어제 저녁 밤을 새우며 노래하고 춤추었던 젊은 처녀 총각들이 풀장 벤치에서 일광욕을 즐겼다. 비키니 차림의 8등신들이 저마다 각선

미를 드러내고 줄지어 누워 있었다. 눈에 띄는 것은 두 팔을 잃어버린 백인 청년을 동반한 아가씨였다. 팔을 잃은 청년의 몸을 잡고 물에 띄워보려고 발부둥치는 처녀의 사랑이 애틋했다. 청년과 처녀는 남들의 시선에도 아랑곳하지 않고 물속을 첨벙이지만, 청년의 두 다리만으로는 중과부적이었다. 나는 처녀에게 어느 나라에서 왔는지 물어보니 프랑스 남쪽 지역 니스에서 왔다고 했다. 이곳에서 말라위를 넘어 탄자니아에 도착하여 킬리만자로를 함께 오르겠다고 말했다. 나는 틀림없이 킬리만자로에 오를 수 있을 것이라며 엄지손가락을 치켜세웠다.

루사카에서 3일째 되는 날이었다. 아침 공기가 쌀쌀하지만 하늘은 맑고 화창한 가을 날씨 같았다. 이른 아침 남아공 케이프타운을 출발하여 트럭으로 여행하는 유럽 여행자들이 들이닥쳤다. 모두 개인별 텐트를 준비하여 좁은 캠핑 장소에 텐트를 쳤다. 텐트와 텐트 사이가 한 사람 겨우 지나갈 정도였다. 불편하긴 해도 텐트 없이 썰렁한 것보다 사람들이 북적대는 편이 훨씬 좋았다.

오늘은 하루를 쉬며 도심을 어슬렁거리고 싶었다.

철로가 시내 중심 남북으로 길게 뻗어 있었다. 그레이트 이스트 길을 걸어 만다힐 몰에 도착했다. 남아공 자본이 세운 쇼핑몰이었다. 현대식으로 깔끔하게 건축되었고 넓은 주차장, 충분한 휴식 공간, 음식점을 비롯한 여러 가지 편의 시설이 갖추어져 사람들을 불러 모았다.

시카고 비스트로 스테이크 하우스로 들어갔다. 가운데 고통스러운 롤스로이스 자동차 한 대가 놓여 있었고 화장실에도 한국산 평면 TV가 설치되어 있었다. 종업원도 검은 유니폼을 갖추어 입고 손님들을

아프리카의 바람 소리

정성껏 모시고 있었다. 300그램짜리 티본스테이크와 남아공산 레드 와인 두 잔을 주문했다. 지금까지 아프리카의 모습과 사뭇 다르고 종 업원들도 청결한 복장에 웃는 모습이었다.

오늘은 이곳에서 시간을 보내고 싶었다. 점심때가 되자 예약 손님 들이 자리를 가득 메웠다. 모두 품위 있어 보이는 현지인들과 유럽 여 행객들이었다. 식당 앞문에서 활활 타고 있는 횃불이 운치 있고 포근 한 느낌을 줬다. 종업원이 식사를 내왔다. 촛불까지 켜 주니 호사스 러운 기분이었다. 여종업원은 식사하는 모습 사진을 여러 장 찍어주 었으며 나더러 롤스로이드 자동차와 함께 사진을 찍어주겠다고 했다. 그리고 종업원 처녀도 멋진 포즈를 취해주며 자신과 사진을 찍자고 부탁했다. 팔등신 흑인 처녀와 다정하게 사진을 찍으며 아름다운 식 당에서 흥겨운 점심 식사를 하노라니 여행에 지친 피로가 사라지는 느낌이었다.

탄자니아 잔지바르에서 중단되어버린 사진 정리와 밀렸던 일기를 썼다. 여러 가지 밀린 일들을 마무리 하고 나니 상쾌했다. 거리에 가 로등이 켜지고 쇼핑몰 앞으로 나오니 차들이 헤드라이트를 켜고 달 렸다.


오늘은 루사카 체류 마지막 날이며 나미비아 입국비자를 찾는 날 이었다. 3일 전 나미비아 고등판 무관 사무소 직원은 시간에 늦지 말 고 오후 2시까지 사무소로 나와 비자를 찾아 가라고 했다.

비자를 찾기 전에 버스 터미널까지 가서 내일 리빙스턴으로 떠나는 버스를 예약했다. 나미비아 고등판 무관 사무실에 도착하여 비자 스 탬프가 찍힌 여권을 다시 찾았다. 이제 앞으로 남은 남아프리카 몇 나라는 비자를 따로 받느라 며칠씩 시간을 소비할 필요는 없었다. 모두 국경을 넘어가며 국경 이민국에서 발급을 해주는 나라였다.

고등판 무관 사무소를 나와 다시 만다힐 쇼핑몰로 버스를 갈아타고 갔다. 어제 먹었던 티본스테이크 맛을 못 잊어서였다. 300그램짜리 스테이크 풀코스와 와인 한 잔을 곁들여 우리 돈 1만 원 정도였다. 이 스테이크 맛을 다시 한번 보지 못하고 루사카를 떠나면 후회할 것 같았다.

시내 이곳저곳 가로등이 켜지고 가을날 같이 서늘하고 아름다운 밤이었다. 시장기를 더해 발걸음을 재촉하여 시카고 비스트로 스테이크하우스로 들어갔다. 어제 우리에게 시중을 들어주었던 팔등신 미녀 여종업원이 반갑게 맞아주었다. 오늘은 유니폼이 바뀌었고 모자를 쓰고 서빙을 했다.

티본스테이크를 주문하고 오늘은 남아공 네델부르크(Nederburg)산 카베르넷 쇼비뇽(Cabernet Sauvignon)을 병째 주문했다. 촛불을 미리 밝혀주었고 식당 문에 설치된 횃불도 더 밝고 더 따뜻하고 더 운치가 있게 올려주었다. 가격에 비해 질과 서비스가 월등한 집이었다. 퇴근길에 연인들이 짝을 지어 스테이크 하우스를 찾아왔다. 우리의 식사가 시작될 무렵 외국인과 여행자들이 식당 안을 가득 메우고 예약을 하지 않은 사람들은 대기석에서 기다렸다. 혜경과 나는 와인을 마시며 나미비아 비자 발급과 앞으로 남은 여행의 안전을 빌며 건배했다. 와인과 믹스된 스테이크 맛이 입에 솔솔 녹는 느낌이었다.

우리에게 시중을 들어주었던 종업원에게 팁을 남기고 와인으로 얼큰해진 몸을 가누고 한길로 나왔다. 칼루루 백패커 숙소로 걸어가며 노래를 흥얼거리며 걸었다. 이따금 바람이 획 몰아쳤다. 가로수 낙엽

아프리카의 바람 소리

들이 희미한 가로등불 아래로 뒹굴어갔다.

캠핑장에 새로 도착한 새내기들이 모여 앉아 여행담을 주고받으며 밤을 즐겼다. 모두 남아공 케이프타운에서 출발하여 대부분 케냐까지 가는 여행자들이었다. 호주에서 온 중년 데이비드라고 소개하는 부부가 나에게 말을 걸어왔다.

"어느 나라에서 여행을 시작하였나?"

"이집트 알렉산드리아에서 출발하여 이곳까지 왔다."

"이집트에서 수단으로 가는 것이 어렵다고 들었다. 어떻게 수단으로 들어왔느냐?"

"아스완 댐에서 배를 타고 넘어왔다."

"수단은 안전한 나라인가? 이슬람 국가라 위험하지 않느냐?"

"안전하다. 너무너무 착한 사람이 살고 있는 나라다. 특히 청 나일과 백 나일이 만나는 나라이고 달고 맛있는 대추야자가 많이 생산되는 나라다."

"여행 중 어떤 나라가 제일 구경이 멋진 나라였나?"

"에티오피아다."

사파리 여행에 관한 정보를 전해주고 텐트 안으로 들어갔다.

추위를 이기지 못하고 잠에서 깼다. 땅바닥에서 올라오는 냉기가 방석을 뚫고 등골에 전달됐다. 옷을 껴입고 양말까지 신어보지만 냉기에 찌들었던 몸이 쉽게 잠들지 못했다. 몸을 웅크린 채 텐트 밖으로 나왔다. 풀장 의자에 몸을 기대고 시계를 보니 새벽 2시였다. 세상은 모두 잠들었고 간간이 지나가는 자동차 소리만 들렸다.

이 집의 마스코트인 토끼 두 마리가 풀장 벽에 붙어 입을 오물거리며 빨간 눈동자를 움직였다. 곁으로 다가가 한 손으로 두 귀를 잡고 한 손으로는 엉덩이를 받쳐 들어 올리니 가만히 있었다. 녀석들이 캠핑장 둘레를 돌아다니며 잡초를 갉아 먹고 잔디를 잘라 먹어 누군가 풀을 잘라주지 않아도 언제나 깨끗했다. 손가락을 입에 넣으니 송곳 같은 이빨로 간질간질 물었다. 새빨간 두 눈알에 은하수가 가득했다. 나와 토끼 두 마리만 깨어 있었다. 세상은 모두 잠들어 쥐 죽은 듯 조용한데 녀석들이 나의 친구가 되었다.

다시 텐트로 돌아와 누웠다. 팔과 다리에 냉기가 스며들어 다리가 저려 왔다. 내일은 이 나라 서쪽 리빙스턴 빅토리아폭포를 향해 먼 길을 떠나야 했다. 잠을 이루지 못하고 뒤척이는데 개 짖는 소리만 들려왔다.

<br>

## ✤
## 리빙스턴

텐트를 걷고 짐을 챙긴 후 캠핑장을 빠져나와 도로변에 배낭을 내려놓고 택시를 기다렸다. 지나가는 택시들이 가격을 흥정했다. 배낭이 많다고 값을 자꾸 올리려 했다. 택시 4대가 멈추어 서서 자기들끼리 가격을 담합하고 일정 가격 아래는 서로 가지 못하게 했다. 난 화가 치밀어 배낭을 메고 더 아래쪽으로 걸어 내려가 택시를 잡으려고 하자 나이 많은 기사가 따라오며 저렴한 가격으로 가겠다고 했다.

배낭이 무거워 이제 더 이상 흥정이고 뭐고 할 것 없이 택시에 올랐다. 마음씨 착한 기사는 자기들끼리 담합한 가격의 절반에 가겠다며 자기는 처음부터 그럴 마음이 없었다며 미안하다고 사과했다. 그렇게 말해주는 기사가 무척이나 고마웠다. 버스 터미널에 내려서도 우리의 짐을 버스까지 들어다주었다. 고마워서 원래 담합하여 부르던 가격만큼 건네주니 기사도 고마워 어쩔 줄 몰랐다.

짐을 짐칸에 싣고 버스에 올랐다. 모두 어제 예약한 손님들이라 시간에 맞춰 9시 정각에 출발했다. 좌석도 뒤로 눕힐 수 있고 넓고 깨끗했다. 1시간 남짓하여 루사카를 완전히 빠져 시골길로 접어들었다. 파노라마처럼 지나가는 풍경이 영화를 보는 느낌이었다.

오후 7시경에 리빙스턴(Livingstone) 시외버스 터미널에 도착했다. 해가 지고 어둠이 내렸다. 낯선 도시의 밤 터미널은 을씨년스러웠다. 반기는 이 없는 캄캄한 주차장에서 무거운 배낭을 간신히 짊어지고 거리를 나섰다.

작은 도시라 지나는 택시도 없었다. 짐꾼들이 따라붙으며 어디로 가는지 물으며 성가시게 했다. 주차장 부근의 어두운 골목길에서 행려병자와 거지들이 손을 내밀었다. 멀리 빅토리아 폭포가 있는 잠베지 강 하늘이 불그스름하게 보였다. 오가는 사람도 차량도 없는 조용한 골목길을 따라 리빙스턴 백패커(Backpacker)를 찾아갔다.

입구에 도착했더니 요란한 음악 소리가 흘러나왔다. 맥주병을 든 젊은이들이 바를 들락거리며 분주하게 돌아다녔다. 고목나무들이 지붕을 덮고 예쁘게 가꾸어진 잔디밭에 텐트 모습을 보니 마음이 편안했다. 머리카락이 희끗희끗한 서양인들이 자전거를 옆에 두고 텐트 안을 정리하고 있었다. 리셉션에 들러 텐트 자리를 배정받고 바닥에 깔 수 있는 두꺼운 매트리스까지 2장을 얻어 텐트를 쳤다. 잔디밭에 텐트를 치고 얻어온 매트리스를 깔고 누워보니 호텔 침대가 부럽지 않았다.

　잠깐 누워 휴식을 취하는데 바에 몰려 있는 서양 젊은이들이 작은 무대 위에서 번쩍이는 조명을 받으며 몸을 비비꼬았다. 밤의 모습은 언제나 활기가 넘쳤다. 한참 후 세계적으로 명성을 얻고 있는 〈강남 스타일〉 노래가 흘러나오자 젊은이들은 모두 말 춤을 추며 거세게 몸을 흔들어댔다.

　옆 텐트에 있던 사람들이 말을 걸어왔다.

　"중국에서 왔느냐?"

　"아니, 한국에서 왔다."

　"강남이 무엇이냐?"

　"응, 한국 서울의 유명한 곳의 지명이다."

　그러자 체코에서 의사로 일한다는 사람이 한국을 5년 전에 다녀갔다고 했다. 경주, 설악산, 부산, 해인사, 불국사를 가보았다며 한국은 나무가 많고 도로가 잘 정비된 나라라고 칭찬했다. 나도 자동차로 동부 유럽을 여행하던 중 체코에 들렀었다고 맞장구를 쳤다. 프라하, 브르노, 오스트라바 등 시골이 그림처럼 아름다웠다고 말했다.

　그들은 나보다 10년은 어렸지만, 꽤 늙어 보였다. 남녀 각 두 사람씩이었지만 부부는 아니고 의사, 보험 회사 직원, 공무원으로서 모두 친구랬다. 여름 휴가를 얻어 자전거와 텐트를 이용하여 보츠와나와 잠비아를 여행 중이며 오늘 저녁 9시에 루사카를 향하여 떠난다고 했다. 루사카에서 며칠을 쉬다 체코로 돌아갈 것이라고 했다. 밤에 떠나는 이유는 9시가 넘어가면 국도에 다니는 차가 없어서 자전거 타기에 좋아서 라고 했다. 내가 루사카에서 왔다고 하자 가는 길이 어떤지 물어보았다.

　　　　　　　　　　　아프리카의 바람 소리

9시가 되자 체코인들은 나와 기념 사진을 찍고 각자 자전거에 자기 짐을 싣고 머리에 전등을 착용하고 길을 나섰다. 네 사람이라 외롭지는 않겠지만 자전거로 몇 백 킬로미터 먼 길을 떠나는 모습이 힘들어 보였다. 잠을 자기 위해 텐트 안으로 들어가니 비가 추적추적 내렸다.

오후에 잠베지강 짐바브웨 국경까지 가는 미니버스를 탔다. 잠베지강 가까이 접근하자 빅토리아폭포의 물 떨어지는 소리가 대포 소리처럼 들렸다. 도로변에 커다란 코끼리 가족이 어슬렁거리며 걸어갔다. 지나가던 차량들이 모두 멈추고 이 녀석들이 지나갈 때 자동차 경적 소리를 멈추고 기다렸다. 코끼리가 지나간 초원은 가을 단풍이 예쁘게 들었다.

짐바브웨 국경 버스 정류장에 내렸다. 짐바브웨 국경을 넘어갈 수 없어 잠비아 쪽 잠베지 강가로 갔다. 강가에 아름다운 카페와 작은 호텔들이 강변을 따라 늘어섰다.

잠베지강 석양을 보기 위해 리빙스턴 사파리 로지로 갔다.

잠베지강 크루즈 선들이 여행객들을 태우고 석양을 보러 나갈 채비를 했다. 가격을 알아보았더니 한 사람당 80달러였다. 아름다운 석양을 보며 선상에서 식사를 즐기고 싶은 마음이 꿀떡 같았지만 두 사람이면 160달러로 우리의 예산을 넘는 가격이었다. 유럽의 단체 여행객들이 석양을 보며 선상의 식사를 즐기기 위해 떠났다.

우리는 리빙스턴 사파리 로지 야외 식당에서 차를 마시며 석양을 감상하기로 했다. 정글에 싸인 잠베지강 언저리에 위치한 식당의 전망 좋은 곳에 자리를 잡고 차와 약간의 스낵을 주문했다.

강을 내려다보는 순간 무시무시하게 생긴 악어가 오리를 추격하고 있었다. 차를 들고 온 종업원은 악어의 길이가 3미터가 넘을 것이라고 말했다. 오리가 물 위를 날아오르지 못하고 물 위로 미끄러지듯 달렸다. 악어가 눈알을 부릅뜨고 따라갔다. 오리는 영리하게 몸을 좌우로 흔들며 달아났다. 악어는 긴 몸을 오리처럼 민첩하게 좌우로 흔들지 못했다. 아슬아슬하게 도망쳐 자기 목숨을 구했다. 구경하던 사람들이 박수를 치며 환호했다.

석양을 구경하는 배들이 모두 떠나고 항구는 다시 조용했다. 혜경이 지는 해를 좀 멋지게 촬영하려고 강가로 내려가려 하자 경비원들이 막아섰다. 선창가에 서서 멋모르고 사진을 찍다가는 악어 밥이 된다고 했다. 선창가에 서서 어슬렁거리면 악어가 선창으로 점프해 올라와서 사람을 물고 물속으로 들어간다는 것이다. 경비원의 무서운 이야기에 머리끝이 쭈뼛쭈뼛했다. 이야기가 끝나자마자 두 마리의 커다란 악어가 선창가 주변을 맴돌고 있었다. 한 번씩 숨을 쉬러 물 위에 떠오를 때면 왕방울 같은 두 눈알을 굴리며 커다란 입을 벌렸다 닫았다 했다.

길게 뻗어 있는 잠베지강 서쪽으로 해가 넘어갔다. 강 전체가 붉게 물들고 주변의 정글과 하늘도 붉은색으로 변했다. 간간이 낮게 드리워 떠가는 구름도 붉은색을 띠고 온 세상이 잠베지강 속으로 빠져들었다. 하늘과 강과 정글이 하나 되어 붉은 천지로 변했다. 드디어 붉은 구슬 같은 태양이 강물 속으로 빠져 들어갔다. 이 세상 어떤 화가가 이 천지 조화를 화폭에 담을 수 있단 말인가?

어둠이 내리자 강가의 예쁜 조명들이 파르스름하게 불을 밝혔다. 우리도 걸음을 재촉하여 어두운 숲속을 헤쳐 나와 버스가 다니는 길을 향해 갔다.

조급한 마음으로 길을 가는데 뒤에서 자동차 한 대가 빵빵대며 우리 옆에 섰다. 그는 자기 아내와 아이를 데리고 루사카에서 리빙스턴으로 휴가를 왔단다. 외국인이 무서운 밤길에 걷는 것을 보고 차를 세웠다고 했다. 코끼리를 만나면 큰일이 난다고 했다. 밤의 코끼리는 움직이는 것은 적으로 생각하고 공격한다고 했다. 외국인들이 버스를 타러 나오다 종종 코끼리에게 변을 당한다고 주의를 주었다. 너무 고마운 마음에 여러 번 감사의 인사를 했다.

리빙스턴에 도착하여 우리 캠핑장까지 데려다주었다. 감사의 표시를 하려 했지만 극구 사양했다. 참으로 고마운 흑인을 만났다.

# 짐바브웨

# 빅토리아 폴스

배낭이 많아 택시 탈 때는 마음을 졸였다. 대부분 택시 기사들이 배낭이 많다는 핑계로 승차 거부를 하거나 요금을 두 배로 불렀다. 청년이 택시를 몰고 캠핑장 앞에 나타났다. 4달러에 잠베지강 국경 이민국까지 데려다주기로 하고 떠났다.

8월이지만 단풍이 들고 낙엽이 떨어졌다. 잠베지강 바람이 휙 불어올 때면 도로변 낙엽들이 날려 숲 위로 날아올랐다.

국경에 도착하니 두 나라 국기가 펄럭이고 도로 가운데 철문을 굳게 닫았다. 국경을 넘으려는 버스나 트럭이 올 때마다 문을 열어주었다. 철문 오른쪽으로 유난히 국경 세관 통제소라는 큰 글자가 눈에 들어왔다. 국경이란 말은 언제나 긴장하게 만들었다.

잠비아 출입국 관리국에 도착해 이민국 안으로 들어가니 산뜻한 분위기였다. 여직원이 웃는 얼굴로 맞아주었고 출국 신고서를 작성하겠다고 하니 여권만 보여달라고 했다. 이것저것 물어보지도 않고 출국 도장을 찍었다.

출국 심사가 끝나고 두 나라 완충 지대를 오가는 택시를 불러서 짐을 실었다. 택시를 타고 조금 달려가니 이내 빅토리아 철교가 나타나고 왼쪽으로 번지 점프장이 보였다. 빅토리아폭포가 보일락 말락 하였지만 물이 떨어지는 소리가 들려왔고 물보라가 날려 택시 안으로 들어왔다. 철교 난간 사이로 잠베지 강의 새하얀 물줄기가 거칠게 흘러가고 있었다.

택시 기사를 도로 안전 지대에서 기다리게 하고 택시에서 내렸다.

다리 아래로 흐르는 잠베지강을 쳐다보니 강물이 가물가물 흘러갔다. 번지 점프하는 젊은이들은 탄력 있는 줄에 매달려 100미터가 넘는 강 아래로 괴성을 지르며 뛰어내렸다. 그리고는 줄에 매달려 나비처럼 강 위에서 나풀거렸다. 강을 가로지르는 줄을 타는 젊은이들도 소리를 지르며 미끄러져 내려왔다.

다시 택시로 돌아와 짐바브웨 이민국으로 갔다. 이민국 사무실은 여름 휴가를 나온 영국, 프랑스 시니어 단체 관광객들이 많았고 일본, 중국에서 단체 여행 온 사람들이 대부분이었다. 경비행기들이 쉴 사이 없이 날아다니며 빅토리아폭포를 구경하고 있었다. 빅토리아폭포에서 날려오는 물보라가 얼굴을 시원하게 했다.

짐바브웨 이민국 사무실에서 간단한 입국 양식을 작성하고 일인당 30달러에 이민국 비자를 사고 입국 스탬프를 받았다. 짐바브웨도 세관 검사를 하지 않아서 간편했다.

잠비아에서 쓰고 남은 돈은 남아공 돈 랜드로 바꾸었다. 짐바브웨 돈은 극심한 인플레이션으로 인하여 화폐 가치가 없어 달러나 랜드를 자국 화폐로 사용한다고 했다.

입국 신고를 끝낸 스페인 부부가 우리에게 어디서 머물 것인지 물었다. 빅토리아 폴스(Victoria Falls) 백패커에서 캠핑을 할 것이라고 말하니 그들도 같이 가겠다고 했다.

택시 요금을 나누어 내고 우리는 캠핑하고 그들은 방을 구해 머물기 위해 백패커로 같이 갔다. 스페인 바로셀로나에서 여름 휴가차 빅토리아폭포를 보기 위해 왔단다. 학교 선생님이라고 소개한 그는 2주간 아프리카 여행을 하고 남아공 케이프타운에서 스페인으로 돌아갈 것이라고 했다.

백패커에 도착하니 리빙스턴 백패커와는 판이하게 달랐다. 리빙스턴은 주인은 밤새 음악을 틀어 젊음을 충동시켜 술을 팔고 있었지만 여기는 고성방가를 하지 말라는 안내 문구가 적혀 있었다. 커다란 고목나무가 아프리카 전통 양식의 초가지붕을 감싸고 있다. 주인은 영국인 노부부로 6대째 이곳 짐바브웨 폴스에 살고 있다고 소개했다.

잔디를 잘 가꾼 아담한 캠핑장, 캠프파이어장, 전기 시설, 샤워장 초가 지붕, 초지붕 위의 호박 넝쿨, 이보다 좋은 캠핑장이 또 있단 말인가? 게다가 하루저녁 캠핑비가 5달러 남짓인데 샤워와 전기까지 사용하게 했다. 친절한 주인장은 이곳에 캠핑장을 마련해두었지만 찾는 이가 별로 없었다며 우리를 무척 반갑게 맞이했고 캠핑하며 즐거운 여행이 되길 바란다고 했다.

텐트를 치고 있으려니 주인장이 내려와 전선을 설치해주고 내일 아침 5시 30분에 잠베지강 악어와 하마 구경을 하고 아침 산책을 같이 하자고 권했다. 해가 지고 밤이 되면 하마들이 뭍으로 올라와 풀을 뜯다 새벽에 물속으로 돌아가는데, 떼를 지어 숲속으로 달리는 모습이 구경거리랬다. 새벽이라 옷을 두껍게 입고 손등전과 지팡이를 준비하라고 했다. 모험거리가 생겨 너무 기쁘게 생각하며 5시 30분에 꼭 준비하겠노라고 대답했다. 주인장이 텐트 주변에 머물며 계속 이야기를 나누었다.

새벽 5시 스마트폰 알람이 울렸다. 주인장과 약속 시간 30분 전이었다. 손전등, 지팡이를 챙겨두고 따뜻한 물에 샤워를 했다. 5시 30분이 되자 주인장이 텐트로 내려왔다. 아주 상쾌한 기분으로 숲 냄새를 맡으며 주인장을 따라 캠핑장을 빠져나갔다.

아프리카의 바람 소리

아직 이른 새벽이라 캄캄했다. 하늘은 별이 총총 빛나고 우리의 발자국 소리를 들은 동네 개들이 짖어댔다.

그는 이곳에서 태어나 이곳에서 자라고 교육받았다고 했다. 그는 이곳에 무가베(Robert Gabriel Mugabe) 정권이 들어서기 전까지 5만 헥타르 농경지에 종업원 10명의 백인과 흑인 70명을 데리고 밀 농사를 하고 소를 기르며 살았다고 했다. 그런데 무가베 정권이 들어서면서 외국인이 소유한 재산을 몰수하고 국외로 추방시켰단다. 죄명은 단지 백인이고 외국인이라는 것이었다. 무가베 정권 후 어느 날 자기 집에서 일을 하던 농부들이 자기에게 총부리를 겨누며 자기 땅을 모두 빼앗아 갔다고 했다. 자기도 잠시 불라와요(Bulawayo)에 피해 있다 몇 년 전 겨우 이곳으로 돌아와 이 집을 사서 백패커를 열었단다. 이곳이 그의 고향이라 이곳 외에는 갈 곳이 없다고 했다.

주택지를 지나 인적 없는 사바나 길로 들어섰다. 여기저기 동물들이 놀라 달아나는 소리가 들렸다. 이른 아침에 코끼리를 만나면 조심해야 한다고 했다. 이곳에 사는 코끼리는 어둠 속에서는 무조건 공격한다고 했다. 풀이 말라버린 지금 같은 계절은 코끼리들이 종종 가정집 정원으로 들어온다고 했다. 때로는 담을 밀고 들어와 정원을 짓밟아버리고 저지하는 사람들에게 위협을 가한다고 했다. 주인장이 살고 있는 마을에도 두 집이나 코끼리가 벽을 넘어뜨리고 정원을 망쳐놓았다고 했다. 불라와요로 피신해 있던 시절 그는 뇌졸중으로 쓰러져 거의 반신불구의 몸이 되었지만, 재활과 아내의 헌신적인 보살핌으로 겨우 지금처럼 회복되었다고 했다.

잠베지 강가에 도착하자마자 도착한 기념으로 강물에 손을 담그려고 하자 주인장이 빨리 나오라고 소리쳤다. 악어들은 날이 새면 강가로 몰려와서 몸을 숨기고 잠복하다 물을 먹기 위해 강가로 다가오는 동물을 낚아챈댔다. 아니나 다를까 바로 내가 손을 담갔던 곳에서 10미터도 떨어지지 않은 곳에 악어 무리들이 뒤얽혀 잠복해 있었다. 그리고 하마는 접근하면 소리를 지른다고 했다. 이때 물러서지 않으면 달려와서 공격한다고 알려주었다. 주인장은 잠베지강에서 낚싯배를 뒤집어엎는 모습을 보았단다. 또 숲속에서 야생 코끼리를 만나게 되면 녀석을 잘 관찰하고 코를 좌우로 흔들면 물러가라는 신호라고 했다. 이때 물러가지 않으면 공격해온다고 했다.

강둑은 코끼리, 하마 같은 동물들의 배설물로 더럽혀져 있었다. 주인장은 강으로 돌아가는 하마가 있는지 여기저기 살폈다. 숲속에서 커다란 코끼리 가족들이 풀을 뜯고 있었다. 가까이 접근했지만 코를 흔들지 않았다.

강둑에 앉아 있으니 해가 떠올랐다. 어제 저녁에 보았던 석양의 반대 현상이었다. 잠베지 정글에서 풋풋한 숲 냄새가 풍겼다. 강물 위로 떠오르는 태양은 태고의 모습이었다. 문명의 흔적이라고는 없는 오르지 정글과 강물뿐이었다.

새들이 지저귀는 소리만 들려왔다. 잠베지 강둑에서 주인장과 나는 숨을 죽이며 떠오르는 태양을 바라보았다. 하마들이 얼굴을 내밀며 강가로 몰려나오고 악어들이 강기슭을 따라 돌아다녔다. 이른 새벽 잠베지강의 정글이 열리는 모습은 신비하기 짝이 없었다. 수십 마리의 하마들이 주둥이를 벌리고 떠오르는 태양을 향해 소리치는 광경은 참으로 신비한 모습이었다.

깨끗한 강물에 잠긴 하마의 살갗은 발그스름한 빛깔이었지만 햇살을 받아 더욱 아름다운 진홍 색깔이었다. 해가 차츰 떠오르자 악어

아프리카의 바람 소리

들이 물가에서 강 가운데로 사라졌다.

새들도 해가 떠오르자 울지 않았다. 해가 중천에 떠오를 때 울면 위치가 발견되어 포식자들의 밥이 된다고 했다. 악어들이 물러가고 하마들만 등을 내놓고 계속해서 끙끙거렸다.

돌아오는 길에 둘레가 26미터 되는 수령 2,000년 된 바오바브나무를 보았다. 임팔라 수컷 한 마리가 암컷 20여 마리를 거느리고 돌아다녔다. 주인장은 이곳의 동물 생태를 훤히 알고 있었고 심지어 동물 개개의 특징까지도 이해하고 있었다. 하루도 빠짐없이 새벽이면 강가로 나와 일출을 보고 동물들의 울음소리와 지저귀는 새소리를 듣는다고 했다. 임팔라 무리들이 주인장을 알아보는지 우리가 떠나려 하자 모두 물끄러미 서서 쳐다보았다. 수컷 임팔라는 3년 정도 암컷을 지배하다 떠난다고 했다. 한꺼번에 암컷 20마리와 교미를 할 수 있다고 했다.

주인장은 지팡이로 코끼리 배설물을 파헤치며 언제쯤 배설물인지 알아냈다. 코끼리 무리 주변의 바오바브나무에 열매가 주렁주렁 열려 있어 주인장과 함께 코끼리 옆으로 다가갔다. 그들의 눈치를 보며 바오바브나무 밑에 떨어진 열매를 주웠다. 열매 속을 먹어보았더니 신맛이 꽤 많았다. 500년에서 1,000년가량 된 바오바브나무들이 군락을 이루며 자랐다.

바오바브나무에 커다란 동공이 생긴 나무가 많았다. 아프리카 흑인들은 이곳이 성스러운 곳으로 생각하고 조상의 시신을 나무 동공에 묻는다고 했다. 그리고 흑인들은 바오바브나무를 숭배하며 제를 올리기도 한다고 했다.

마을에 도착하자 코끼리가 정원의 벽을 무너뜨린 집을 보여주었다.

건기라 나뭇잎이 마르고 먹이가 부족해지면 민가에까지 내려와서 먹이를 찾는다고 했다.

집으로 돌아오는 길에 주인장이 살다 빼앗긴 집을 보여주었다. 사방이 커다란 고목나무로 둘러싸여 있고 방이 7개, 거실 3개, 실내 화장실이 4개가 있었다고 했다. 2층에 라운지가 있어 빅토리아폭포에서 흩날리는 물보라와 석양을 조망할 수 있었다고 했다. 건물 벽이 모두 흰색으로 칠해져 있었는데 자기가 손수 칠한 벽이라고 했다. 마을 사람들이 화이트 하우스라고 불렀다고 했다. 대문에 다가서더니 손으로 대문을 쓸어내리며 울적해 했다. 철문으로 된 육중한 대문은 굳게 닫혀 있었고 지금은 정부의 고급 관리가 점유해 살고 있다고 했다. 지금도 백인들이 모임을 만들거나 백인들이 여러 명 모이면 무조건 인종차별주의자로 몰아붙여 국외로 추방하거나 재산을 몰수한다고 했다.

호텔을 나와 빅토리아폭포 비지터 센터(Visitor Center)로 가는 산길을 걸어갔다. 폭포가 가까워지면서 물보라가 이슬비처럼 날려왔다. 물 떨어지는 소리가 마치 대포 쏘는 소리처럼 들렸다. 구경하고 나오는 사람들의 옷이 흠뻑 젖어 있었다.

30달러의 입장료를 내고 공원 안으로 들어갔다. 팸플릿이 있어 폭포의 생성 이해에 도움이 됐다. 깨끗하고 현대식으로 운영되는 식당이 있어 폭포 구경에 지친 사람들에게 좋은 휴식처가 됐다. 나는 우산이나 비옷을 입지 않고 폭포에서 날려 오는 물보라를 맞으며 폭포로 걸어들어 갔다. 폭포에서 날려 오는 물보라가 일 년 내내 밤이나 낮이나 정글을 적셨다.

먼저 도착한 곳이 이 폭포를 제일 처음 발견하고 서방 세계에 알린 리빙스턴의 동상이었다. 악마의 폭포에서 날려 오는 물보라에 흠뻑 젖어 있었다. 모자를 깊숙이 눌러쓰고 당당한 모습으로 지팡이를 딛고 빅토리아 폭포를 응시하고 있었다. 동상 아래 그가 타고 다녔던 통나무를 파낸 카누, 삿대 그리고 노가 놓여 있었다. 카누에 앉아 노를 잡아보니 참으로 작은 배였다. 이 작은 배를 타고 잠베지강과 탕가니카호수를 어떻게 여행했었는지 쉽게 짐작이 가지 않았다.

그가 잠비아의 북쪽 작은 마을 치탐보(Chitambo)에서 죽을 때까지 동행했던 혹인 추마(Chuma)와 수시(Susi)의 이야기도 함께 있었다. 추마와 수시는 그가 죽자 심장은 치탐보 마을에 묻었고, 그의 유품은 1,000킬로미터 이상 운반하여 잔지바르에서 영국으로 보냈다. 리빙스턴의 유품은 웨스트민스터 사원에 안장되었다. 그는 몇 차례에 걸쳐 아프리카를 25년 동안 45,000킬로미터 이상 탐험했다. 마지막 5년은 노예 해방 운동에 전념했다.

그의 동상을 돌아 나와 악마의 폭포 앞에 섰다. 무시무시한 구멍에서 뿜어져 나오는 폭포를 쳐다보고 있으려니 현기증이 났다. 떨어지는 폭포 소리가 요란하여 옆 사람의 목소리를 알아들을 수 없었고 물보라가 소나기처럼 쏟아졌다.

폭 1.6킬로미터에 달하는 잠베지강이 갑자기 90도 절벽 아래로 갈라졌다. 빅토리아 폭포는 잠베지 강바닥이 1억 5,000만 년 전 화강암 마그마가 굳어진 후 갈라져 틈이 생기고 단층으로 변해 생성되었다. 틈의 폭이 50미터가 넘고 폭포의 높이 평균 100미터다. 물의 양이 가장 많은 4, 5월에 폭포가 우렁차다고 했다. 지금 8월은 중간 정도의 수량인데도 그 규모가 짐작 되지 않을 만큼 많은 물이 쏟아지고 웅장했다.

비옷이 있지만 입고 싶지가 않았다. 작은 배낭만 커버를 씌우고 빅토리아 폭포가 날려보내는 물보라에 몸을 흠뻑 적셨다. 폭포의 건너편 전망대에 앉아 폭포를 마주하니 물보라가 소나기처럼 퍼부었다.

순식간에 머리와 온몸이 젖어버렸다. 폭포가 흘러내리는 모습에 자신이 휘말려 들어가는 느낌이다. 흘러내린 물이 다시 솟구쳐 오르는 모습은 마치 폭탄이 터진 후 일어나는 폭풍과도 흡사했다.

비에 흠뻑 젖은 모습으로 말굽 폭포를 지나 아름다움이 극치에 달하는 무지개 폭포로 갔다. 무지개 폭포로 가는 길목에 멧돼지들이 비를 흠뻑 맞은 채 나무뿌리를 캐고 있었다. 사람이 지나가도 관심 없었다. 오르지 먹이를 찾는 일에만 열중했다. 나뭇가지마다 덩굴 식물이 휘감겨 자라고 이끼들은 덩굴 식물에 붙어 자라고 있었다. 물보라가 날려 우림 보호 구역의 정글은 언제나 소나기를 맞고 있었다.

무지개 폭포의 전망대에 섰다. 폭포의 갈라진 틈에 거대한 무지개가 아름답게 생겼다. 햇빛이 비치는 동안 무지개는 한순간도 사라지지 않았다. 폭포에서 떨어지는 물소리가 공포감을 주었다.

폭포 오른쪽으로 악마의 풀장이 있었다. 천연덕스러운 표정으로 흑인 청년이 폭포의 끝자락에서 수영을 했다. 몇 미터 앞으로 전진하면 높이 100미터나 되는 무시무시한 폭포가 떨어졌다. 손을 흔들자 청년은 물속에서 나와 폭포의 난간에 걸터앉아 한 발을 폭포 아래로 늘어뜨렸다. 아찔한 현기증을 느끼고 청년에게 뒤로 물러서라고 손짓을 하니 양팔을 번쩍 들어 올렸다. 이곳이 빅토리아폭포 중 가장 깊은 곳으로 108미터의 높이라고 했다.

물보라를 맞으며 3개의 협곡이 만나는 데인저 포인트(Danger Point)로 갔다. 이곳은 잠비아 폭포와 짐바브웨 폭포가 만나서 다시 잠베지

아프리카의 바람 소리

강을 이루며 아래로 내려가는 계곡 위에 만들어진 전망대였다. 잠비아와 짐바브웨의 국경이 지나는 곳이기도 했다. 이곳은 빅토리아폭포와 잠베지강 그리고 잠비아와 짐바브웨 국경선을 한눈에 볼 수 있는 좋은 위치이기도 했다. 세 개의 협곡이 만들어내는 웅장한 폭포 소리와 물보라가 더위를 완전히 날려 보냈다. 우레 같은 폭포 소리와 아름다운 무지개를 바라보며 이곳에서 준비한 점심을 먹었다.

세 협곡이 만나는 잠베지강에 작은 카누를 타고 떠내려가는 젊은이들의 모습이 아주 작게 보였다. 유럽의 젊은 남녀가 폭포 끝 난간에 걸터앉아 아찔아찔한 모습으로 키스하며 부둥켜안고 있었다. 한발자국이라도 잘못 움직이면 이 세상 사람이 아닐 수도 있을 텐데.

숙소로 돌아오니 새로운 사람들이 몰려들어 분주히 움직였다.

따뜻한 햇볕이 들어오는 곳에 앉아 가을 햇볕을 즐겼다. 낙엽이 떨어져 잔디밭 한 구석에 소복이 쌓여 있었다. 나무로 조각한 독수리, 코끼리, 임팔라, 기린, 하마, 사자 갖가지 야생 동물을 정원의 작은 모퉁이마다 배치하여 사파리 여행을 온 느낌이었다. 나뭇가지에 앉은 새들이 목청을 높여 울어댔다. 자꾸만 눈이 감겼다.

저녁이 되자 캠프파이어장에 커다란 나무를 잘라 모닥불을 피우고 사람들이 하나둘씩 모여들었다. 숯불이 만들어지자 제각기 소시지, 스테이크를 석쇠에 얹어 구웠다. 나는 감자를 은박지에 싸서 숯불에 묻어두었다.

정원에 만들어진 야외 식당에 여러 나라 사람들이 나름대로 준비한 식사를 하기 위해 자리를 잡았다. 이글거리는 숯불에 빵 몇 조각을 얹어 살짝 굽고 구운 소시지, 상치, 토마토로 속을 채워 샌드위치를 만들어 구운 감자와 함께 저녁을 먹었다. 망토를 어깨에 걸친 유럽에서 온 노부부가 와인 한 잔을 권했다. 나도 감자와 샌드위치 한 조각을 잘라 건네고 이야기를 나눴다. 포르투갈 리스본 근교에서 왔다고 했다. 우리를 일본 사람으로 생각했다고 했다. 아들이 일본 동경에 살고 있는데 아들 집을 방문한 적이 있다고 했다. 동양인만 보면 일본 사람으로 보인다고 했다.

가을 바람이 모닥불 연기를 휩쓸어 갔다. 석유 등불 심짓불이 푸푸 타는 소리를 내고 캠프파이어 깜부기불이 탁탁 튀며 날아오르다 사라졌다. 나의 텐트로 돌아와 자리에 누우니 빅토리아폭포의 우렁찬 낙수 소리가 지축을 흔들며 이곳까지 들렸다. 가만히 땅바닥에 귀 기울이니 진동이 몸에 전해져 전율이 왔다. 오래전 리빙스턴도 저 낙수 소리를 귀 기울여 들었으리라.

아프리카의 바람 소리

# 12

# 보츠와나

# 프랜시스타운

블라와요에서 하룻밤을 묵고 택시를 타고 버스 터미널로 가던 중 보츠와나 국경을 향해 가던 미니버스를 발견하고 버스를 세웠다. 다행히 2자리가 남아 있었다. 짐을 지붕 위에 싣고 미니버스 안으로 올라갔다.

국경을 향해 달려 출국 사무소에서 출국 신고를 끝내고 우리를 태워온 미니버스는 보츠와나 이민국까지 태워주었다. 혜경과 함께 무거운 배낭 한 개는 등에 메고 하나는 가슴에 메고 또 다른 하나는 손에 들고 줄에 서 있으려니 정말 힘들었다.

다른 사람들의 양해를 구하고 입국 신고하는 곳으로 먼저 들어갔다. 새까만 눈동자의 아가씨가 입국 신고서를 작성할 필요도 없이 컴퓨터에 인적 사항을 기입하고 스탬프를 찍었다.

이민국 아가씨는 한국의 드라마를 즐겨본다고 했다. 대뜸 한국의 기혼 남자들은 결혼 후에 자기 부인이 아닌 다른 애인이 있느냐고 물었다. 자기가 보는 드라마의 한국 남자들은 대부분 애인이 있다는 것이었다. 참 대답하기가 난처했다. 나는 대부분의 한국 남자들은 애인이 없다고 대답하자, 그녀는 못 믿겠다는 듯 고개를 갸우뚱하며 그게 사실이냐고 되물었다.

힘겹게 배낭을 메고 입국 신고를 하고 나오자 조류 독감과 가축 질병 예방을 위해 신발 바닥을 소독하고 세관으로 들어가 짐 검사를 받았다. 배낭을 열고 이것저것 검사하더니 냄새나는 여행용품을 확인하고는 도로 주워 담았다. 모든 수속이 끝나고 배낭을 모아 놓고 이민국 건물 앞에 서 있으니 프랜시스타운(Francistown)으로 들어가는 미니버스가 우리를 보고 차를 돌려서 다가왔다. 차장은 고맙게도 짐을 짐칸에 올려주고 친절하게 자리를 마련해주었다.

이내 국경을 넘어 보츠와나 땅으로 달렸다. 사바나의 풀들이 모두 말라버렸다. 남한 면적의 6배나 되는 국토를 가졌지만 인구는 200만 명밖에 되지 않은 나라인지라 사람 사는 모습이 간간이 보일 뿐이었다.

축산업과 다이아몬드 산업이 발발되었다고 옆자리에 앉은 현지인은 열을 올려가며 자랑을 늘어놓았다. 시골의 모습은 아름답고 살림살이가 넉넉해보였다. 지금까지 가난에 찌든 아프리카의 여러 나라와는 모습이 판이하게 달랐다. 비대한 소들, 잘 정비된 도로, 가옥도 초라한 초가집은 사라지고 어느 선진국 도시에서 볼 수 있는 현대화된 가옥들이 늘어서 있었다.

보츠와나 국경 관문 도시 프랜시스타운에 도착했다. 아침에 눈을 떴지만 일어날 수가 없었다. 주변에서 들려오는 소음에 벌떡 일어나려고 몸을 추슬러보지만 고열과 복통 설사까지 나를 죽이려 했다. 혜경이 일어나라고 깨웠다. 나도 모르게 눈에서 눈물이 흘렀다. 어쩌면 이렇게 아플 수 있을까? 뼈마디가 쑤시고 추워서 몸을 가눌 수가 없었다. 심한 복통과 설사에 고열, 나는 담요를 머리 끝까지 눌러썼다. 오늘 하루는 꼼짝 않고 쉬어볼 참이었다.

따스한 햇살이 남창을 통해 나의 얼굴까지 찾아와주었다. 혜경에게 오전 중에는 아무것도 먹지 않겠노라 말하고 따스한 햇살을 느끼며 눈을 감았다. 멀리서 기차가 다가오는 소리가 들렸다. 내가 누워 있는 곳은 기차역 앞 콘도형 호텔이었다. 지금까지 만나보지 못한 아늘하고 현대화된 멋진 숙소였다. 싱크대, 냉장고, 전자레인지, 가스레인지, 수도 시설이 완벽하게 갖추어져 있었다. 따뜻한 물도 철철 흘러넘쳤다.

추위를 견디지 못해 자리에서 일어나 뜨거운 물에 찜질을 했다. 뜨거운 물속에서도 추웠다. 혹시 말라리아에 걸린 것 아닐까? 나름대로 말라리아의 증상을 생각해보았다.

다시 자리에 누워 잠을 청했다. 잠결에 칼질하는 소리가 들렸다. 거의 혼수상태였다. 비몽사몽 어디가 현실이고 어디가 꿈인지 알 수 없는 상태에서 혜경이 깨웠다. 따스한 햇살은 사라지고 어둠이 찾아와 있었다.

저녁 9시였다. 12시간 이상 잤다. 혜경이 늙은 호박을 사서 달콤한 호박전을 부쳤다. 내가 참 좋아하는 먹거리 중 하나다. 풋풋한 호박전에 하얀 쌀죽이었다. 혜경이 나를 살려낼 궁리를 한 끝에 만든 음식이라 그녀의 힘을 믿고 커다란 호박전 하나와 흰쌀죽 한 그릇을 먹어치웠다. 정말 그렇게 좋아하는 호박전도 입속에서 모래알을 씹는 느낌이었다. 쌀죽을 무조건 목구멍 안으로 밀어 넣었다.

다시 이불 속으로 들어갔다. 몸이 흠뻑 젖어 있었다. 밤새도록 끙끙 앓아가며 땀을 흘린 것이었다. 땀에 흠뻑 젖은 몸은 몸살이 거의 끝나간다는 신호였다.

호텔 주변 거리에서 들려오는 일상의 소리들이 나를 부추겼다. 아이를 부르는 엄마의 목소리, 날카로운 기계 소리, 자동차 바퀴 소리, 개 짖는 소리, 잡상인들의 호객하는 소리, 날카로운 여인의 목소리, 이제 이런 소리들이 나의 귓가에 또렷이 들려왔다. 다시 불쌍한 몸뚱이를 일으켜 세우고 세상 사람들이 사는 곳으로 나갔다.

아프리카의 바람 소리

제일 먼저 찾아간 곳은 중국인이 경영하는 오리엔탈 식품점이었다. 현지인들이 먹는 쌀은 정말 끈기가 없었다. 퍼석퍼석 바람에 날려갈 것 같이 찰기라곤 하나도 없었다. 일단 중국인이 경영하는 가게에서 일본 쌀이든 중국 쌀이든 동양의 쌀이 있으면 살 요량이었다.

비대한 중국인 아가씨가 우리를 맞았다. 중국에서 생산된 쌀이 있는지 물었더니 오늘은 없고 내일 5킬로그램을 가져다 놓겠다고 했다. 내일 오전 중으로 찾으러 오라고 했다. 그래도 쌀을 살 수 있어 다행이라 생각하고 내일 다시 오겠노라며 가게를 나섰다.

시내를 기웃거리며 시내 중심가로 들어갔다. 상업 지역에 현대화된 남아공 계열의 대형 슈퍼마켓이 모여 있었다. 미국의 유수한 패스트 푸드 식당들이 줄을 지어 있었고 잘 갖추어진 휴게실이며 위락 시설이 깔끔하게 단장되어 있었다. 아프리카라는 느낌이 전혀 들지 않았다. 유럽이나 미국의 어느 한 곳을 옮겨 놓은 듯했다. 도로도 잘 정비되어 있었고 거리를 다니는 사람들의 형색이 깨끗하고 부유하게 보였다. 특히 여인들은 미국형 비만을 그대로 답습하고 있었다. 모두 엉덩이와 허벅지에 어마어마한 살이 붙어 걸음걸이가 어정어정 영락없이 미국의 도심에서 볼 수 있는 현상이었다. 거리에 상권을 장악하고 있는 사람들 대부분 중국인, 인도인, 아랍인들이며 현지 흑인들은 잡일을 하는 사람들이 많았다.

고도 1,000미터 가까운 고산 도시라 단풍이 곱게 물든 가로수가 아름다웠다. 쇼핑센터 안으로 들어갔다. 어제 저녁까지 그렇게 아팠던 몸뚱이가 이제 시장기를 참지 못하고 음식 코너를 찾았다. 식당가 한편에서 나무 타는 연기와 함께 구수한 바비큐 냄새가 풍겼다. 사람들이 길게 줄을 지어 있었다.

티본스테이크를 쌓아 놓고 활활 타는 숯불에 손님들의 주문에 따라 고기를 구워주었다. 어떤 이는 이제 막 구워져 나온 스테이크를 손에 들고 후후 불어가며 살점을 뜯어 먹는데, 군침을 흘리지 않을 수 없었다.

얼마나 고기가 싼지 1킬로그램에 4,000원 정도였다. 혜경과 나는 1킬로그램을 주문하고 고기가 숯불에서 굽히는 모습을 지켜보았다. 흑인들도 우리를 바라보며 맛있는 고기라며 엄지손가락을 치켜세웠다. 스테이크가 노릇노릇하게 색깔이 바뀌었다. 흘러내리는 육즙이 파르스름한 불꽃과 함께 탁탁 튀는 모습을 바라보니 먹는 즐거움 이상으로 흥거웠다.

고기 굽는 청년은 연신 땀을 흘려가며 날카로운 쇠꼬챙이로 노릇노릇한 스테이크를 찔러본다. 쇠꼬챙이로 찌른 구멍으로 소고기 육즙이 솟아오르면서 고소한 냄새를 풍겼다. 잘 구워진 스테이크를 스티로폼 케이스에 담고 소스를 발라주었다.

혜경과 나는 가을 바람이 솔솔 불어오는 거리 공원의 작은 벤치에 앉아 따끈따끈한 불 냄새가 나는 스테이크를 즐겼다. 사바나 초원에서 방목하여 기른 소들이라 참으로 고기질이 부드럽고 맛이 향기로웠다. 보츠와나는 다이아몬드가 유명하지만 초원이 좋아 소고기가 더 유명하다고 했다.

중국 가게의 아가씨와 약속한 시간에 중국 쌀을 구할 수 있으리라는 희망을 갖고 가게를 찾았다. 우리를 본 아가씨는 약속한 사실조차도 잊어 먹고 엉뚱한 소리를 했다. 언제 쌀을 준비하겠다고 말했냐며 반문했다.

다른 쇼핑몰에 들러 이곳저곳을 살피다가 이탈리아 쌀을 발견하고

아프리카의 바람 소리

는 2킬로그램을 사서 숙소로 돌아왔다. 이탈리아 쌀로 밥을 짓고 김을 구워 태국 간장과 함께 저녁을 먹고 나니 제법 기운이 돌아왔다.

<br>

# ✿
# 마운

　마운(Maun)에 도착하여 세디아(Sedia) 호텔에 도착했다. 호텔에 딸린 조용한 캠핑장에 체크인했다. 오카방고 델타(Okavango Delta)를 탐방하는 여행사를 운영하고 있었다. 호텔 이용객들은 독일인을 비롯해서 미국인, 영국인들이 대부분이었다. 조용하고 아늑한 식당과 바를 운영하고 있었고 풀장을 따라 만들어진 야외 식당은 시원한 그늘에서 와이파이를 사용할 수도 있고 조용히 앉아서 휴식을 하거나 독서를 할 수 있도록 시설이 갖추어져 있었다.

　독일인 주인이 우리를 반갑게 맞아주었고 캠핑사이트도 값싼 가격에 좋은 장소에 마련해주었다. 바비큐를 할 수 있는 시설과 캠프파이어를 할 수도 있고 전기를 마음대로 사용할 수 있어 편리했다. 게다가 매일 아침마다 오카방고 델타를 탐방하는 패키지 여행사를 운영하고 있었다.

　캠핑사이트에 체크인하면서 내일 아침 오카방고 델타 탐방 여행에 동참하여 1일 여행을 하기로 했다. 1박 2일 여행을 권유 받았지만 지금까지 아프리카 여행을 하면서 너무 지쳐 있었고, 동물 사파리는 여러 번 참가했기에 오카방고 델타의 모습과 칼라하리 사막(Kalahari

Desert)을 한 번 보는 것으로 만족하기로 했다.

유칼립투스 고목나무 아래 텐트를 치고 저녁에 모닥불을 피울 나무를 주워 모았다. 숲속에 버려진 나뭇가지들이 많았다. 장기적으로 캠핑하는 사람들도 여럿 있었지만 누구도 캠프파이어는 관심이 없는 듯했다.

텐트로 돌아와 저녁 식사 준비를 하는데 젊은 독일인 부부가 캠핑카를 몰고 들어와 우리 텐트 옆에서 야영을 하겠다며 텐트를 쳤다. 나는 기꺼이 함께 야영하자며 손을 내밀어 악수를 청했다. 독일인 신혼부부였다. 결혼식을 마치고 2개월 동안 캠핑카를 빌려서 나미비아, 보츠와나 그리고 남아공을 여행할 계획이라고 했다. 내가 주워 모아 둔 나무를 보고 자기들도 저녁에 불을 피우겠다며 나무를 줍기 위해 숲속으로 들어갔다.

불을 피워 숯불을 만들고 호텔 식당에서 사온 소고기 바비큐를 시작했다. 구수한 냄새가 야영장을 가득 메우고 주변의 야생 고양이들이 텐트 주변으로 모여들었다. 독일인 부부도 우리의 모습을 보고 꼭 같이 고기를 구웠다. 야영장을 경비하는 젊은 흑인 청년이 곁눈질하며 주변을 어슬렁거렸다. 와인 한 잔과 소고기 한 점을 건네주었다. 청년은 부끄러워 어쩔 줄 모르면서도 이방인의 야영하는 모습에 매료되어 주변을 떠날 줄 모르고 우리의 모습을 지켜보았다.

구수하게 타는 소고기 바비큐 냄새가 야행성 동물들의 움직임을 더욱 활발하게 만들었다. 구름 한 점 없는 남국의 밤하늘은 수많은 별들로 가득하고 밤을 노래하는 새들이 목청을 더 높였다.

어제 저녁에 예약했던 호텔 여행사 사무실로 아침 7시 30분까지 모였다. 1박 2일 패키지로 오카방고 델타를 탐방하려는 유럽 여행객들

아프리카의 바람 소리

과 함께 도요타 픽업에 올랐다. 대부분 유럽인들은 여름 휴가차 남아 공에서 시작하여 이곳 오카방고 델타를 거쳐서 여름 휴가를 끝내는 일정을 갖고 있었다. 남아공에서 트럭을 타고 이곳으로 온 사람들이었다. 이곳 여행을 끝내면 다시 남아공으로 돌아가 유럽으로 간다고 했다.

사바나 지역의 비포장도로를 50분가량 달렸다. 모코로(Mocoro)라고 불리는 통나무 카누 선착장에 도착했다. 여행사 직원이자 운전사는 우리를 모코로 뱃사공 겸 오카방고 델타 가이드에게 우리를 인도하고 오후 3시까지 이곳에서 우리를 기다리겠다고 말했다.

1박 2일 모레미(Moremi) 동물 보호 구역으로 떠나는 유럽 여행자들은 각자의 침구와 식사 준비물을 모코로에 싣고 떠났다. 독일인 신혼부부는 우리랑 함께 하루 동안 오타방고 델타를 탐방하는 여행에 참가했지만 다른 뱃사공이 노를 저어 먼저 갈대가 무성한 수로를 따라 출발했다.

갈대숲이 우거진 수로를 따라 떠나가는 통나무 카누의 모습은 참으로 이국적이고 낭만적이었다. 뱃사공은 자신의 키보다 두 배가 넘는 긴 막대기를 능숙하게 좌우 강바닥에 내리꽂으며 배를 앞으로 밀고 나아갔다.

우리도 점심 도시락과 돗자리 등을 배급받아 모코로에 실었다. 배는 좌석이 있거나 안전장치는 없었다. 긴 통나무 속을 파내고 바닥을 평평하게 만든 좌우로 많이 흔들리는 통나무 카누였다. 바닥에 주저앉아 갔다. 사공이 긴 막대기를 강바닥에 꽂아 앞으로 추진할 때마다 배는 좌우로 많이 흔들렸다. 강바닥에 빠지지 않으려고 카누의 언저리를 잡고 안간힘을 썼다. 사공은 배가 뒤집히거나 전복되지 않으니 편안하게 앉아 있으라고 말했지만 불안하기만 했다.

10분 정도 수로를 따라 갈대숲으로 접어들자 정말로 그림 같은 경치가 펼쳐지며 사공의 노 젓는 기술과 주변의 모습이 경이롭기까지 했다. 사공은 강물을 떠서 마셨다. 거울 같이 맑은 물속에 작은 연꽃이 아름답게 여기저기 피어 있었다. 수초들이 물속에서 카누의 움직임을 따라 너울거리고 파피루스가 군락을 이루어 물속에서 자랐다. 작고 큰 물고기들이 카누의 물결을 따라 모였다가 흩어졌다. 유네스코가 자연 유산으로 지정할 만한 이유가 충분했다.

　오카방고 델타는 육지에 생긴 삼각주로, 세계 최대의 면적을 갖고 있으며 결코 바다와 접하지 않은 내륙의 삼각주다. 콩고 분지에서 흘러들어온 오카방고 강물이 이곳 칼라하리 사막에 닿아 거대한 호수를 만들고 그 속에 수로와 크고 작은 습지에 둘러싸인 삼각주를 만든다. 대부분의 오카방고 강물은 칼라하리 사막에 닿아 증발하거나 지하로 스며들어 가며, 우기에 물이 불어나면 크고 작은 델타들이 물속으로 잠기기도 한다. 물속으로 스며든 지하수 때문에 주변에 관목숲이 형성되어 동물들이 서식할 수 있다. 오카방고 델타는 야생 동물을 불러들여 수많은 동물들이 모여 산다. 델타의 한가운데는 모레미 동물 보호 구역이 지정되어 있고 누, 얼룩말, 영양, 물소, 하마, 악어 등이 서식하며 이들을 쫓는 포식자들도 함께 생존한다. 특히 물고기가 많아 붉은색의 플라밍고나 바다에 사는 펠리칸(Pelican)까지도 서식한다.

　작은 삼각주에 카누를 끌어 올리고 초원으로 들어갔다. 야생 동물들의 배설물이 여기저기 어지럽게 흩어져 있었고 어제 저녁 야영하고 간 흔적이 있었다. 타다 남은 나무들의 불 냄새가 아직도 남아 있었다. 사공과 함께 야생 동물을 찾아 초원을 걸어갔다. 햇볕이 따가웠다. 금방이라도 불이 붙어버릴 것처럼 말라버린 초원을 걸어갈 때 마다 풀씨들이 톡톡 튀며 날아갔다.

내가 사공에게 이런 곳에서 야생 동물을 만나면 우리를 공격하지 않겠느냐고 걱정하자 그는 아무 일 없다며 안심시켰다. 사람 키 높이의 하얀 진흙으로 만들어진 개미집들이 여기저기 우뚝우뚝 서 있었고 개미핥기 굴들이 널려 있었다. 코끼리 배설물, 얼룩말 배설물 더미에 박쥐 떼들이 새까맣게 붙어 있었다.

삼각주 초원에서 불이 붙기 시작했다. 갑자기 말라버린 초원이 불길에 휩싸이고 작은 영양들이 메뚜기처럼 뛰어 달아났다. 화염에 싸인 작은 삼각주를 더 이상 전진할 수 없어 다시 카누를 저어 바오바브나무가 무성한 커다란 삼각주에 닿았다. 근기에 수량이 줄어들이 오카방고 안은 크고 작은 삼각주들이 메마른 초원의 모습을 드러내고 있었다. 동물들도 뜨거운 햇볕을 피해 숲으로 몸을 숨기거나 웅덩이 안으로 몸을 감추어버렸다.

커다란 바오바브나무 아래서 점심을 먹기로 했다. 사공은 나무 나이가 1,200년은 된다고 소개했다.

여행사에서 준비한 샌드위치를 먹고 있노라니 영국인이 두 아들을 데리고 카누에서 내려 우리 곁으로 다가왔다. 런던에서 여름 휴가를 왔다고 했다. 장성한 두 아들과 아버지는 커다란 배낭을 메고 있었고 오늘 저녁 이곳에서 야영을 하며 동물들을 구경할 것이라고 했다.

사공은 해가 지면 동물들이 숲속에서 나와 물가로 온다고 했다. 사공은 점심을 먹기 전에 커다란 바오바브나무에 손을 얹고 뭐라고 중얼거리며 한참 동안 눈을 감은 채 주문을 외웠다. 나도 그를 따라 아프리카 여행이 무사히 끝나길 바라는 마음으로 바오바브나무의 딱딱

한 표피를 만지며 천지신명께 헌주 대신 물 한 잔을 나무 아래 놓았다.

다시 동물을 탐사하기 위해 말라버린 초원을 지났다. 마른 풀이 발바닥에 밟혀 부서지는 소리가 우지직우지직 들렸다. 오카방고 강물은 칼라하리 사막 지하로 스며들어버리고 삼각주 표면은 그야말로 사막처럼 건조했다. 사공은 삼각주 한가운데 위치한 물웅덩이가 있는 곳으로 우리를 데리고 갔다.

심하게 동물 배설물 냄새가 풍기는가 하더니 숲속에서 거대한 하마 두 마리가 우리가 접근하는 소리를 들으며 웅덩이를 향해 돌진해 달아났다. 붉은 피부를 가진 거대한 놈들이었다. 아주 빠른 속도로 웅덩이에 몸을 던졌다. 여러 마리가 한데 어울려 새까만 등을 드러내고 옹기종기 붙어 있었다. 숨을 죽인 채 좀 더 가까이 접근하자 3마리가 우리 쪽을 향해 걸어 나왔다. 우리는 혼비백산하여 뒷걸음쳐 안전한 곳으로 몸을 피했다.

자기 구역이라는 신호를 보내는 것이라고 했다. 사람을 통째로 삼켜버릴 것 같이 입을 벌리며 응시했다. 소리를 지르며 공격 자세를 취하면 도망간다는 짐바브웨 야영장 주인장의 말이 생각났지만, 그럴 용기가 나질 않았다. 사공은 동물들의 배설물 상태를 보고 몇 시간 전 혹은 며칠 전 이곳을 동물들이 지나갔다며 설명했다. 야수들의 배설물도 있었다. 메마른 초원을 걸으면서 갑자기 사자나 표범 같은 야수가 다가오면 어떻게 하나 하는 불안감이 내내 가시지 않았다.

하늘에는 뭉게구름이 떠 있고 숨 쉬기 힘들 정도로 더웠다. 모든 동물들도 열기를 피해 숲속에서 낮잠을 자거나 밤의 활동을 위해 휴식한다고 했다. 마른 초지 위를 걸을 때 풀벌레 소리가 유난히 크게 들렸다. 사공이 돌아가자고 했다.

아프리카의 바람 소리

연꽃이 피어 군락을 이룬 수로를 사공은 긴 나무 막대기로 연꽃을 따돌리며 카누를 저어 갔다. 칼라하리 사막 모코로 선착장에 닿으니 우리를 기다리던 운전자가 반갑게 맞아주었다. 우리의 얼굴이 홍시처럼 탔다며 웃었다. 햇볕에 노출된 얼굴이 화끈거렸다.

# 13

# 나미비아

# 룬두

국경마을 샤카웨(Shakawe)에 도착했다. 버스 주차장에 내리니 스페인에서 여행 온 젊은 부부가 국경을 어떻게 넘을지 걱정하며 우리를 반갑게 맞았다.

여기서 나미비아 국경 이민국까지 가는 차가 없었다. 우리는 승합차 한 대를 대절하여 보츠와나 국경 이민국까지 함께 갔다. 출국 신고를 하고 다시 나미비아 국경에서 입국 신고를 했다. 이민국 청년은 동양에서 온 우리를 신기하게 여기며 친절하게 대해주었다. 말을 건넬 때마다 'Sir'을 붙이며 좋은 여행이 될 것을 당부했다. 주변의 청년들이 우리의 배낭을 들어주기도 하고 호의를 베풀어주었다.

나미비아 국경에서 최북쪽에 자리한 나미비아 룬두(Rundu)까지 가는 대중교통은 없었다. 방대한 국토지만 인구가 적어 대중교통이 발달하지 못했다. 국경을 넘어가는 차량을 히치하이킹하려고 두리번거리고 있던 중 건장한 몸집을 가진 사람이 다가왔다. 자기는 국경 마을 샤카웨에서 근무하는 공무원으로, 처갓집이 있는 나미비아 시테모(Shitemo) 근처까지 간다며 자기 차로 데려다주겠다고 했다.

시테모 근처에 주유소가 있는데 모든 차량들이 그곳에서 쉬어간다고 했다. 주유소에 많은 차들이 도착하므로 룬두로 가는 차를 히치하이킹할 수 있으리라는 정보까지 알려주었다. 고맙다는 인사를 하고 공무원의 차량에 올랐다.

나미비아 국경을 넘어가자 곧 마한고(Mahango) 동물 보호 구역이 나타났다. 비포장도로를 한참 달리자 커다란 코끼리들이 길을 막고

아프리카의 바람 소리

섰다. 운전자는 코끼리들을 자극하면 차량에 달려든다며 코끼리들이 길을 건너갈 때까지 숨을 죽이며 기다렸다. 코끼리 떼가 발을 내디딜 때마다 붉은 먼지가 많이 일어났다. 커다란 상아를 달고 육중한 몸을 움직일 때 몸에서 삐걱삐걱하는 소리가 들렸다.

운전자는 히치하이킹할 수 있는 시테모 근처 주유소에 우리를 내려주고 돌아가겠다고 했다. 내가 얼마 안 되는 사례를 하려 했지만, 그는 히치하이킹 비용이 얼마라며 돈을 달라고 요구했다. 지금까지 친절하게 베풀었던 느낌이 확 바뀌는 순간이었다. 그가 무리하게 비용을 요구해서 너무 기분이 언짢았다.

주유소에 기름을 넣기 위해 다가서는 운전자들에게 접근하여 룬두로 향하는 차량을 수소문했다. 마침 어머니와 딸을 데리고 룬두로 가는 젊은 픽업 트럭 운전자에게 우리 사정을 이야기했더니 태워주겠다고 했다. 그러나 뒤편 짐칸에 타는 수밖에 없었다. 짐칸에는 침대 매트가 놓여 있었지만 우리가 타고 가기에는 충분한 공간이었다.

혜경과 나는 배낭을 트럭 가드레일에 기대어 놓고 배낭을 베개 삼아 몸을 비스듬히 트럭 짐칸에 기대고 누웠다. 우리나라 늦가을 날씨처럼 청명하고 아름다웠다. 아프리카 여행을 시작한 후 최고의 히치하이킹 순간을 맞이하는 느낌이었다.

도로 연변은 붉게 물든 단풍나무들이 끝없이 펼쳐졌다. 가끔 푸른 하늘을 나는 새들이 우리를 따라오다 휙 다른 곳으로 날아갔다. 혜경과 나는 콧노래를 부르며 아름다운 나라의 가을날을 마음껏 즐겼다. 길가의 숲에서 풍겨오는 숲 냄새, 샛노란 단풍, 숲속을 배회하는 야생 동물, 소 치는 목동, 흙토담의 시골 농가, 얼굴에 부딪히는 가을바람, 직선으로 끝없이 뻗은 도로의 소실점 모두가 영화 장면처럼 지나갔다. 가만히 트럭에 누워 떠가는 구름을 보고 있으려니 트럭이 가는지 구름이 가는지 분간할 수가 없었다. 허물어져 가는 시골 농가들을 지나칠 때마다 남루한 옷을 걸친 소 치는 아이들이 손을 흔들었다.

어둠이 찾아왔다. 달빛과 별빛이 훤했다. 숲속은 간혹 날아가는 새들의 날갯짓이 보일 뿐 적막했다. 민가라고는 보이지 않는 초원을 달렸다. 픽업 트럭의 가랑거리는 엔진 소리가 더욱 크게 들려왔다. 가끔 별똥별이 길게 꼬리를 물고 어디론가 떨어졌다. 혜경이 건네주는 초콜릿 하나를 입에 넣고 밤의 적막함을 즐겼다.

별이 가득한 사바나의 밤은 낭만적이고 감상적이었다. 밤이 짙어질수록 달빛과 별빛이 더욱 강렬했다. 밤 11시에 콩고와 맞닿은 국경도시 룬두에 도착하여 능안두(Ngandu) 사파리 로지에 도착하여 캠핑장에 텐트를 쳤다. 캠핑장 피크닉 테이블에 앉으니 별들이 쏟아져 내릴 듯 빛났다.

룬두는 나미비아 최고 북단에 위치한 도시다. 오카방고강을 국경으로 하여 앙골라와 접경을 이루고 있다.

캠핑장에 만들어진 망루에 올라앉았다. 저 멀리 앙골라 쪽은 끝없이 고원으로 펼쳐져 있었다. 고원 한가운데로 앙골라와 국경을 가르는 오카방고강이 동서로 흐르고 있었다. 구불구불 'S'자를 그리며 흐르는 강이 주변에 저습지를 만들고 작은 삼각주를 만들어 비옥한 농토를 조성하고 있었다. 마치 긴 거울을 펼쳐 놓은 듯 빛났다. 사막의 보석 같았다. 앙골라 쪽은 아주 헐벗은 분지로 되어 있었고 작은 집들이 다닥다닥 붙어 도시를 형성한 앙골라 국경 마을이 강을 따라 넓게 자리 잡고 있었다.

흑인 청년이 캠핑장에 흩어진 낙엽을 긁어모아 태우고 있었다.

"강 건너 앙골라에 가본 적이 있나?"

"아직 가보지 못했다."

"그곳에 가려면 이민국의 허가를 받아야 한다."

"이민국은 어디에 있나?"

"강가에 있다."

"앙골라 쪽은 안전한가?"

"잘 모른다."

나는 망루에 앉아 따가운 햇볕에도 불구하고 유유히 흐르는 오카방고 강과 국경 너머 앙골라 마을을 유심히 바라보았다. 저렇게 평화로운 마을에서 앙골라 내전이 일어났다니 믿어지지 않았다.

혜경과 나는 택시 한 대를 대절하고 앙골라 국경 마을로 갔다. 흙먼지가 심하게 일어난다. 국경 지역을 향해 가는데 작은 늪지대가 나타나고 갈대가 무성했다. 운전자는 우기에는 이곳이 물에 잠겨 차가 다닐 수 없다고 말했다. 앙골라 고원의 비로 인하여 이곳이 전부 물에 잠긴다고 했다.

오카방고강에 닿았다. 강가에 텐트를 치고 이민국 직원 3명이 무장한 차림으로 비자 업무를 보고 있었다. 나는 강 건너 앙골라 마을까지 비자 없이 갔다 올 수 있는지 물었다. 처음에는 안 된다고 말했지만 아쉬워하는 우리의 모습을 보고 주민들과 함께 나룻배를 타고 건너가되, 앙골라 땅에 내리지 말라고 했다. 일단 여권으로 우리의 신원을 확인하고 앙골라 주민들과 승선하도록 허락했다. 주민들과 자리를 좁혀가며 입국비자 없이 국경을 넘어갈 요량이었다.

앙골라 주민들이 자리를 양보해주었다. 하얀 제복을 입은 선원도 우리를 유심히 관찰하며 불편함이 없도록 도와주었다. 강의 가운데가 두 나라의 국경선이 지나갔다. 이미 나룻배는 국경을 넘어 앙골라의 오카방고강을 지나고 있었다. 나와 혜경은 불법으로 앙골라에 입국한 셈이었다. 만약 앙골라 주민이나 나룻배 선원이 우리가 불법으로 입국한 것을 신고하면 틀림없이 체포될 것이었다. 검은 제복을 입은 경찰과 강가의 이민국 직원이 나를 유심히 바라보며 눈을 맞췄다. 나는 미소를 지으며 천연덕스럽게 여유를 부리며 짐을 부리는 앙골라 아주머니를 돕기까지 했다. 나룻배에 오른 경찰의 옷깃이 나를 스쳤다. 간이 콩알만 해졌다. 절대 앙골라 땅에 상륙하지 말라는 나미비아 이민국 직원의 말대로 한 발짝도 내려놓지는 않았다. 경찰은 자기가 부탁한 짐을 찾으러 올라온 것이었다. 경찰이 모두 떠나고 앙골라 주민들을 태운 배는 다시 나미비아 국경을 향해 달렸다.

앙골라 강 안은 수많은 사람들이 강가로 몰려나와 빨래를 하고, 동물들에게 물을 먹이고, 멱을 감고, 물을 긷고, 낚시를 하는 그야말로 생활의 강이요, 어머니의 젖줄과 같은 강이었다.

나미비아 룬두에 있는 대형 슈퍼마켓으로 시장을 보러 가는 사람들로 선창가와 나룻배는 붐볐다. 개구쟁이 아이들도 강에서 수영을 하면서도 국경선을 넘어가지는 않았다. 강물이 맑고 깨끗하여 뛰어들고 싶은 충동이 일어났다. 나미비아강 안에서 유람선을 운행하는 청년에게 배를 1시간 대절하여 강을 따라 동서로 유람했지만 청년은 절대로 강의 중앙선을 넘어가지는 않았다. 넘어가면 체포된다고 했다.

강가에서 농사짓는 농부들, 소 치는 아이들, 공 차는 앙골라 소년들과 손을 흔들며 인사를 나누었다.

아프리카의 바람 소리

# ✿
# 스바코프문트

이른 아침 룬두의 시외버스 터미널에서 수도인 빈트후크(Wind-hoek)로 가는 버스를 타고 카멜레온 백패커스(Chameleon Backpack-ers)에 체크인하여 텐트를 치고 하루를 보냈다.

세계 각지에서 모여든 가난한 젊은 여행자들이 무척 많았다. 와이파이가 잘 되는 곳은 언제나 젊은이들로 법석댔다. 캠핑사이트 비용에 포함된 아침 식사가 무척 좋았다. 오랜만에 플레인 요구르트를 마음껏 먹을 수 있었다. 나는 며칠 굶은 사람처럼 통밀빵에 요구르트를 발라 마음껏 먹고 소시지, 계란, 바나나로 남은 배를 가득 채웠다. 여행 중 나의 배는 언제나 허전하고 허기져 있었다. 별난 음식 앞에서 나도 모르게 식탐을 내었다. 한껏 배를 채우고 나니 몸이 잘 움직이지 않았다.

일본에서 온 두 젊은이는 요구르트를 두 사발이나 먹어 치웠다. 5개월간 아프리카를 여행 중이라고 했다. 그들의 옷은 무척 낡아 있었고 수염도 길었다. 남의 눈치를 보아가며 테이블에 놓인 재떨이에서 담배꽁초를 주워가기도 했다. 아프리카 여행은 모든 것을 이해할 수밖에 없다.

리셉션 아가씨가 우리에게 스바코프문트(Swakopmund)로 가는 버스를 소개해주겠다고 했다. 아주 잘된 일이라 생각하고 버스를 소개해달라고 했다. 아가씨는 "백인만 타는 차는 아닙니다. 흑인들도 있습니다."라고 말했다. 아프리카 여행 중 처음 들어보는 백인 차, 흑인 차라는 말에 참 묘한 기분이 들었다. 가격이 너무 비싸서 사양하고 우리 방식으로 가겠다고 말했다.

대서양의 휴양 도시 스바코프문트로 가기 위해 택시로 시외버스 터미널에 갔다. 시내는 잘 정비되어 있었고 대형 쇼핑몰, 상가, 금융 시장 거리, 주택지가 유럽의 어느 도시처럼 잘 정비되어 있었다. 독일의 식민지였던 나미비아는 모든 건축 양식이 독일 냄새를 강하게 풍겼다.

작은 미니버스를 타고 스바코프문트를 향해 달렸다. 시내를 출발한 지 1시간가량 지나자, 주변은 사막으로 변했다. 남쪽은 나미비아 사막이고 북쪽은 칼라하리 사막이었다. 우리가 탄 미니버스는 두 사막의 가운데를 가로질러 대서양으로 향했다. 도로를 따라 독일인들이 운영하는 목장 지대가 드문드문 흩어져 있었다.

한참을 달려 황량한 사막 한가운데서 타고 가던 미니버스 엔진에서 갑자기 연기가 나기 시작하더니 불이 붙었다. 운전자는 준비해둔 물로 엔진에 붙은 불을 간신히 껐지만, 차량은 더 이상 시동이 걸리지 않았고 운행할 수 없는 처지였다. 낡은 차량이 사막의 엄청난 열기를 견디지 못하고 불이 난 것이었다.

차량 밖으로 나오니 사막의 열기가 금방이라도 탈진시켜버릴 듯 강렬했다. 사람들은 차비를 환불 받아 지나가는 차량을 잡아타고 가려고 했지만 운전자는 돈이 없다며 환불할 생각을 하지 않았다. 그리고는 어딘가에 알아듣지 못하는 말로 연락을 하고 있었다.

우리는 열기를 이기지 못하고 도로변에 웅크리고 앉아 지나가는 차량을 세우며 히치하이킹을 시도했지만 쉽지 않았다. 혜경과 나는 배낭을 도로변에 나열하고 종이에 스바코프라고 글을 써서 붙이고 누군가 태워주기를 바라며 기다렸다. 푸른색 자가용 한 대가 우리 앞에 멈췄다. 나는 무조건 타고 봐야겠다는 생각으로 트렁크를 좀 열어달

아프리카의 바람 소리

라고 부탁하고 우리의 짐을 싣기 시작했다. 급한 나머지 운전자의 행선지도, 비용도 물어볼 여유도 없었다.

차량에 타서야 어디로 가는 차량이며, 얼마의 삯을 주면 될 것인지 물어보았다. 젊은 독일인 운전자는 스바코프문트로 간다며 삯을 받지 않겠다고 했다. 독일인 젊은이와 이런저런 이야기를 나누며 나미비아 사막에 관한 이야기와 정보를 많이 얻었다. 붉은 사막 지역을 여행한 경험이 있다고 했다.

멀리 언덕에서 내려다보는 스바코프문트는 완전히 사막 한가운데 갇혀 있었으며 독일식 건물이 즐비한 독일식 도시였다. 대서양의 거센 파도가 물보라를 일으키며 도시를 덮고 있었다. 미국의 유명한 영화배우 안젤리나 졸리(Angelina Jolie)가 이곳에서 출산을 했으며 산후조리를 한 도시라고 소개했다.

그가 우리를 도시의 한 중심에 내려주고 자기 행선지를 향해 가려 했다. 차비를 주려 해도 받지 않았다. 즐거운 여행을 하라며 손을 흔들었다.

택시를 타고 유스 호스텔(Youth Hostel)로 향했다. 주변 환경이 좋지 못하고 전기를 사용할 수 없어 기다리던 택시 운전자에게 부탁하여 스카이 데저트 백패커(Sky Desert backpacker)로 옮겨갔다. 이 백패커는 독일인이 운영하는 곳으로 시설이 잘 갖추어져 있었고 전기를 사용할 수 있었다.

텐트를 치고 누워 있으려니 스바코프문트 해안에서 들려오는 파도 소리가 바로 옆에서 들리는 것처럼 크고 요란했다. 거센 파도가 몰고 오는 물보라가 순식간에 텐트를 축축하게 만들었다.

도시의 뒤편 모래사막으로 걸어서 갔다. 모래 언덕에 오르니 스바코프문트 시내와 대서양이 한눈에 들어왔다.

사막의 둔덕이 끝없이 펼쳐져 있었고 해안선과 맞닿아 장관이었다. 모래 둔덕 너머 또 둔덕이 이어졌다. 중세 프랑스 화가들이 그린 여인의 하얀 엉덩이를 수없이 포개놓은 것 같았다. 누구도 손대지 않은 모래 언덕에 올라 미끄러져 내려오고 또 오르기를 몇 번씩이나 했다. 아름다운 곡선 모양의 둔덕에 올라 굽이치는 사막을 바라보니 다른 우주에 착륙한 것 같았다. 검푸른 대서양이 끝없이 물보라와 파도를 해안선을 향해 날려 보냈다.


나미비아 사막을 연결하는 대중교통은 없었다. 스바코프문트 시내 중심에 있는 에이비스(Avis) 렌트카를 찾아갔다. 렌트카 매장의 문이 닫혀 있고 직원이 없었다. 하루를 여기서 더 기다릴 수 없어 항구 도시 월비스(Walvis)에 있는 에이비스 렌트카에 전화를 해보니 차를 예약할 수 있었다.

혜경과 나는 우리가 묵고 있는 스카이 데저트 백패커 앞에서 월비스 시내로 들어가는 차를 히치하이킹하기로 했다. 지나가는 차를 향해 손을 들 때마다 차량들이 멈추어 섰지만 공간이 없거나 과도한 요금을 요구했다. 30분 정도 기다리니 독일인 어머니와 딸이 탄 차가 우리 앞에 멈춰 섰다. 그들은 우리의 행색을 보고는 가난한 여행자라는 것을 눈치챘던지 첫 마디가 프리로 우리를 태워주겠다며 타라고 했다. 그래도 우리는 미안해서 요금을 흥정하려고 했지만 돈을 주려면 우리를 태워줄 수 없다고 했다. 정말 고마운 분이었다. 신세를 좀 지겠다며 차에 올랐다.

월비스 항구로 가는 도로는 오른쪽으로는 대서양 해안을 끼고 왼

아프리카의 바람 소리

쪽으로는 사막이 끝없이 펼쳐져 있었다. 하얀 갈매기들이 부서지는 대서양의 파도와 거센 바람을 타고 사막 쪽으로 날아오르는 모습은 황홀할 정도로 아름다웠다. 거센 파도를 이겨가며 낚시하는 백인들이 있었고 사막의 둔덕 경사면을 사륜구동 바이크로 미끄러져 내려오며 스릴을 즐기는 사람들도 있었다.

우리를 태워준 운전자는 독일인들이 여름 휴가를 이곳에 와서 즐긴다고 했다. 자기들은 할아버지 때 독일에서 이곳으로 이주하여 3대째라고 했다. 월비스는 나미비아의 유일한 자연 항구로 인구 10만 정도가 살고 있는 나미비아 최대의 항구라고 했다. 주로 독일을 비롯해서 유럽에서 들어오는 수출입품이 이 항구를 통해서 들어온다고 했다. 독일인 운전자는 우리를 시내 중심에 있는 에이비스 렌트카 사무실 앞에 내려주고 즐거운 사막 여행을 하라며 떠났다.

렌트카 사무실로 들어가니 흑인 사무원이 반갑게 맞았다. 서류 작업을 끝내고 차량을 인도해주었다. 하얀색 일본 도요타 차였다. 우리나라 현대 차도 있었지만 새 차였고 가격이 비싸 일본 승용차를 택했다. 차를 인도 받을 때 사막으로 간다고 이야기를 했고 바퀴가 튼튼한 차를 골라달라고 여러 번 이야기했다. 우리에게 인도된 차량의 바퀴 휠에 균열이 가 있었고 바퀴가 꽤 마모되어 있어 다른 차로 바꾸어 달라고 했지만 그들은 "Good Car!"라고만 말하고 싫으면 그만두라는 식으로 반응이 시큰둥했다. 우리는 잘못하다가는 차를 빌릴 수 없겠다는 불안감에 썩 마음에 들지는 않았지만 차를 인수했다.

하여튼 우리는 언짢은 기분을 억누르고 빌린 차에 배낭을 싣고 쇼핑몰로 가서 2박 3일간 먹을 식량을 샀다. 사막에서 야영할 만반의 준비를 치르고 차를 몰아 시내를 서서히 빠져나갔다.

시내를 빠져나올 때 이미 오후 3시였다. 오늘 야영지가 있는 솔리타리 로지(Solitaire Lodge)까지는 250킬로미터 정도 떨어져 있었다. 도로는 비포장도로로 우리가 지날 때면 차량 뒤쪽은 보이지 않을 정도로 모래 먼지가 일어났다. 끝없이 펼쳐진 사막 도로를 3시간 정도 달리니 이제 산악 지역이 나타났고 구불구불한 언덕길이 연속되면서 길이 험악해지기 시작했다.

무인지경이었다. 오가는 차량이라고는 없었다. 오르지 살아서 숨 쉬는 것은 나와 혜경, 그리고 가랑거리는 차량 엔진 소리밖에는 없었다. 구불구불한 비포장도로의 산악 지역에서 속도를 낼 수도 없었다. 차량의 밑바닥에 자갈이 튀어 부딪히는 소리가 콩 볶는 소리처럼 들려왔다. 운전하는 내내 튼튼하지 못한 바퀴 걱정이 끊이지 않았다. 이렇게 무인지경인 곳에서 바퀴가 터지면 어떻게 할 것인지, 어떻게 구조를 요청할 것인지 막막했다. 우리에게는 전화도 없었다. 불안감은 끝없이 꼬리를 물고 나의 머리를 스쳐갔다. 사하라 사막을 여행하다 조난당해 일가족이 죽어간 네덜란드 사람들 생각이 떠오르기도 했다.

이제 해가 서산으로 넘어가고 세상은 점점 새까맣게 어두워지기 시작했다. 구불구불한 길을 지나고 직선 도로에 들어서자 남회귀선이 지나는 곳이라는 표지판이 서 있었다. 이미 달은 훤히 밝게 떠올라 우리를 밝혀주고 있었다. 우리는 차를 한쪽으로 주차시켜 놓고 남회귀선 표지판을 잡고 사진을 찍었다. 모든 것은 운명에 맡기고 즐거운 마음으로 가는 수밖에 없었다.

희뿌연 달이 내리쬐는 사막은 마치 유령이 유희를 하며 노닥거릴 것 같은 음산한 분위기였다. 길가에는 간간이 고사목들이 을씨년스

아프리카의 바람 소리

럽게 우뚝우뚝 서 있어 밤의 유령처럼 보이기도 했다. 가랑거리는 차 소리마저 멈추자 세상은 완전한 우주의 한 공간처럼 진공 상태 같았다. 다시 시동을 걸고 차 속에서 빵과 주스로 저녁을 먹으며 달빛 속으로 유영하듯 차를 몰았다. 등골에는 땀이 나기 시작했고 나의 신경은 극도로 쇠약해졌다. 숨을 크게 들이쉬고 또 내뱉고 나의 마음을 조절해가며 차를 몰아갔다.

밤 11시에 사막 한가운데의 아주 작은 마을에 도착했다. 미리 알아두었던 솔리타리 로지 야영장을 찾아갔다. 캠프 주인은 일단 야영하고 내일 아침에 체크인 수속을 하라고 했다.

캠핑장에서 텐트를 치고 있는데 독일인 처녀 두 사람이 우리 텐트로 다가왔다. 물이 없다며 물을 좀 달라고 했다. 물을 건네고 텐트 속으로 들어가 눈을 감으니 멀리 사막 한가운데에서 사막여우의 울음소리가 음산하게 들려왔다.

몸은 천근만근이었다. 조잘거리는 참새 소리가 들렸다. 텐트 그물망을 걷어 올리니 참새들이 텐트 옆으로 몰려왔다. 수백 마리의 포동포동한 참새들이 주둥이로 모래를 파헤쳤다. 가만히 살펴보니 기어다니는 개미를 사냥하고 있었다. 사막의 아침은 상쾌했다. 청명한 공기, 더 높은 하늘, 구름이라고는 한 점 없었다.

공원 입구에서 입장권을 사서 들어갔다. 황량한 사막에서 오릭스(Oryx)들이 성큼성큼 걷는 모습은 지조 높은 선비 같았다. 이 공원의 상징이기도 했다. 오릭스를 따라 타조들도 간간이 보였다.

60킬로미터 정도 들어가니 넓은 주차장이 나왔다. 이곳에 여행자들은 차를 주차시키고 공원에서 제공하는 픽업 트럭을 타고 소수스블라이(Sossusvlei)와 데드블라이(Deadvlei) 사막으로 들어갔다.

우리도 차를 주차시키고 공원에서 제공하는 픽업 트럭에 올랐다. 아직 오전 중이지만 사방이 열기로 달아올랐다. 대부분 여행객들은 독일인들이 많았고 유럽, 미국에서 온 젊은이들이었다. 픽업 트럭이 붉은 모래 바닥에 빠져 꼼짝하지 않고 서 있었다. 타고 가던 여행객들의 얼굴이 붉게 상기되어 있었고 열기를 견디지 못해 고통스러워하는 모습이었다.

데드블라이 앞에 내렸다. 차에서 내려 데드블라이 사막이 있는 곳으로 올라가는 길가에 누른색의 사막여우 두 마리가 사람들에 둘러싸여 있었다. 녀석들도 더운 탓인지 달아나지 않고 사람들을 졸졸 따라다녔다. 미국에서 온 청년이 마시다 남은 물을 플라스틱 물병 윗부분을 자르고 길가에 놓아두자, 녀석들은 주변을 아랑곳하지 않고 물을 마셨다. 동물도, 사람도 갈증에 시달리고 더위에 기운을 잃었다. 더위와 갈증에 지친 여행객들 중 중도에 포기하고 되돌아가는 사람들도 보였다. 데드블라이까지 모래 언덕을 기어가듯 올랐다. 나의 간이 온도계가 55도까지 올랐다. 숨 쉬기가 힘들었다. 콧구멍 속으로 뜨거운 열기가 전해 들어왔다.

데드블라이 바닥은 거북등 같은 무늬가 돌 같이 굳어 있었다. 소금 호수였던 곳이 바닥이 마르고 굳어 넓게 펼쳐져 있었다. 호수였음을 입증하는 900년에서 3,000년의 고사목들이 선 채로 석화된 호수 바닥에 여기저기 흩어져 서 있었다. 200미터 정도 높이의 붉은 모래 언덕을 타고 올라가서 다시 미끄러져 내려오는 젊은이들이 많았다. 석화된 호수 바닥에서 모래 산등성이를 쳐다보니 곡선으로 된 붉은 사막이 겹겹이 펼쳐졌다.

죽어 쓰러진 나무 둥치에 앉아 준비해간 점심을 먹었다. 뜨거운 열기로 인하여 먹지 않으면 현기증이 나고 체력이 고갈되어 더 이상 여행을 지탱할 수 없었다.

다시 픽업 차를 타고 소수스블라이 사막으로 갔다. 대부분의 사람들은 데드블라이를 구경하고 소수스블라이는 포기하고 되돌아갔다. 나와 혜경 그리고 3명의 독일 청년이 함께 소수스블라이 사막으로 향해 갔다. 가는 길이 모래로 깊이 파여 있어 픽업 차량 바퀴가 몇 번씩 헛돌며 올라가지 못했다. 운전자는 내려서 구멍 뚫린 철판을 깔고 그 위로 지나갔다.

소수스블라이 사막 앞에 도착하니 거세게 바람이 일어나고 모래 언덕이 온통 붉은 모래 회오리바람에 휩싸였다. 붉은 먼지를 하늘로 쏘아 올리며 우리의 접근을 쉽게 하지 못하게 했다. 이미 먼저 모래 산등성이에 올라간 사람들이 모래바람 사이로 보였다. 독일 청년들은 좀 낮은 곳으로 가겠다며 다른 곳으로 가버리고 혜경과 나는 소수스블라이 능선을 한 발짝 한 발짝 올랐다.

능선에 오르니 바람이 거세게 불어 눈을 뜰 수 없고 바로 설 수가 없었다. 칼날 같이 뾰족하게 생긴 능선을 발로 허물어버리면 이내 바람이 뾰족하게 만들었다. 기듯이 모래 능선 정상에 오르니 사방이 붉은 능선으로 연결되어 있었다. 소수스블라이 능선의 규모가 데드블라이 능선에 비하여 5, 6배는 크고 길게 펼쳐져 장관이었다.

모래 바람이 거세게 불어왔다. 윗옷 하나를 벗어 얼굴을 칭칭 감았다. 모래가 얼굴을 때리면 얼굴이 찢어지는 느낌이었다.

이 척박한 모래 둔덕에 풀이 자라고 있었고 전갈, 독거미가 살고 있었다. 전갈은 내장이 들여다보일 정도로 투명했고 독거미는 얼마나 민첩한지 순식간에 모래 속으로 파고 들어갔다. 두 독충을 보고 나서는 함부로 모래 바닥에 손을 넣고 싶은 마음이 사라졌다. 모래사막 사이로 물이 흘러내려간 흔적이 보였다.

사막 능선에 바람이 만든 물결 모양의 아름다운 무늬가 겹겹이 펼쳐져 있었고 그 위로 계속해서 모래가 날아갔다. 바람이 너무 거세게 불어 오랫동안 능선에 앉아 버틸 수 없었다. 미끄러지듯 능선을 타고 황급히 아래로 내려왔다.

기다리던 운전자가 우리를 걱정하며 기다렸다고 했다. 오늘처럼 바람이 많이 부는 날은 수분 증발이 심해 일사병이나 현기증을 일으켜 위험하다고 알려주었다.

대부분의 여행자들이 돌아가고 우리는 마지막 픽업 트럭을 타고 붉은 사막을 빠져나와 주차장에 도착했다. 주차한 차량들은 모두 빠져나가고 우리 차만 덩그렇게 주차되어 있었다.

어제 저녁 야영했던 곳으로 가기 위해 황급히 차를 몰아갔다. 오릭스와 타조들이 자꾸 눈길을 끌었다. 차에서 내려 어둠이 깔리는 사막의 언저리에서 석양의 아름다운 모습을 사진에 담았다. 끝없이 펼쳐진 사막 저편에 톱니처럼 뾰족한 산봉우리들이 석양을 받아 환상적인 모습이었다. 아무도 없는 사막의 공간에 서 있는 모습이 달의 표면에 착륙한 우주인 같았다.

해가 넘어가자 갑자기 어둠이 찾아오고 캄캄했다. 어제 저녁 같은 음산함이 다시 찾아왔다. 주변은 사막이고 사막을 둘러싼 시꺼먼 산들이 칼날처럼 날카롭게 하늘을 찌를 듯 치솟아 있었다. 사막의 밤은 적막한 공포를 가져다주고 괴기스러웠다. 낮 동안 사막을 찾았던 차들이 흔적도 없이 사라지고 우리만 덩그러니 사막 한가운데를 달

아프리카의 바람 소리

리고 있었다. 이곳은 낮에 보았던 부드러운 사막이 아니었다. 기암괴석으로 둘러싼 험상궂은 천의 얼굴을 가진 사막이었다.

가슴을 졸이며 1시간 정도 달리는데 뒷바퀴에서 펑하는 소리와 함께 자동차가 왼쪽으로 기울며 강한 쇳소리가 났다. 손전등을 켜고 뒷바퀴를 살피니 바퀴가 모두 찢어져 도로변으로 튕겨 나가고 휠만 붙어 있었다. 사방이 캄캄해서 어디가 어디인지 분간할 수가 없었다. 도로 양쪽으로는 뾰족한 바위산들만 시꺼멓게 우리를 내려다보고 있었다.

비상 조명을 작동시켜 놓고 차를 도로변으로 이동시켰다. 손전등도 배터리가 다해 더 이상 사용할 수 없었다. 차량 트렁크를 열고 스페어 타이어를 점검하고 차량 바퀴를 바꾸어 넣을 연장을 찾았지만 고물 같은 타이어만 하나 들어 있었고 연장은 없었다. 화가 머리끝까지 치솟았지만 점검을 제대로 하지 않고 경솔했던 것을 후회하는 수밖에 없었다.

시동을 끄고 비상등만 켜 놓고 우리 존재를 알리는 수밖에 별 도리가 없었다. 시동 꺼진 차량에 몸을 기대고 사막 한가운데 서서 지나가는 차가 나타나길 무작정 기다렸다. 1시간가량 기다렸다. 멀리서 승용차 한 대가 다가오고 있었다. 손을 번쩍 들고 구조를 요청했지만 구조를 요청하는 우리를 보고 강도로 오인했던지 혼비백산하여 달아났다. 나라도 아마 이런 상태였다면 도망가듯 달아났을 것이다.

사막여우들의 울음소리가 여기저기서 들렸다. 자기 영역을 알리며 목청을 돋우어 소리를 길게 내뱉었다. 기분 나쁘고 음산하게 들려왔다.

하루종일 먹은 것이라곤 빵 몇 조각과 물이 전부였다. 이제 허기가 찾아왔다. 사막의 밤은 온도가 급강하했다. 낮의 열기는 어디로 사라지고 겨울 점퍼를 꺼내어 입을 정도로 온도가 내려갔다.

텐트를 꺼내고 차량 옆에 설치했다. 버너, 코펠을 꺼내고 야영 준비를 했다. 내일 아침 날이 밝아오면 지나가는 차량이 있으리라. 희미하게 떠오른 달빛이 사막의 분위기를 더욱 음산하고 적막하게 했다. 차라리 달이 없었으면 좋겠다는 생각이 들었다. 희미한 달빛이 기분 나쁜 조명으로 바뀌어 주변에서 귀신이라도 출몰할 것 같이 으스스했다. 마음 한구석에는 '무장한 강도가 나타나면 어떻게 하지? 아니, 이곳에 무장 강도가 왜 나타나지?' 같은 별의별 생각이 생겨나기도 했다.

밤 11시였다. 모든 것을 자포자기하고 사막에서 하루를 보내려고 마음먹고 있는데 저 멀리서 차 한 대가 다가왔다. 커다란 트럭이었다. 흑인 청년 두 사람이 타고 있었다. 나는 차를 가로막아 섰다. 마침 이들은 공원 안 로지에 부식품을 배달하는 차량이라 지금 공원 안으로 들어간다고 했다. 우리를 보고 놀란 청년들이 차에서 내려왔다. 자초지종을 설명하고 도움을 청하니 우리 차의 상태를 확인하고 자기 차에서 연장을 꺼내 보조 바퀴를 바꾸어주었다.

나는 파스가 난 자동차 바퀴를 차에 싣고 흑인 청년들에게 조그만 사례를 하고 다시 텐트를 거두어 어제 저녁 야영했던 곳으로 차를 몰고 갔다. 또 다른 바퀴가 터지면 어떡하지? 겁에 질린 나는 차 속도를 높일 수도 없었다. 비포장도로의 자갈이 차량 바닥에 닿는 소리가 크게 들렸다.

새벽 2시가 되어서야 야영장에 도착했다. 주인에게 말도 하지 않고 어제 저녁에 야영했던 장소에서 일단 텐트를 쳤다. 텐트에 누워 하루를 생각하니 10년이 지나간 것처럼 느껴졌다.

아프리카의 바람 소리

야영장에서 체크아웃하고 월비스 항구로 돌아갔다. 조심조심 자동차 바퀴가 펑크가 날까 숨을 죽이며 달렸다. 이제 바퀴가 터지면 스페어 타이어도 없었다. 아침이라 창문을 열어 놓고 달렸다. 지나가는 차량도 없이 우리만 달렸다. 가슴을 졸이며 오후가 되어서야 월비스 에이비스 렌트카에 도착했다.

차량의 상태를 이야기하고 나쁜 차를 주어서 고생했다는 이야기를 하자 이들은 그런 일은 사막 여행에서는 흔히 있는 일이라며 대수롭지 않게 넘어갔다. 그리고 배낭이며 짐이 많으니 차량을 스바코프문트에서 반납해도 되겠느냐고 물어보았더니 그렇게 해도 된다고 했다.

고맙다는 인사와 함께 스바코프문트로 돌아와 에이비스 렌트카 사무실에서 차를 반납하려고 하자 남자 직원은 정비사를 대동하여 차량의 훼손 여부를 꼼꼼히 조사하기 시작했다. 바퀴가 터지고 휠이 망가졌다고 정밀 검사를 해야 한다며 자기들 전용 정비 공장으로 가서 견적을 받아왔다.

우리 돈 150만 원 정도 되는 견적서였다. 나는 말문이 막혔다. 150만 원이면 이 같은 고물차를 한 대 사도 사겠다며 바르지 못한 처사라고 항변했다. 차를 빌릴 당시 바퀴에 흠결이 있었고 렌트카에 사용할 수 없는 재생 타이어를 사용하여 차량 바퀴가 터지면서 휠이 망가졌고 비포장도로에 차의 바닥이 닿으면서 차대가 조금 긁힌 정도로 훼손된 것이라 나는 인정할 수 없다며 경찰서를 찾아 조사를 의뢰했다.

경찰관 두 명이 현장으로 나와 차량을 조사하고 우리와 에이비스 직원과 중재를 하려 했지만 직원은 완강하게 거절하고 수리비를 부가하려고 했다. 나는 다른 정비 공장으로 가서 경찰 입회하에 새로운 견적서를 받자고 경찰에 제의했지만 경찰은 이런저런 핑계를 들어 사건을 회피하려 했다.

양쪽의 의견이 팽팽하자 경찰은 우리를 데리고 관광 경찰서로 갔다. 자기들도 사건 처리가 골치 아프니 관광 경찰에 떠넘겼다. 관광 경찰서에 사건이 접수되고 또 다시 조사가 시작되었지만, 관광 경찰은 일반 경찰보다 더 엉망이었다.

"한국은 잘사는 나라다." "뭐 이 정도 견적서를 가지고 시비를 하느냐?" 사건을 해결하고 조사를 하려는 것인지, 견적서대로 돈을 지불하고 가라는 것인지 애매한 태도를 취했다. 나와 경찰관 사이에 고성이 오가고 결국 경찰 간부가 나와서 렌트카 직원과 중재를 해도 막무가내였다. 관광 경찰 간부는 월비스의 렌트카 책임자에게 전화를 걸어서 경찰 입회하에 차량을 재조사하고 견적서를 다시 만들라고 명령하며 나를 그곳으로 보내겠다고 했다.

나와 책임자는 월비스 사무실에서 만나기로 약속을 하고 우리는 다시 월비스 사무실로 찾아갔지만 그곳 책임자는 회의가 있다는 핑계를 대고 어디론가 사라지고 없었다. 나는 사무실에서 소리를 질렀고 사무실에서는 경찰을 불러 나를 저지하려 했다. 경찰관 2명이 나타나서 또 여러 가지를 물었다. 경찰 입회하에 차량 재조사를 하겠노라고 약속을 하고 이곳으로 왔는데, 일방적으로 회의 핑계를 대고 책임자가 사라졌다고 말하자 경찰관들은 어물어물하더니 사라져버렸다. 내가 화를 참지 못하고 왔다 갔다 하자 직원 한 명이 다가오더니 종종 이런 일이 있다며 나를 위로하기 시작했다.

나는 책임자에게 편지를 쓰고 견적서를 다시 만들어줄 것을 요구하고 에이비스 사무실을 나왔다. 나를 위로했던 청년은 이 편지를 꼭 책임자에게 전하고 다시 검사를 받고 견적서를 받을 수 있도록 하겠

　　　　　　　　　　　　　아프리카의 바람 소리

다며 내가 쓴 편지를 받아들었다. 경찰과 렌트카 직원은 모두 한통속임을 알게 되었다.

우리에게 최고의 기쁨과 슬픔을 안겨준 스바코프문트를 이제 떠났다. 그들의 양심이 살아 있어 우리의 뜻이 전달되기를 바라며 수도 빈트후크로 돌아갔다.

**14**

# 남아프리카 공화국

# 케이프타운

빈트후크(Windhoek)로 돌아오는 미니버스 옆 좌석에는 영국에서 온 여행자가 타고 있었다. 그의 배낭은 낡을 대로 낡아 있었고 옷은 거의 누더기에 가까웠다. 수염은 언제 깎았는지 사냥꾼처럼 덥수룩했다.

그가 보기에는 나도 그처럼 몰골이 흉했던지 나에게 얼마나 오랫동안 아프리카를 여행했는지 물어왔다. 내가 7개월 정도 되었다고 하자 그는 2년 정도 떠돌아다닌다고 했다. 주로 남아공과 남아프리카 여러 나라를 떠돈다고 했다. 이곳은 영어가 통하는 나라이기 때문에 자기로서는 여행하기가 좋다고 했다. 그러면서 빈트후크에 도착하면 어디서 머물 것인지 물어보았다. 내가 카드보드 박스(Cardboard Box) 백패커에 머물 것이라고 말하자, 자기는 우리가 전에 묵었던 카멜레온 백패커스(Chameleon Backpackers)에 머물 것이라고 말했다. 왜냐고 물어보니 그곳은 아침을 배불리 먹을 수 있기 때문이라고 했다. 플레인 요구르트와 소시지, 빵, 계란을 마음대로 먹을 수 있기 때문이랬다. 그렇지만 나는 와이파이가 잘 되는 카드보드로 간다고 하니 그는 와이파이보다 배부른 것이 좋다며 껄껄 웃었다. 나도 그렇다고 맞장구를 쳐주었다.

빈트후크에 도착하여 나는 와이파이를 택하고 영국인과 그의 친구는 빵을 찾아 각자 헤어졌다. 그도 나에게 악수를 청하며 배가 고프면 자기들이 있는 곳으로 오라고 했다.

우리는 카드보드 박스 백패커로 와서 텐트를 쳤다. 이슬비가 추적

아프리카의 바람 소리

추적 내렸다. 텐트를 적시지 않으려고 비닐을 꺼내서 텐트 지붕을 덮었다. 혜경이 저녁을 준비하느라 비를 맞으며 쌀을 씻어 왔다. 고생하는 그녀의 뒷모습을 보니 가슴이 저리고 아팠다. 그녀도 평생 아이들을 가르치는 일에만 종사하다 나를 따라 여행길에 나섰다. 아프리카 여행 제일 남쪽 나라를 향해 가는 목전에서 아이들 생각이 났다. 아이들에게 쓸모없는 아버지 같다는 생각이 들어 죄스러웠다.

저녁이 되자 비가 거세게 내렸다. 빗소리에 마음이 차분히 가라앉았다. 일본 청년 둘이 스파게티를 만들어 먹었다. 나와 눈이 마주치자 일본말로 인사를 건넸다. 빗소리를 들으며 와이파이로 아이들에게 소식을 전했다. 비는 그칠 줄 모르고 계속 내렸다. 텐트 안에 불을 밝히고 존 스타인벡(John Steinbeck)이 쓴 『찰리와 함께한 여행』을 읽었다.

한참 책을 읽고 있는데 러시아에서 온 사람이 술병을 들고 행패를 부렸다. 뭔가 로지 측과 계산이 잘못된 일이 있었던지 돈을 더 내놓으라며 소리를 지르고 난리법석이었다. 결국에는 여행자들이 모여들고 경찰이 도착하고서야 조용해졌다.

인터케이프타운(Intercape Capetown) 버스 회사에 들러 오후 5시에 남아공 케이프타운(Capetown) 출발하는 버스표를 예약했다. 회사 측에서 황열병 예방 접종 카드를 보여달라고 했다. 미리 접종하고 준비한 예방 접종 카드를 보여주고 여러 가지 주의 사항을 들었다. 다음날 16시 30분경에 도착할 예정이라고 했다. 하루를 차에서 먹고 지내야 했다.

짐을 챙기고 택시를 불러 인터케이프 버스 정류장으로 갔다. 친절한 안내양이 나와서 표를 점검하고 짐을 점검하는 직원들이 짐을 체크인했다.

볼보 회사의 2층 버스였다. 버스에도 짐칸이 있었지만 버스에 달고 다니는 트레일러 짐칸에도 짐을 실었다. 꼭 비행기를 탈 때와 같은 체계였다. 버스의 전면에 별 5개가 붙어 있는 일등급 마르코폴로(Marcopolo) 버스였다. 실내에 비행기와 꼭 같은 형식의 화장실이 있고 1층은 주로 연세 높은 분들이 많이 타고 있었다. 우리 좌석은 2층 중간쯤이었다. 안락하고 깨끗하여 기분이 산뜻했다.

17시 40분이 되니 인원을 점검하고 버스는 떠났다. B1 고속 도로를 따라 남하했다. 버스가 출발한 지 얼마 되지 않아 해는 지고 희미한 달빛이 차창에 비쳤다. 이제 아프리카 여행의 막바지인 제일 남쪽 나라를 향해 가는 감회가 새로웠다. 멀리 사막에 자리 잡은 마을에서 작은 불빛이 반딧불처럼 지나갔다.

밤 9시가 되어 사막 가운데 주유소와 작은 마켓이 있는 곳에서 잠간 정차하고 이곳에서 출국 신고서와 입국 신고서를 작성했다. 새벽 3시 40분에 나미비아 국경 이민국에 도착하여 출국 신고를 하고 1시간가량 후에 남아공 이민국에 도착하여 입국 신고를 했다. 우리의 배낭을 모두 세관 검색대에 올려놓고 삼엄한 경비 속에 마약 탐지견이 짐을 검사하고 난 후 세관원들이 다시 검사했다.

시꺼먼 때가 뒤범벅이 된 우리의 배낭만 열리지 않고 검색대에 놓여 있었다. 세관 벽면에 마약 관련 수배범들의 현상 수배 사진이 걸려 있었고 우리의 여권은 입국 심사가 끝날 때까지 경찰이 보관하고 있었다. 마약 사범이 발생할 경우 도망을 가지 못하게 하는 조치인 듯했다.

마약 탐지견이 몇 번씩 수상쩍은 트렁크들을 점검했지만, 소지자는 없었다. 경찰과 세관원들이 다시 짐을 모두 버스 짐칸에 원상복귀 시키고 여권을 돌려받고 입국 비자를 받았다.

6시 25분에 스프링복에 도착하여 휴식을 했다. 이곳에서 1시간의 시차가 생겨 우리는 시간을 7시 25분으로 맞추었다. 왼쪽으로 오렌지 강줄기가 계속 따라 내려왔다. 산악 지역의 목장 지대가 펼쳐지고 이른 아침 햇살을 받은 샛노란 야생화들이 들판 가득했다. 목장을 하거나 목초를 재배하는 농가들이 띄엄띄엄 흩어져 있을 뿐 마을은 형성되어 있지 않았다. 아침 공기가 차고 냉랭하게 느껴졌다. 뭉게구름이 몇 조각 떠갈 뿐 하늘은 맑고 푸르렀다.

왼쪽 사면은 산맥이 시작되고 포도밭이 끝없이 펼쳐졌다. 전 세계 어느 곳에서도 남아공 와인을 만날 수 있었는데, 끝없이 펼쳐진 포도밭을 보니 이해가 됐다. 얼룩말, 타조 등 야생 동물을 기르는 농장, 건초를 말리는 농장, 밀, 보리를 재배하는 농장, 제분 공장, 동물 사료 제조 공장, 엔실리지 저장소 등 다양했다.

강줄기를 따라 잘 발달된 오렌지 농장은 멀리서 보아도 황금색 오렌지들이 주렁주렁 달려 들판이 노란색 물결이었다. 오렌지 농장 사이에 보리, 밀, 옥수수 같은 곡식을 재배하는 농가가 섞여 농촌이 아름답고 여유로웠다.

케이프타운이 가까워지자 들판은 더 넓어지고 왼쪽의 산맥은 더 높아졌다. 차들이 좌측으로 통행하고 있어 방향 감각이 좀 이상하게 느껴졌다. 먼 산맥의 정상에는 하얀 눈이 쌓여 있었다. 끝이 보이지 않는 들판에 말, 육우, 젖소들이 한가하게 초지를 오가며 풀을 뜯었다. 하늘과 초지가 맞닿은 평원에서 망아지, 송아지들이 뛰는 모습은 전원적이었다.

어디를 보아도 기름지고 비옥한 땅이었다. 물결처럼 일렁이는 밀밭, 보리밭, 옥수수 밭 보기만 해도 여유와 비옥함을 주었다. 보라색 라벤더 꽃밭과 해바라기 꽃밭이 펼쳐지고 들판 여기저기 긴 호수가 달린 스프링클러가 쉼 없이 돌아갔다. 들판 전체가 물보라에 싸인 듯 초지를 적시고 있었다. 곳곳에 호수가 반짝이고 아름다운 선인장들이 들판을 메우고 양 떼들이 쌀알을 뿌려 놓은 듯 푸른 초원을 무리를 지어 움직였다.

비가 내리기 시작했다. 케이프타운 인접 도시로 접어들기 시작했다. 집이 다닥다닥 붙어 있어 세계 여느 도시와 다를 바 없었지만 수목이 잘 가꾸어져 있었다. 벨벳이라는 도시에 정차를 했다. 여기서는 케이프타운과 도시가 연결되어 있었다.

빗줄기가 더욱 세졌다. 내려서 숙소를 찾아야 하는데 비가 추적추적 계속 내리면 어쩌나 걱정이 됐다. 바깥 날씨도 차츰 어두워지고 도시를 달리는 차들이 발갛게 미등을 켜고 물을 튀기며 달렸다.

케이프타운의 도심 버스 터미널에 도착했다. 23시간 버스 여행 끝에 케이프타운에 발을 딛고 섰다. 택시를 타고 밖으로 나왔지만 기대했던 테이블 마운틴(Table Mountain)은 구름과 빗속에 갇혀버리고 보이지 않았다.

아샨티 로지(Ashanti Lodge)에 도착했지만 비가 내리고 너무 추워 텐트치는 것을 포기하고 6명이 함께 머무는 남녀 혼성 도미토리 숙소에 혜경과 함께 여장을 풀었다.


도미토리 숙소에는 영국인 청년과 독일인 청년이 먼저 자리를 잡고 있었다. 혜경은 캠핑용 담요를 꺼내 도미토리 침대를 둘러싸고 개인

아프리카의 바람 소리

적인 공간을 확보했다. 아늑한 공간이 확보되고 같은 도미토리에 잠자는 다른 사람들의 시선을 피할 수 있었다. 우리의 잠자리를 염려한 로지 리셉션 금발 아가씨가 올라와서 우리의 잠자리를 점검하고 불편한 점이 없는지 관심 있게 살펴주었다.

오늘은 캠핑장에서 야영을 하지 않은 것이 다행이었다. 장대 같은 비가 몰아쳤다. 오들오들 떨며 텐트 안에 앉아 있을 것을 생각하니 몸이 오싹해졌다. 으스스한 냉기를 덜기 위해 도미토리 방의 히터를 최대한 올리고 쾌적한 온도를 유지하며 의자에 앉아 독서를 하며 빗소리를 즐겼다.

어둠 속 테이블 마운틴은 짙은 구름 속에 가리어 어디가 어딘지 가늠할 수 없었다. 언제나 머릿속에 그려 왔던 테이블 마운틴 모습이 보고 싶었지만 구름에 가려 기다리는 수밖에 없었다. 내가 창문을 자꾸 열어가며 산의 모습을 관찰하자 2층 침대에서 책을 읽던 독일 청년이 내일 아침에 해가 뜨면 테이블 마운틴이 보일 것이라 일러주었다. 요즘 이곳 날씨는 며칠째 계속 비가 내린댔다. 그러나 아침이면 구름이 걷히고 해가 나오고 테이블 마운틴이 깨끗한 모습으로 보인다고 했다.

혜경과 나는 이집트 알렉산드리아를 출발한지 7개월 만에 아프리카 제일 남쪽 항구 도시에 입성한 것을 자축하기 위해서 우산을 받쳐 들고 스테이크 하우스를 찾았다. 고풍스럽고 아늑한 스테이크 전문 식당이었다. 오싹한 냉기가 스며드는 날씨에 벽난로를 피우고 스테이크의 구수한 냄새가 풍기는 레스토랑 안으로 들어갔다.

여행객들과 점잖은 현지들이 자리를 가득 채웠다. 웨이터는 마차 바퀴로 벽면이 장식되어 있고, 옆 테이블은 백인 가족들의 생일 파티가 진행 중인 곳으로 안내했다. 우리가 자리를 잡고 앉자마자 벌써 취기가 오른 오늘의 주인공으로 보이는 비대한 백인 영감이 일어서서 나에게 악수를 청하며 와인 한 잔을 건넸다.

그는 올해 70세 생신을 맞이하여 가족과 생일 파티 중이라고 했다. 멋지게 생긴 영국 혈통의 신사분이고 다복한 가정을 가졌다. 아들 셋에 딸 그리고 며느리 사위, 손녀, 손자 전형적인 동양의 어느 가족 생일 파티를 보는 모습이었다. 나는 와인 한잔을 받아들고 "Happy birthday to you."라고 영감님의 생신을 축하했다.

여행을 축하하기 위해 서로인 스테이크(Sirloin steak)와 멜롯 와인(Merlot wine) 한 병을 주문했다. 와인과 쇠고기가 많이 생산되는 나라라 가격이 저렴했다. 촛불이 밝혀진 테이블, 활활 타오르는 벽난로 가까이에서 혜경과 나는 7개월 동안 무사히 아프리카 최 남단 도시까지 온 것을 축하하며 건배했다. 이집트의 최북단 도시 알렉산드리아를 출발한 것이 아련히 먼 옛날처럼 여겨졌고 그 간의 일들이 주마간산처럼 지나갔다.

추적추적 겨울비가 내리는 케이프타운 도로는 안개에 싸여 있었고 파르스름한 가로등이 희미하게 거리를 밝혔다. 또닥또닥 우산을 때리는 빗소리를 들으며 도미토리 숙소로 돌아왔다.

밤 사이 내리던 비는 멈추고 화창한 날씨였다. 화장실 열린 창문으로 테이블 마운틴(Table Mountain)이 병풍처럼 우뚝 솟아 있었다. 화장실에 설치된 망원경으로 테이블 마운틴을 잡아당겨 보았다. 정상으로 올라가는 길이 가파른 절벽으로 되어 있었다. 산꼭대기는 테이블처럼 평평했다. 구름이 빠르게 지나가는 것으로 보아 바람이 세게 부는 것 같다. 정상으로 연결하는 케이블카의 로프가 길게 늘어져 있었다.

아프리카의 바람 소리

혜경과 나는 테이블 마운틴을 구름 때문에 또 놓칠세라 로지 식당에서 아침을 챙겨먹고 대문에 기다리는 택시를 타고 황급히 케이블카가 있는 곳으로 갔다. 올라갈 때는 케이블카로 가고 내려 올 때는 트레일 루트를 타고 걸어서 내려오고 싶었다. 케이블카를 타는 곳으로 갔더니 100미터가 넘는 줄을 만들어 서 있었다. 혜경과 나는 사람들 속에서 올라가는 표만 구입하여 긴 줄의 끝자락에 섰다. 아름다운 케이프타운 시내 전경이 한 눈에 펼쳐지고 항구에 정박한 큰 선박들이 보였다.

우리 차례가 되어 안으로 들어갔다. 세계 7대 경이로운 경치를 선전 하는 포스터에 우리나라 제주도가 선정되어 걸려 있었다. 케이블카는 65명 정원이었다. 360도 회전 하면서 서서히 정상을 올라갔다. 오른쪽에 남북으로 길게 뻗은 빈트후크산맥 산봉우리들이 톱니처럼 솟아 있고 정상은 하얀 눈으로 덮여 있었다. 왼쪽 아래로 사자머리 산이 케이블카 아래로 뾰족한 봉우리를 치켜세우고 그 너머로 새하얀 대서양의 물보라 속에 로벤섬(Robben Island)이 자리하고 있었다.

정상에 올라서니 바람이 거세게 불어왔다. 금방이라도 사람들을 절벽 아래로 날려보낼 듯 윙윙거리는 소리를 냈다. 간신히 바람을 등지고 전망대에 올라서서 시내를 바라보았다. 각종 작은 배들이 케이프타운 항구를 오갔고 부두를 오가는 차들이 개미가 기어 다니는 것처럼 작아 보였다. 대서양에는 거대한 상선 몇 척이 남으로 내려갔다. 만델라 대통령이 투옥되었던 섬으로 유명한 로벤섬은 짙은 운무에 싸여 나타났다가 사라지기를 반복했다.

산정상은 테이블처럼 평평했다. 전설에 의하면 신이 대서양에서 인도양을 여행하다 쉬어 가기 위해 이곳을 평평하게 만들었다고 한다.

또 어떤 이야기는 유럽인들이 이곳을 점령하고 자기들의 휴식처를 만들기 위해 돌을 깎아내게 했다고도 한다.

동서 3킬로미터가 평지로 되어 있고 각종 희귀한 식물들이 서식하고 이끼류가 바위에 형형색색의 무늬를 만들어 아름다웠다. 정상을 한 바퀴 돌아오는 순환 트레일이 바람에 짓눌린 식물들 사이로 아름답게 만들어져 있었다. 대서양 쪽 캠스베이(Camps Bay) 휴양지는 아름다운 집들로 가득했다. 남쪽으로 12사도 봉우리들이 대서양에 맞닿아 위용스럽게 솟아 있었다. 희망봉까지 뻗쳐 있는 케이프타운 반도가 안개에 싸여 희미하게 그 모습을 드러내고 있었다. 대서양과 인도양을 갈라놓은 희망봉의 끝이 운무에 싸여 있었다.

테이블 마운틴 카페에 얼어붙은 손을 녹이고 차를 한 잔 마시러 들어갔다. 찻값을 지불하기 위해 호주머니에 손을 넣는 순간, 핸드폰이 없어졌다. 잃어버린 것인지, 도둑을 맞은 것인지, 로지 도미토리에 두고 온 것인지 알 수 없었다. 차 한 잔을 마시는 둥 마는 둥 허둥대며 걸어서 내려가는 것을 포기하고 내려가는 케이블카 표를 구입했다. 표를 구입할 때 금발의 매표원 아가씨가 우리말로 "안녕하세요?"라고 인사했지만 나의 귀에 잘 들리지 않았다. 한참을 지나서야 매표원 아가씨의 말이 생각났다. 얼마나 무뚝뚝한 한국 사람으로 생각했을까?

케이블카를 타는 입구에서 한국인 부산 출신 한호기 씨를 만났다. 부산 해운대에서 살다 이곳으로 이주를 한 분이었다. 여러 가지 사업을 구상하고 있다고 했다. 우리가 머무는 로지를 설명하자 관심을 표하고 로지의 모습을 보고 싶어 했다. 그분이 우리를 로지까지 자기 승용차로 데려다주었고 로지를 잠깐 둘러보고 갔다. 한국 교민들의 실상을 말했고 애로점을 들려주었다.

아프리카의 바람 소리

그분이 돌아가고 로지 숙소로 돌아와 도미토리 침대 이곳저곳을 찾아봐도 핸드폰은 보이지 않았다. 침대 시트를 모두 걷어내고 매트도 샅샅이 뒤져봐도 없었다. 마지막 담요를 들어보니 그곳 모퉁이에 끼어 있었다.

　오후가 되어 날이 개이고 햇볕이 나왔다. 시티투어 블루라인(Blue Line)을 타고 케이프타운 시를 한 바퀴 돌아봤다. 비가 그친 아름다운 날씨 속에 울창한 숲속을 지나며 아름다운 가옥들이 펼쳐진 마을을 구경하며 해안을 마구 달렸다.

　블루버스 2층에 앉아서 본 웅장한 테이블 마운틴 12사도 봉우리와 캠스베이 해변의 호화스러운 휴양지 모습은 기분을 전환시켰다. 해변을 따라서 늘어선 고급스러운 호텔, 바, 레스토랑, 카페 모두가 좋은 휴양 시설을 갖추고 있었다. 대서양의 파도는 거세게 몰아쳤지만 바람은 상쾌했다. 산중턱에 위치한 흑인 빈곤 마을을 지나갈 때는 가슴이 아팠다. 깡통 집, 판잣집, 쓰레기 널브러진 마을 길, 비위생적인 시설, 혐오 시설 등 인간의 기본 생활 수준에 못 미치는 환경이 백인 거주 지역과는 현격한 차이가 있었다.

　핸드폰 때문에 망쳐버린 하루를 시티 투어로 만회하고 숙소로 돌아왔다. 저녁 식사를 준비하기 위해 로지에서 제공하는 공동 취사장으로 내려갔다.

　네덜란드에서 여행 온 예비 의사 두 아가씨를 만났다. 이들은 영어 연수를 하며 병원에서 인턴 생활을 한다고 했다. 비용을 절감하기 위해 이 로지에서 숙식을 하며 지낸댔다. 이들은 스파게티를 만들고 있었다. 소고기와 채소를 한참 볶더니 토마토케첩을 넣고 올리브오일과 소금을 조금 치더니 계속해서 볶았다. 그리고 스파게티 면을 삶고

찬물에 헹궈 접시에 담고 볶은 소스를 얹어 저녁 식사를 완성했다. 우리는 쌀밥을 짓고 김을 구워 태국 간장을 준비했다. 그리고 이탈리아 통조림 콩 수프에 소고기 다진 것, 각종 채소를 넣어 프라이팬에 볶아 저녁 식사를 완성하여 그들과 같이 테이블에 앉았다. 그들은 한국에 관해 잘 알고 있었고 김치, 비빔밥, 불고기, 고추장을 먹어 보았고 한류 문화에 관심이 많았다.

병원에서 연수 중 그들을 가슴 아프게 하는 것은 에이즈에 걸린 임산부들이라고 했다. 수많은 흑인 여성들이 에이즈에 걸린 채 임신 상태에 있기 때문에 신생아의 감염 여부와 산모의 건강이 걱정된다고 했다.

식사가 끝나고 나는 도미토리로 돌아와서 존 스타인벡이 쓴 『찰리와 함께한 여행』을 읽었다.


그날은 만델라 대통령이 투옥 생활을 했던 로벤섬을 방문할 계획이었다. 아침 식사 준비를 위해 재료를 챙겨 부엌으로 내려갔다. 이른 아침이었지만 스위스 청년, 일본 처녀들이 내려와서 먼저 아침 식사를 준비했다. 나는 계란을 풀어 참치와 소금을 넣고 매운 고추, 양파, 피망을 다져 넣고 잘 저어서 프라이팬에 부쳤다. 김을 굽고 태국 간장에 매운 고추를 다져 넣어 소스를 만들었다.

젊은이들이 아침 식사 준비를 위해 식당으로 몰려들었다. 일본인 처녀들은 소고기 다진 것과 채소를 한데 볶아 쌀밥 위에 얹어 덮밥을 만들어 우리 테이블에서 함께 식사했다. 스위스 청년은 샌드위치, 독일에서 온 청년은 소시지와 우유 그리고 시리얼을 준비해 같은 테이블에 앉았다. 구운 김에 참치 부친 것을 얹고 간장 소스를 치고 둘

아프리카의 바람 소리

둘 말아서 먹는 모습을 신기하게 생각했다. 독일에서 온 청년이 관심 있어 먹어보라고 권했더니 매운 고추 맛에 입에 불이 났다며 물을 찾아 냉장고를 뒤졌다. 식사가 끝나고 누룽지를 끓여 먹으니 스위스에서 온 청년은 한국 사람들은 식사 후에 수프를 먹는지 물어봤다.

비가 내리고 우중충했던 엊그제와는 달리 바람마저 살랑살랑 부는 화창한 봄날이었다. 숙소를 나와 택시를 타고 배를 타기 위해 만델라 게이트로 갔다. 왕복표를 구입하고 남는 시간에 워터프런트(Waterfront) 수로와 만델라 전시실을 둘러보았다. 만델라를 비롯한 남아공 출신 노벨상 수상자들의 동상이 있었고 전시실은 만델라 대통령의 옥살이 과정, 연설문 등이 있었다.

로벤섬을 향해 쾌속선이 떠났다. 배가 항구를 벗어나자 맑게 갠 하늘 아래 테이블 마운틴이 손에 잡힐 듯 선명하고 가까이에 있었다. 사람들은 저마다 좋은 위치에서 항구를 배경으로 테이블 마운틴 사진을 촬영했다. 스웨덴에서 어학연수를 왔다는 두 아가씨는 사진을 찍어주기를 부탁하면서 자기 상의를 벗어 젖가슴이 반쯤 드러나도록 했다. 선창가 방파제 위에 물개들이 따뜻한 햇볕을 쪼이며 드러누워 있었다.

부두에 내렸다. 200여 명의 사람들이 몇 대의 버스에 나누어 타고 가이드의 설명을 들으며 감옥 안으로 들어섰다. 섬으로 된 이 감옥의 철조망은 조금은 느슨한 느낌이었다.

버스를 타고 섬 해안선을 따라 도는데 물개와 펭귄이 많이 보였다. 이 교도소에서 만델라 대통령과 동시대에 수감 생활을 했다는 가이드는 이 섬에서 지금까지 모두 두 사람이 탈출에 성공했다는 이야기를 들려줬다. 한 사람은 수영을 해서 13킬로미터 떨어진 케이프타운에 닿았지만 경찰에 잡혀 교도소로 압송되었고, 또 한 사람은 3번의 탈출에 성공했지만 교도소 밖의 생활에 적응하지 못해 스스로 교도소로 되돌아왔다고 했다. 섬 주변의 수온이 섭씨 10도 정도며 이곳에서 육지까지 4, 5시간 헤엄쳐 가는 도중 거의 저체온으로 죽는다고 했다.

가이드가 5년간 수감 생활을 했다는 곳에 이르자, 그는 열변을 토하며 그날의 생활을 말했다. 조그만 공간이었다. 2층 침대가 놓여 있었고 41명의 죄수가 갇혀 있었다고 했다. 공동 화장실, 세면실, 샤워하는 곳이 옆에 붙어 있었다.

당시 만델라 대통령과 친분 관계가 있었는지 물었지만, 몇 번 본 적이 있다고만 했다. 만델라 대통령은 독방에 수감되었고 1,000명이 넘는 수감자가 모여 있어 알 수가 없었다고 했다. 매일 정치 이념 교육을 받았으며, 심한 구타와 고문을 받으며 세뇌 교육이 진행되었다고 했다. 일반 수형자와 정치범은 분리 수감되었으며 일반 수형자들이 바깥세상의 정보를 입수하여 정치범들에게 몰래 전달했다고 했다. 이런 연유로 만델라는 그가 만든 '아프리카 민족 회의'를 감옥에서도 이끌 수 있었다고 했다.

변호사로서 삶을 포기하고 인권 투사로서 27년간 감옥에서 투쟁했던 그의 삶이 묻어 있는 독방으로 갔다. 양쪽으로 수형자들의 독방이 있고 그 가운데 쯤 만델라의 방이 있었다. 1.5평 정도 되어보이는 작은 방에 쇠창살로 된 창문이 뒤편에 있고 대소변을 받았던 버킷, 물 컵, 숟가락, 담요 2장이 그대로 놓여 있었다. 앞문은 손가락 굵기의 쇠창살로 된 철문이 굳게 닫혀 있었다. 미치지 않고서야 27년을 이 독방에서 자유를 박탈당한 채 어떻게 살았을까 상상이 되지 않았

아프리카의 바람 소리

다. 만델라에게 하루 30분만 대소변을 받은 버킷을 비울 수 있는 시간을 간수의 감독하에 주었다고 했다.

인종 차별 정책 폐지를 위해 한평생 투쟁했던 그의 독방 앞에서 사진 촬영을 했다. 그는 용서와 화해를 통해 인권과 자유를 얻기 위해 싸운 우리 시대의 위대한 영웅이었다. 이를 기념하여 1993년 그에게 노벨평화상이 수여되었다. 자유는 강하다. 누구도 막을 수 없는 천부의 권리가 아닐까?

다시 배를 타고 워터프런트로 돌아와 석양이 내리는 항구를 걸었다. 진한 갯냄새가 코를 찔렀다. 세계 각처에서 모여든 사람들이 병풍 같은 테이블마운틴을 올려다보며 석양을 즐겼다. 새하얀 갈매기들이 항구에 정박한 요트의 마스트를 따라 은빛 날갯짓으로 날아올랐다. 허기를 이기지 못한 사람들이 두부의 식당가에 몰려들고 거리의 악사들이 하나둘 자리를 잡아 노래 가락을 흘려보냈다.

나도 부두 갑판에 마련된 나이 든 흑인 악사 5명이 한 조가 되어 악기를 연주하는 곳으로 자리를 옮겨 앉았다. 기타, 아코디언, 색소폰, 바이올린을 연주하고 한 사람은 노래를 불렀다. 옆 테이블에는 그들이 출판한 음반 디스크가 수북이 쌓여 있었다. 지금 연주하고 있는 모습이 디스크 표지 사진으로 붙어 있었다. 신명을 바쳐 노래했다. 지나가는 사람들이 노익장들의 연주 솜씨를 감상하며 디스크를 사주기도 했다.

갑자기 한 무리의 유럽 여행객들이 몰려들었다. 모두 시니어 여행객들이었다. 할아버지, 할머니들이 즉석에서 파트너를 정하고 연주에 맞춰 춤을 췄다. 춤사위가 예사롭지 않았다. 몰려든 관객에 힘을 얻은 노익장 악사들은 모두 일어서서 악기를 허공으로 치켜 올리며 몸을 흔들며 혼신을 다했다.

한바탕 춤을 춘 시니어 여행객들이 숨을 돌리고 있을 쯤 스카프로
목을 감싼 흑인 할머니가 거리의 악사 앞으로 나타났다. 흑인 할머니
는 예쁜 핸드백을 한쪽 어깨에 메고 악사들의 음악에 맞춰 나비 같이
사뿐사뿐 스텝을 밟으며 춤을 췄다. 그녀의 허리는 70대 노인의 허리
가 아니었다. 전문 무희의 스텝이었다. 그녀의 춤사위는 우리의 승무
에 비견되는 유연함과 부드러운 곡선의 아름다움이었다. 흑인 특유
의 엉덩이를 살랑살랑 흔들며 앞뒤 좌우를 멋지게 오가며 스텝을 밟
았다. 많은 여행객들이 모여 할머니에게 찬사를 보냈다.

가로등이 밝혀졌다. 비상하는 바다 갈매기들이 둥지를 찾아 떠났
다. 나도 어느 누추한 식당에 앉아 지나가는 여행객들의 행색을 바라
보며 저물어 가는 항구의 모습을 즐겼다.


오늘은 유난히도 가슴 설레는 날이었다. 대륙의 최남단인 희망봉에
서 인도양과 대서양을 만날 것이었다.

대중교통이 없어 택시를 수소문했지만 가격이 비쌌다. 마침 딸을
데리고 희망봉 구경을 가는 택시가 우리를 발견하고 같이 갈 것을 제
의했다. 일반 택시의 반 정도 되는 요금에 1일 여행을 할 수 있었다. 우
리는 택시에서 서로를 소개하며 인사를 나눈 후 시내를 빠져나갔다.

물개섬으로 가는 선창가에 도착했다. 선창가에 앉아 있던 소년이
우리가 지나가려 할 때 바다를 향해 휘파람을 불었다. 갑자기 물개
두 마리가 바다에서 뭍으로 뛰어올랐다. 소년은 준비해두었던 버킷에
서 물고기를 짚어들고 물개에게 던져주었다. 물개의 재주를 구경하고
난 후 소년은 10랜드를 내랬다. 이 소년이 물개를 모두 죽일 것이라는

　　　　　　　　　　　　　아프리카의 바람 소리

생각이 들었다. 소년의 돈벌이를 위해서 물개들은 하루종일 바다에 뛰어들었다가 물고기를 먹는 과정을 몇 번씩을 반복할 것이었다.

표를 사서 물개섬으로 갔다. 섬으로 가는 동안 높은 파도에 배가 심하게 흔들렸다. 섬에 도착하자 많은 물개들이 바위에 나와 일광욕을 즐겼다. 물개 수천 마리가 바위에 새까맣게 누워 있었다. 물개섬을 돌아 다시 남쪽으로 향했다.

펭귄 서식지에 들렀다. 차를 주차장에 주차하고 운전자는 딸과 함께 사진을 찍으며 시간을 보내고 우리는 펭귄 서식지로 갔다. 아주 체격이 작은 녀석들이었다. 작은 눈을 가지고 사람을 무서워하지도 않고 파도를 타며 놀고 있었다. 바위에 앉아 있던 펭귄들이 밀려드는 파도에 휩쓸려 바닷속으로 곤두박질쳐 떠내려갔지만, 이내 오뚝이처럼 헤엄쳐 나왔다.

다시 택시에 올라 희망봉을 향해 달렸다. 왼쪽은 인도양이고 성장이 억제된 작은 관목들이 들판에 펼쳐져 있었다. 운전자는 자신의 가계를 설명했다. 노동자인 할아버지가 사우디에서 이민을 왔다고 했다. 자기는 이민 3세대이고 자기 아내는 흑인이라고 소개했다. 원래 할아버지 조상은 아프리카인인데 동아프리카에서 노예로 사우디에 잡혀왔다가 다시 사우디에서 아프리카로 이민을 왔다고 했다. 운전자는 흑인과 아랍사람의 혼혈이었고 딸의 피부색은 아버지를 닮았지만 머리는 어머니를 닮아 곱슬머리였다.

희망봉 산봉우리에 등대가 보였다. 멀리서 산꼭대기에 우뚝 선 등대가 제1등대였다. 제2등대는 희망봉의 끝자락 케이프 포인트 낭떠러지에 서 있었다. 주차장에 차를 세우고 운전사와 딸은 밖에서 기다리겠다고 했다. 돌아오는 시간에 구애받지 말고 마음껏 구경하고 오랬다.

제1등대가 있는 곳으로 올라갔다. 가파른 계단을 한참 올라가니 절벽 위에 등대가 세워져 있었다. 세계 주요 도시까지의 거리를 알리는 이정표와 1919년부터 이등대가 사용되기 시작했다는 알림 게시판이 있었지만, 지각 없는 여행자들의 낙서가 흉하게 휘갈겨져 있었다.

마침 컨테이너를 싣고 천천히 희망봉을 돌아가는 선박이 보였다. 컨테이너 선박은 좌현, 우현 할 것 없이 높은 파도에 휩싸인 듯 하얀 물거품이 심하게 일어났다. 희망봉이라 일컬어지는 대륙의 끝자락 인도양과 대서양이 만나는 케이프 포인트 지점은 절벽으로 이루어진 비경이었다.

그 끝자락 낭떠러지에 세워진 제 2등대가 희망봉을 돌아가는 선박들의 뱃길을 밝혀주었다. 예로부터 유럽에서 향신료나 차를 운반하기 위해서 인도나 중국으로 오가는 선박들이 이곳을 지나야 했다. 당시는 이곳을 '폭풍의 곶'이라고 불렀는데, 선원들이 항해하기를 두려워했던 곳이었다. 그러자 포르투갈 왕실은 '희망봉'이란 이름을 붙이고 선원들을 안심시키려 했다.

케이프 포인트로 가는 길이 비에 젖어 꽤 미끄러웠다. 안개가 몰려왔다가 다시 날려갔다. 일기가 불순하여 세찬 바람이 불어 몸을 잔뜩 숙이고 제2등대를 향해 걸어갔다.

바람과 물보라를 맞으며 케이프 포인트에 도착했다. 절벽 아래 예쁘게 생긴 제2등대가 서 있었다. 이곳이 대륙의 끝이었다. 이제 육지는 없었다. 작은 등대를 바라보며 대륙의 끝자락에 섰다. 지난 7개월 동안 이집트 알렉산드리아를 출발하여 이곳을 향해 달려왔다. 약간은 허무하고 공허했다. 이곳을 향해 달려올 때는 목표와 희망이 있었다. 이제 어디로 갈 것인가?

아프리카의 바람 소리

인적 없는 낭떠러지에서 비와 바람을 맞고 서서 대서양과 인도양이 만나는 합수 지점을 바라보았다. 세찬 비바람이 거세게 몰려왔다. 등대까지 내려가고 싶었지만 절대 접근을 불허하는 경고판이 있었다. 비바람을 맞으며 기념 촬영을 하고 미끄러운 낭떠러지 길을 걸어 나왔다. 키 작은 관목나무에 예쁜 꽃들이 모질게 피어 있었다. 갑자기 물안개가 피어오르고 거센 바람이 냉기를 몰고 왔다. 걸어서 주차장까지 오니 운전사와 딸이 환히 웃으며 우리를 맞았다.

바닷가에 희망봉의 팻말이 세워진 곳으로 갔다. 대부분 여행객들이 이곳으로 와서 인증 사진을 촬영했다. 빗줄기가 세차고 바람이 거셌다. 세계 각처에서 몰려든 관광객들은 비옷과 우산을 준비하고 인증 사진 찍기에 바빴다. 중국에서 온 관광객이 대부분이었다. 비바람이 세차게 몰아치자 모두 함께 어울려 사진 촬영을 했다. 혜경과 나도 그들 속으로 파고들어 사진 촬영을 했다.

호텔로 돌아오는 길에 케이프타운 시내 외곽에 있는 와인 시음장으로 갔다. 비에 젖은 옷매무새를 바로 잡고 양조장 앞에 내렸다. 잘 다듬어진 정원과 넓게 펼쳐진 포도원이었다. 30랜드를 지불하고 포도주 6잔을 시음할 수 있는 티켓을 샀다. 와인 제조 역사가 350년 이상 되었다는 와이너리(Winery)의 시음장은 유럽 여행객들로 꽉 찼다.

향이 좋은 와인을 찾아 이리저리 돌아다니며 시음하는 사람들로 왁자지껄했다. 특히 네덜란드에서 온 여행객들이 부산하게 떠들었다. 우리는 종류별로 한 잔씩을 시음했다. 와인 한 잔을 들고 훨훨 타오르는 벽난로 앞으로 다가갔다. 벽난로 앞에 앉아 와인을 마시려니 독일에서 온 여인이 와인 잔을 들고 곁으로 오더니 함께 사진을 촬영하고 싶어 했다. 다정한 벗처럼 한껏 포즈를 취하고 사진을 찍었다.

주문한 6잔의 와인을 마시고 나니 다리가 후들후들 떨리고 목소리가 커졌다. 비틀거리는 걸음으로 잘 가꾸어진 포도밭과 정원 그리고 와인을 발효하는 저장고를 둘러보았다. 시내로 돌아오는 길에 취기를 이기지 못하고 택시 속에서 노래를 부르며 숙소에 도착했다. 숙소 옆 골목에 즐비한 식당 중 사이공 베트남 식당에서 생선 훈제와 그릴 면으로 저녁을 먹고 재스민차 한 잔을 마셨다. 케이프타운에 살고 있는 젊은이들이 자유분방하게 레드 와인 잔을 기울이며 깊어가는 저녁을 즐겼다. 와인의 나라였다. 남녀노소 모두 와인을 즐겼다.

　젊은이들이 골목마다 우산을 받쳐 들고 파르스름한 가로등 아래 비스듬히 기대어 서서 사랑을 나눴다. 녹초가 된 몸을 추스르고 비가 주룩주룩 내리는 가로등 골목길을 노래를 부르며 터벅터벅 걸었다. 키 작은 동양 여인 둘이 나의 길을 막고 섰다.

　"Are you crazy? You walk like that in this dangerous street in the dark. Don't do that. You'll be robbed."

　"Never mind. I'm OK. Don't worry about me, go away."

　태국에서 온 두 젊은 처녀가 캄캄한 밤에 배낭을 메고 터덜터덜 걸어가는 모습을 보고 주의를 촉구했지만 나는 "안녕, 걱정 말고 잘 가요."라고 혼잣말로 중얼거렸다. 그랬더니 그들이 "He must be crazy."라고 하면서 지나갔다. "태국 아가씨, 미안해요." 나도 중얼거렸다.

# 요하네스버그

케이프타운을 떠난 지 18시간 만에 요하네스버그(Johannesburg) 기차역 앞 그레이하운드 버스 정류장에 도착했다. 케이프타운을 떠나올 때 아산티 리셉션 금발 아가씨가 했던 말이 생각났다. 요하네스버그에 머물지 말고 수도인 프레토리아(Pretoria)로 가라고 했다. "요하네스버그는 안전하지 않아요. 강도, 도둑들이 들끓어 위험해요."

아침 시간에 만난 기차역 주변은 쓰레기와 걸인들, 리어카로 짐을 실어 나르는 짐꾼, 지방에서 몰려든 허름한 복장, 누추한 모습의 사람들이 들끓고 있었다. 배낭을 버스 짐칸에서 찾아 짊어지고 택시를 잡으려고 했지만 택시가 없었다. 경찰관의 힘을 빌려 택시를 타고 제미니 백패커스(Gemini Backpackers)를 찾아갔다.

택시 운전사는 자신 있게 집을 찾겠다고 말했지만 백패커스가 있는 마을 근처에 와서도 좀처럼 집을 찾지 못하고 골목을 누볐다.

우여곡절 끝에 겨우 백패커스에 도착했다. 백패커스의 간판도 사라지고 없었다. 원래는 영국 백인이 운영하던 것을 인종차별법이 사라지자 백인이 버리고 떠난 것을 흑인이 운영하고 있었다. 아름다웠을 것 같은 테니스 코트도, 정원도 방치되어 허물어져 가고 있었다. 화장실, 휴게실 모두 전구가 깨진 채 방치되어 불이 들어오지 않았다. 캠핑장은 들개 배설물이 수북이 쌓여 있었고 청소가 되지 않아 여간 찝찝하지 않았다. 그렇지만 2일간 텐트를 치기로 하고 체크인했다.

화장실 전구를 고쳐서 불이 오도록 해달라고 부탁했다. 고쳐달라는 우리를 이상하게 생각하는 눈치였다. 이미 깨지거나 부서지면 고치는 일은 없었다. 그저 있는 그대로 사용하다 망가지면 버렸다. 그리고 그것이 끝이었다. 손님에게 서비스하거나 사업을 위해서 투자한다는 개념은 없는 듯했다.

장시간 버스를 타고 와서 무척 피곤했다. 요하네스버그에 입성한 것을 자축하기 위해 주변 마켓에서 돼지 삼겹살, 상추, 마늘, 와인을 사서 저녁을 준비했다.

유칼리나무로 둘러싸인 캠핑장에 밤이 찾아왔다. 텐트에 누워 별을 쳐다보고 있으려니 아프리카 여행을 시작한 7개월의 세월이 꿈 같았다. 별똥별이 하늘 한가운데를 가로질러 떨어졌다. 멀리서 들려오는 기차 소리, 개 짓는 소리가 들렸다. 서울에 있는 아이들에게 소식을 전할 길이 없어 답답했다.

날이 밝아 내일 레소토(Lesotho)의 마세루(Maseru)로 가는 버스표와 영국행 비행기표를 구입하기 위해 가이드북에 나온 여행사를 찾아 도심으로 버스를 타고 갔다. 시내 중심은 백인들이 버리고 간 상점에 흑인, 파키스탄인, 스리랑카인, 인도인, 중동인, 중국인들이 몰려들어 상권을 움직이고 있었다.

여행사를 찾아갔지만 여행사는 폐업 상태였고 스리랑카 안내원은 우리를 보고 깜짝 놀랐다. 이곳에 외국인이 배낭을 메고 다니면 위험하다며 빨리 다른 곳으로 이동해 가라고 귀띔했다. 뉴 타운 오리엔탈 플라자에 가면 여행사가 있다며 그곳으로 가보라고 했다.

버스를 타고 뉴 타운 오리엔탈 플라자로 왔지만 여행사의 문은 굳게 닫혀 있었다. 더 이상 비행기표 사는 것을 포기하고 시티 투어 버스를 타고 시내 구경을 했다. 헌법 힐, 중국인 마켓, 스타디움 등을 둘러보았다. 시내를 관통하는 고속도로 1번을 중심으로 도시의 스카이라인이 형성되어 있었다.

시티 투어를 끝내고 기차역 앞에서 맥도날드에서 늦은 점심을 먹고 내일 레소토 마세루로 가는 미니버스 표를 사기 위해 터미널을 찾아갔다. 기차역에서 미니버스 정류장이 있는 곳까지는 'NO GO ZONE'이었다. 외국인이 지나가면 위험한 곳이니 가지 못하는 지역으로 설정해 놓고 있었다. 저녁이면 매춘, 강간, 강도가 우글거리는 지역이라 경찰이 외국인 통행을 폐쇄하는 거리였다.

기차역을 나와 흑인들이 펼쳐 놓은 노점상을 빠져나가 미니버스 정류장으로 향했다. 발 디딜 틈이 없을 정도로 하릴없는 사람들이 우두커니 서서 먹잇감을 찾고 있었다. 이곳은 중동인, 인도인, 스리랑카인도 없었다. 모두가 흑인이었다. 북적대는 흑인들 사이에 오르지 혜경과 나만이 외국인이었다. 'NO GO ZONE' 한가운데에서 속절없이 먹잇감이 된 기분이었다. 주변 모습이 머리카락을 주뼛주뼛하게 했다.

길거리에 앉아 있거나 건물에 기대어 지나가는 먹잇감을 찾는 젊은이들이 도로에 가득했다. 혜경을 앞에 세우고 시선을 혜경의 배낭에 집중시키고 빠져나갔다. 젊은 흑인들이 의도적으로 우리 어깨를 툭툭 치며 시비를 유도했다. 그들을 쳐다보거나 대꾸하면 우리의 가방은 순식간에 사라지리라. 나는 호주머니에 들어 있는 잭나이프를 펴고 칼자루를 힘 있게 잡고 갔다.

드디어 이곳을 어슬렁거리던 시장 거리 관리 요원들이 혜경을 다른 곳으로 유도하려고 했다. 우리가 어디로 가는지는 아무도 몰랐다. 그렇지만 이 시장 거리 관리 요원 녀석들은 우리가 레소토 마세루로 가는 미니버스 정류장으로 가는 것을 훤히 알고 있었다. 한 녀석이 혜경의 어깨를 밀치며 옆 골목으로 들어가야 마세루 정류장이 있다며 밀어 넣었다. 녀석들은 "마세루 가는 버스 정류장은 이쪽으로 가야 돼, 우리를 따라와."라고 했다. 내가 "No, never mind."라고 대답하자, 녀석들은 "너희들 마세루 가는 버스 정류장을 찾는다고 했잖아." 라고 했다. 나는 호주머니에 꼭 쥐고 있던 잭나이프를 꺼내들고 "Hey, stop there. Don't touch her bag, get out of here!"이라고 큰 소리를 치며 칼을 하늘 높이 치켜들었다. 저녁놀을 받은 칼날이 뻔쩍이는 것을 직감한 녀석들은 골목으로 사라졌다. 길거리에 있던 모든 흑인들의 시선이 우리에게 집중되고 칼날을 응시했다. 역전에서 버스 터미널의 위치를 물어봤던 시장 거리 관리 요원 패거리가 우리의 형색과 행선지를 알려주었고 다른 패거리가 우리를 먹잇감으로 낚아채려 했던 것이었다.

400미터 정도 되는 'NO GO ZONE' 거리를 빠져나오는 길은 참으로 험악했고 아프리카 여행 중 최고의 위협을 느낀 거리였다. 계속해서 우리의 가방끈을 끌어당기며 따라오는 녀석, 등을 치며 정신을 다른 곳으로 유도하는 녀석들, 그러다 결국 두 녀석이 혜경의 배낭을 잡아당기어 날치기하려 했다. 내가 사내 녀석의 어깨를 잡고 잭나이프를 꺼내 들고 위협을 가하자 사라졌다. 나의 옷은 땀으로 범벅이 되었고 안전 지대에 들어왔어도 등골에 식은땀이 계속 흘렀다. 근육이 경직되어 목을 움직이는 것이 힘들었다.

땅거미가 시내에 깔리기 시작하고 상가의 전등이 하나둘씩 밝아졌다. 북부 미니버스 정류장 3번 열에서 미니버스를 타고 캠핑장 마을 입구에 내려 깜깜한 9번 도로를 걸어서 텐트로 돌아왔다. 캠핑장에는 오늘 들어온 가난한 여행자들이 몇 식구 늘었다. 이들을 보니 정말 마음이 편안하고 위안이 됐다.

아프리카의 바람 소리

만델라 대통령이 인종차별법을 없애자 백인은 모두 떠나고 시내는 공동화되었고 그 중심지는 무법천지가 되었다. 흑인들은 경영 기술 부족으로 시내 중심가는 슬럼화가 되어 범죄, 매춘의 장소로 변해버린 것이었다. 재건 계획을 세우고 백인 경영자들이 돌아온다고 하지만 원상회복은 힘들어 보였다. 빈틈을 타서 흑인들에게 우호적이었던 중국인들이 유통업을 중심으로 시장을 확장해 세력을 넓히고 있었다. 시내 곳곳에 중국인 유통 업체가 발달해 자리 잡고 있었다.

여러 가지 사회 갈등, 인종 문제, 현 대통령의 윤리 문제, 흑인들의 복지 정책 일환으로 매월 지급하는 500랜드, 도심의 슬럼화, 빈민 도시 형성 등 풀어야 할 국가적 난제가 겹겹이 쌓여 있는 듯했다.

레소토의 마세루로 가는 미니버스 터미널에 도착하여 마세루로 떠나는 표를 미리 구입하려 했으나 떠날 때 현장에서 표를 구입하라고 했다. 다시 시티 투어 버스를 타고 시내를 한 바퀴 돌아 기차역 앞에 내렸다. 중국인 여자 여행객이 길을 잃고 당황해 했다. 이 여행자는 관광 안내양에게 협조를 요청했지만 냉정했다. 이 여행자의 도움 요청을 싸늘하게 외면하고 돌아갔다.

중국 여행객에게 자초지종을 물었다. 이곳저곳을 여행하다 자기가 묵고 있는 숙소로 돌아가는 길을 잃어버렸다고 했다. 치안 부재라 이 사람 저 사람에게 물어볼 처지도 못 되고 그렇다고 여자 혼자서 택시 타기도 무섭다고 했다. 나는 지나가는 경찰차를 세우고 협조를 요청했다. 경찰에게 중국 여인이 머무는 호텔 이름을 말하고 보호를 요청하자, 호텔에서 여행자를 픽업하는 차량이 나온다는 말을 듣고 떠났다.

시티 투어에서 영국인 여행자를 만났다. 아버지, 어머니, 딸이 함께 여행하고 있었다. 복잡한 시내 투어를 하는 동안 그들은 흑인 백색증 환자를 조롱했다. 흑인들을 조롱하며 헐뜯는 이야기를 주고받으며 가족 여행을 했다. 흑인들이 백인을 모두 쫓아냈다는 것이었다. 남을 쫓아냈기 때문에 흑인이 모진 병에 걸려 피부가 백색으로 변했다고 했다. 남을 괴롭히고 못살게 굴면 피부색마저 희게 변한다고 딸에게 스스럼없이 말했다. 조용한 흑인의 나라에 영국인들이 들어와서 흑인을 못살게 굴며 쫓아낸 사실은 잊고 있었다.

밤이 깊어가는데 중동 지역 사람들과 인도인들이 도착했다. 도미토리 방 하나를 빌려 모두 같이 밤을 샜다. TV를 크게 틀어 놓고 밤새 스파게티를 만들어 먹으며 떠들어댔다. 텐트에 누워 있었지만 그들이 떠드는 소리에 잠을 잘 수 없었다. 싸구려 음식에서 진하게 묻어나는 향료 냄새가 머리를 찡하게 만들었다. 딸깍거리는 포크 소리를 내며 주변 사람은 아랑곳하지 않고 떠들었다. 울화통이 터졌지만 꾹 참고 견뎠다. 핀란드 노부부는 카드놀이를 즐기다 이들의 난잡한 행동에 혀를 차며 와인 잔을 들고 자기 방으로 들어갔다.

아프리카의 바람 소리

AFRICA

15

레소토

# ❦ 마세루

이른 아침 택시를 불러 타고 레소토 마세루(Maseru)로 가는 미니버스 터미널로 갔다.

요하네스버그를 벗어나자 소웨토(Soweto) 흑인들의 가난한 도시가 끝없이 펼쳐졌다. 황토 사막 위에 깡통 집들이 줄지어 있었고 드문드문 시멘트 기둥을 세우고 철조망을 연결하여 울타리를 만들었다. 햇볕은 뜨거운데 양철집은 창문도 없었다. 아이들은 흙먼지 속에서 뛰었고 주변은 쓰레기로 덮여 있었다. 도로변 시궁창은 썩은 물이 고여 악취를 풍기고 길거리마다 인간과 동물의 분뇨가 여기저기 쌓여 있었다. 가난한 소웨토를 벗어나자 옥수수 밭, 옥수수 저장 창고와 목장이 펼쳐졌다. 옥수수 추수가 끝난 그루터기 들판에 양 떼, 소 떼들이 무리를 지어 점점이 박혀 있었다.

미니버스에 사람들이 자리를 좁혀 앉았지만 7개월 동안 그들의 냄새를 맡아온지라 이제는 그들의 냄새에 친근해졌다. 미니버스 안은 레소토 사람들이 요하네스버그에서 구입한 물건들을 통로에 실어 발을 옮겨 놓을 수도 없었다. 서로의 숨결을 느끼면서 포개고 또 포개고 누군가 한 사람이 움직이면 연쇄적으로 흔들렸다.

국경 도시에 도착했다. 각종 대형 매장이 줄지어 있었다. 매장 식육점에 흑인들이 고기를 사기 위해 긴 줄을 만들고 서 있었다. 흑인들의 비만 상태가 이만저만이 아니었다. 흑인 특유의 엉덩이 부분이 너무 비만하여 계단을 오르지 못했다. 그런데도 고기만 선호했다. 돼지고기, 소고기, 양고기, 염소 고기 눈이 찌푸리도록 진열되어 있었다.

　　　　　　　　　　　　　아프리카의 바람 소리

국경으로 들어가는 차량 행렬이 길게 늘어섰다. 내려서 출국 신고를 하고 흑인 청년의 도움을 받아 레소토로 들어가는 다리를 건너 레소토 이민국으로 들어가 입국 신고서를 작성하고 무비자로 입국했다.

마세루 터미널에 도착했다. 택시를 타고 마세루 백패커스에 도착해 텐트를 설치했다. 텐트장이 따로 정해진 것이 아니고 백패커스 건물과 건물 사이 주차 공간이 있어 이곳에 텐트를 치도록 주인이 허락해 주었다. 황량한 도시였지만 텐트 맞은편은 저수지가 있었고 저수지 주변은 마세루 사람들이 휴식할 수 있는 유원지 시설이 갖추어져 있었다. 마세루는 기독교를 신봉하며 우리나라 면적의 3분 1 크기로, 산악으로 된 왕국이다. 일요일은 버스도 출발하지 않는 조용한 기독교 나라이다. 텐트를 친 이곳도 1,768미터의 고도를 갖고 있었다.

손님은 우리밖에 없었다. 24시간 더운물로 샤워할 수 있고, 전기를 무료로 사용할 수 있어 우리에게는 더 없이 좋았다. 하루 캠핑장 이용료가 전기를 포함해서 3,000원 정도니 이보다 더 싼 곳은 없으리라. 해질 무렵은 모기떼가 극성을 부리다가 저녁이 되어 온도가 내려가면 모기는 자취도 없이 사라졌다.

남아공 더반으로 가는 중간 산악 도시 모코룽행 버스를 알아보기 위해 시내 중심가에 내려 터미널을 찾아갔다. 길을 따라 비닐로 만든 포장마차가 즐비했다. 대부분 돼지고기, 소고기, 양고기를 숯불 화로에 구워 파는 바비큐 노점상들이었다. 골목 전체가 구수한 스테이크 냄새에 싸여 있었다. 버스 터미널 건물이 따로 있는 것이 아니고 공설 운동장 둘레에 전국으로 떠나는 각종 버스가 주차되어 있었다.

숙소로 돌아오니 백패커스 잔디밭에 젊은이들이 모여들어 춤추고 노래를 불렀다. 남자들이 큰 스피커를 틀어 놓고 맥주를 마시며 처녀들을 춤판으로 유인했다. 당기는 총각들과 끌려 나가지 않으려고 애쓰는 처녀들, 웃고 소리 지르고 아우성이었다. 처녀들이 몹시 수줍어해 춤판의 열기가 냉랭하기만 했다.

반면 다른 쪽에는 아저씨, 아주머니들의 친목 단체가 놀고 있었다. 몸이 비대한 아주머니들이 윗옷을 벗어 던지고 엉덩이를 흔들었다. 적나라하고 격렬하게 허리와 엉덩이를 흔들어대는 여인들 앞에서 남자들이 죽을 못 췄다. 여인들이 남자를 당겼다. 비쩍 마른 남자들은 여인들과 춤을 추다 이내 지쳐 자리로 들어가곤 했다. 나에게 내려오라며 손짓을 했다. 즐거운 오후를 보내는 모습을 한 시간 이상 구경했다.

갑자기 돌풍이 불어닥치고 온 세상이 누른 모래바람에 휩싸였다. 사막 지역에서 황사가 몰아닥쳤다. 10미터 앞을 가늠할 수 없을 정도로 모래바람이 거세게 불어왔다. 처녀, 총각, 아저씨, 아줌마 행락객들은 앞다투어 사라졌다. 우리 텐트에도 모래바람이 비 오듯 날려와 수북이 쌓이고 숨 쉬기가 곤란할 정도였다. 텐트 지붕을 때리며 지나가는 모래바람 소리가 우박이 퍼붓는 소리 같았다.

바람이 잔잔해지자 모래가 휩쓸고 간 백패커스의 주변은 노란 먼지로 온통 뒤덮였다. 황사가 자나간 뒤, 시꺼먼 연기가 도시 전체를 덮어버렸다. 도시 뒤편에서 산불이 났다. 봄철이라 무척이나 건조했다. 검은 연기 구름이 계속 날아오고 타다 남은 재가 날아왔다.

야간 경비원이 우리 곁으로 다가왔다. 모래를 잔뜩 둘러쓰고 있는 우리 모습이 안쓰러웠던지 주인이 퇴근하고 나면 우리를 로지 스위트룸에 재워주겠다고 했다. 그러면서 스위트룸을 구경시켜주었다. 냉장고, 킹사이즈 침대, 벽난로, 바비큐 오븐 등 최고의 시설을 갖추었다.

아프리카의 바람 소리

그러나 손님이 언제 다녀갔는지 알 수 없는 방 안은 냉기로 가득했다. 경비원에게 고맙다고 인사하고 우리는 텐트 안이 더 행복하다고 말했더니 고개를 끄떡였다.

하늘은 온통 연기 구름으로 뒤덮이고 희미한 가로등이 켜진 저수지 습지에는 양 떼들, 소 떼들이 어슬렁거리고 있었다. 작은 국가 '레소토', 남아공 한가운데 자리 잡은 산악 왕국이라는 이름만으로도 신비했다.


## 모코롱

며칠 간 이곳 마세루에서 잘 쉬었다. 이른 아침 주인장이 불러주는 택시를 타고 공설 운동장 앞에서 모코롱(Mokhotlong)으로 가는 버스를 탔다. 모코롱시는 남아공 더반시(Durban)로 가는 샤니 패스(Sani Pass)의 길목에 있는 레소트의 산악 지방에 자리 잡은 고산 도시다. 버스가 지나가는 곳은 산악 지대였다. 언덕배기 마을을 올라가자 이제 황량하고 끝없이 펼쳐진 고원이 나왔다.

아이들이 당나귀를 타고 학교 가는 모습은 참으로 신기했다. 아버지가 당나귀를 몰고 아이들이 타고 갔다. 남국의 봄은 산악 지역 곳곳에서 피어나고 있었다. 작은 흙집 마당에도 분홍색 복사꽃이 가득 피었다.

몸이 비대한 여인 셋이 콜라 한 병을 들고 서로 돌아가면서 나누어

마셨다. 마지막 한 방울까지 혀로 핥아가며 마셨다. 이곳 여인들 대부분 에이즈 양성 보균자라고 했다. 에이즈 때문에 사망률이 높아 나이 든 사람은 거의 없고 대부분 젊은이들이었다. 서로 콜라병을 핥아가며 마신다면 에이즈 균 전염과는 무관한지 모를 일이었다. 흑인 여인들은 엉덩이가 뒤편으로 많이 돌출된 신체적 특성을 갖고 있었다. 비대한 여성이 많아 버스 통로를 비켜날 때 서로 애를 먹는 모습이 웃음을 자아냈다.

모코롱을 향해 산악 지역을 올랐다. 해발 3,000미터가 넘는 산골 마을을 지나갔다. 마을이 그림 같이 아름다웠다. 마을 뒤편은 하늘을 찌를 듯 뾰족한 봉우리들이 치솟아 있었다. 버스는 산길을 오르며 그르렁거렸다. 언덕마다 보잘 것 없는 계단식 농토가 조성되어 있었다. 논두렁마다 파릇파릇 풀들이 돋아나고 버드나무에도 새잎이 솟아올랐다. 절벽 같은 낭떠러지가 이어져 있었고 해발 3,500미터 재를 올랐다. 버스가 뒤로 미끄러질 듯 휘청거리며 거친 엔진 소리를 냈다. 꽁꽁 얼어붙은 하얀 폭포가 하늘 높이 치솟은 산봉우리와 함께 절경을 이뤘다. 아슬아슬한 고갯길을 넘어가자 고산 지역에만 자라는 바늘잎을 가진 이추(ichu grass) 풀밭이 펼쳐졌다. 다이아몬드를 캐는 광산이 여기저기 산을 파고 들어갔다.

해질 무렵 모코롱에 도착했다. 작은 모코롱 호텔에 체크인할 때 리셉션 아가씨가 숙박비를 깎아주었다. 하루를 비좁은 차 안에서 시달린지라 몸이 아팠다. 봄꽃이 만발한 골목길을 거닐다가 긴 망토를 걸친 아이들과 마주치자 "치노"라고 외쳤다. 장화를 신고 담요로 어깨를 둘둘 감은 처녀들이 말을 타고 마켓에 나타나기도 했다. 당나귀를 몰고 가는 사람, 곡식 자루를 어깨에 걸치고 가는 사람, 마을 길을 돌아다니는 염소 떼, 나를 따라오다 어디론가 숨었다가 또 나타나기를 반복하는 천진한 아이들을 만나며 한참 동안 마을 길을 산책했다.

이른 새벽에 일어나서 남아공 더반으로 가기 위해 준비를 했다. 버스 정류장으로 가기 위해 어제 택시 운전자와 5시에 만나기로 약속했지만, 그가 나타나지 않았다. 곤히 잠든 경비원을 깨웠다. 총을 든 채 눈을 비벼가며 일어났다.

고산 도시의 새벽 공기가 아주 찼다. 경비원은 허름한 담요와 두꺼운 점퍼로 몸을 칭칭 감고 총을 어깨에 걸쳤다. 약속한 운전사가 나타나지 않아 연락을 취해달라고 부탁했다. 연락이 되지 않는다며 자기가 배낭을 메고 터미널까지 옮겨주겠다고 했다. 사방이 캄캄하여 길바닥이 잘 보이지 않았다. 배낭을 짊어지고 개들이 짖어대는 골목길을 빠져나와 버스 터미널에 도착하니 땀에 흠뻑 젖었다. 경비원에게 작은 사례를 했다. 오늘 새벽 6시에 떠난다고 했던 버스도, 사람도, 승객도 보이지 않았다.

8시가 되어서야 고물 같은 미니버스 한 대가 더반행이라는 이정표를 붙이고 나타났다. 번호판도 없는 차량이었다. 보험은 있는 차량인지, 운전사는 면허증이 있는지 알 수 없었다. 지금 그런 것은 중요한 것이 아니었다. 차량이 나타난 것만도 감사할 뿐이었다. 1시간가량 더 기다려 승객이 거의 차자 떠났다.

마을을 빠져나가자 이내 황량한 들판이었다. 간혹 강한 추위와 바람에 노출된 돌담집이 보일 뿐 마을은 없었다. 삭막하고 척박한 들판에 윙윙거리는 바람 소리만 들렸다.

산길을 올라가니 중국인들이 도로 공사를 했다. 인부들이 발파 작업을 하는 소리가 멀리서 들렸다. 모두 안전 모자를 쓴 인부들, 흙을 실어 나르는 트럭, 시멘트를 섞는 레미콘 차량들이 길을 꽉 메웠다. 공사장을 빠져나가 들판 한가운데를 달렸다. 남아공 사람들이 자전거를 타고 샤니 고개를 넘고 있었다. 대부분 젊은이들로 체력이 무쇠같아 보였다.

다시 황량한 들판을 지나 고갯길에 접어들자, 버스 한 대가 고장이 난 채 길가에 세워져 있었다. 샤니 패스의 광활한 초원이 나타나고 팻말에 해발 2,873미터라고 적혀 있었다. 황량한 들판에도 사람이 살고 있었다. 몇 채의 돌집이 앙상하게 서 있었고 추위에 잔뜩 웅크린 염소 떼들이 얼어붙은 호수 주변을 돌아다녔다. 담요로 얼굴을 가린 양 치는 소년이 지나가는 차량을 향해 손을 흔들어주었다.

이 황량한 샤니 패스를 지나자 레소토 이민국이 나왔다. 남아공과 만나는 국경선 낭떠러지 위에 이민국 건물이 있었다. 경사진 언덕에 아프리카에서 가장 높은 게스트하우스와 식당이 남아공 국경을 내려다보며 서 있었다. 작은 이민국 건물에 들어가니 조개탄으로 불을 피워 훈훈했다. 우리는 외국인이라 관광 설문지를 주었다.

관광 설문지를 작성하는 동안 다른 승객들은 살을 에는 듯이 추운 바깥에서 기다리게 했다. 여러 가지 질문을 하려 했지만, 추위에 떨고 있는 다른 승객들을 위해서 짧게 답하고 나오니 다른 승객들 얼굴이 추위에 얼어 퍼렇게 되어 있었다.

험준한 산악 도로를 따라 구불구불한 길을 내려갔다. 사방이 절벽이고 도로에서 튀어 오르는 자갈이 쉼 없이 버스 바닥에 부딪히는 소리가 들렸다. 한 시간가량 기어가듯이 꼬부랑길을 내려가니 남아공 이민국이 나타났다. 이민국에서 입국 스탬프를 받고 샤니 패스라 적혀 있는 남아공 측에서 기념 촬영을 했다.

아프리카의 바람 소리

비포장도로가 끝나고 포장도로가 나타난 곳에서 우리를 태워준 레소토의 고물 버스는 돌아가려 했다. 보기와는 달리 강철 같았던 미니버스와 고마운 젊은 흑인 운전자에게 감사의 인사를 하고 우리는 남아공에서 올라온 차로 바꿔 탔다.

잘 정돈된 시골길과 목장 지역을 지나 언더버그(Underberg)에 도착했다. 아침도 점심도 굶은 우리는 햄버거로 배를 채우고 더반을 향해 달렸다.

더반에 내려 포인트에 있는 히포(Hippo) 게스트하우스에 체크인했다. 영국인 주인장은 멀고 먼 동양의 나라에서 왔다며 우리에게 10랜드를 할인해주었고 아늑하고 조용한 방을 배정해주었다. 스파(Spa) 쇼핑몰에 들려 내일 스와질란드(에스와티니)로 가기 위한 간식거리를 샀다.

비가 주룩주룩 내렸다. 남국의 봄비지만 냉기가 찾아들었다. 더반 해변으로 나가 바다를 바라보고 있으려니 컨테이너를 가득 실은 화물선들이 거센 파도를 거슬러 더반항으로 들어왔다. 더반 모래 해변에 하얀 갈매기들이 모여 들자 장난꾸러기 아이들이 계속 쫓아가며 날려 보내며 놀고 있었다.

더반 항구 도심은 무척 깨끗하고 외곽 주거 지역이 잘 정돈된 데다 나무를 많이 심어 한적했다. 도로가 잘 발달되었고 상업 지역은 인종 전시장 같았다. 중국인, 아랍인, 백인, 인도인들이 서로 상권을 지배하기 위해 안간힘을 쓰는 듯했다.

시내버스 안에서 뚱뚱한 백인 여인과 아랍인의 애정 행각은 눈살을 찌푸리게 했다. 주위 사람들은 아랑곳 않고 키스를 하고 가슴을 만지고, 심지어는 여인의 중요 부분을 더듬어가며 신음 소리를 냈다.

벽만 남은 감옥, 시청 건물, 항구 시설, 올림픽 선수촌을 둘러보았다. 남아공 월드컵에서 우리 선수들을 16강까지 진출하게 했던 모세 월드컵 경기장을 찾았다. 문을 닫을 시간이라 개방하지 않았지만 사정 이야기를 하고 특별히 보안 요원의 안내를 받으며 경기장 안으로 들어갔다. 5층으로 올라가는 엘리베이터를 타고 경기장 안을 구경했다. 형형색색의 좌석과 다리 모양, 배 모양을 본뜬 운동장은 웅장했다.

우리를 안내해준 보안 요원과 함께 기념 사진을 촬영하고 해변으로 나가 윈드서핑 하는 사람들의 묘기를 구경했다. 해변에 늘어선 호텔에 유럽에서 여행 온 실버 여행객들이 우산을 받쳐 들고 해변을 들락거렸다. 숙소로 돌아와 휴게실에서 더반 항구를 바라보며 홍차 한 잔을 마셨다. 선박들이 끝없이 항구를 드나들었다. 봄비가 세차게 창틀을 때렸다. 항구의 갈매기도 선박도 이제 어두운 밤으로 빠져들었다.

아프리카의 바람 소리

**16**

# 에스와티니

## 음바바네

에스와티니(스와질란드) 수도 음바바네(Mbabane)를 향해 갔다. 7시에 미니버스에 승객이 모두 채워지자 출발했다. 가랑비가 내리고 항구는 거센 풍랑이 일고 있었다. 밤새 잠을 자지 않고 카드놀이를 한 것 같은 운전사는 시동을 걸고 2번 고속 도로로 진입했다. 고속도로는 비에 젖어 미끄러워 보였지만 운전사는 미친 듯이 달렸다. 자칫 미끄러져 튕겨 나가면 살아남지는 못하리라. 쾨쾨한 냄새가 흑인들의 몸과 그들이 먹는 음식에서 묻어났다. 아침을 먹지 않은 여인들이 닭고기에 양념을 발라 먹는 비릿한 냄새가 속을 뒤집어 놓았다.

고속 도로 주변은 잘 다듬어진 목장과 밀밭, 곡식을 저장하는 창고가 많았다. 사탕수수밭이 고속 도로를 따라 형성된 구릉지에 넓게 펼쳐져 있어 아름다운 경관을 만들었다.

오후에 국경 도시 샌드레인(Sandlane)에 도착해 출국 신고와 입국 신고를 마치고 에스와티니 국경을 넘었다. 온통 사바나 초원과 키가 작은 관목 숲이었다. 사바나를 지나자 사탕수수밭이 끝없이 연결됐다. 사탕수수를 수확해 설탕을 제조하는 공장, 사탕수수를 수확하여 실어 나르는 트럭들이 산간 지대 좁은 도로를 누비고 다녔다. 사탕수수 농장 주변에 백인들이 거주하는 마을이 아름답게 꾸며져 있었다. 허름한 흑인들의 주거지와는 대조적이었다. 이글루 에스키모 집처럼 생긴 전통 억새 움집이 사바나 초원에 여기저기 흩어져 있었다.

오후에 음바바네에 도착했다. 도시가 언덕과 골짜기를 따라 이루어졌고 도로가 비좁아 교통이 정체되어 움직이지 않았다. 골짜기에 매연이 가득 차 버스에서 내리자마자 숨이 막혔다.

간신히 택시를 잡아타고 투투 신부의 후원을 받아 운영하고 있는 천주교 재단의 숙소에 들어갔다. 입구에 투투 주교 회의실 건물이 있고 건물 뒤편 언덕 위에 숙소가 자리하고 있었다. 그런대로 깨끗하고 조용했다.

숙소에 들어가자마자 잠에 녹아떨어졌다. 미끄러운 고속 도로를 달리면서 운전사의 난폭 운전과 비 오는 날 비좁은 차 안에서 뿜어내는 매캐한 냄새에 머리가 쑤시고 아팠다. 잠깐 눈을 붙이고 일어나니 앞방에 들어온 젊은 흑인 남녀의 성교하는 소리가 건물 전체에 들썩였다. 오우, 예스, 하니 오우, 예스. 빗소리마저 양철 지붕을 때렸다. 여인이 내는 소리는 깊고 높아져 갔다. 급기야 울먹이며 소리쳤다.

비가 그치고 완연한 봄날처럼 화창하고 맑았다. 맛사파(Matsapha)에 내려 택시를 타고 손젤라 백패커스로 가고 있었다. 밀웨인(Mlil-wane) 보호 구역 입구에서 입장권을 사고 공원 안으로 들어갔다. 임팔라가 뛰어다니고 들소들이 몰려다녔다. 움집 모양의 전통 가옥이 여러 채 도로변에 있었다.

손젤라 백페커에 도착했다. 야생 동물 보호 구역 한가운데 자리하고 있는 로지였다. 풀장을 갖추고 깨끗하고 깔끔한 현대식 건물로 시설을 갖추었다. 주변은 아름다운 정원과 넓은 잔디밭을 가꾸어 며칠간 휴식을 취하기에 충분한 곳이었다. 숙소 비용도 저렴하고 아침 식사가 제공됐다. 텐트 치는 일을 그만두고 전망이 좋고 조용한 2층 방에 들어갔다. 2일간 푹 쉬어갈 요량이었다.

리셉션에서 체크인할 때 한국 여인이 머물고 있다고 알려주었다. 놀라지 않을 수 없었다. 이 작은 나라 외딴 곳까지 여자 혼자서 왔다니 대단했다. 지금은 동물 보호 구역 산책을 나갔다며 오후에 돌아온다고 했다. 우리는 그녀를 만나고 싶었다. 저녁을 로지에서 먹고 쉬고 있으려니 그녀가 돌아왔다. 전주에서 학원 선생님을 하다 여행을 떠났다는 미란 씨였다.

그녀는 3일 전에 이곳에 도착하여 2일 더 머물고 케이프타운으로 간다고 했다. 그녀는 우기 전에 나미비아, 보츠와나, 잠비아, 탄자니아 등을 거쳐서 케냐까지 간다고 했다. 로지 휴게실에서 오랜만에 우리말로 밤늦게까지 차를 마시며 지나온 여행 이야기를 나누었다.

다음 날 아침 식사 시간이었다. 우리는 커다란 고목나무 의자에 앉아 야외 화롯가에서 식사 준비를 했다. 숯불에 철사 망을 올려 놓고 빵을 굽고 달걀 프라이, 소시지를 구워 뜨거운 우유와 함께 아침 식사를 했다.

흑인 남녀가 정성을 다해 우리의 식사를 돌보고 있었다. 미란 씨와 우리 부부 외에 다른 사람은 없었다. 봄꽃이 활짝 핀 정원은 무척이나 아름다웠고 파릇파릇 돋아나는 새싹들을 보며 야외 식당에서 한국인 미란 씨와 식사를 하는 것이 너무 즐거웠다.

흑인 종업원이 기념 사진을 촬영해주겠다고 했다. 우리는 통나무에 걸터앉아 구수한 빵을 하나씩 들고 사진을 찍었다. 먼 곳으로 나가면 동물을 볼 수 있다며 로지 주인장은 우리를 부추겼지만, 조용히 쉬는 것으로 만족하고 싶었다. 낮 동안 뜨거운 햇볕을 받으며 풀장에서 수영을 하며 한가한 시간을 보냈다.

3일째였다. 오늘은 떠나야 했다. 로지의 주인은 우리를 만지니(Manzini)까지 태워주었다. 여기서 미란은 더반을 향해서 우리는 모잠비크 마푸토(Maputo)를 향해 각자의 길을 가야 했다. 버스 터미널

아프리카의 바람 소리

에 내려 미란 씨를 먼저 버스에 태워주고 우리 버스로 돌아왔다. 그녀가 혼자서 등을 보이며 차에 오르는 모습이 무척이나 안쓰러웠다. 우리는 손을 흔들며 서로 안전한 여행, 멋진 여행이 되길 빌었다.

AFRICA

17

# 모잠비크

♣
# 마푸토

미란 씨를 보내고 모잠비크 마푸토(Maputo)로 가는 미니버스 정류장에 도착했다. 오가는 사람들로 발 디딜 틈이 없었다. 우리는 짐이 6개나 됐다. 배낭을 등에 메고 가슴에 메고 손에 들고 사람들 사이로 밀치고 들어가기가 힘들었다. 우리 여행의 마지막 행선지였다. 이곳에 가야 아프리카를 빠져나가는 비행기를 탈 수 있었다. 모두 크고 작은 보따리를 머리에 이고, 어깨에 메고 차에 먼저 올라가려고 밀치고 엎치고 야단법석이었다. 마푸토로 가는 작은 미니버스에 매달고 가는 트레일러에 갖가지 짐들이 실렸다.

버스에 올라가니 이미 사람들이 꽉 찬 상태였다. 서지도 앉지도 못하고 엉거주춤 허리를 숙이고 있으려니 몸이 뚱뚱한 여인이 앉으라는 시늉을 했다. 자기 엉덩이도 채 걸쳐지지 않는 자리에 또 앉으라고 권했다.

시내를 빠져 한적한 시골길로 달렸다. 코끼리들이 사바나의 관목 숲으로 어슬렁거렸다. 임팔라, 야생 돼지가 줄을 지어 달리기도 했다. 홀레인(Hlane) 국립 공원을 지나가자 넓은 농토 지역이 나타났다. 사탕수수, 밀밭, 목장들이 잘 다듬어져 있었다.

나마차(Naamacha) 국경 이민국에 도착했다. 출국 신고를 하고 걸어서 다시 모잠비크 입국 신고를 하러 이민국 사무실로 갔다. 국경 주변은 관목이 자라는 사바나 지역이었다. 국경이라고 해봐야 작은 초소가 있고 비포장길 한가운데 가로 막대기로 차단한 것이 전부였다. 모잠비크 쪽에서 화물을 싣고 들어오는 트럭 한 대가 있을 뿐 우리가 타고 온 미니버스 승객이 전부였다. 흙먼지가 뿌옇게 앉은 책상에 앉아 스탬프를 찍어주었다.

국경을 넘어 모잠비크 국경으로 들어갈수록 가난한 마을이 숲속에 나타났다. 사람이 살기에는 너무도 부족한 환경이었다. 바오바브나무 아래 거적을 걸쳐 놓고 사는 사람, 나뭇가지를 모아 움집을 짓고 사는 사람, 흙으로 토담을 짓고 사는 사람 모두가 원시적인 주거 형태로 살고 있었다.

마푸토 시내에 도착했다. 버스 정류장에 내리니 한동안 보지 못했던 오토바이 택시 툭툭이가 줄을 지어 기다렸다. 소년이 운전하는 툭툭이를 불렀다. 소년과 함께 파티마(Fatima) 백패커를 찾아갔다. 비가 내리기 시작했다. 봄비였다. 연일 비가 내린다고 했다. 이곳은 바다와 접해 있는 항구 도시라서 더욱 비가 잦은 곳이랬다.

소년이 이 골목 저 골목을 헤매며 집을 찾는데 쉽지 않은 모양이었다. 도로에서 행상하는 사람들로 꽉 찼다. 길가는 대부분의 사람들이 건물 벽에 붙어 소변을 보았다.

비가 주적주적 내리는 중에 백패커에 도착하였다. 방은 없다고 했다. 남아공에서 휴가를 떠나온 사람들이 대부분이었다. 주로 더반이나 케이프타운에서 싼 물가와 섹스 여행을 즐기기 위해서 온 사람들이 대부분이었다.

주인장에게 텐트를 칠 수 있는지 물어보니 건물 옥상에 텐트를 칠 수 있다고 했다. 건물 옥상으로 올라가보니 인공 잔디를 깔고 망고나무 아래 예쁜 텐트사이트가 있었다. 안성맞춤이었다. 비를 맞아가며 텐트를 치고 청소하는 인부에게 부탁하여 전기를 텐트 안으로 끌어들이고 취사를 할 수 있는 준비를 마치고 나니 방보다 훨씬 텐트 안이 아늑하고 좋았다.

영국에서 온 청년들이 올라왔다. 그리고 자기들도 텐트를 치고 싶었다며 12명이 공동으로 사용하는 도미토리 방에 머물게 된 것을 후회했다. 청년들을 따라 12명이 머무는 도미토리 방으로 들어갔다. 정말 숨이 막혀 왔다. 12명이 펼쳐 놓은 짐만 봐도 정신이 없었다. 씻지 않은 12명의 가난한 여행자가 풍기는 악취도 여간 고통스러운 것이 아니었다.

텐트 지붕에 도닥도닥 떨어지는 빗소리를 들으며 주렁주렁 달린 망고 열매를 바라보고 누워 있으니 도시 속의 신선이 된 기분이었다. 전기장판을 깔고 따뜻한 기운이 등에 전달되자 눈이 감겼다. 혜경이 로지 식당에 들러 맥주, 통닭구이와 감자 칩을 사왔다. 몽롱한 기분으로 맥주 잔을 들었다. 빗속에 구수한 통닭구이가 제격이었다. 아프리카 여행 종착지인 마푸토에서 도닥거리는 빗소리를 들으며 여행 마감을 자축하는 잔을 들었다.

날이 밝아 시내버스를 타고 중앙역과 중앙 시장을 돌아보았다. 그리고 도심을 걸어서 이곳저곳을 살피며 시내 모습을 구경했다. 노점상들이 깔아 놓은 신발, 가방, 옷가지, 공예품 길거리를 가득 채우고 있었다.

마푸토 쇼핑 센터에 들러 여행사를 찾았다. 런던으로 가는 값싼 비행기표를 찾아 이곳저곳 여행사를 전전하다 착한 청년을 만나 아주 적절한 가격에 런던행 비행기표를 구입했다. 직항은 비쌌고, 다시 가기 싫었지만 조빅(요하네스버그의 다른 이름)에서 갈아타는 비행기표를 구입했다.

부두가 있는 중심가에 현대화된 음식점과 백화점이 즐비하게 늘어섰다. 주로 인도인, 아랍인, 중국인들이 상권을 쥐고 있었다. 이탈리아인이 운영하는 음식점에 들려 맛있는 해산물 스파게티로 점심을 먹고 건너편 이나카(Inhaca)섬으로 가는 표를 사서 배에 올랐다. 많은 사람들이 봄나들이를 나섰다. 쉴 사이 없이 배들이 들락거리며 승객을 실어 날랐다.

섬에 도착해 긴 부두를 빠져나오니 모래 해변이 있었다. 모래 해변에서 바라보는 마푸토 항구는 아름다웠다. 마톨라(Matola)강이 시내를 에워싸 북쪽으로 흐르고 마푸토만이 아름답게 시내 오른쪽을 감싸고 있었다. 선창가는 야자나무 가로수들이 도로를 따라 늘어서 있고 햇빛을 받은 가지들이 은빛으로 출렁였다. 마톨라강 하구 조선소에 크고 작은 선박들이 수리를 위해 드나들었다. 이나카섬 어느 선술집에 앉아 오가는 사람들을 바라보며 차가운 맥주 한 잔을 들고 있었다. 가족끼리 나들이를 나온 많은 상춘객들이 고무 풍선을 들고 해변으로 달려드는 모습은 우리랑 다를 것이 없었다.

아름다운 해변, 선량한 사람들. 1498년 바스코 다 가마(Vasco da Gama)가 이곳을 탐험한 이래 줄곧 포르투갈의 지배하에 있다 1975년 독립되었다. 내전에 휩싸여 아프리카 최빈국 중 하나가 되었지만, 사람들은 활기차고 정직하고 선량했다.

해가 넘어갔다. 강렬한 남국의 석양은 항구를 들고 나는 선박의 돛대를 붉게 물들였다. 나는 인적이 적은 한적한 선창가를 거닐고 있었다. 허물어져 가는 선창가 시멘트 벤치에 앉아 갯냄새를 즐겼다. 작은 어선을 따라 몰려드는 바다 갈매기들이 끼룩끼룩 소리를 지르며 갑판 위를 맴돌다 하늘로 솟구쳐 올랐다. 항구는 온통 갈매기였다.

약간의 취기와 함께 한적한 선창가에서 갈매기처럼 너울너울 춤을 췄다. 집을 떠난 지 8개월이었다. 갈매기들과 어울려 한참 동안 춤을 추었다. 내일이면 또 떠나리라.

아프리카의 바람 소리